地政学と国際戦略
Geopolitics and International strategy

―― 新しい安全保障の枠組みに向けて

日本大学名誉教授
浦野起央

三和書籍

はしがき

　国際環境は21世紀に入り，大きく変わった．イデオロギーをめぐる東西対立の図式は解体され，そのイデオロギーの被いによってすべての国際政治事象が解釈される傾向は解消された．ここに，現下の国際政治関係を分析する手法として地政学が重視されるところとなった．グローバルな国際政治事象の解明には，その現象が生起する政治地理的条件とその空間が基礎にあるからである．

　もっとも，冷戦期の国際戦略が地政学の視点を軽視してきたわけではない．東西対決における米国の共産主義国家ソ連の封じ込め理論は，アメリカの海洋戦略を定立したA・T・マハン提督の海上権力（シー・パワー）に従ったもので，ニコラス・スパイクマン教授がハートランドを占める陸上権力ソ連の膨張に対し，その接合地帯のリムランドを封じ込める戦略を提起した第2次世界大戦期における地政戦略を継承したもので，その海洋戦略は20世紀初葉から実践してきたところであった．

　元来，この地政学は，ヨーロッパ大陸中部における国家の発展・膨張をめぐる国家戦略として定礎された発想と実践にあって，大陸国家の陸上権力（ランド・パワー）理論として形成された．その大陸系理論に対し，海上権力論の見地でその陸上権力の膨張に注目したH・J・マッキンダーが英米系地政学理論を提唱し，これによって地政学の分野が確立された．その認識は国際政治理論における勢力均衡論の文脈にあり，冷戦をめぐる地政戦略として華ばなしく展開されてきた．

　日本では，大陸系理論が駐在武官として日本に滞在したカール・ハウスホーファーにより導入され，海上権力国家日本としてアジア進出の理論的根拠を提供した．但し，日本海軍は，ス

パイクマン理論に着目し，日本の海上防衛を方向づける研究を進めたが，その理解は一般化しなかった．そして，第 2 次世界大戦後，日本では，その平和国家志向で，地政学への理解を大きく欠いたが，戦後世界の国際戦略は依然，この地政戦略に立脚して展開されてきた．このために，日本は，こうした事情からも明確な国家戦略の策定及びその認識が適切であったとは決していえないものがあった．一方，米国の明確な地政国際戦略，中国の地政戦略に対する適格な理解も十分ではなかった．ヨーロッパ統合についても，地政戦略の文脈での理解が十分でなかった．

1989 年 12 月米・ソ首脳のマルタ会談での冷戦の終結は，これまでの国際関係の分析枠組みを大きく変容させることになった．それは，近代国家成立以降における勢力均衡論を，近代後の座標における新国際秩序構想への移行に転換させたからである．私は，これをカオス状態における国際関係として把握している（浦野起央『国際関係のカオス状態とパラダイム』勁草書房，2004 年，I 部国際関係のカオス状態，帝国，パラダイムをみよ）が，そこに展開されるカオス的安定を含む国家の安定と不安定，国際対立と紛争，国際統合，国際経済戦略，チョーク・ポイント及びシーレーンの安全保障，核戦略，石油戦略，水戦争，国際テロ，麻薬，国際社会運動などにみる国際社会の国際戦略はいずれも地政学的視点に立つ地政戦略に立脚しており，地政学の先行研究の評価とともに新たな国際関係の枠組みを再構築することが課題となっている．

本書では，地政的条件と国際紛争の分析を 1 つの主題として収める予定であったが，紙幅の関係で省き，付論として「国

際紛争と地政的条件」のデータ分析（領土紛争と文化断層紛争330件）を所収した．これによっても，地政的条件の重要性が理解されよう．

　われわれは，グローバル化された世界に生きているが，その安全保障の骨格は，国家の地政戦略とその国際合意に依拠している．この要請において，地政学的視点に立脚した国際政治分析と国際戦略の構築が不可欠となっている．私は，『国際関係理論史』（勁草書房，1997年）を上梓しているが，ここに，新しい国際体系論として，こうした使命の一端を，本書『地政学と国際戦略』の刊行で果たすことができれば，筆者として幸いである．

　　　2006年8月

浦野　起央

目次

第1章 地政学への着眼と国際政治の分析基軸
1. 戦略の視点と争点 ……………………………… 1
2. 海洋国家日本の構想 …………………………… 2
3. 海洋と戦略 ……………………………………… 3
4. 地政学の誕生 …………………………………… 5
5. トルーマン・ドクトリン ……………………… 7

第2章 マッキンダー地政学の構図
1. マッキンダーの地政学 ………………………… 17
2. ハートランド支配 ……………………………… 20
3. ゴルバチョフの地政戦略限界脱出 …………… 22

第3章 ハートランド支配とソ連の戦略
1. ロシアの膨張 …………………………………… 29
2. 新疆ウィグルの自決要求 ……………………… 35
3. リムランド・内陸アジアの激動 ……………… 37
4. 米国のハートランド地政戦略 ………………… 39
5. ユーラシア地政学 ……………………………… 43

第4章 ヨーロッパ半島の運命
1. ヨーロッパ地政学 ……………………………… 53
2. スラブ／バルカン地政学 ……………………… 56
3. ブレジネフ・ドクトリン ……………………… 59
4. 東欧と冷戦 ……………………………………… 61
5. ヨーロッパ統合とその東欧拡大 ……………… 63
6. バルト地政学 …………………………………… 67
7. シャルルマーニュ統一の成就とキリスト教圏ヨーロッパ … 68
8. 中立スイスの地政的選択 ……………………… 77

第5章　ドイツ地政学と日本の地政戦略
1. 海洋国家日本論の濫觴 ……… 85
2. ラッツェルとチェレーンの地政学 ……… 87
3. ハウスホーファーの地政学 ……… 95
4. 生活圏構想 ……… 96
5. 太平洋地政学と大東亜共栄圏 ……… 101
6. 地政戦略の確立と地政学の理解 ……… 105
7. 日本地政学 ……… 108
8. 日本地政戦略の条件と山県有朋の「外交政略論」 ……… 111
9. 田中義一文書と日本の大陸政策構想 ……… 113
10. 吉田ドクトリン ……… 117
11. 日本の海洋国家戦略 ……… 118
12. シーレーンの安全保障 ……… 121
13. 日本の海洋戦略の落とし穴 ……… 125
14. 朝鮮半島の地政戦略 ……… 129

第6章　米国の地政戦略と世界展開
1. モンロー・ドクトリン ……… 145
2. スパイクマンの地政戦略とオレンジ計画 ……… 151
3. 西半球地政学とキューバの世界革命論 ……… 157
4. クラインの地政戦略認識と米軍の前方展開 ……… 161
5. 「不安定な弧」 ……… 169
6. ブッシュ・ドクトリン ……… 173

第7章　アジア太平洋空間と中国の地政戦略
1. アジア太平洋空間地政学 ……… 189
2. オーストラリア地政学 ……… 194
3. 中国の地政戦略 ……… 195
4. 日・印・中3軸構想 ……… 207
5. 東アジア共同体構想 ……… 209
6. 東アジアの歴史認識と共同体意識 ……… 218
7. 台湾海峡の内海化と中国覇権戦略 ……… 220

第8章 石油と水の地政学
1 石油帝国主義 —————————————————— 235
2 石油戦争 ————————————————————— 239
3 赤線協定と米国の石油市場分割戦略 ———————— 240
4 米国の資源支配戦略 ———————————————— 243
5 ソ連の石油戦略 —————————————————— 246
6 OPEC戦略と対抗カルテル ————————————— 250
7 現下の石油地政学 ————————————————— 252
8 水戦争 ————————————————————— 257
9 水地政学 ————————————————————— 259

第9章 核戦略と北極地政学
1 核戦略地政学 ——————————————————— 271
2 北極地政学 ———————————————————— 272

第10章 危機の弧・断続地帯と世界の地中海
1 インド亜大陸地政学 ———————————————— 279
2 インド洋地政学 —————————————————— 299
3 マラッカ・シンガポール海峡地政学 ———————— 308

第11章 地政的不安定な弧・中東の遮断地帯
1 中東地政学 ———————————————————— 317
2 イスラム地政学 —————————————————— 327
3 中東の焦点——スエズ運河とトルコ海峡 ——————— 331
4 ブッシュ・ドクトリン（破産したブッシュの中東構想）— 332

第12章 「第4辺境空間」南部世界の展望
1. 「第4辺境空間」地政学 ... 337
2. アフリカ地政学 ... 338
3. 新パートナーシップ戦略 ... 345
4. ラテンアメリカ地政学 ... 349
5. 米州自由貿易地域構想 ... 357

第13章 新しい地政空間
1. 地政的条件の変容 ... 363
2. テロの地政学 ... 364
3. 麻薬戦略地政学 ... 370
4. 核密輸の地政学 ... 377
5. グローバリズムの地政学 ... 379
6. 国際労働力移動の地政学 ... 383
7. 地経学 ... 388
8. 反地政学 ... 389
9. 環境地政学 ... 390

出典 ... 399

付論　国際紛争――領土紛争・文化断層紛争――と地政的条件
1. ヨーロッパの領土紛争 ... 407
2. アフリカの領土紛争 ... 413
3. 中東の領土紛争 ... 418
4. アジアの領土紛争 ... 421
5. 西半球の領土紛争 ... 426
6. 文化断層紛争 ... 430

索引 ... 498

目次（図・表）

図 1-1　海洋を中心とした太平洋と日本 ─── 2
図 1-2　分割が進む世界の海 ─── 5
図 1-3　地政戦略の概念図 ─── 9
図 1-4　日本の成長と東亜の発展（白坂義直）─── 12

図 2-1　マッキンダーの世界，1904 年 ─── 19
図 2-2　マッキンダーの世界，1919 年 ─── 19

図 3-1　ロシアの膨張，1300 ～ 1900 年 ─── 33
図 3-2　ユーラシアの中央アジア諸国 ─── 37
図 3-3　世界の地政上の中心（ハートランド）と決定的な周辺地域（リムランド）─── 41
図 3-4　ユーラシアのチェス盤 ─── 41
図 3-5　カスピ海周辺地域の石油・天然ガス・パイプライン ─── 46

図 4-1　フランク王国の版図 ─── 69
図 4-2　クーデンホーフ・カレルギー伯のパン・ヨーロッパ構想地域 ─── 69
図 4-3　ブリアンのヨーロッパ連合提案地域 ─── 70
図 4-4　拡大 EU 地域 ─── 70

図 5-1　ヨーロッパの地政学的構図，1934 年 ─── 98
図 5-2　ハウスホーファーのパン地域 ─── 100
図 5-3　マッキンダーの世界，1943 年 ─── 101
図 5-4　地政的世界地図（ハウスホーファー）─── 106
図 5-5　ソ連の内部防衛線 ─── 122
図 5-6　世界の航路とチョークポイント ─── 125
図 5-7　日本の領土（防空識別圏）─── 126
図 5-8　日本の領土（領海・漁業専管水域・中間線）─── 126
図 5-9　中国が主張する東シナ海大陸棚 ─── 127

図 5-10	韓国が主張する東シナ海大陸棚	127
図 5-11	日本が主張する東シナ中間線	128
図 5-12	李ライン，1952 年	128
図 5-13	朝鮮半島の暫定境界線，北方限界線，及び北朝鮮の海上軍事境界線	130
図 5-14	北朝鮮のミサイル基地	133
図 6-1	オレンジ計画，1907〜1919 年	154
図 6-2	米海軍の制海圏，1914 年	155
図 6-3	オレンジ計画，1936 年	155
図 6-4	西半球による東半球包囲戦略（スパイクマン）	156
図 6-5	コーエンの地政戦略（ハートランドと周辺地域）	156
図 6-6	ブラジルからみた世界の地形図	158
図 6-7	ブラジルからみた世界の地政戦略図	160
図 6-8	クラインの地政戦略図（政治構造地帯）	162
図 6-9	北極中心にみた米国の軍事同盟	162
図 6-10	世界の米軍基地，1938 年	166
図 6-11	世界の米軍基地，1942 年	166
図 6-12	世界の米軍基地，1945 年	167
図 6-13	歴史的な「不安定な弧」	170
図 6-14	現在直面している「不安定な弧」	170
図 6-15	「不安定な弧」における米軍の前方展開	171
図 6-16	21 世紀におけるアメリカ外交政策の概念図	182
図 7-1	ユーラシア大陸からみた日本（九州・沖縄海域）	196
図 7-2	中国の第一列島線と第二列島線	196
図 7-3	中国潜水艦の日本領海侵犯，2004 年 11 月	197
図 7-4	中国の支配領域拡大	200
図 7-5	中国支配の変遷（旧民主革命時代（1840〜1919 年）に中国が帝国主義により侵略された領土＝本来の中国領土）	201

図 7-6	中国広西港の大西南対外戦略における海洋の役割	202
図 7-7	EU，NAFTA，及び東アジアの域内貿易比率の推移	212
図 7-8	チェンマイ・イニシアチブに基づく通貨スワップ取極	213
図 7-9	中国の台湾ミサイル演習海域，1995 ～ 1996 年	222
図 8-1	中東の赤線協定地域	241
図 8-2	石油の主要海上移動	245
図 8-3	ロシアからヨーロッパへの主要天然ガスパイプライン	256
図 8-4	世界の水不足状態，2025 年	261
図 8-5	世界の水のストレス状態，2025 年	264
図 9-1	新ハートランドと新々ハートランド	273
図 9-2	北極圏	274
図 9-3	北氷洋航路	275
図 10-1	断続地帯におけるインドの位置	281
図 10-2	インドの民族分布	291
図 10-3	インドの言語分布	291
図 10-4	インド洋	300
図 10-5	ソ連弾道ミサイルのアラビア及びインド洋地域の射程距離	302
図 10-6	スターリンとヒトラーのインド亜大陸分割対立	304
図 10-7	インド洋からの東南アジアへの航路	308
図 12-1	アンデス・アマゾン地帯の国境変更	353
図 12-2	ブラジルの領土拡張，1850 ～ 1909 年	354
図 12-3	中米の地政図	354
図 13-1	アルカイダのネットワーク	369
図 13-2	アフガニスタンのアヘン生産と麻薬密売ルート	374

図13-3	麻薬ルート	374
図13-4	中央アジアからバルカンへの麻薬ルート	375
図13-5	反グローバリズム運動の抗議デモ，1999〜2001年	380
図13-6	奴隷貿易ルート（1808年以前）	384
図13-7	アフリカ域内・域外移民の移動	386
図13-8	ラテンアメリカ域内・域外移民の移動	387

表1-1	地政戦略の概念	10
表2-1	マッキンダーの歴史空間認識	18
表3-1	カスピ海をめぐる動き	45
表3-2	中央アジア諸国の現状	48
表4-1	東ヨーロッパ諸国の社会構成	64
表4-2	ヨーロッパ統合の思想と流れ	71
表4-3	米国・欧州・日本・中国・インドの地政的比較	73
表5-1	ヒトラーの差別認識の特徴	96
表5-2	日本の脅威認識と対処	120
表5-3	ソ連戦闘艦艇の配備，1988年	124
表6-1	米国の太平洋進出	148
表6-2	米国の封じ込め戦略の展開	149
表6-3	米国のドクトリンとその戦略・目標・展開	150

表 6-4	モンロー・ドクトリンとヤンキー帝国主義	152
表 6-5	オレンジ計画の軍事行動（日本敗北のための戦略計画）	153
表 6-6	クラインの国力指数分布，1978 年	163
表 6-7	米軍兵力の世界的展開，1988 ～ 1999 年	164
表 6-8	アジア太平洋における米軍の前方展開	165
表 6-9	アジア太平洋地域の米軍兵力，2000 年 6 月	168
表 6-10	ブッシュ・ドクトリンの展開	175
表 6-11	現実主義者の地政学	177
表 6-12	米国の指摘するテロ支援国，2002 年	178
表 6-13	米国の脅威認識の推移	182
表 7-1	アジア太平洋の国際対立	190
表 7-2	アジア太平洋空間の貿易関係	192
表 7-3	アジア太平洋の民族紛争	193
表 7-4	中国・インド貿易関係	209
表 7-5	インドと東アジアの貿易パターン	210
表 7-6	拡大 EU，EFTA，及び東アジア共同体構想の比較，2002 年	211
表 7-7	東アジア各国の労働力移動	214
表 7-8	東アジア EPA・ETA の現状	215
表 7-9	東アジア経済統合の段階案	216
表 7-10	東アジア共同体に向けた政治課題	216
表 7-11	靖国神社参拝をめぐる動き	219
表 8-1	石油開発の動向	238
表 8-2	ヨーロッパの石油生産量	240
表 8-3	ビッグ・スリーの国際石油カルテル	242
表 8-4	イラク石油会社の株主構成，1928 年	243
表 8-5	世界のセブン・シスターズの石油支配，1950 ～ 1966 年	244

表 8-6	セブン・シスターズのイラン石油支配，1954年8月	244
表 8-7	エネルギー消費と石油供給，1965〜1978年	246
表 8-8	ソ連の原油・石油製品の輸出，1970〜1984年	249
表 8-9	ソ連の石油輸入，1973〜1984年	250
表 8-10	西シベリアの石油生産，1965〜1990年	250
表 8-11	OPECの石油支配力	251
表 8-12	世界の石油生産，1960〜1981年	252
表 8-13	上位原油生産10カ国	252
表 8-14	中国原油輸出入変化の趨勢	254
表 8-15	水戦争の主要事例	260
表 9-1	北極の動向	276
表 10-1	インド・パキスタン核兵器開発をめぐる動き	295
表 10-2	インド洋地域の主要海峡	301
表 10-3	ソ連・米国のインド洋海軍力展開，1968〜1980年	303
表 10-4	ソ連のアジア安全保障構想の展開	303
表 10-5	南シナ海海域の海賊被害発生件数，1995〜2003年	309
表 10-6	シーレーン通航貨物量，1993年	309
表 10-7	マラッカ・シンガポール海峡の通航量，1999年	310
表 11-1	遮断地帯諸国の民族・宗教構成	319
表 11-2	中東における最近の国境紛争	321
表 11-3	アラブ首脳会議とその成果	323
表 11-4	中東の領土回復運動	324
表 11-5	スエズ運河の動向	329
表 11-6	トルコ海峡をめぐる対立	330

表 12-1 サハラ以南アフリカにおける独立時以降の国境・領土紛争 ─── 340
表 12-2 サハラ以南アフリカにおける最近の国境・領土紛争 ─── 340
表 12-3 サハラ以南アフリカの対外債務構造, 1980-1993 年 ─── 341
表 12-4 政治的不安定（内戦・社会不安）のアフリカ諸国 ─── 342
表 12-5 サハラ以南アフリカの独立後の地域協力 ─── 344
表 12-6 サハラ以南アフリカの地域協力 ─── 346
表 12-7 ラテンアメリカにおける独立以後の国境・領土紛争 ─── 352
表 12-8 中米諸国の不安定性 ─── 355
表 12-9 キューバ革命のラテンアメリカ諸国への影響 ─── 355
表 12-10 ラテンアメリカの地域協力 ─── 358

表 13-1 米同時多発テロ以前の主要なテロ, 1980 年以降 ─── 367
表 13-2 米同時多発テロ以後の主要なテロ ─── 368
表 13-3 テロ行動が目標となった国家 ─── 369
表 13-4 麻薬の動向 ─── 372
表 13-5 国家と麻薬 ─── 375
表 13-6 ドイツの核物資関連犯罪件数, 1992～1996 年 ─── 378
表 13-7 世界における核物資不法取引件数, 1992～1996 年 ─── 378
表 13-8 潜在的な連邦化 ─── 382
表 13-9 国際労働力移動, 1988 年 ─── 386

1章

地政学への着眼と国際政治の分析基軸

1. 戦略の視点と争点

　現在は，地球儀の時代といわれる．それは情報やヒト・モノのグローバルな展開が着目されるからである[1]．だが，その主体である国家の地理的位置は変わらない．そこではトランスナショナルな現象が注目され，地球市民としての活動が舞台となっているが，国家主体の領土的存在は無視できない．ジョン・ネイスビッツは，グローバル・パラドックスを指摘し，いまやわれわれが追求してきた民族主義と普遍主義は均衡にはなく，「世界が普遍化すればするほど，私たちの行動様式はより民族志向となる」と論じ，それはグローバルかローカルかの調整（競争と協調）にある，と述べた[2]．そのローカルとは地政的条件の再確認である．

　永く国家の外交は権謀術数だといわれ，その利害関係の処理に失敗すると，衝突となり戦争を起こしてきた．こうして引き起こされてしまった世界戦争から国際秩序の新しい追求が模索され，静態モデルとしての国家の政策調整が追求され，あるいは組織としての国際連盟や現在の国際連合が形成されてきた．これに対して，国際関係を動態モデルとして理解しようというのが地政学的な見方で，それは国家の外交戦略の条件を検討し，全体の国際的趨勢を理解する

1

視点に立脚している．

　戦略的思考は，政治，イデオロギー，及び地形が独特の戦略的風土を形成することから生じる[3]．冷戦以後，イデオロギー対決は消滅した．しかし，その判断は，イデオロギーないし政治文化に制約され，その行動は政治に帰せられる．それにもかかわらず，地理性は現実的要素である．ここに地政的要件が基本となる[4]．

2. 海洋国家日本の構想

　徳川300年の鎖国時代を通じて日本人の考え方は大陸的なものが強まり，鎖国が解かれても，日本は，海洋国家の志向が歪んだ形で残り，南の列島線を第2次世界大戦で踏みにじり，自滅してしまった．この西太平洋の列島線の海洋文化の北進伝播を受けて立った発想は，柳田邦男の『海上の道』[5]に代表される，ポリネシアの日本文化論である[6]．実際，太平洋を中心にした地図（図1-1）では，日本人が海から渡来し，極東水域のツングース水軍勢力群，日本と渤海国との修好[7]など，日本の国家形成は海にある海洋民としての姿が映し出されており[8]，アジアは海洋の世界にあり[9]，海洋国家日本の選択は日本にとっての基本であり，海洋国家戦略はその方策である（図1-4）．

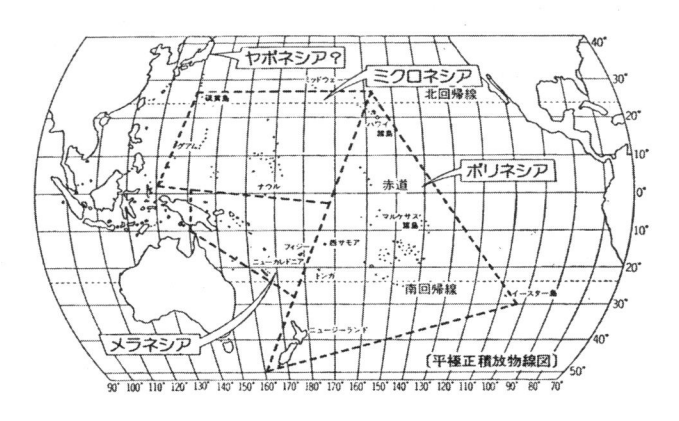

図1-1 海洋を中心とした太平洋と日本

「海洋国家日本の構想」(中央公論，1964年9月号) を提起した高坂正堯は，即亜も脱亜も主張されてきたが，その主張を支えるものは，ある多文明の国家の国際政治的地位を決定づける構造，つまり，海洋国家の構想にあると指摘し，その構想力として海洋国家のための施策を回復しなければならないことを確認した．そして，以下の条件をあげた．

1. 日本は外の世界との繋がりを，通商関係を軸として設定し，通商国民たらんとすべきである．
2. そして，その長期政策は，①低開発国への援助政策を貿易政策と結び付け，②その援助を地域的な形で結び付け，③日本で発展の余地のない産業 (漁業・土木建築業・農業など) よりも技術援助を重視すべきである．世界の海を国際協力を通じて調査し，その展望のなか日本人が「海洋国民」，「通商国民」として活動する可能性こそ水平線の未来である[10]．

この通商国家日本の成長は，1970年代を通じて日本が経済大国として復活する状況下に，その活動の様相をリチャード・ローズクランスが領土国家ではない通商国家論を展開し[11]，ここに日本の発展モデルが評価された[12]．

にもかかわらず，日本は，現在，政治経済大国として，その明確な戦略の射程を設定できないジレンマにある．それは，1990年代以降，民族対立，地域紛争，あるいは金融危機に直面する新たな現実のなかバーチャル国家の局面が表面化して，議論に耐えうる国家モデルが十分検討できなくなってきたからである[13]．

3. 海洋と戦略

国際関係を国家の安全保障の視点で捉えると，日本の地政的要件はいうまでもなく海洋にあり，日本は海洋国家である．このため，自立のためには，海洋の確保と支配，つまりシーレーン (航路帯) の防衛が課題とされる．これは国家の地政的条件に立脚したもので，それは政策科学としての課題である．米国の世界戦略も，その地政戦略としての海洋戦略に立脚して方策が構築されてきており，大陸国家ソ連の世界戦略もその海洋地政戦略を展開することで，米国

と対決した．

　思えば，ローマ帝国は395年東・西に分割され，地中海に海洋境界線が設定された．13世紀，ノルウェーはグリーンランドからノルウェー海岸までの北方海域の領有を主張し，英国と北部ロシアとの通商拡大で海路（シーレーン）航行が盛んになると，ノルウェーは1553年英商船から通航料を徴収した．コロンブスによる新大陸の発見とともに，1493年，世界はアゾレス島西方100リーグ（300カイリ）の海上線で，東方はポルトガル，西方はスペインに2分された（1494年トルデシラス条約で修正）．1595年オランダがスペインの禁を冒して喜望峰を回って，スペインとポルガルの独占にあった東インド航路の争奪となった．近代国家の誕生で，自国の防衛と権益擁護のため，海洋の自由が主張され，領海の画定とともに，海洋の領有化紛争となり，国際海峡の支配が課題となった．

　古代ローマの初の海洋帝国以来，世界を動かしてきたのは，海洋権力（シー・パワー）であり，海のネットワークを制した帝国であった．インド・ベンガル世界，イスラム帝国，中華帝国元と明，及びモンゴル帝国，さらにバイキング世界，商人国家オランダ，大英帝国，そして海洋帝国アメリカと，世界の国際関係は海洋権力の視点から理解でき，その現代版が大陸帝国と海洋帝国の海洋戦略をめぐる拮抗であった[14]．

　もっとも，その「我らの海洋」という海洋独占の思考は，海洋国民から出たものではない．「我らの海洋」の理念には，海洋を1つの障碍と考え，それを独占することで安全感を抱くところがあったからである．その限り，それは陸地思考にあった．海洋国家の英国・米国・日本に対してより幅広い領海を確保せんとしたロシア・中国など大陸国家は，海洋の独占遂行をもって国防意思を貫いた．それは，陸地の分水嶺とか峠といった引き返し場所という概念の海洋への適用といえるものであった．ここに，海洋と大陸の対立が国防戦略の基本を形成した[15]．

　そして，そうした大陸国家の意思貫徹としての海洋進出は，陸地支配の国際

戦略を基礎とし，陸地の拡大から，そして海洋への進出をめぐる国際ゲームへと移った．海路の支配権確保のためには，1つの沿海や地中海を自国の勢力圏に組み入れる必要があり，海洋を「湖水化」し内海とするといった海洋の包囲化という戦略があった．その戦略は，その海洋の包囲化によって陸地を封じ込める戦略に従っていた．英国はインド洋を包囲し，スウェーデンはバルト海を包囲し，日本は日本海・オホーツク海を包囲し，そしてソ連はこの包囲に対する対抗包囲を進めてきた．そのソ連の戦略は，不凍結の沿岸を維持したいというロシアの地政的生存条件に依拠していた．世界大国米国は，太平洋を包囲し，世界の海を包囲し，究極的にはソ連の拡大を封じ込めようという海洋戦略展開を遂行してきた．これはすべて，世界戦略の地政的条件に従うところであった．その包囲化は漁業資源の確保に始まり，現在，石油，天然ガス，マンガン団塊など海底資源開発が争点となっている（図1-2）．

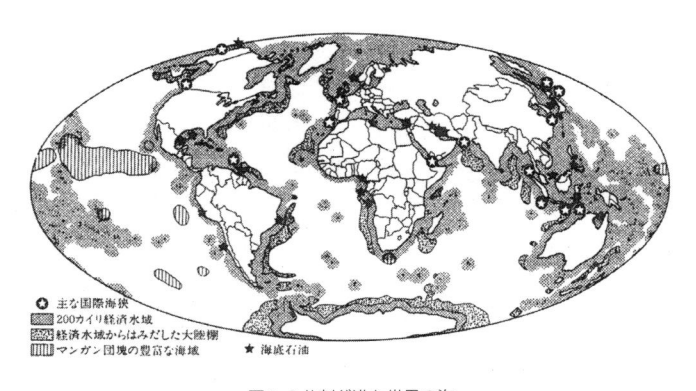

図1-2 分割が進む世界の海

4. 地政学の誕生

そうした理解のための地政学（Geopolitik）の学問は，スウェーデンの地理学者ルドルフ・チェレーン（1864-1922）が提唱したのに始まる．そこでは，国家の統一と支配における国境の画定と維持，その国家の支配拡大による版図

の保衛が大きな関心事であった．英国の地理学者サー・ハルフォード・マッキンダー（1861-1947）は，1899年にオックスフォード大学地理学院を開設し，さらに1904年新設の政治経済学院院長に就任するとともに，同年，王立地理学協会で「歴史の地理的回転軸」と題する講演を行い，その地理的回転軸をもってヨーロッパの動向と世界の運命を明らかにした．これが，地政学の起こりである．彼は，一方においてヨーロッパ大陸内部における鉄道網の発達と他方において英国の海洋権力（シー・パワー）の衰退という2つの要素が世界の運命をどう変えていくのかということに関心があった（表2-1）．当時，米提督アルフレッド・マハン（1840-1914）は英海軍と海上貿易の関係に着目しており，ここに米国の海洋権力の世界展開が始まった．これは1823年大陸国家としてのヨーロッパの西半球への政治的干渉を排除すると宣言したモンロー・ドクトリンの戦略的展開にあって，その西半球防衛論は，さらに国際政治学者ハロルド・スパイクマン（1893-1943）が『世界政治における米国の戦略』（1942年）[16]，『平和の地政学』（1944年）[17]で拡大して論じられた．このスパイクマンに影響を与えたのはマッキンダーといま1人，ドイツ地政学の父といわれるカール・ハウスホーファー（1869-1924）で，彼は1933年以降，アドルフ・ヒトラーの外交戦略の展開において大きな役割を果たした．こうして，ドイツ地政学はナチス・ドイツの東方進出へ寄与したが，そこでのヒトラーの差別的かつ拡張的なイデオロギー性から（表5-1），地政学はそのイデオロギー性を付与されてしまい，タブーの学問として地政学への誤解を産むことになってしまった．今日，反地政学の文脈で議論が生じているのは，その批判性にある．とはいえ，ハウスホーファーの最大の貢献は『太平洋地政学』（1924年，改訂3版1938年）[18]で，日本訳が1940年（江澤譲爾訳，軍令部），1941年（服田彰造訳，日本青年外交協会），そして1942年（佐藤壮一郎訳，太平洋協会／岩波書店）にそれぞれ刊行され，解説書も出版された[19]．このハウスホーファーがどこまで日本の大東亜共栄圏構想に影響を与えたかは判然としないが，日本人はこうして自らの地政学の理解をハウスホーファーか

ら学び[20]，一方，日本海軍は，太平洋戦争期に米国の戦略をスパイクマンから学んだ[21]．

5．トルーマン・ドクトリン

　パワー・ポリティクスにおける戦略の展開を通じてその地政的条件への理解が深まったが，国際戦略の動態的解明には地政学への理解が不可欠である．米国の対ソ対決は，米外交官ジョージ・フロスト・ケナンらが[22]，この地政学的思考を学びつつ，ソ連，そして中国に対する封じ込めをとり，戦後の国際政治を規定した．トルーマン・ドクトリン（1947年）の発動がそれである[23]．その戦略はインドシナでの米国戦略にも適用された．そして1954年4月7日アイゼンハワー米大統領は，「一地域に共産主義の侵略を許せば，ドミノのように，他の地域も次々と侵略される」とのドミノ理論をもって適用した（アイゼンハワー・ドクトリン）[24]（表6-2，6-3をみよ）．

　ハーリー・トルーマン米大統領は1947年3月12日両院合同会議の演説で，次の通り述べた．トルーマン・ドクトリンの表明である．

　「われわれは，直接又は間接の侵略によって自由な諸国民に課せられた全体主義体制が国際の平和を，したがって米国の安全保障の根底を覆すものであることを，はっきりと認識しなければならない．

　　最近，世界の大多数の諸国人民は，その意思に反して全体主義体制を強制させられている．……世界史上のこの時点において，ほとんどすべての国家は，"多数者の意思によるか，少数者の意思によるかの"生活様式の二者択一を迫られている．この選択は，自由な選択でない場合が極めて多い．……

　　私は，武装した少数派もしくは国外からの圧力によって計画された破壊活動に抵抗している自由な諸国民を援助することが，米国の政策であらねばならない，と信じる．

　　ましてギリシャが武装した少数派の支配に陥るならば，その隣国トルコへの影響は緊急かつ重大なものとなろう．混乱と無秩序は，中東全体に波及す

るであろう．

　さらに，独立国家としてのギリシャが消滅すれば，戦争の損害を回復しつつある自国の自由と独立の維持のために大きな困難と闘っているヨーロッパ諸国に深刻な影響を与えるであろう．

　世界の自由な人民は，われわれが彼らの自由を維持するべく支持を与えるよう，熱望している．もしわれわれがわれわれの指導性に躊躇いをみせるのであれば，われわれ自身の国家の安寧を危うくするであろうことは明らかである．[25]」

その政策立案に直接当たったのが，ポール・ニッツェで，彼は1950年4月14日国務省企画室でいわゆる国家安全保障会議文書第68号（NSC-68）を起草し，冷戦期の長期対外政策をまとめた[26]．それは，米国主導の民主主義はソ連主導の共産主義と対決し，中国・ソ連の共産主義大陸国家がアジア本土を乗っ取るので，これを防ぐために徹底的に軍備を増強し拡大して封じ込めるべく積極的に取り組まなくてはならないとある．

　日本の先駆的な地政学者井口一郎[27]は，戦後に『国際関係動態論──国際政治の動きとその本質的諸問題』（1956年）[28]を執筆し，世界政策の決定的要因としてヨーロッパの統一性と均衡を論じた．そしてヨーロッパ植民帝国の世界進出と太平洋地域における不安定的な勢力均衡，及びソ連圏の拡大（パックス・ザルマチカ）とパックス・アメリカーナの世界的拮抗（彼は冷戦という用語を使用しなかった）を論じた．これは地政学的考察における地政戦略の分析であった．

　そして，現下のジョージ・ブッシュの新世界秩序戦略（1991年），そしてW・ブッシュの新世界秩序論／ブッシュ・ドクトリン（2002年）は，現代地政戦略の展開である．

　その地政戦略は政治──非戦略的政治（地政学）──戦略の3要素の連関をもって成立する．つまり，本来の目的，戦略と政策を基本的な地政学概念，つまり空間，位置，交通などの視点で基礎づけるというものである（図1-3）[29]．ここに，

国際関係の基本的解明における地政学的貢献の意義がある．それは，国家戦略をその立地的あるいは空間的基礎において解明するものである[30]．それは，戦略研究の1つの大きな課題である[21]．

その地政学の学問的概念図は表1-1の通りである[32]．さらに，表6-11現実主義者の地政学をみよ．

いうまでもなくマルクス主義者は，この地政学の視点に対決した[33]．

【注】

1 John Baylis & Steve Smith eds., *The Globalization of World Politics: An Introduction to International Relations*, Oxford: University Press, 2001.特に第5部将来のグローバリゼーションをみよ．
2 John Naisbitt, *Global Paradox: The Bigger the World Economy, the More Powerful its Smallest Players*, New York: Morrow,1994. 佐和隆光訳『大逆転潮流 グローバル・パラドックス』三笠書房，1994年．Arjun Appadurai, *Modernity at Large: Cultural Dimensions of Globalization*, Minneapolis: The Univ. of Minnesota, 1996.門田健一訳『さまよえる近代―グローバル化の文化研究』平凡社，2004年，第8-9章．

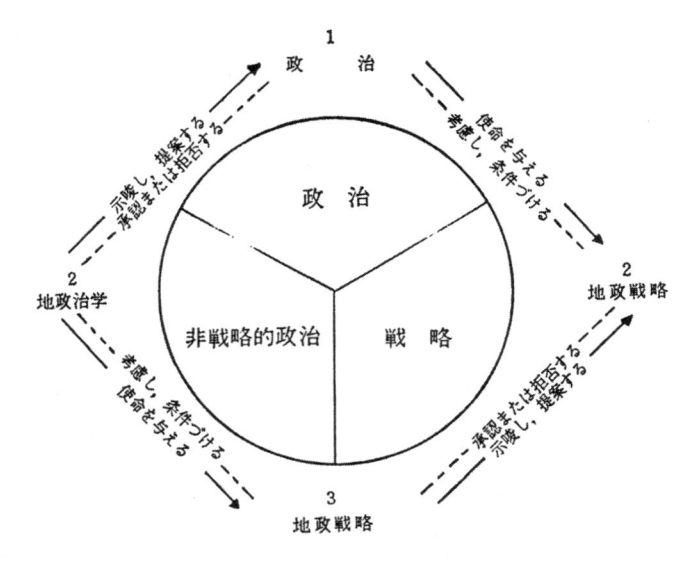

図1-3 地政戦略の概念図

表 1-1 地政戦略の概念

学派	生没年	主要著作年	キイ概念
地政学の源流			
マハン（米国）	1840-1914	『海洋権力における米国の権益』1877 『海洋権力史論』1880	海洋権力
マッキンダー（英国）	1861-1947	『海軍戦略』1911 「歴史の地理的回転軸」1904 『民主主義の理想と現実』1942	回転軸地域・ハートランド・中軸地域・三日月地域
大陸系地政学			
ラッツエル（ドイツ）	1844-1904	『政治地理学』1897 『海洋論』1911	生存空間
チェレーン（スウェーデン）	1864-1922	『生活形態としての国家』1916	国土空間・アウタルキー
ハウスホーファー（ドイツ）	1869-1924	『地政学雑誌』1924-68 『太平洋地政学』1924 『大陸政治と海洋政治』1937 『空間征服力／生命圏と世界観』1942	パン地域・海洋政策・大陸政治・生活圏
アメリカ地政学			
ボウマン	?	『地政治學入門』1933 『国境論』1942	生存権
スパイクマン	1893-1943	『新世界―政治地理学の諸問題』1921 『世界政治における米国の戦略』1942 『平和の地政学』1944	リムランド・封じ込め政策
セバルスキー	1894-1974	『空権力による勝利』1942	空権力
ワイガード		『軍人と地政学』1942 『政治地理学の原則』1957	極中心
日本地政学			
阿部市五郎	?	『地政治學入門』1933	国家の生活形態
金生喜造	1887-1982	『国境論』1933	国境
小牧実繁	1898-?	『日本地政學宣言』1940 『日本地政學』1942 『續日本地政學宣言』1942 『大東亜地政學新論』1943 『日本地政學覚書』1944	地的空間の力
百々巳之助	1898-1961	『国家圏域論』1950 『国家経界論　国際政治概念としての政治的経界の研究』1952	
井口一郎	1901-?	『地政動態論=現代地政學の諸問題』1943 『国際関係動態論』1956	
江澤譲爾	1907-?	「地政学研究」1942 「地政學概論」1943 「地政學の基本理論」『國防地政論』1944	国家経界 生活空間・断絶地帯

10

第1章 地政学への着眼と国際政治の分析基軸

国松久彌	1903-1986	『地政學とは何か』1942 「國防地政學の諸問題」『國防地政論』1944 『地政學と大東亜共榮圏の諸問題』1944 『政治地理学概論』1957	国境・ 勢力線・政策線 漸移地帯・生活空間
岩田孝三	1907-1994	『国境政治地理』1938 『地政學』1942 『國防地政學』1943 『国境の地政学──国際紛争の原点』1982	国境・辺境帯 マーレ・ノストロ（海洋湖面化）
河野收	1919-?	『地政学入門』1981 『日本地政学』1983	交通地帯・生存適地・資源地域
倉前盛道	1921-1991	『悪の論理──ゲオポリティクとは何か』1977 『新・悪の論理──日本のゲオポリティクはこれだ』1980 『ゲオポリティク入門──国家戦略策定の仮説』1982	周海・海流地政学
曽村保信	1924-	『地政学入門──外交戦略の政治学』1984	外交戦略
佐藤信夫	1945-	『21世紀のシナリオ 地政学で世界を読む』1995	地政学的発想
奥山真司	1972-	『地政学──アメリカの世界戦略地図』2004	新世界秩序・世界戦略
現代地政学			
シルバ（ブラジル）	1911-?	『ブラジルの地政学』1957	摩擦地帯
コーヘン（米国）	1928-	『分断世界の地理学と歴史』1963 『世界システムの地政学』2003	遮断地帯・圧搾地帯・ 第4辺境空間・地理戦略地域
ブレジンスキー（米国）	1928-	『アウト・オブ・コントロール──21世紀の地球的混乱』1993 『ユーラシアの地政学』1997 『壮大なチェス盤』1997	ユーラシア大陸・ブラックホール
ウォラーステイン（米国）	1930-	『地政学と脱文化』1991	世界システム
ビリリオ（イタリア）	1932-	『ネガティブ・ホライゾン』1984 『瞬間の君臨』1990 『速度と政治──地政学から時政学へ』1997	走行圏・時政学・知覚空間
ルトワーク（米国）	1942-	『海洋権力の政治的活用』1974 『地政学から地経学へ──紛争の論理、通商の手法』1990	海洋権力・地経学
グレイ（英国）	1943-	『核時代の地政学』1977 『超大国の地政学』1988 『第2次核時代』1999	リムランドの防衛・戦略文化
トアタール（米国）／ アグニュー（米国）		『地政学と説教──米国外交政策における地理的根拠』1992（共著） 『政治地理学の形成』2002（アグニュー）	空間
ロロト（フランス）		『地政史』1995	ユーラシア・ドクトリン
ラブルース（フランス）／コウトゥジウス（フランス）		『麻薬の地政学・地政戦略』1996	麻薬戦略地政学
トール（フランス）		『ラテンアメリカの地政学』1996	辺境
ボテブ（フランス）／セラリ（フランス）		『イスラムの地政学』1997	影響軸
ドッド（英国）		『変わりつつある世界の地政学』2000	グローバリゼーション

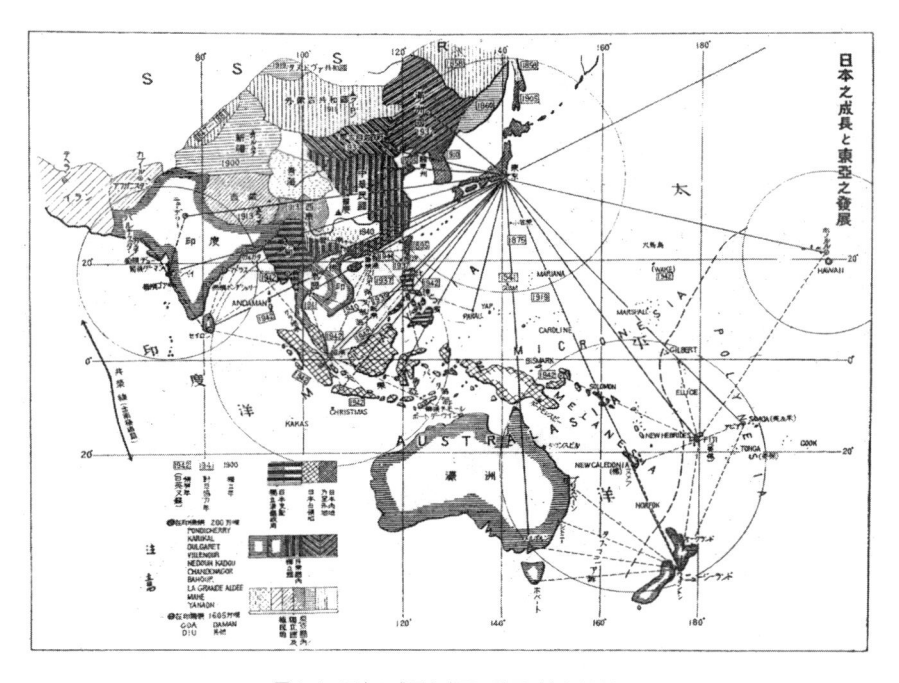

図1-4 日本の成長と東亜の発展（白坂義直）

3 Williamson Murray & Mark Crisley, 'Introduction: On Strategy,' Murray & MacGregor Knox & Alvin Bernstein eds., *The Making of Strategy*, New York: Cambridge U. P., 1994, p. 3.
4 W. A. Douglas Jackson, *Politics and Geographic Relationships: Readings on the Nature of Political Geography*, Englewood Cliffs: Prentice-Hall, 1964. 井星英訳『政治学と地理学との関係』防衛研修所，1972年．同書で取り上げられている主題は，以下の34項目にわたる．
 I 政治地理学の研究・序説
 II 政治学・その本質，範囲，及び影響
 　1 政治学の範囲
 　2 政治権力の研究へのアプローチ
 III 政治的世界・政治及び地理

3　地理及び国際関係
　　4　革命的変革時代における地理学及び対外政策
　Ⅳ　研究の分野としての政治地理学・定義
　　5　政治地理学とはなんぞや
　Ⅴ　政治学，政治地理学，及び環境
　　6　国際政治学研究における環境的要素
　Ⅵ　人間の政治的活動の焦点・政治的領土単位としての国家
　　7　われわれ世界の政治的区分・分析の企図
　　8　政治地理学における機能的アプローチ
　　9　政治地理学の統一場理論
　Ⅶ　国民性の基礎
　　10　コミュニケーション及び民族の概念
　　11　各種の国民性と国家
　Ⅷ　国境線，辺境，及び境界地帯
　　12　場所と時間を含む環境における国境線の構想
　　13　辺境と国境線の本質
　Ⅸ　国家の政治的構造・国内秩序
　　14　連邦制の性状に関する覚書
　　15　連邦国家の理論
　Ⅹ　主要都市
　　16　主要都市の発展の要因
　　17　巨大都市の法則
　Ⅺ　政治学・経済学と国家の成長に対するその反応の効果
　　18　国家の特性の差異（及び国家と経済的展望の皮革）
　　19　立地における因子としての国境
　　20　経済成長における国家の役割・国土の内容
　Ⅻ　政治学と輸送
　　21　輸送と政治学
　ⅩⅢ　海洋の問題点
　　22　海の安全確実な利用
　ⅩⅣ　国際資源と政治的意義
　　23　国際石油会社地域の遠心力・求心力
　　24　水の分配・政治地理学の問題点
　ⅩⅤ　植民地主義の電灯及び新生独立国の政治問題
　　25　国家的不平等
　　26　天然資源と経済開発
　　27　発展途上国における国家政策
　ⅩⅥ　国力及び動員
　　28　国力の点検及び国家戦略

29 経済的戦争能力の概念
　XVII 戦略と対外政策
　　30 力の均衡
　　31 世界戦略の検討
　XVIII 宇宙開発の政治地理学的意義
　　32 法と秩序のための展望
　XIX 政治地理学の次にくるものは何か
　　33 領土国家の興亡
さらに，以下をみよ．W・A・D ジャクソン・横山昭市『政治地理学』大明堂，1979 年．John Peter Cole, *Geography of World Affairs,* Hamondworth: Penguin Books, 1959/ London/ Boston: Butterworths, 1983. 横山昭市訳『世界情勢を読む—その地域的背景』大明堂,1986 年．Pater J. Taylor, *Political Geography: World Economy, Nation-State and Localty,* London: Longman, 1989. 高木彰彦訳『世界システムの政治地理』上・下，大明堂．1991-1992 年．

5　柳田邦男『海上の道』筑摩書房，1961 年／岩波文庫，岩波書店，1978 年／『新編柳田邦男集』第 12 巻，筑摩書房，1979 年．
6　島尾敏雄対談集『ヤポネシア考』葦書房，1977 年．
7　鳥山喜一『渤海史考』奉公会，1915 年/原書房，1977 年．新妻利久『渤海国及び日本との国交史の研究』学術書出版会／東京電気大学出版局，1969 年．朱国忱・魏国忠『渤海史稿』哈尔滨，黒龍江文物出版，1984 年．浜田耕作訳『渤海史』東方書店，1996 年．上田雄・孫栄建『日本渤海交渉史』六興出版，1990 年，彩流社，増補版 1994 年．上田雄『渤海国の謎』現代新書，講談社，1992 年．上田『渤海使の研究——日本海を渡った使節たちの軌跡——』明石書店，2002 年．中西進・安田喜憲編『謎の王国・渤海』角川書店，1992 年．六學鳳主編，『渤海史研究』4 冊，延吉，延辺大学出版社，1993 年．浜田耕策『渤海国興亡史』吉川弘文館，2000 年．韓圭哲他『渤海史総合的考案』ソウル,高麗大学校民族文化研究院,2000 年．酒寄雅志『渤海と古代日本』校倉書房，2001 年．石井正敏『日本渤海関係史』吉川弘文館，2001 年．
8　宮本常二・川添登編『日本の海洋民』未来社，1974 年．
9　大東亜地政学の文脈で,唐の義浄三蔵（635-713）の『南海寄帰内法傳』に通じていた高楠順次郎は，『大東亜海の文化』中山文化研究所．1942 年で大東亜海論を展開した．
　さらに，白坂義直『南洋政治地理史考』田中誠光堂，1943 年をみよ．同書には，「日本之成長と東亜之発展」の図（図 1-4）があり，それは大東亜共栄圏の範域を示している．
10　高坂正堯『海洋国家日本の構想』中央公論社，1965 年／『高坂正堯全集』第 1 巻, 都市出版, 1998 年．
11　Richard Rosencrance, *The Rise of Trade States*, New York: Basic books, 1986. 土屋敏雄訳『新貿易国家論』中央公論社，1987 年．
12　Chalmers A. Johnson, *MITI and the Japanese Miracle: The Growth of Industrial Policy, 1925-1975.* Stanford: Stanford U. P., 1982. 矢野俊比古監訳『通産省と日本の奇跡』ティビーエス・ブリタニカ，1982 年．
13　Richard Rosencrance, "The Rise of Virtual States: Territory Becomes Passé," *Foreign Affairs*, Vol. 75 No. 4, July/August 1996. 「バーチャル国家の抬頭」中央公論，1996 年 10 月号．*The Rise of Virtual States: Wealth and Power in the Coming Century*, New York: Basic

books, 1999. 鈴木主税訳『バーチャル国家の時代──21世紀における富とパワー』日本経済新聞社, 2000年.
14 岡島誠太郎『回教海事史』天理時報社, 1943年. Michel Mollat & Fusta Cataldi Villari, L' Europa e la mer, Paris: Seuil, 1993. 深沢克己訳『ヨーロッパと海』平凡社, 1996年. 宮崎正勝『イスラム・ネットワーク』講談社, 1994年. 宮崎『海からの世界史』角川書店, 2005年. 横井勝彦『アジアの海の大英帝国──9世紀海洋支配の構図』同文舘出版, 1988年. 家島彦一『海が創る文明──インド洋海域世界の歴史』朝日新聞社, 1993年. 中澤勝三『アントウェルペン国際商業の世界』同文舘出版, 1993年. 青木康征『海の道と東西の出会い』山川出版社, 1998年. 平田雅博『イギリス帝国と世界システム』晃洋書房, 2000年. 秋田茂編『パックス・ブリタニカとイギリス帝国』ミネルヴァ書房, 2004年.
15 Nicolas J. Spykman, *American's Strategy in World Politics: The United States and Balance of Power*, New York: Harcout, Brace & Co., 1942.
16 ibid.
17 Spykman, *The Geography of Peace*, New York: Harcout, Brace & Co., 1944/ New York: Archon Books, 1969.
18 Karl Haushofer, *Geopolitik des Pazifischen Ozeans: Studien über die Wechselbezicheungenzwischen Geographie und Geschichte*, Heidelberg/ Berlin: Kurt Vowincked Verlag, 1924, 1938. 江澤譲爾訳『太平洋の地政學──地理及歴史の交互関係についての研究』軍令部, 1940年. 日本青年外交協会研究部(服田彰造)訳『太平洋地政學──地理歴史交互関係の研究』日本青年外交協会, 1941年. 太平洋協會編, 佐藤壯一郎訳『太平洋地政學』岩波書店, 1942年.
19 江澤謙爾「ハウスホーファーの太平洋地政学」ラジオ新書, 日本放送出版協会, 1941年. 佐藤壯一郎『ハウスホーファーの太平洋地政學解說』六興出版部, 1944年.
20 以下がその代表である.
阿部市三郎『地政學』朝日新聞社, 1942年.
國松久彌『地政學とは何か』柁谷書院, 1942年.
江澤譲爾『地政學概論』日本評論社, 1943年.
21 日本海軍は, スパイクマンの著作に注目して, 日本との戦争状態になかった南米唯一の国家, アルゼンチンで入手し, この地から潜水艦で日本へ運び, 研究した. 但し, 日本語訳はない.
22 ケナン駐ソ米代理大使は, 1946年2月長文の電報で, 戦後の混乱を利用してソ連が膨張主義的活動に出る可能性を指摘した. *Foreign Relations of the United States*, Vol. 6: *Eastern Europe: The Soviet Union*, Washington, DC: USGPO, 1969, p. 688. そして, ケナンはフォーリン・アフェアーズ, 1947年7月号にX論文「ソビエト行動の源泉」を発表した. X, "The Source of the Soviet Conduct," *Foreign Affairs*, Vol. 25 No. 4, 1947, pp. 556-582. George Kennan, *American Diplomacy, 1900-1950*, New York: American Library/ Chicago: Univ. of Chicago Press, 1951. 近藤慎一・他訳『アメリカ外交50年』岩波書店, 1952年, 124-147頁／岩波文庫, 岩波書店, 1991年／岩波現代文庫, 岩波書店, 2000年.
ケナンの国際政治観は以下をみよ. Kennan, *Memories*, 2 Vols., Boson: Little, Brown & Co., 1972. 読売新聞社調査部訳『ジョージ・ケナン回想録』2冊, 読売新聞社, 1976年. Kennan, *The Cloud of Danger*, Boston: Little, Brown & Co., 1977. 秋山康男訳『危険な雲』朝日イブ

ニング・ニュース社，1979 年．Kennan, *Around the Cragged Hill: a personal and political philosophy*, New York: W. W. Norton, 1993. 関元訳『20 世紀に生きて』同文書院インターナショナル，1994 年．

23 佐々木卓也『封じ込めの形成と変容——ケナン，アチソン，ニッツェとトルーマン政権の冷戦戦略』三嶺書房，1990 年．

24 Dwight David Eisenhower, *The White House Years*, 2 Vol.s., Garden City: Doubleddey, 1963-65. 仲晃・佐々木謙一訳『アイゼンハワー回顧録』2 巻，みすず書房，1965-68 年．
さらに，以下をみよ．赤木完爾『ヴェトナム戦争の起源——アイゼンハワー政権と第一次インドシナ戦争』慶応通信，1991 年．

25 Hargaret Carlyle ed., *Documents on International Affairs 1947-1948*, London: Oxford U. P., 1952, pp. 2-7.

26 NSC68: United States Objectives and Programe for National Security, 14 April 1950, *Foreign Relations of the United States*, 1950, Vol. 1, Washinngton, DC: USGPO, 1977, pp. 237-240.

27 井口一郎『地政學動態論——現代地政學の諸問題』帝國書院，1943 年．

28 井口一郎『国際関係動態論——国際政治の動きとその本質的諸問題』恒星社厚生閣，1956 年．

29 Globery do Couto e Silva, *Geopolitical do Brasil*, Rio de Janerio: Livraria Jisé Olympio, 1957. 山田睦男訳『ブラジルの未来設計図——ある地政学的アプローチ』新世界社，1976 年，132-148 頁．

30 倉前盛道『悪の論理——ゲオポリティク（地政学）とは何か』日本工業出版社，1977 年／角川文庫，角川書店，1980 年．
倉前盛道『新・悪の論理——日本のゲオポリティクはこれだ』日本工業新聞社，1980 年／増補版『新・悪の論理——変転する超大国のゲオポリティク』日本工業新聞社，1985 年．
倉前盛道『ゲオポリティク入門——国家戦略策定の仮説』原書房，1982 年．
春名幹男『核地政学入門——第三世界の核開発競争』日刊工業新聞社，1979 年．
太田晃舜『海洋の地政学』日本工業新聞社，1981 年．
河野収『地政学入門』原書房，1981 年．
河野収『日本地政学——環太平洋地域の生きる道』原書房，1983 年．
花井等編『地政学と外交政策』地球社，1982 年．
曽村保信『地政学入門』中央公論社，1984 年．
佐藤信夫『21 世紀のシナリオ——地政学で世界を読む』同友館，1995 年．
浦野起央『国際関係理論史』勁草書房，1997 年，1.21 地政学．
奥山真司『地政学——アメリカの世界戦略地図』5 月書房，2004 年．

31 西原正『戦略研究の視角』人間の科学社，1988 年，第 2 章地政学と国家戦略論．

32 地政学事典が刊行された。John Vianney O'Loughline ed., *Dictionary of Geopolitics*, Westport: Greenwood Press,1994. 滝川義人訳『地政学辞典』東洋書林，2000 年．

33 Karl August Wittfogel, *Geopolitik, geographischer Materialismus und Marxismus*. 川西正鑑訳『地理学批判』有恒社，1933 年．

2章

マッキンダー地政学の構図

1. マッキンダーの地政学

　マッキンダーは英国の保守党政治家として1910年から1918年まで下院議員であった．そして彼は地理学者であり，同時に国際政治の実務家であった．彼は，英高等弁務官としてロシア革命で内戦中の南ロシアへ反ボルシェビキ支援のために派遣された[1]．彼にとって，そこでの認識が衝撃的であったろう．そこから，この地政的認識が誕生した．

　彼の祖国，英国と世界の現状を憂える彼の発言は当時，高く評価されたが，彼の文明観は，文明の発達は内陸アジアからの衝撃ないし圧力に負うとした理解にあった．これは，西欧文明がアジアを征服するとした西欧文明の見方とは対立的で，それは河川文明[2]から出発して地中海とかインド洋による海の交流を深めていったというドイツの地理学者フリードリヒ・ラッツェル（1844-1904年）と理解を共通にしていた[3]．しかし，こうした河川型文明あるいは海洋型文明と別に，内陸アジアでは，遊牧民族の大移動があった[4]．彼ら遊牧民族は，ハンガリーの草原から黒海やカスピ海のあいだの草原を席巻した．騎馬という絶好の移動戦力による彼らの奇襲と掠奪は，その周辺に定着する諸国民の生活に大きな脅威であった[5]．一方，ヨーロッパの海洋権力はスエズ地峡

とアラビア半島で遮断され，地中海世界にとどまっていた．さらに，マッキンダーは，ローマ帝国がそのラテン半島（ヨーロッパ大陸）のラテン海（地中海）支配にもかかわらず，ギリシャ文明のラテン化に成功しなかったことは，ヨーロッパの一大失策だとみた[6]．ここに，ヨーロッパの二分化が生じた．スラブ系のギリシャ正教世界の誕生である．勿論，マッキンダーは，ヨーロッパの海上ルートの開発と海洋権力の世界支配を正当に評価していた．彼は，海洋と陸地の相対的価値を重視し，地政戦略観を展開したところに，その意義がある（その認識図式は表2-1をみよ）．

表2-1 マッキンダーの歴史空間認識

時　期	支配的事項	権力の支配的動因	上向きな地域的権力の型
コロンブス以前	アジアのヨーロッパ侵攻	馬と駱駝	アジア草原の陸地権力
コロンブス	ヨーロッパの海外拡大	帆走船舶・運輸手段	ヨーロッパ植民地帝国の海洋権力
コロンブス以後	限られた空間と相対的有効性	鉄道	ハートランドを支配する者の陸地権力

こうして，海洋権力[7]——これが世界システム論の主題を形成した[8]——の世界史的意義を理解し，ユーラシア大陸内部の事情にも精通していたマッキンダーは，19世紀末に交通・運輸・通信の一大変革によりユーラシア大陸内部に大帝国が出現する可能性が生じてきた，と理解した．その台頭はロシアないし新興ドイツの出現で，そのユーラシア大陸内部の地殻変動により，ヨーロッパの運命が左右される，と彼は解した．その動態的把握こそ現代地政学の誕生であった．但し，彼は地政学という用語は使用していない．

1904年1月25日マッキンダーは「歴史の地理的回転軸」という講演を行った[9]．それはユーラシア大陸内部に「中軸地域 pivot area」が台頭し，その境界は北極海のアルハゲリスクから中部ヨーロッパを経てコーカサス山脈，イラン高原，アフガニスタン，チベット，甘粛回廊地帯へと至り，さらに，東部

モンゴルを横切ってアムール河（黒龍江）流域西部からユリマ河口の北極海に再び至るというものであった．この中軸地域は内陸であるので，海洋権力は接近できない（図 2-1．修正は図 2-2）．その周囲には三日月地帯（crescent area）があり，それは陸地と海洋が混在する内側三日月地帯と海洋に接した外側三日月地帯に分けられた．内側三日月地帯は，北アフリカ，中東，南アジア，東アジアの半島で，ソ連は特にバルカン地方や中東，中国北部，中国東北部への各地方へ拡張してきており，緊張を招くところとなった．一方，外側三日月地帯では，英国，米国，日本の海洋権力が展開された．そこでの注目点は，ドイツとソ連の連携による世界帝国の大陸資源の支配，そしてその陸地権力（ランド・パワー）に対する海洋権力の封じ込めという図式にあった．

図 2-1 マッキンダーの世界，1904 年

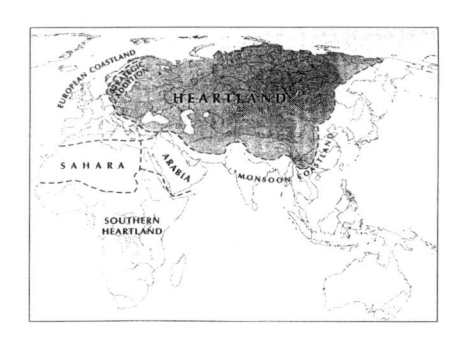

図 2-2 マッキンダーの世界，1919 年

実際, 当時の国際社会では, ドイツの債務にあえぐロシアはドイツの勢力範囲に吸収されていくとの判断があった. それで, その関心はロシア帝国の運命に注がれた. 1894年ロシアは, ドイツに対抗してフランスと秘密同盟を締結したが, それから10年後, ドイツによる第1次世界大戦となった. 英国政界は, 依然, コブデン・ブライト以来の自由貿易論と海軍力への信仰にあった. そして, ロシアは, 大陸国家で同時に海洋権力を担っていたが, 日露戦争（1904年）で日本に敗退し, 今や崩壊寸前にあった. ここに, マッキンダーはロシアの運命につき1つの予言をもって警鐘を鳴らし, それが的中した. そしてその変動は図2－2の通りで, それが1つの帰結をみせた段階で, 彼は『民主主義の理想と現実』(1919年)[10]を刊行したが, それは1917年に米国が参戦したところの大義「民主主義のための安泰な世界を築く」ことに対する現実外交の回答といえるものであった. 彼は, その米国の大義に同意しつつも, その具体化には原材料・貿易・基幹産業の独占を図る大陸国家の出現を許してはならない, と力説した. 彼は, 先進工業国が特定の場所に偏在しないことが世界の平和に必要であるとの理解にあった.

2. ハートランド支配

　そこでのマッキンダーの指摘は, 以下の通り結論づけられた.
　　　Who rules East Europe commands the Heartland:
　　　Who rules the Heartland commands the World-Island:
　　　Who rules the World-Islands commands the World.
　　　　東欧を支配する者はハートランド（心臓部）を制する：
　　　　ハートランドを支配する者は世界島を制する：
　　　　世界島を支配する者は世界を制する[11].
　このハートランドはユーラシア大陸の内陸地帯を指し, 世界島はユーラシア大陸にアフリカ大陸を加えた大陸を指している. こうして, ハートランド（陸地権力／ランド・パワー）の危機が海洋権力との拮抗として論じられた. 当時,

北極や南極の探検航海が成功しつつあり（表9-1），そのため世界島はユーラシア大陸とアフリカ大陸を1つの島とする理解があった．英国としては，ユーラシア大陸における独占的国家権力の出現を封じることが，その海洋権力としての課題であった．つまり，英国はユーラシア大陸での勢力均衡による軍事と外交に安全保障を求めてきたが，今や世界島での勢力均衡外交は限界に来つつあった．そこで，ハートランドに出現したかかる陸地権力をいかに封じるかが現下の急務となった．マッキンダーは，こうしてソ連をドイツから守るために，東欧の分割，つまり多国間体制を主張した．

1922年4月にドイツとソ連のラッパロ条約が締結され，両国の提携を示唆していた．一方，1922年11～12月極東共和国がロシアに統合され，ザカフカス共和国が成立し，ウクライナとベラルーシを加えたソ連邦が成立した．

こうした情勢下に，同22年マッキンダーは，『英国と英国海』[12]を刊行し，それは世界島を英国に喩える海洋権力の分析で，最初の体系書であった．既に1919年マッキンダーは，「英国の海洋権力が余りに印象的であったため，人びとは歴史の警告を忘れ，海が一続きであることから，一般的に海洋権力をもって陸地権力に対抗する際の切り札と考えてきた」と言及しているが[13]，そこにはそれでよいのかとした強い反省が滲んでいた．この海洋権力は，米海軍士官マハンが『海上権力史論』(1890年)[14]で使用し，後背地・基地に依存する移動権力を指すが，これに対抗して陸地権力は騎馬・鉄道・自動車・戦車・航空機の機動力であった．マッキンダーの意図は，英国の優位を守り，大陸の心臓部を支配できる強国の出現を阻止することにあったが，マハンは，英国を後継して米国が世界の指導権をとることを課題として認識をしており，ヨーロッパ大陸，西欧とアジア大陸，極東における米国の覇権を確定することにあった[15]．当時，ロシアは，鉄道による中央アジア経営を確立しており，シベリア鉄道も完成に向かっていた．その過程で，ロシアは中東鉄道をめぐり，中国，日本との対立を生み出していた[16]．シベリア鉄道7416キロが完成すれば，ロシアが予定通り極東に進出し，それはアジア沿岸地域を支配することになるとみ

られていた（1891 年 5 月着工, 1904 年 9 月開通）[17]．これを，マッキンダーは，その自然の要塞から，ソ連というドイツに対しても「外部からの侵略を許さない守備隊」が出現した，と解した[18]．ソ連はその勢力を西欧に拡大する一方で，モンゴル北西部のウリヤンハイ共和国を併合し，他は傀儡とすることで，モンゴルの支配を決定的にし，さらに中国新疆や中国東北で自らの権力を奪還し強化しつつあった（図 3-1）[19]．もっとも，この 1943 年当時，中国共産党が勝利することはまったく予測されていなかった．ましてや，共産主義共同体がそこに形成され，そのソ連と中国とが決定的に対立するものであることなど，まったく理解できなかった．第 2 次世界大戦でのドイツ進出（図 5-3）と敗北とともに，ソ連はオーデル・ナイセ川以東の東欧を支配してしまった．さらに，中東，南アジア，インド洋，そして東南アジアにも，ソ連は触手を伸ばした．

そうした地政学的着目は，現在，技術の発達によって変容してきており，冷戦構造のイデオロギー空間，そして国家中心性に対する普遍地域性によっても大きく変革してきているものの，その地政戦略観は現在においてもその意義を失っていない．

3. ゴルバチョフの地政戦略限界脱出

1985 年 3 月ソ連共産党書記長に就任したミハイル・ゴルバチョフは，形骸化したソ連支配モデルの限界とソビエト経済モデルの機能不全[20]に対し，グラスノスチ（情報公開）・ペレストロイカ（改革）路線[21]で民主化と政治体制改革に着手した．そして，1990 年 3 月①一党独裁の放棄，②計画・市場経済制の導入，③大統領制の導入など抜本的な憲法改正に着手し，地政的条件に従った戦略の限界を脱出するべく新思考外交の展開をした[22]．そのことは，東欧の自由化やドイツの再統一に大きく貢献した一方，彼は 1989 年 12 月，マルタでジョージ・ブッシュ大統領と東西冷戦の終結を宣言した．ゴルバチョフの思想は，次のようであった．

「情勢は，国内問題だけでなく，国際問題についても，転換点に来ている．

現代世界の発展に生じている諸変化は深刻かつ重大であり，すべての要因の再評価，そして総合的分析が要請されている．核対決の情勢は，相異なる社会体制・諸国家・諸地域間の相互関係への新しい接近・新しい方法と形態を必須なものとしている．

　帝国主義が引き起こした軍拡競争によって，世界政治は，人類が核の脅威を回避することができるか，それとも，核紛争発生の確率を高める対決政策が優勢なのか，という選択肢を抱えたまま，20世紀を終わろうとしている．資本主義の世界は，覇権主義のイデオロギーと政治を放棄していない．その支配者は，社会的報復にかける期待を捨てず，引続き力による優位を幻想としている．現在進行している冷静な判断は，累積した偏見と先入観の厚い壁に阻まれて支配階級の思考に現われにくいのが現状である．しかし，歴史の現時点は複雑で，厳しい．だからこそ，核兵器を非合法なものとして禁止し，核兵器・その他の大量殺戮兵器を完全に一掃し，国際関係を健全化する課題が，ますます緊要なのである」(1986年2月25日第27回ソ連共産党大会への中央委員会政治報告「軍縮と社会・経済発展の加速をめざして大胆な一歩を踏み出そう」[23])．

　「戦争と平和の問題は，最優先の，焦眉の問題，地上に住むわれわれすべての利益にかかわる問題だ．それが世界政治の中心となっていることを強調したい．われわれは，この切実な問題の解決や探求を回避することができない．われわれは，そのことを確信している．それがソ連国民の意思であり，アメリカ国民，すべての諸国の国民の意思だ」(1985年11月21日ジュネーブの米ソ首脳会談後の記者会見発言「信頼は一挙には回復されない．だが前進の可能性をつくりだした」[24])．

「今後の世界プロセスはいまや，新たな世界秩序を目指す運動における全人類的コンセンサスの探求を通してのみ可能である．

　われわれは，整備せずに自然発生的なままにしくおくことが行き詰まりへと導くような段階に近づいた．世界共同体は文明を維持し，それを万人にとって安全なものにし，正常な生活のためにより好都合なものとするような形

でプロセスを形成し，方向づけるすべを学ばねばならない．

　協力，もっと正確には，"共同の創造"，"共同の発展"と呼ぶべき協力が問題になっている．"他人を犠牲にした"発展の定式は廃れている．新しい現実に照らして真の進歩は，人間や諸国民の権利と自由を侵害しても，自然を犠牲にしても不可能である．……

　社会体制の違い，生活様式の違い，あれこれの価値の違いの背景には利害がある．これからどこへ逃れることはできない．

　しかも，生き残りと進歩の評価となった国際的な枠内での利益のバランスを見つける要求から，どこへも逃れることはできない．

　すべてのことをよく考えるなら，次の結論に達するであろう．もしわれわれが過去の教訓と現代の現実を考慮するべく望むのなら，もしわれわれが世界発展の客観的論理を尊重しなければならないとしたら，国際情勢の健全化と新しい世界の建設へのアプローチを探求し，しかも共同で探求しなければならないという結論である．

　もしそうなら，そうした活動の基本的な，まったく普遍的な前提条件と原則について取り決める価値がある．……

　この客観的な事実は，相手の見解や立場の尊重，忍耐，別のものを必ずしも悪い，敵対するものと受け止めないだけの度量，互いに相違点を残し，すべての点で意見が一致しているわけではないにしても，隣り合って生きるすべを身につける能力を前提としている．

　世界の多面性の自己確立は，高所から周囲の者を見下ろし，"自分勝手な"民主主義を押し付けようとする試みを破綻させている．"輸出向け"の民主主義的価値観がしばしば急速な価値を失っていることについては，わざわざいうまでもなかろう．

　したがって，多様性の中での統一が問題なのである．われわれが政治的にこれを確認し，われわれが選択の自由を支持すると承認すれば，誰かが"聖なる意思"によって地球上に存在し，別の者はまったく偶然にそこにいあわ

せたという考え方も効力を失う.

　このようなコンプレックスから抜け出し，みずからの政治路線を相応に構築すべき時期にきている．そうすれば，世界の統一が固まる展望も開かれてくる．……

　時代と現代世界の現実は，対話と交渉のプロセスの国際化に期待をかけることをも求めていると，私は確信する．……

　すべての中心に人間が，その関心事が，権利と自由が置かれる時に初めて，国際交流は諸国民の利益を反映するものとなり，全般的安全保障の事業を確実に奉仕するものとなる」(1988年12月7日第43国連総会演説)[25].

この現実をいち早く論じた英国の指導的なソ連経済史家ロバート・W・ディビスは1989年，ペレストロイカは1917年のレーニンに回帰するものである，と指摘した．ロシアは再びレーニンの政治体制の伝統に立って再出発している，と彼は論じた[26]．それは，ハートランドの条件は決して失うものでないとの理解にあったと解される．

1　B. W. Blouet, "Sir Harford Mackinder as British High Commissioner to South Russia," *Geography Journal*, Vol. 142 No. 2, 1976.
2　中島健一『河川文明の生態史観』校倉書房，1977年.
3　Friedrich Ratzel, *Anthropographie, die geographische Verbreirynf des Menchen*, Stuttgart: J. Engelhorn, 1891. 國松久彌『フリードルッヒ・ラッツェル　その生涯と学説』古今書院，1931年.
4　内田吟鳳，田村実造編訳『騎馬民族史・正史北狄伝』東洋文庫，平凡社，1971年．Eustace Dockray Philips, *The Royal Hordes: Nomad Peoples of the Stepps*, London: Thames & Hudson, 1965. 勝藤猛訳『草原の騎馬民族国家』創元社，1971年．香山陽坪『騎馬民族の遺産——北ユーラシア』新潮社，1970年．後藤富男『騎馬遊牧民』近藤出版社，1970年．江上波夫・他，鈴木武樹編『論集騎馬民族征服王朝説』大和書房，1975年．船木勝馬『古代遊牧騎馬民の国——草原から中原へ』誠文堂新光社，1989年．佐治芳彦『アジア超帝国の興亡と謎——草原と砂漠を制した騎馬帝国の興亡史』日本文芸社，1991年.
5　それは遊牧生活圏を内包した農耕世界にあった．浦野起央『新世紀アジアの選択　日・韓・中

とユーラシア』南窓社，2000年第4章未来空間としてのユーラシアとその現在性，171頁以降．梁雲祥・梁星訳『21世紀亜洲的選択』北京，中国社会出版社，2003年，第4章作為未来空間的欧亜大陸及其現実，146頁以降．

6 Halford John Mackinder, *Democratic Ideals and Reality: A Study in the Politics of Reconstruction*, New York: Henry Holt, 1919/ New York: Holt, Rinehart & Winston, 1942/ New York: W. W. Norton/ Westport: Greenwood Press, 1962, pp. 43ff. 曽村保信訳『デモクラシーの理念と現実』原書房，1985年，52頁以降．

7 海軍を中心としたパワーの発達は，以下をみよ．青木栄一『シーパワーの世界史①海軍の誕生と帆走海軍の発達』出版協同社，1987年．『同②蒸気力海軍の発達』1988年．航海術の発達は，以下をみよ．Hans-Christian Freisleben, *Geschichte der Navigation*, Wiesbaden: Franz Steiner Verlag, 1978. 坂本賢三訳『航海術の歴史』岩波書店，1983年．

8 世界システム論者イマヌエル・モーリス・ウォーラーシュタインは，近代世界システムにおける3度の覇権戦争は，いずれも海洋権力と陸地権力の間で闘われ，3回とも海洋権力が勝利したが，いずれも陸地権力に陸上戦力による支援が必要で，英国はフランスを破るための最終戦でロシアの援助を必要とし，米国はドイツを打破するためにロシアの支援を必要とした，としている．さらに，地政文化的には，フランスが1789年革命を成し遂げたという事実は，最後の一戦でフランスにとり圧倒的な地政学的利点となった，と指摘している．フランス軍は普遍的理想を掲げる輝ける勝利者として迎えられ，彼らは革命の体現者であった．Immanuel Maurice Wallerstein, *Geopolitics and Deculture: Essay on the Changing World-System*, Cambridge: Cambridge U. P., 1991. 丸山勝訳『ポスト・アメリカ——世界システムにおける地政学と地政文化』藤原書店，1991年，26頁．

9 H. J. Mackinder, "The Geographical Pivot of History," *Geographical Journal*, Vol. 23, 1904, pp. 421-424. 曽村保信訳「地理学からみた歴史の回転軸」，前掲『デモクラシーの理想と現実』251-284頁．

10 op. cit. Mackinder, *Democratic Ideals and Reality: A Study in the Politics of Reconstruction*. 前掲，曽村訳『デモクラシーの理念と現実』．

11 ibid., p. 150. 前掲書，177頁．

12 Mackinder, *Britain and the British Seas*, Oxford: The Claredon Press, 1922.

13 op. cit. Mackinder, *Democratic Ideals and Reality: A Study in the Politics of Reconstruction*, p. 70. 前掲，曽村訳『デモクラシーの理念と現実』73頁．

14 Alfred Thayer Mahan, *The Influence of Sea Power History: 1660-1783*, 2 Vols., Boston: Little, Brown, 1890. 水交社訳『佛國革命時代　海上権力史論』2冊，東邦協會，1900年．水交社訳『海上権力史論』2冊，東邦協會，1897年．［抄訳］北村謙一訳『海上権力史論』原書房，1984年．

15 Mahan, *The Interest of America in Sea Power: Present and Future*, Boston: Little, Brown, 1877. 水上海彦訳『太平洋海権論』川流堂，1899年．［抄訳］麻田貞雄訳『アルフレッド・T・マハン』アメリカ古典文庫，研究社，1979年．

16 Clarance B. Davis & Kenneth E. Wilburm, Jr. eds., *Railway Imperialism*, Westport: Greenwood, 1991. 原田勝正・多田博一訳『鉄路17万マイルの興亡——鉄道からみた帝国主義』

日本経済評論社，1996 年，第 8 章．薛銜天『中東鉄路軍與東北辺境倍政局』北京，社会科学文献出版社，1993 年．
17 稲垣満次郎『西比利亜鐵道論』哲學書院，1891 年．浅井勇『シベリア鉄道——軍事と経済の大動脈』教育社，1988 年．
18 Mackinder, "The Round World and the Winning of the Peace," *Foreign Affairs*, Vol. 29, 1943, pp. 595-605. 曽村保信訳「球形の世界と平和の解剖」，前掲『デモクラシーの理想と現実』285-305 頁．
19 坂本是忠『辺境をめぐる中ソ関係史』アジア経済研究所，1974 年．
20 ソ連経済システムの 1980 年代における構造危機が，米国のスターウォーズ計画 (1981 年) への対処で投資ファンドと消費ファンド間の軍事支出，及びノーメンクラトゥーラ（特権階級）を維持するための天引きに従う生産物の代替用途をめぐる紛争に始り，それが一定の限度を越えて生活水準の維持が不確定となってしまって支配層と市民の関係の緊張を生み出し，システムの崩壊を招いたと指摘したのは，レギュラシオン学派の成果であった．Bernards Chavance, *Le System économique Soviétique de Brejnev à Gorbache*, Paris: Nathan, 1990. 齋藤日出治訳『社会主義のレギュラシオン——ソ連経済システムの危機分析』大村書店，1992 年．Chavance, *Les réformes économiques à l'Est de 1950 aux années 1990*, Paris: Nathan, 1992. 齋藤日出治・齋藤悦郎訳『システム解体——東の経済改革史 150 - 90 年代』藤原書店，1993 年．
21 Yu・アファナーシエフ編，和田春樹・他訳『ペレストロイカの思想』群像社，1989 年．髙田和夫編『ペレストロイカ——ソ連・東欧圏の歴史と現在』九州大学出版会，1991 年，IV 外交の刷新．
22 Mikhail Gorbachev, *PERESTROIKA: New Thinking for Our Country and the World*, New York: Harper & Row, 1987. 田中直毅訳『ペレストロイカ』講談社，1987 年．Gorbachev, *PERESTROIKA: New Thinking for Our Country and the World*, London: Collins Sons & Co., Updated ed. 1988.
23 国際親善交流センター編・訳『未来への構想　ゴルバチョフ』にんげん社，1986 年，4-5 頁．
24 前掲書，229-230 頁．
25 ミハイル・S・ゴルバチョフ，ソ連内外政策研究会訳『ゴルバチョフ演説・論文集』III，国際文化出版社，1989 年，322-325, 334 頁．
26 Robert W. Dais, *Soviet History in the Golbachev Revolution*, London: Macmillan, 1989. 富田武・下斗米伸夫・他訳『ペレストロイカと歴史像の転換』岩波書店，1990 年．

3章

ハートランド支配と
ソ連の戦略

1. ロシアの膨張

　ユーラシアとはアジアとヨーロッパの両州を併せて1つの大陸と見做すときに使用される呼称であるが，このマッキンダーによってハートランドと称されたユーラシアの大平原に興隆したのがツァーリのロシアで，そのロシアは有史以前から現在に至るまで常に新しいフロンティアを求めて開拓と植民の歴史を辿ってきた[1]．このロシアは南のステップ地帯からは絶えず精悍な遊牧民の襲撃が繰り返し被り，西と北からはヨーロッパの大国が侵攻してきた．13世紀，モンゴルの来襲から第2次世界大戦のドイツ侵攻まで，ロシアは度重なる外国の侵略を被りながらも，それに十分堪え忍び，敵を退けて国家の支配を維持してきた．ハートランドと称されるそのエネルギー発露は，見事なロシア魂といえるものである．

　このロシア人の発現は，ロシアにとっては，「タタール（タタールはモンゴル軍に従ってきたトルコ系住民の称）の軛」への反撃といえるものであった．1921年8月ソフィアでロシア人のユーラシア人宣言が出されており，その創始者の1人ピョートル・ザビツキーは，ユーラシア主義の地政学理論を発展させ，スキタイ人主義運動を通じてその膨張主義を正当化させた．その概念は

「遊牧のロシア」にあって，国家主義者ケンハジー・シュガーノフらがその思想を展開したことに淵源している[2]．こうして，ロシアの愛国主義はスラブ統一志向へ，そして大ロシア主義へ，さらにスラブ主義の復興をもたらした[3]．

そのロシアの形成と支配は，以下の通り要約される．

——988年，ビザンチン帝国からギリシャ正教を摂取しロシア正教となったが，この信仰はモンゴルの来襲によってキエフ・ロシアの諸公国が滅ぼされても，ロシア人の心を支えた．こうして，ビザンチン世界における教会の国家への従属の伝統が生まれ，これによりロシア正教がロシアの国家支配の道具となった[4]．そのキエフ・ロシアの版図は，ドニエプル河流域を中心に，北はバルト海から，南は黒海まで，東はオカ川から，西はカルパチア山脈にまで及んだ．

——240年間にわたるタタールの軛（1240年キエフ陥落）を脱したロシアは，1280年樹立のモスクワ大公国を中心に全土を統一し，絶対主義政治・経済体制を強化した．モンゴルの来襲当時，ロシアは，北からのスウェーデンや西からのドイツ騎士団からも，ロシア正教への攻撃を加えられていたが，この氷上の戦いに勝利した．そしてイワン3世が自らツァーリ専制君主として支配し（在位1462-1505），1480年イワンはキプチャク・ハーンに対する忠誠を拒否した．ロシアはピョートル大帝期に近代化政策を遂行し，スウェーデンとの北方戦争（1700-21）に勝利した．この北方戦争の最中，フィンランド湾に注ぐネバ川の河口に新首都ペテルスベルグ（サンクト・ペテルブルグ／レーニングラード）が建設され，ロシア帝国の威容を誇示した．さらに，クリミア・タタールと戦ってクリム・ハーン国を併合し，そして幾たびかのオスマン・トルコ帝国との戦い（1569年，1677-81年，1710-11年，1736-39年，1768-74年，1787-92年）で，新ロシアの版図を獲得し，さらに，プロイセン及びオーストリアと謀ってポーランドを分割して（第1次ポーランド分割，1772年）その東半分をロシア領とした．このツァーリの国家は，ナポレオン戦争で最後に勝利して軍事大国として世界政治に登場するところとなり，ウィーン会議（1814-15）では，アレクサンドル1世が主役を演じた．

このロシアの発展史は不凍港を求める南下主義とシベリア開発による極東進出，そして中央アジア支配の東漸主義にあった[5]．その主要な事件は，次の通りであった．

——1556年イワン4世（在位1533-84年）は，カザン・ハーン国，アストラン・ハーン国に遠征して東方へと発展し，その国境が移動する度びに国境軍を新設し，これがロシアの東方進出を担った．1642年にオホーツクにコサック隊の城壁が建設された．

——1768年ウクライナでロシアがトルコ領に侵攻し，モルダビア，ワラキアを占領し，1774年クチュク・カイナルジ条約で黒海北岸の支配を決定的にした．

——1828年トルコマンチャイ条約で東アルメニアを併合し，1920年アルメニア・ソビエト社会主義共和国を樹立した．

——ロシア・トルコ戦争（1877-78）に勝利し，バルカン進出を覗かせた．

——1735年オレンブルグ要塞を建設し，カザフスタンへのロシア人入植が始まり，1783～1797年に反ロシア暴動が起きたが，1860年代を通じロシア支配が確立し（1876年南部領有），1920年キルギス自治ソビエト共和国となり（首都をオレンブルグからクズィル・オルダへ移転），1925年カザフ自治ソビエト共和国となり（首都はアルマティへ移転），1929年にカザフ・ソビエト社会主義共和国へ移行した．

——1813年ペルシャとのグリスタン条約でグルジア，イメリチャ，ミングレリア，及びペルシャ領ダゲスタン，シルバン，ガンジェイ，カラバクの各州とデルペンド及びバクー両港を取得し，さらに，ロシア・ペルシャ戦争（1826-1827年）で，1829年トルコチャンマイ条約でペルシャのエリバン，ナチバンを奪取し，黒海を内海とした．以後，ロシアはペルシャに圧倒的勢力を扶植した．さらに，1844～48年アラル海，1856年シルダリャ畔に陣地を構築し，1883年トルクメン支配に従事してペルシャのメルゴ・オアシスを収めた．これで，ロシアの中央アジア征服は終わった．

——1801年ペルシャ支配の東グルジアを併合し，1873年ロシア・トルコ戦

争で東グルジア全土を併合し，1919年ザカフカス連邦共和国が成立した（1922年アルメニア，アゼルバイジャンとともにザカフカス・ソビエト連邦社会主義共和国樹立）．

——1785年キルギス人に対し異端寛容勅令を公布して宗教工作に着手し，1839年オレンブルグから清朝支配のヒバ遠征を試み失敗したものの，1863年キルギスタン南部を領有した（1876年北部領有，1918年トルキスタン自治社会主義共和国に併合）．以来，ヒバ・ブハラ・コーカランド攻略に入り，1865年に要衝タシュケントを占領し，1868年にサマルカンドを占領してブハラ・ハーン国を，1873年ヒバ・ハーン国をそれぞれ保護領とし，これらは1918年トルキスタン自治ソビエト社会主義共和国に編入された（1924年ウズベク・ソビエト社会主義共和国に編入，1929年ウズベクから分離して後者はタジク・ソビエト社会主義共和国へ移行）．1924年コーカランド・ハーン国も併合してウズベク・ソビエト社会主義共和国となった．1869年ロシア軍はカスピ海東岸に上陸し，1916～1918年バスマチ暴動を制圧して，1924年トルクメン・ソビエト社会主義共和国が成立した．

——1864年タルバガタイ条約でイリヤンハイを入手し，さらに天山南路の併合を進めた．1875年中国に接するコーカランド・ハーン国がトルキスタンに併合された．

——1858年清国とアイグン条約を締結してアムール川以北の領土を獲得した．1860年北京条約でウスリー河／烏蘇里江以北の沿海州を取得し，1871年にロシアはウラジオストック港を建設し，シベリア艦隊をここに移した．

ここにユーラシア遊牧民族の経済基盤はロシア人の入植・定住政策によって喪失し，ソ連は，彼らをソビエト政権に糾合し，共産党支配のもとで社会の再編成を強行した[6]．さらに，第2次世界大戦期を通じ，スターリンは自ら国家の安全にとって危険と見做されるとした諸民族，朝鮮人・ドイツ人・その他の少数民族を，ソ連各地からソ連支配の中央アジアに強制移住させた．こうした中央アジアへの非遊牧民族の流入は，スターリン以後も継続され，またフルシ

チョフ時代に，最大の穀物生産地，カザフスタンに大量のロシア人が移住した．これは，イスラム教徒の動向を評価せず反革命と規定し，もって反ボルシェキ運動の高揚を恐れたからであった．但し，カザフスタンを除いて，共産党幹部に大幅な裁量が認められたことで，社会的には遊牧の伝統的集団が残り，このことが遊牧的パターンの再現を招来するところとなった．

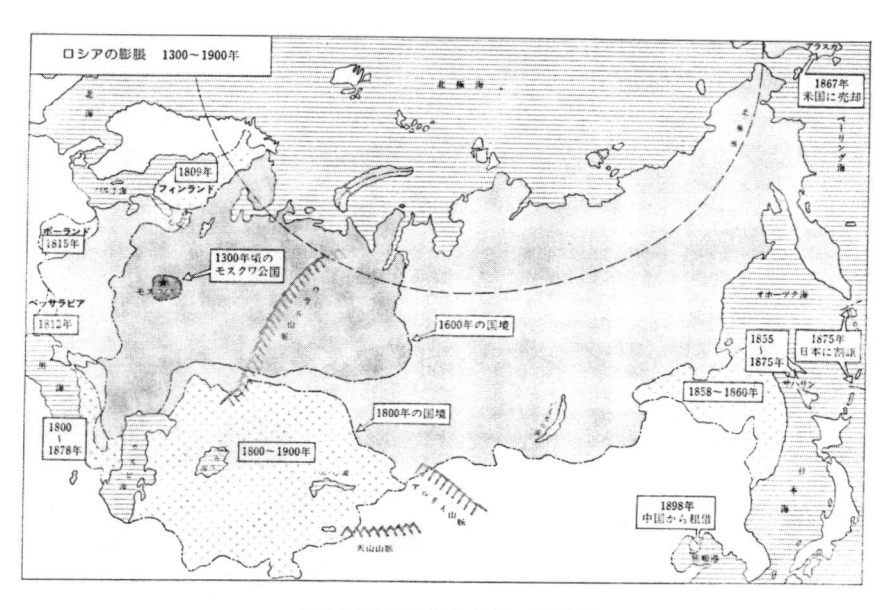

図 3-1 ロシアの膨張，1300〜1900 年

　米国のロシア史の権威アダム・ウラムは，その膨張のパターンを，そのソ連外交史『膨張と共存』(1968 年) で，こう考察している（そのロシアの膨張は図 3-1 をみよ）．
　「ボルシェビキ自身が数カ月と経たないうちに気づく羽目となった通り，直接の最も重要な帰結は，ボルシェビキがロシアの支配者ツァリーの相続

人になったことであり，……18世紀のヨーロッパ諸国と違って，ロシアの膨張は政治的膨張というにとどまらず，優れて種族的な性格を持っていた．……アジア，つまりウラル山脈以東では，ロシアは，16世紀以来，たまに遊牧民にぶつかるだけで，これといった障碍もなく拡張を続けた．……このようにして，18世紀後半以後のロシアでは，独特のタイプのナショナリズムを生み出す条件が形成されていく．そこに産み落とされるロシア型のナショナリズムは，ロシア革命の日まで驚くほど頑強に生き続け，スターリンのもとで全面的に復活する．……

ヨーロッパの大国になったロシアは，アジアの大国にもなった．だが，ロシアが18世紀に経験した大きな歴史的幸運，それ以後，現代に至るまで，ロシアの運命に大きくのしかかることになる．……この膨張的ナショナリズムは，今いうところの「代償要因」に突き動かされていた．ロシアの支配者は，領土と軍事力の巨大さが，西ヨーロッパに対する文化と社会の後進性を帳消しにしてくれる，と感じていた．ドイツ系の王朝と行政・軍事両面にわたる極めてドイツ的な官僚をもって，民族的・宗教的膨張を追求した18世紀末のロシア，それとユダヤ人，ポーランド人をはじめとする多数の非ロシア系民族から成り立ち，政治的・イデオロギー的な政府計画を次々と打ち出した初代のボルシェビキたち．歴史的な類似性を注意深く辿るとき，この両者の間には，少なくとも一筋の共通点を見出すことができる．……スターリンは，1930年代に入って，帝政ロシアをマルクス主義の教義に従って整理することを止めてしまい，ソビエト政府はイワン雷帝（イワン4世）やピョートル大帝（ピョートル1世）の施策をいくつか継承している，と言い出した．……ソビエト・ロシアと帝政ロシアの間には，幾つかの基本的結び目が存在していた．……

日露戦争から学んだ国内政治上の胸襟，つまり，日露戦争は，かつて規模の小さい戦争であったにもかかわらず，帝制を崩壊寸前にまで導く契機となった，という事実を，まさか帝政ロシアの政治家が忘れ去ったとも想えない．

ツァリーの独裁政治は，自らのイデオロギーと国際主義の義務感の命ずるままに行動すれば，専制政治の原理そのものが危機に瀕する恐れがあること位は十分承知していた．にもかかわらず，外国への義務感と自らのイデオロギーに骨がらみに拘束され，踏みとどまることができなかった．その点，ソビエト体制は，帝政ロシアをうわまわる「イデオロギーと使命感の大風呂敷」を広げはするが，ソビエトの運命を左右するような決定的なかかわりあいは，慎重に避けて通る．

以上引用したスターリンの見解は，革命前のロシアの国家目標であった膨張主義を暗黙のうちに是認したものである．……

東ヨーロッパは，完全にロシアの支配下に入る．ドイツ民族の領土は，中世にドイツ人が占めていた線にまで押し戻される．スターリンの政府は，表向きは無神論を掲げておいて，東ガリツィアではカトリックの礼拝を弾圧し，代わってギリシャ正教を広めるのに努力する．これは，1830年代と40年代に，ニコライ1世の政府が西方の勢力圏内でしたことの引き写しである．……

これらの事実は，革命で隔てられた新旧2つの体制が，実は強靭な連続性をもっていることを雄弁に証明している．[7]」

これがハートランドの原型である．

2. 新疆ウィグルの自決要求

一方，中国に組み込まれた新疆地方は，ロシア革命の影響を受けた後，1910〜30年代におけるアジア辺境，ペルシャ・モンゴル・チベットでの英国とロシアの角逐，いわゆる「グレート・ゲーム」も終わり[8]，これら域外列国の干渉の衰退で，1930年代にイスラム暴動となり，それが新疆の伝統的な社会秩序に対する対内革命に転化した．そこでは，当時の支配者盛世才がイスラム反乱の革命派を組み入れた革命家として，そして体制分子（蒋介石の伝統的集団）と連繋して軍事弾圧に走った軍事冒険主義家としての2つの矛盾し

た側面を通じて，以下の4つの選択を生み出した．
(1) ロシアの物的援助と引き換えに，日本の内陸アジアへの浸透を阻止した（盛世才は，日本の大学に留学し，軍人となった後，再び日本の陸軍大学に留学し，日本の大陸進出政策につき十分に理解していた）．
(2) 満州から後退した満人系の中国軍をロシアの支援で導入し，地方的独立性を維持した．
(3) 新疆の中国人（漢人）を犠牲にしてウィグル人政治指導者に主導権を与え，自己の支配体制を維持した．
(4) 中央（蒋介石政権）の専門家を受け入れる一方，ロシアとの連繋を維持しつつ，新疆の非中国遊牧民族に特権を付与した．

　最初の3つは，彼の革命期の選択であり，残りの（4）は中国内戦期の政策であった．独ソ戦では，ソ連の勢力後退で，彼は中国共産党員を逮捕したが，抗日戦争の終了までは，右派から左派までの連立政権を維持した．それが可能であったのは域外の干渉がまったく空白であったからであった[9]．

　この状況を，そこでのソ連の意図がモンゴル中央アジアの諸共和国，そして新疆を加えたウィグル共和国の樹立構想にある，とみていた．米国のハートランド周辺のリムランドへの関心はここに焦点が当てられており，加えて，内陸アジアの変革速度が戦禍を被ったヨーロッパの回復速度よりも大きかっただけに，米国の戸惑いがあった．それに対する米国の政策はトルーマン・ドクトリンに従う封じ込めにあったが，それが失敗であるとは内陸アジアの専門家オーウェン・ラティモアが指摘した[10]．さらに，彼は，「新疆の首都ウルムチを中心として半径1千マイルの圓が，世界の他のいかなる同じ大きさの地域に見られるよりも，もっと多くのさまざまな種類の辺境をかかえている．蒙古人，中国人，インド人，アフガニスタン人，内陸アジア・トルコ諸言語のどれかを話す諸民族，及びロシア人のあいだには，言語や文化の上で国境がある[11]」と述べた．この新しい重心こそが世界の焦点になる，というのがそこでのラティモアの指摘であった．但し，中国内戦における米国の共産党支配と対決で

は，新疆・内蒙古のリムランド支配の変動が十分理解されていなかった．実際，1946～1947年に新疆ウィグル人の東トルキスタン共和国が樹立された．これに対し蒋介石の中国は，ソ連による分割統治と同様に，民族政策と漢人の入植政策で解決できるとしていた．にもかかわらず，ウィグル人の自決要求は残り，それは現在も続く[12].

3. リムランド・内陸アジアの激動

ハートランドに接するロシアの内側の三日月地帯リムランド，内陸アジアでは，1918～31年にイスラム土着運動，バスマチによるイスラムの大規模反乱が起きた[13]．1913年，青年トルコ革命を担ったオスマン帝国の陸相エンベル・パシャも，1921年この運動に参加した．現在，中央アジアの最大イスラム組織は，1960年6月創設のイスラム復興党で，それはロシア南部のアストラハンでの結集に始まり，当初はタジク人が主力であったものの，タゲスタン，チェチェン，イングーシの出身者も参加し，さらに，ロシアとシベリアのタタール人も参加した．但し，この組織はイスラム原理主義とは一線を画していて，

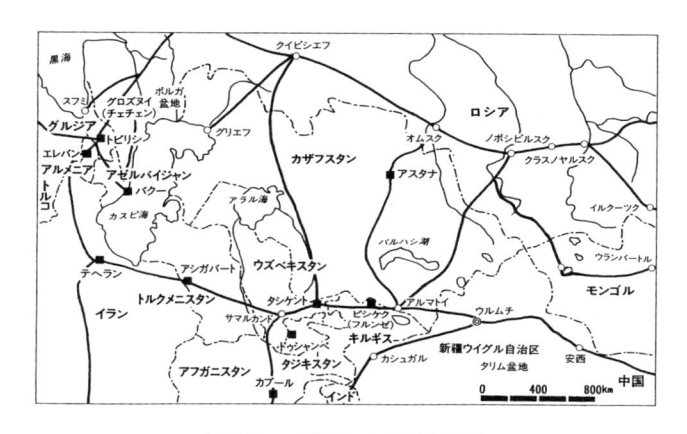

図3-2 ユーラシアの中央アジア諸国

イスラム共和国を目指してはいなかった．ウズベク共産党第一書記イスラム・カリモフは，ウズベキスタンのイスラム化を企図したが，それはトルコの世俗主義をモデルとしていた．一方，1992年5月起きたタジキスタン内戦は，影響力あるイランとロシアの調停で解決したが，それはイスラムを原則とすることを確認した妥協で解決できた．

このイスラムの覚醒はアヤトラ・ホメイニのイラン革命によってステレオタイプ化された反西洋的な求心的イスラム原理主義を体現しているとの理解が強まったが，ダニエル・クレセリウスが指摘する以下のイスラム原理主義風土が残るエジプトでの観察は妥当である．

「近代化の過程や世俗主義に関する多くの研究は，人間が生きていく上でのあらゆるシステムが，政治・経済システムと同様に，心理的・知的システムが変容を免れないものであることを認めている．だが，エジプトでは，少数の西欧化された人を除いて，社会のレベルであれ，国家のレベルであり，その変容を見出すことはできない．伝統的信仰，実践，価値体系は，膨大な数の農村住民や都市の大衆を圧倒的に支配している．伝統への固執は，特定の階層や職業集団に限らず，エジプトのすべての社会階層で広範にみられる特徴である．[14]」

この限り，現代イスラムの復興は，すべての者が当然のこととして受け入れてきた知的挑戦であり，それが西洋でもっとも支持されてきた信念や価値観に合わなかったことで，そのイスラム主義の挑戦を社会のビジョンを映し出すものでなく過去への退行だとしてしまい[15]，西欧では，危険で非合理的な反体制運動と見做してしまうところとなった[16]．そうしたイスラム理解を増幅させたのがウサマ・ビンラディンにより鮮明にされた挑戦であった[17]．

ソ連邦の崩壊と中央アジア諸国の独立は，新疆ウィグル自治区のイスラム住民を刺激した．イスラム主義の潮流が流れ込み，東トルキスタン独立運動を活発化させた．新疆からトルコへ亡命したウィグル人・カザフ人は宣教内部勢力と接触し，彼らの東トルキスタン解放戦線指導者イス・ユーソフ・アルブテキ

ンは歴代のトルコ大統領と会見し，1991年8月イスタンブールで開催のイスラム諸国会議に参加した．このウィグル人のネットワークは，1992年2月のCIS（独立国家共同体）国際ウィグル連盟がカザフスタンのアルマトゥイで結成されて成立し，以後，全世界にひろがった．

アフガニスタン内戦は，ソ連が中央アジアにおけるイスラム勢力の封じ込めを企図して，1997年12月介入して始まったが，そのソ連の封じ込めは失敗し，1994年7月以降，パキスタンに支援されたスンナ派パシュトゥン人のイスラム組織タリバンの活動が目立った．タリバンはサウジアラビアの支援を受けたが，それは，スンナがシーアのイランと対立していたからである．1998年8月18日イランの最高指導者アリ・ホセイン・ハメネイは，タリバンを米国の傀儡と非難したが，一方，米国はタリバンをテロ組織として警戒し，そのタリバンを封じ込める調停に関与した．それはアフガニスタンを通過するパイプライン・ルートの支配のためであった．そのタリバン工作は成功せず，米国はタリバン政権を2001年2月崩壊させた．

このリムランドの変動は，ハートランドの変動までも引き起こしてしまった．ユーラシアの中心部，新疆，中央アジア，アフガニスタン，カフカス地方（黒海とカスピ海の間），さらに南スラブ一帯とトルコが，その激動の中心にある．

4. 米国のハートランド地政戦略

ズビグニュー・ブレジンスキーは，その地政学的視点において，共産主義の終焉を論じ[18]，そしてこの世界の激動を，彼は「アウト・オブ・コントロール」と指摘しており，「ソ連の崩壊によってユーラシアのハートランドは地政的な真空地帯となった．技術の進歩した西側世界とユーラシアのはての極東地域にはさまれ，かつては帝国の隠れ家であり，世界に対する思想的挑戦の中枢であったこの広大な地域は，現代史のブラックホールとなっており，現在も混沌としている．……しかも，長期的に見ると，この状況はまったく新しい深刻な政治的危機の発生源となるかもしれない」と述べ，さらに「最大の危険を孕んだ

楕円地域では,さまざまな集団がいろいろな組み合わせで衝突する可能性がある」と指摘した[19].それへの回答として提起されたのが,ユーラシアを真の意味における世界大国,ユーラシア以外の大国（米国）が世界の覇権を掌握するべく支配する米国の世界戦略であった（図3-3,3-4）[20].彼はこう述べる.

「世界全体が地政戦略の対象となり,たがいにイデオロギーのアヘン性を主張したことから,［米・ソ］両国の対立は世界史上類をみないほど,激しいものとなった.……地政学的にみると,米・ソが衝突したのはユーラシア大陸の周辺地域であった.中心陣営の支配権はユーラシア大陸の大部分に及んでいたが,周辺諸国は圏外であり,北米陣営では,広大なユーラシア大陸の西端と東端の沿岸地域を確保できた.こうして大陸の橋頭堡を防衛できるかどうかが,その後の冷戦戦略の試金石となった（西部「前線」ではベルリン封鎖,東部「前線」では朝鮮戦争がその典型である）.

……ユーラシア全域を勢力下に収めようとするユーラシア陣営の行動を,北米陣営が封じ込めることができ,さらに,核戦争に発展するのを恐れて両者が直接の軍事対決を最後まで思いとどまったため,冷戦の帰趨は軍事力以外の手段によって決まることになった.……

対抗するソ連の崩壊により,アメリカは特異な立場におかれることになった.史上はじめて,しかも,本当の意味で世界を勢力圏とする唯一の覇権国となった.」（第1章 新しいタイプの覇権）

「アメリカにとって,地政上の最大の目標はユーラシア大陸である.……アメリカの世界覇権は,ユーラシア大陸での優位をどこまで長期にわたって,どこまで上手く維持できるかに直接左右される.……このような意味で,アメリカがユーラシアをどのように「管理」するかが決定的に重要になってくる.ユーラシアは世界最大の大陸であり,地政上の基軸である.ユーラシア大陸を支配する大国は,世界でもとくに先進的で経済が発展している3つの地域のうち,2つを支配できる.地図をみればすぐにもわかるように,ユーラシアを支配すれば,ほぼ自動的にアフリカも従えることができ,西半球

とオセアニアは世界の中心に位置する大陸からみて，地政上の周辺部に過ぎなくなる［図3-3参照］．……

　ユーラシアは世界の覇権をめぐる闘いが展開されるチェス盤になっている．……主要な参加者はチェス盤の西，東，中央，南に位置している．……したがって，主要な参加者に焦点をあわせ，舞台の現状をしっかり評価することが，アメリカにとって，ユーラシアでの地政上の権益を長期にわたって管理する戦略を構築する際の出発点となる．」（第2章ユーラシアというチェス盤）[21]

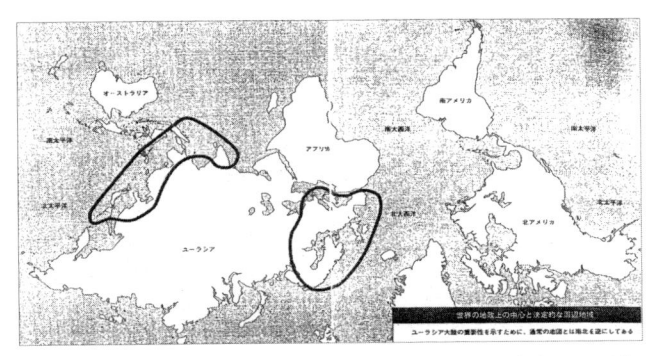

図3-3 世界の地政上の中心（ハートランド）と決定的な周辺地域（リムランド）

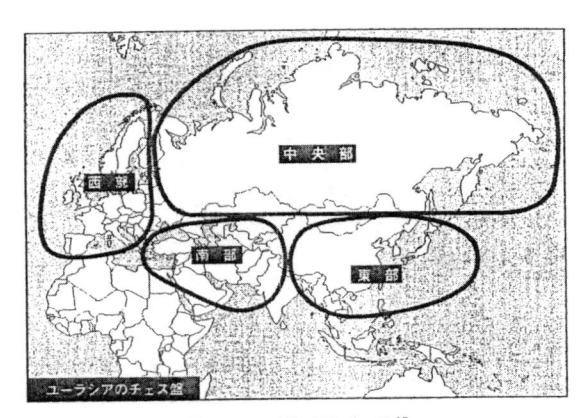

図3-4 ユーラシアのチェス盤

そこで，ブレジンスキーが指摘するユーラシア大陸のチェス盤戦略，つまり，地政的権益の戦略的管理の地政戦略は，以下の通りである．

(1) ユーラシアの地政状況に決定的な意味を持つ国をチェス盤ゲームに参加させて，管理する．
(2) ウクライナは，ユーラシアというチェス盤で，新たに重要な位置を占める．
(3) トルコとイランはともに地政上の要衝である．トルコは，黒海地域・バルカン半島南部での安定に与し，カフカスでは，ロシアの対抗勢力となり，イスラム原理主義に対する解毒剤となる．イランは，アジアに登場した政治的多元性を支える役割を果たしており，ペルシャ湾地域のアメリカの権益に対するロシアの脅威を押さえる防護壁となっている．
(3) 韓国は地政上の要衝となっている．
(4) ヨーロッパ統合に関する政策は，ウクライナを含めて，支持する．
(5) 「黒海のクリミアに始まり，ロシアの南の国境に沿って東に進み，中国の新疆ウィグル自治区にぶつかり，そこから南に下ってインド洋に達し，今度は西に紅海まで進み，北に地中海東部を通ってクリミアに戻る地域[22]」は25カ国があり，民族や宗教が入り組み，政治的に安定しない（後述のいわゆる遮断地帯）．
(6) イスラム原理主義運動が，アメリカのライフ・スタイルに対する宗教的反感を増幅しアラブ・イスラエル紛争を利用して，中東世界，さらに世界全体を揺さぶっている（文明の衝突）[23]．
(7) 中国が大国として登場し，地政戦略上，地域の安定のために，中国の取り込みが課題となった．韓国への米軍駐留は日米体制の堅持にとり安全弁となり，米軍の引き揚げは中国の朝鮮半島の統一に向けた影響力の行使においてその対価となる．
(8) 起こりうる危険な同盟は，中国とロシア，そしてイランが参加した「反覇権同盟」であるが，これはイデオロギーによらず現状不満への範囲でのみ生じうるところで，その中国のイニシアチブは低い．

以上が，ブレジンスキーによる米国のユーラシア戦略の基本である．

クリントン米政権は2000年1月地政戦略文書「新世紀のための国家安全保障戦略」[24]を発表した．同戦略は，3つの「関与の戦略」，すなわち①米国の安全保障強化，②経済的繁栄の下支え（世界経済システムの健全性の維持），③外国での民主主義と人権の推進を取り上げた．特に安全保障の強化では，国境を越えた脅威，本土の防衛，全米ミサイル防衛（NMD）が打ち出され，「大規模な戦域戦争を戦い，勝利するころは，米国の究極的な課題である」とした．そして，そのためには，2つの戦域で連続的に起きる敵の当初の前進を目標達成前に迅速に敗北させる，非通常型のアプローチが用いられる状況下でも勝利を収める（米本土及海外における防衛）との視点が強調された．そして，その文脈で，ロシアとNIS（新興独立国）に対して脅威を削減する戦略を進めると，米国は地政戦略を策定した（クリントン・ドクトリン）．

これに従い，2000年4月マドレー・オルブライト米国務長官がカザフスタン，キルギス，ウズベキスタンを訪問した．それは，米国のハートランドに対する新たな戦略の展開であった．その戦略では，同時に，日米同盟の強化，米朝枠組み合意の実施，中国の国際的責任の履行，及び朝鮮半島の平和と安定の実現，さらに，中東和平プロセスの推進，イランとの相互信頼などが取り上げられた．

日本は，1997年7月24日橋本龍太郎首相が経済同友会会員懇談会演説でユーラシア外交に向けた橋本ドクトリンを発表し，政府は1998年3月そのための経済計画を策定した．しかし，その外交は進展していない．

5. ユーラシア地政学

石郷岡建は，『ユーラシアの地政学――ソ連崩壊後のロシア・中央アジア』(2004年)[25]で，中央アジアのイスラム原理主義運動と米国・中国・ロシアの確執を指摘したが，そこで議論されたユーラシア地政学の問題点は，以下の3点にある．

まず，ソ連の崩壊は，カスピ海の石油・天然ガス資源（石油確認埋蔵量300

億バーレル)とその搬出パイプライン・ルートを根底から変えてしまう可能性を提起し,関係者はいつでもそのゲームに参画できる状況となった.ソ連の崩壊で反ソ感情が一挙に噴出したが,それは,モスクワの支配からの脱却で,ロシア・ルートに代わる新ルートはこうして浮上した.クリントン政権はソ連のような軍事大国を2度とつくらないとして,ソ連への依存を払拭させるために最大の援助をもって,この地域に介入した.但し,米国はイランを革命テロ支援国として除外した[26].当然に,トルコ・ルート(集積基地バクー―アゼルバイジャン―グルジア―トルコ山岳地帯―仲介地ジェイハン港)とアフガニスタン・ルート(トルクメニスタン―アフガニスタン―パキスタン―インド洋)の計画が登場した.後者のアフガニスタン・ルートはタリバン政権がアフガニスタンを支配し,中止となったが,アルカイダの追放でハミド・カルザイ政権が成立し,再び計画が浮上した.前者の構想は,バクー―黒海のグルジア・ルート,カザフスタン(カスピ海北岸)から黒海(ノボロシスク)へ,またカザフスタンから新疆の中国へ通じるルートとともに検討された.黒海へ通ずるルートは,バクー・ノボロシスク・ルートがチェチェン自治共和国を通ずるため,内戦で混乱し,チェチェンを迂回したルートがロシアによって完成し,さらに,ロシアはロシア・トルコ間のブルー・ストリームという海底パイプラインを完成させた.トルクメスタンは,カスピ海海底資源領有問題でアゼルバイジャンと対立し,これによりトルコ経由ルートは断念された.一方,アフガニスタン・ルートは,アフガニスタンからタリバンとアルカイダを追放したのにもかかわらず,アフガニスタンの治安情勢悪化で停頓している.一方,バクー沖に代わってカスピ海北岸のカザフスタンでの生産が増大し,黒海ルートが重視され,その一方,中国は新疆ルートに取り組んでいる(図3-5)[27].そのカスピ海の地政政治は表3-1をみよ.

2002年5月ジョージ・W・ブッシュ大統領はモスクワでウラジミル・プーチン・ロシア大統領と会談し,新エネルギー協力に合意した.8月ロシアは米国へ石油輸出を始めた.極北のムルマンスクに大型タンカー施設が建設され,

表 3-1 カスピ海をめぐる動き

年　月	事　項
1992.11	カザフスタン，OPEC参加意思表明
1993.10	カスピ海会議開催（アストラハン），ロシアがカスピ海共同開発を提唱
1997. 8	中国・カザフスタン原油ルート建設合意，2003.9第1期公事（アティラウ―ケンキャク間）完工，2004.9第2期公事（アタス？新疆阿拉山間）着工（2005.12完工予定）
9	トルクメニスタン，自国セクター内の鉱区国際入札
10	バクー―ノボロシスクAIOCロシア原油パイプライン，稼働開始
1998. 2	ロシア・カザフスタン，海底分割，海上共同利用で合意，1998.7協定調印
3	アゼルバイジャン・ロシア，海底分割で合意，2002.9境界画定条約調印
12	トルクメニスタン―イラン・ガスパイプライン稼働開始
1999. 4	バクー―スプサ原油パイプライン，稼働開始
11	バクー―トビリシ―ジェイン（BTC）パイプライン建設合意，2005.3バクー―ロビリシ間完成，2005.12完工予定
2001. 7	イラン軍機，アゼルバイジャンの石油探索船を威嚇
11	カザフスタン・アゼルバイジャン，海底境界画定協定調印
2002. 4	沿岸5ヵ国首脳会議，カスピ海領有問題協議，成果なし
5	カザフスタン・ロシア，共同開発議定書調印
5	トルクメニスタン・アフガニスタン・パキスタン，アフガニスタン・ルート建設合意，2002.12調印
9	ロシア・アゼルバイジャン，カスピ海国境画定協定調印，イランは反発
10	トルクメスタン・アフガニスタン・パキスタン・ガスパイプライン（タウラダバート―ヘラート―カンダハル―クエッタ―ムルタン間）建設合意
11	テンギス油田―黒海ノボロシク・ガスパイプライン，稼働開始
12	ロシア―トルコ・ブルーストリーム・パイプライン稼働開始
12	カスピ海―アフガニスタン―パキスタン・ガスパイプライン計画調印
2003. 4	トルクメニスタン・ロシア，ガス分野協力協定調印（25年間ロシア独占供給）
5	ロシア・カザフスタン・アゼルバイジャン，カスピ海北部海底分割完了
6	カザフスタン，海底鉱区の国際入札
11	カスピ海諸国会議，生態系枠組み5ヵ国協定調印
2004. 1	トルクメニスタン，ロシアへの天然ガス供給開始
2	日米欧企業連合，カザフスタンと開発合意（2008生産開始予定）
2005. 5	チェチェン迂回のバクー・トビリシ・ジェイハン・パイプライン稼働開始（2002着工）
10	中国，カザフスタン石油開発合意

　西シベリア石油が北極海を経由して米国は運ばれた（図3-5をみよ）．そこでは，ユーラシアのリムランド（遮断地帯）をめぐり米国・ロシア・サウジアラビア（石油輸出国機構）の三角力学が起動し始めた．

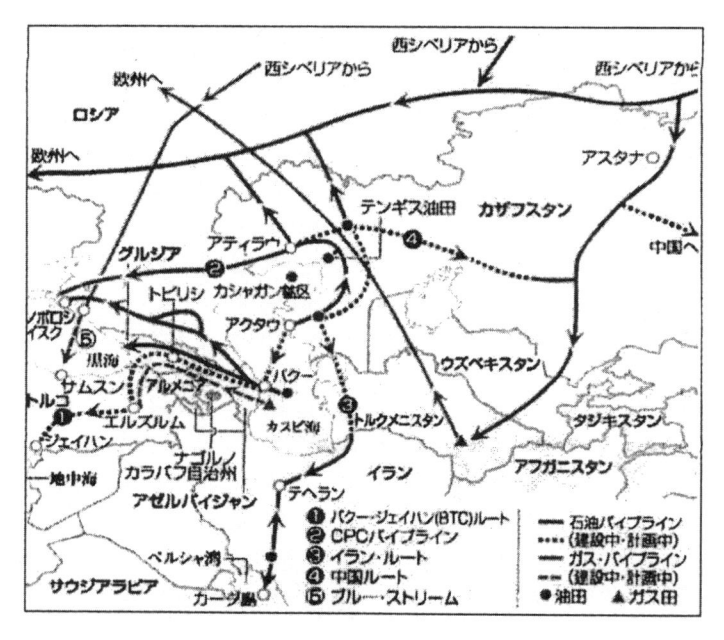

図3-5 カスピ海周辺地域の石油・天然ガス・パイプライン

　次に，米国は，ソ連の崩壊後，ユーラシアの不安定地域（遮断地帯）中東から中央アジアに至る大三日月地帯に軍事進出し，積極関与の軍事戦略を展開した．クリントン政権の政策はソ連再生の根を剥ぐ徹底したロシア弱体化政策にあったが，これに対し，ブッシュ政権の新秩序戦略は，米国がユーラシア地域に展開し，直接関与し支配するというもので，それは中央アジアの豊富な資源獲得とともに，中央アジアが中東をも含めて国際テロの温床となっているとの判断があり，そのためにはイスラム世界を改造するという目標が明確となっている（第6章6ブッシュ・ドクトリンをみよ）．

　実際，中央アジアのアフガスタン，タジキスタン，キルギス，及びウズベキスタンのパミール高原は，イスラム原理主義の温床である．このパミール高原

は，中国新疆カシュガルの天山山脈に繋がり，そこはウィグル人地帯である．1999年8月，キルギスで起きた日本人技術者誘拐事件（同年10月解決）は，ウズベキスタンの東部，フェルガナ盆地のウズベキスタン・イスラム運動が起こした．このイスラム復興運動はロシアに対抗する民族運動として成長したが，ソ連の崩壊後，それらはタリバンのもとで過激なイスラム原理主義運動としてアルカイダに合流した．それはユーラシア・イスラム義勇軍となり，アフガニスタン，タジキスタン，キルギス，ウズベキスタンの4カ国，さらに中国新疆ウィグル地区で活動している．タリバン・アフガニスタン政権の崩壊で，その活動は低迷した（表3-2）．

その西方，キジルクム砂漠，カラコルム砂漠，そしてカスピ海を越えたカフカス山脈も，彼らの活動基盤である．このカフカス山脈はロシア・ユーラシアと中東アラブを結ぶ回廊であり，かつてのロシアの南限国境はこのカフカスであった．彼らの活動には，そうした限界はない．そのカフカスの北にチェチェン自治共和国がある．ロシアはチェチェンに独立を許せば，ロシア連邦の崩壊となるとして決して認めず，弾圧を続け，泥沼の戦いと化している[28]．

第3に，今後選択されうる地政的変化のリストをあげると，以下のようになる．
——NATOとEUの東方拡大による中央アジア支配（グルジア，アルメニア，及びウズベキスタンはそうした条件にある）．
——ウクライナとモルドバのヨーロッパ組み込み（両国は元来がヨーロッパ圏であった）．
——カフカス地域の独立と再編（ロシアの支配を脱出してイスラム連帯の国家を形成することがカフカス住民の希望である）．
——ロシアへの再接近（トルクメニスタンはその条件を模索しており，NATO体制にはいったが，ロシアに向けたそのイスラムの選択は難しい）．
——米国のユーラシア地政戦略の頓挫（このユーラシア戦略は米国・トルコ関係が基軸となっており，トルコはNATO体制にあるがEU加盟は頓挫している．トルコ内でのイスラム原理主義テロも解消されていない）．

表3-2 中央アジア諸国の現状

グルジア （旧ザカフカス連邦共和国）	・1990.12ロシア北オセチア州への併合を求める南オセチア紛争，1992.6和平合意 ・2003.11総選挙で混乱，政権交代 ・ロシアはパンキン渓谷にチェチェン武装勢力がいると非難	・1999.4独立国家共同体CIS集団安全保障条約脱退（NATO加盟を希望） ・ロシア軍駐留（2008.撤退完了） ・1993.8国連グルジア監視団展開 ・GUAM参加
アルメニア （旧ザカフカス連邦共和国）	・2004.9テロ防止のための国外テロ組織拠点の先制攻撃を表明 ・2003.2大統領選挙で混乱	・1999.4独立国家共同体CIS集団安全保障条約脱退（NATO加盟を希望） ・ロシア軍・多国籍軍駐留
アゼルバイジャン （旧ザカフカス連邦共和国）	・アルメニア人のナゴルノ・カラバフ紛争（アルメニア併合を要求）を抱える ・1995.3クーデタ未遂事件 ・2003.8大統領選挙で国際非難	・1999.4独立国家共同体CIS集団安全保障条約脱退（NATO加盟を希望） ・ガバラ・レーダー基地のロシア提供 ・GUAM参加
カザフスタン	・2003.6中国とのパイプライン建設で合意 ・権威主義体制に対し野党の抵抗強化	・カスピ海の海軍創設でロシアと対立 ・上海協力機構，ユーラシア経済共同体加盟
ウズベキスタン	・ウズベキスタン・イスラム運動のイスラム国家建設闘争が南東部で活動，2001.12以降，活動後退 ・2005.5反政府暴動	・1999.4独立国家共同体CIS集団安全保障条約脱退，上海協力機構加盟 ・ロシア軍駐留 ・米軍は2005.11撤退完了
タジキスタン	・1991.8大統領解任 ・1991.11大統領選出，1992.9解任 ・1997.6反政府勢力と内戦終結協定調印 ・2001.9ラモフ文化相暗殺，暗殺事件続発	・国境警備隊はロシア軍将校が指揮 ・1994.12～2000.5国連タジキスタン検証団展開 ・米軍駐留 ・上海協力機構，ユーラシア経済共同体加盟
キルギス	・2002.5民衆闘争で内閣交代 ・2005.4民衆闘争でアカエフ大統領亡命 ・1999.12大統領の任期を無期限化	・米軍に基地提供，ロシア軍もテロ掃討作戦基地・駐留，中国軍と対テロ軍事演習 ・上海協力機構，ユーラシア経済共同体加盟
トルクメニスタン	・1999.12大統領の終身決定 ・2002.11ニヤゾフ大統領狙撃事件	・積極的中立外交（1995.12国連決議で永世中立国） ・2005.8独立国家共同体CIS準加盟要望
アフガニスタン	・2001.12タリバン政権崩壊，ウサマ・ビンラディは行方不明 ・2003.5米軍の対テロ闘争終結宣言	・多国籍部隊駐留
ロシア連邦（カフカス） チェチェン共和国 イングーシ共和国	・1990.11一方的独立宣言，加盟拒否，紛争激化，ロシア軍の破壊・殲滅作戦 ・1990.10チェチェン・イングーシ共和国大統領選挙をボイコット ・2005.3独立派マスハドフ元大統領，ロシア軍が殺害 ・1990.11国民投票でチェチェン・イングーシ共和国からの分離とロシア連邦加盟支持	・ロシア軍駐留・戦闘状態 ・独立派はガバルジノ・バルカル共和国で聖戦継続 ・ロシア軍駐留

（注）GUAMはグルジア，ウクライナ，アゼルバイジャン，モルドバ4カ国の頭文字．民主主義と経済発展のための地域連合．

——中国の進出と内陸アジア鉄道の開通（中国とカザフスタン及びキルギス関係は良好で，カザフスタン，キルギス，ウズベキスタン，タジキスタンが上海協力機構に参加している．但し，タジキスタンのみは中国と国境を接していない）．それは，シルク・ロード[29]の現代的再現——ユーラシア横断鉄道〈連雲（江蘇省）—霍爾果斯（ドゥルジバ）（カザフスタン）—アルマティ—モスクワ—ワルシャワ—ロッテルダム〉——で，この内陸アジアの横断ルート「反共鉄道」の開発は第2次世界大戦期に日本も検討していた[30].
　——イスラム世界の混迷化（米国は果たして国際テロの張本人アルカイダのネットワークを切断し，彼らを壊滅に追い込めるかどうかは不明である）．
　——ユーラシアをめぐる米国・ロシア・中国の角逐（米国・ロシアはG8で協力関係もあるが，ロシアは太平洋とともにユーラシアでは中国及び米国との拮抗が続く）．プーチン大統領は、2006年7月ピョートル1世がヨーロッパ窓口として開いたサンクトペテルスブルグでG8を開催した．
　そこでは，国家形成上の内政外政の矛盾（表3-2をみよ），及びイスラム・コネクションと，対外干渉が著しく，展望が難しく，その動向も一様でない[31].

【注】
1　大橋与一『帝政ロシアのシベリア開発と東方進出過程』東海大学出版会，1974年．
2　廣岡政次『ロシア・ナショナリズムの政治文化——「双頭の鷹」とイコン』創文社，2000年，第3章．
3　Masaryk Th. Gomas, *Russland und Ruropa: Studien über die geisigen Strömangen in Russland*, Jena: Verlag Diedrichs, 1918. 佐々木俊次・行田良雄訳『ロシア思想史』Ⅰ・Ⅱ，みすず書房，1956-1962年．佐々木俊次『ロシア思想史——スラヴ思想の展開』地人書房，1960年．V・ゼンコーフスキイ，高野雅之訳『ロシヤ思想家とヨーロッパ・ロシヤ思想家のヨーロッパ文化批判』現代思潮社，1973年．
4　田中貞夫『ロシア革命と正教——社会主義國における土着信仰の諸相』ぺりかん社，1969年．N・S・ゴルジェンコ，宮本延治訳『現代ロシア正教』恒文社，1990年．ニコライ・ミハイルビッチ・ニコリスキー，宮本延治訳『ロシア教会史』恒文社，1990年．
5　Gaston Cahen, *Histoire des relations de la Russie avec la Chine soune Pierre le Grand(1689-1730)*, Paris: Alcan, 1912. 川田秀雄訳『近世露満蒙關係史』福田書房，1935

年．江載華・鄭永泰訳『彼得大帝時期的俄中関係史』北京，商務印書館，1980 年．Andrei Anatolievich Lobanov-Rostovsy, *Russia and Asia*, New York: Macmillan, 1933/ Ann Arbor: George Wahrr, 1951. 東亜近代研究會訳『ロシア東方經略史』生活社，1942 年．G・カーエン，東亜外交史研究會訳『露支交渉史序説』生活社，1941 年．三橋富治男「中央アジアに於ける露國經史概観」，『中アジアの風雲』目黒書店，1941 年．エス・ヴェ・バフルーシン，外務省調査局訳『スラヴ民族の東漸』外務省調査局，1943 年．前掲，坂本『辺境をめぐる中ソ関係史』．吉田金一『近代露清関係史』近藤出版社，1974 年．加藤九祚『シベリアの歴史』紀伊國屋新書，紀伊國屋書店，1983 年，1994 年．James Foesyth, *A History of the Peoples of Siberia: Russia's North Asian Colony 1581-1990*, Cambridge: University Press, 1992. 森本和男訳『シベリア先住民の歴史──ロシアの北方アジア植民地』彩流社，1998 年．西川克典『ロシア革命と東方辺境地域──「帝国」秩序からの自立を求めて』北海道大学図書刊行会，2002 年．

6 『ロシヤ革命とロ領内回教徒──ロシヤ領回教徒諸国のソヴェト組織』東亜研究所，1941 年．中東調査会編『低開発国の社会主義移行に関する研究──中央アジアのソビエト化と近代化との関係』中東調査会，1964 年，第 3 章中央アジアのソビエト化．辻村明編『現代ソヴェト社会論──社会学的分析』日本国際問題研究所，1970 年，第 8 章西村文夫「民族──現代ソヴェト社会と民族関係」．

7 Adam B. Ulam, *Expansion and Coexistence: The History of Soviet Foreign Policy, 1917-67*, New York: Frederick A. Praeger Publishers, 1968, pp. 4-12. 鈴木博信訳『膨張と共存　ソビエト外交史』第 1 巻，サイマル出版会，1978 年，3-14 頁．

8 入江啓四郎『支那邊疆と英露の角逐』ナウカ社，1935 年．Peter Hoplirk, *The Grate Game: On Secret Service in High Asia*, London: John Murray, 1990. 京谷公雄訳『ザ・グレート・ゲーム──内陸アジアをめぐる英露のスパイ合戦』中央公論社，1992 年．

9 杜重遠『盛和世和新疆』北京，生活書店，1939 年．前掲，坂本忠『辺境をめぐる中ソ関係史』．今谷明『中国の火薬庫──新疆ウィグル自治区の近代史』集英社，2000 年．

10 Owen Lattimore, *The Situation in Asia*, Boston: Little, Browan & Co., 1949. 小川修訳『アジアの情勢』日本評論社，1950 年．

11 Lattimore, *Pivot of Asia: Sinking Inner Asia Frontier of China and Russia*, Boston: Little, Brown & Co., 1950. 中国研究所訳『アジアの焦點』弘文堂，1951 年，第 7 章．前掲，今谷『中国の火薬庫──新疆ウィグル自治区の近代史』．

12 王柯『東トルキスタン共和国研究──中国のイスラムと民族問題』東京大学出版会，1996 年．小島麗逸「中国──漢民族による新疆支配」，広瀬崇子編『イスラーム諸国の民主化と民族問題』未来社，1997 年．山本賢二「新疆ウィグル自治区における民族分離運動の動向──『新疆日報』を中心として」国際関係研究，第 16 巻第 3 号，1998 年．山本「『東トルキスタン亡命政府』樹立についての考察」中国事情，第 1 号，2004 年．山本「『東トルキスタン亡命政府』樹立とその動向」現代中国事情，第 1 号，2005 年．

さらに，以下をみよ．劉義棠編『維吾爾研究』台北，國立政治大學，1975 年．權藤与志夫編『ウィグル──その人びとと文化』朝日新聞社，1991 年．新免康「中華人民共和国期における新疆への漢族の移住とウィグル人の文化」，塚田誠之編『民族の移動と文化の動態──中国周縁地域の歴史と現在』風響社，2003 年．

13 Fazal-Ul-Rahim Khan Marwat, *The Basmachi Movement in Soviet Central Control Asia*, Peshawar: Emjay Books International, 1985. 渋谷知可「フェルナガにおけるバスマチ運動1916-1924年──シル・ムハンメド・ベクを中心とした『コルバシュ』たちの反乱」ロシア史研究, 第51号, 1996年.
14 Daniel Crecelius, 'The Cours of Secukarization in Modern Egypt,' John L. Esposito ed., *Islam and Development: Religion and Sociopolitical Change*, Syracuse: Syracuse U. P., 1980, p. 60.
15 John L. Esposit, *The Islamic Threat: Myth or Reality*, New York: Oxford U. P.,1992, 1995. 内藤正典・宇佐美久美子訳『イスラームの脅威──神話か現実か』明石書店, 1997年, 30頁.
16 Bernard Lewis, *What Went Wrong? Western Impact and Middle Eastern Response*, New York: Oxford U. P., 2002. 今松泰・福田義昭訳『イスラム世界はなぜ没落したか？ 西欧近代と中東』日本評論社, 2003年.
17 その対決の図式は，以下の整理をみよ．浦野起央『国際関係のカオス状態とパラダイム』勁草書房, 2004年, 108-206頁.
18 Zbigniew Brezinski, *The Birth and Death of Communism in the Twentieth Century*, New York: Scribher, 1989. 伊藤憲一訳『大いなる失敗──20世紀における共産主義の誕生と終焉』飛鳥新社, 1990年.
19 Brezinski, *Out of Controle: Global Turmoil of the Eve of the Twenty-First Century*, New York: Schriber/ Toront: Maxwell Macmiller International, 1993. 鈴木主税訳『アウト・オブ・コントロール──世界は混乱に向かう！』草思社, 1994年, 第4部グローバルな無秩序, 第1章地政的な真空地帯, 169, 177頁.
20 Brezinski, "A Geostrategy for Eurasia," *Foreign Affairs*, Vol,76 No.5, Sep./Oct. 1997.「ユーラシアの地政学」中央公論, 1997年11月号. Brezinski, *The Grand Chessboard: American Primacy and its Geostrategic Imperative*, New York: Basic Books, 1997. 山岡洋一訳『ブレジンスキーの世界はこう動く──21世紀の地政戦略ゲーム』日本経済新聞社, 1998年, 50-51頁. 山岡訳『地政学で世界を読む』日経ビジネス文庫, 日本経済新聞社, 2003年.
21 ibid. 前掲, 山岡訳『ブレジンスキーの世界はこう動く──21世紀の地政戦略ゲーム』15-19, 47-53頁.
22 ibid. 前掲書, 76頁.
23 これは，サミュエル・ハンチントンの主題である．Samuel Philips Huntington, *Clash of Civilization and the Remaking of World Order*, New York: Simon & Schuster, 1996. 鈴木主税訳『文明の衝突』集英社, 1988年．それは，モロッコの文明学者マフディ・アルマンジュラと米国の中東史家バーナード・ルイスの対決である．前掲, 浦野『国際関係のカオス状態とパラダイム』198－206頁をみよ．そのハンチントンの視点が問題性を有するのは，その文脈では，文明を共有する者としか同盟関係は築かれないとの視点を強力に打ち出しているところにあり，それは自らの「西洋」の優位を失うといった懸念があるからであるとしていた．これこそ文明間の紛争を不可避とし，テロリストに好都合な立論となっている点である．したがって，その文明化とは恐怖を生み出す状況と表裏一体を構成するところとなる．その意味では，フランスの哲学者マルク・クレホンのいう文明の衝突は「欺瞞」ということになる．Marc Crépon, *L'*

imposture du choc des civilisations, Paris: Pleins Feux, 2002. 白石嘉治訳『文明の衝突という欺瞞』新評論, 2004 年.
24 *A National Security Strategy for a New Century*, Washington, DC: White House, Dec. 1999.「新世紀のための国家安全保障」世界週報, 2000 年 4 月 4 日号, 11 日号, 25 日号, 5 月 2 日号, 9 日号, 16 日号.
25 石郷岡建『ユーラシアの地政学——ソ連崩壊後のロシア・中央アジア』岩波書店, 2004 年.
26 ウサマ・ビンラディンもテロ戦場へのイランの関与が立証された. 浦野起央『安全保障の新秩序——国家安全保障再考, テロ・環境・人間の安全保障』南窓社, 2003 年, 第 2 章国際テロの現在性と反テロ安全保障.
27 前掲, 浦野『新世紀アジアの選択——日・韓・中とユーラシア』186-189 頁. 佐久間邦夫「ユーラシアのパワー・ゲーム——カスピ海資源をめぐる米露・周辺諸国の思惑」海外事情, 1998 年 5 月号. バレンティーン・マクシク, 大西史郎訳「ポスト・ソ連空間とカスピ海地域の天然ガス資源」共産主義と国際政治, 1998 年 11 月号. 宮田律『中央アジア資源戦略——石油・天然ガスをめぐる「地経学」』時事通信社, 1999 年. 石油公団企画調査部「最近の CIS 諸国における石油・天然ガス開発動向」上・下, 石油・天然ガスレビュー, 第 32 巻第 2 号, 第 3 号, 1999 年. 前掲, 石郷岡建『ユーラシアの地政学——ソ連崩壊後のロシア・中央アジア』132-143 頁. 橋田坦編『中央アジア諸国の開発戦略』勁草書房, 2000 年. 輪島実樹「カスピ海・エネルギー輸送路開発と国際関係——カスピ海ブームに見る転機」ロシア研究, 第 30 号, 2000 年. 輪島『カスピ海・エネルギー資源開発をめぐる国際関係の展開』国際政治 138『中央アジア・カフカス』2004 年. アルバハン・クルバノヴィッチ・マゴメドフ, 伏田寛範訳「カスピ海沿岸地域における石油と石油トランジット——21 世紀を目前とした土地および資源獲得競争に関する地政学的・地域的分析」北東アジア研究, 第 8 号, 2005 年.
28 林克明『カフカスの小さな国——チェチェン独立運動始末』小学館, 1997 年. 林克明・大富亮『チェチェンで何が起こっているのか』高文研, 2004 年. Himan Rights Watch, *Russial Chechenya: A Legacy of Abuse*, New York: Himan Rights Watch, 1997. Carlotta Gall et al., *Chechenya: Calamity in the Caucasus*, New York: New York U. P., 1998. アンナ・ポリトニフスカヤ, 三浦みどり訳『チェチェンやめられない戦争』日本放送出版協会, 2004 年. 植田樹『チェチェン大戦争の真実——イスラムのターバンと剣』日新報道, 2004 年. 横恵『チェチェンの呪縛——紛争の淵源を読み解く』岩波書店, 2005 年.
29 von Albert Herrmann, Berlin: Weidmannsche Buchh,1910. 安武納訳編『古代絹街道——パミール高原ルートの研究』霞ヶ関書房, 1944 年. 王鉞・李蘭軍・張隠剛『亜欧大陸交流史』鄭州, 鄭州大学出版社, 2000 年. 金連縁訳『シルクロード全史』中央公論新社, 2002 年.
30 湯本昇『中央アジア横断鐵道建設論——世界平和への大道』東亜交通社, 1939 年.
31 Ali Banuazizi & Myron Weiner eds., *The New Geopolitics of Central Asia and its Borderlands*, London: L. B. Tauris/ Bloomingston: Indiana U. P., 1994. 木村汎・石井明編『中央アジアの行方——米ロ中の綱引き』勉誠出版, 2003 年. 岩崎一郎・宇山智彦・小松久男編『現代中央アジア論——変貌する政治・経済の深層』日本評論社, 2004 年.

4章

ヨーロッパ半島の運命

1. ヨーロッパ地政学

　ヨーロッパはハートランドにとっては半島である．その周辺に島嶼の英国が存在する．

　西欧はロマンス系とチュートン系に区分される．この両者は海峡によって互いに隔たれていて，3世紀にはフランス騎士団が英国を支配し，あるいは1世紀にわたり英国がフランスに侵攻した時代もあった．1558年メアリー女王は，大陸に残る英国領土カレーを失い，そして翌59年のカトー・カンブレージ条約で，英国とフランスは和平を達成した．18世紀に海洋国家英国と大陸海洋国家フランスの戦争となったが，それはフランス王朝が大陸国家として大陸での支配を確立するために行ったものであり，その他の戦争は，海外植民地と貿易上の競争の問題に限定されていた．

　ナポレオン戦争には，英国も参加したが，本来，それは，ユーラシアをめぐる東・西ヨーロッパのあいだの勢力争いであった．当時の国民国家は，互いに人口・資源において大差がなかったので，安易に1791年8月のオーストリアとプロイセンの革命フランスに対するピルニック共同宣言に誘発されて，戦争となった．戦争の技術と組織力では，ナポレオンが国民戦争を発動できた

ことで優れていた[1]．これに対し，ヨーロッパの大陸諸国は，フランス革命の波及を防止するための大規模な大地主貴族の国際同盟といえるものをもって対決しており，ナポレオンは，スペインの無敵艦隊を撃滅し，続いてオランダを屈服させ，世界政策の実行において最上の位置にあった英国との対決を強いられた[2]．当時，英国は，すでに市民社会を確立しており，産業革命に入った段階にあり，機械製品と植民地物産の販売市場，食糧・木材の調達市場としての大陸諸国との関係を維持しなければならず，英国としては，資金の提供であれ，出兵の発動であれ，傍観視することができず，革命戦争からナポレオン戦争に至る7回にわたる対仏同盟に参加した（第1回1793年ウィリアム・ピット英首相が提唱，第2回1799年ナポレオンのエジプト遠征でピット首相が発議，第3回1805年，第4回1806年，第5回1806年ナポレオンの大陸封鎖に対抗してジョージ・カニング英外相が提唱，第6回1813年ナポレオンのロシア遠征に対する報復で成立，第7回1815年ナポレオンのエルバ島脱出で結成）．つまり，英国は巧みに外国の力を利用してフランスと対決した．そのナポレオンの陸地権力によるヨーロッパ覇権を阻止できたのは，英国の海洋権力であった．英国は，ヨーロッパ大陸を包囲して西欧諸国に対する物資の補給を断絶し，逆に自国に対する海外からの輸入を保持することになった．その上，英国の東欧諸国への支援が可能であったのは，バルト海を英国が支配できたからであり，そのためには1801年ネルソン提督の英艦隊が2度にわたりコペンハーゲンを攻撃した．ネルソンは1803年トラファルガー海戦でフランシ・スペイン連合艦隊を撃滅し，ナポレオンの英国上陸の企図を粉砕した．これに対し，ナポレオンは皇帝権力を支える軍需景気とそのための大陸征服を不可欠としており，第1次イタリア遠征（1796年）における5,000万フランと美術品獲得がその国際戦争への転機となった．

1816年，ナポレオンのワーテルローにおける敗北と神聖同盟の成立によって，半島大陸を構成する東欧と西欧のあいだに均衡が回復した．しかし，東欧を構成する2大要素のチュートン系とスラブ系のあいだには，西欧におけ

るロマンス系とチュートン系のあいだのような釣り合いというものはなかった．ベルリンとウィーンの2つの中心がスラブ系の部分に存在するのは，それ自体，1つの歪みであった．いいかえれば，これらの両都市は，元来，ドイツ民族の東方植民活動（12～14世紀）の拠点であった[3]．フランスとドイツは相互にその進出を許さなかった[4]．シャルルマーニュの時代には，エルベ河とその支流ザール河が，スラブ系とチュートン系の境界であった．そのフランス民族の普遍的拡張[5]に対し，ドイツ民族のその進出は国家有機体そのものの成長であった[6]．一方，これに対して，スラブは多様で，ロシアは東スラブ（ロシア，ウクライナ，ベロロシア）で，またポーランドとチェコスロバキアは西スラブ系で一体である．これに対し，スロベニア，クロアチア，セルビア，マケドニア，及びブルガリアは南スラブ系で，それはとりわけ非スラブ系ギリシャ正教徒とのあいだの認識からスラブのロシアへの傾斜を深めた．実際，セルビアのアレクサンダル公ミラン・オブレノビチ王（在位 1882-89）は国民の強いロシア感情を前に退位を余儀なくされた．後継のアレクサンダル・オブレノビチ王（在位 1889-1903）の下で，セルビアとブルガリアは，一時，オーストリアへの接近をみたものの，スラブ意識と親ロシア感情の強い国民の反発を招き，彼は暗殺された．歴史的概念として「東欧」意識を欠いてきたのは，東欧のスラブ系と正教徒の民族のあいだに，同時に現れた親ロシア感情があり，ロシアの東欧・バルカン政策がそれに強く利用したからである．

　ドイツ民族は，古代ローマ時代には，ライン河とドナウ河のあいだの地で，ローマ帝国の勢力圏外に独自のゲルマン社会を形成していたが，フランスの東境拡大発展がみられるなか，その民族の成長とともに，以下の通り版図を広げていった．

(1) バルト海沿岸レニングラードの北方――リューベックを中心にハンザ同盟（ドイツ・ハンザ）の商人が活動し（11世紀から19世紀までその活動があった）[7]，以後，十字軍を担ったチュートン騎士団が進出した．
(2) シュレージェン地方――オーデル河を遡って進出した．

(3) ドナウ地方——ダニューブ河沿いにウィーンを包囲したトルコ軍を撃退してハンガリーを確保し，ハプスブルグ・ドナウ帝国を形成した．
(4) ザクセン地方——ルクセンブルグ家から手に入れたブランデンブルクは東プロイセンとともに7年戦争（1756～62年）でシュレージェンを加えた．オーストリアは1866年プロイセン・オーストリア戦争でドイツから排除されたが，1938年にドイツに併合された．
(5) ラインラント及びウェストファーレン——プロイセンはここにドイツ人飛地を形成し，このローマ人の先住地に対するフランスの干渉も退け，東欧の拠点を得た．
(6) 南チロル——第1次世界大戦で失ったが，1939年に取り戻した．
(7) ポーランド回廊——バルト海への通路をなすこの回廊は1772年ドイツ領で，1918年ウィルソン大統領の14カ条でポーランドに割譲されたが，ヒトラーが再び干渉した．

ドイツの大国化は，スラブに向いており，ロシアにとり脅威となり，ロシアはフランスとの同盟を追求してドイツを牽制した．

2. スラブ／バルカン地政学

スラブの東欧は一体でなかった．東中欧は，ポーランド，チェコ，スロバキア，ハンガリー，及びユーゴスラビア北西部で，カトリック圏にあり，そのポーランド，チェコスロバキア，及びハンガリーの成立とキリスト教化は，暴教討伐を名目としたドイツの攻勢に対抗したものであった．民族移動期に東アルプス，エルバ河中・下流域，バルト海南岸に拡がったスラブ人居住地は，12世紀以降，ドイツの東方植民によってドイツ化され，バルト海沿岸には13世紀にドイツ騎士団が進出し，ドイツ人地主・商人のバルト沿海支配が続いた．貴族が存在しなかったチェコでは，プラハがボヘミア（のちのチェコスロバキア）帝国の中心として栄えた．これに対するところのポーランドとハンガリーは自由戦士の階層化が著しく，特にポーランドは，自らの特権（ポーランド貴族の「黄金

の自由」)に固執して王権の絶対化に抵抗してきた．このために，ポーランドは，ロシアの支配に対して無益な反乱を繰り返すところとなり，幾度びか国家の解体に巡り会うことになった（第1回1772年ロシア，プロイセン，オーストリア分割，第2回1793年ロシア，プロイセン分割，第3回1795年プロイセン，ロシア，オーストリア分割）．こうした背景で，20世紀に入ると，ゲルマン社会とスラブ社会の区別は根拠のないものとなってしまった．その一方，そこではスラブの一体性が1945年以降，作られた東欧として強調されたが，宗教的文化の違いが大きく，一体性は根拠を欠いた[8]．

　これに対し，南東欧は，19世紀初めには、ブルガリアの中央を走るバルカン山脈の南を指しており，バルカンの用語が使用されていたが，それは，19世紀末までに，サバの両河を境とする半島全域の地域名として定着した．古代ローマ帝国はドナウ流域までを版図としており，それでマジャール（ハンガリー人）がこの地へ移動し，定着し，建国した．ハンガリーは17世紀まで，その中心がトルコの直轄領であり，東部のトランシルバニアは属領であった．ゲルマンの民族移動で，カルパチア南のスラブはドナウ流域をスラブ化し，一方，ギリシャ本土では，ギリシャ人に同化されるも，支配層はトルコ系イスラムで住民の差別が続き，このため民族国家の形成が阻害された[9]．そしてギリシャの独立戦争（1821-29年）とともに，これにヨーロッパ列強，特に英国がバルカン半島の民族解放運動をめぐり関与し，その争点は東方問題（Question d'Orient）として論じられた．この東方問題は，「瀕死の病人」と称されたオスマン帝国の衰退に対するロシア皇帝ニコライ1世のトルコ干渉に始まり，その目的はダーダネルス海峡とボスポラス海峡の制覇にあり，ためにロシア・トルコ戦争が繰り返された（表11-6をみよ）．これに対して，ロシアの南下をインドへの通路の脅威とみた英国は，ヨーロッパの勢力均衡とオスマン帝国の保全を主張した[10]．

　つまり，オスマン・トルコ帝国が17世紀の最盛期を越えて衰亡していく過程で，バルカン諸民族の民族覚醒が高まった．それは古代・中世の栄光ある

イデオロギーとの連係があったものの，内部からナショナリズムの安定した担い手を生み出されないまま，列強の介入をみ，悲劇となった．その主な事件は，以下のものがあった．そして，それは1914年のサラエボ事件で第1次世界大戦をもたらすところとなった．

- 1699年　カルロビィツ条約で，トルコはオーストラリアに対してハンガリー，トランシルバニア，クロアチア，スラベニアを喪失．
- 1774年　クチュック・カイナルジ条約でロシアがトルコの内政に介入．
- 1875年　バルカン危機でセルビア，モンテネグロ，ルーマニアの独立，ブルガリアの自治．
- 1878年　サン・ステファノ条約でトルコはセルビア，モンテネグロ，ルーマニアの独立承認．
- 1908年　トルコ革命でオーストリア・ハンガリー帝国がボスニア・ヘルツェゴビアナを併合．
- 1912年　第1次バルカン戦争でセルビアとギリシャがマケドニア支配確定．
- 1913年　ブカレスト平和条約でアルバニア自治．
- 1919年　第1次世界大戦でポーランド，チェコスロバキア，ユーゴスラビア独立，ルーマニアはトランシルバニア，プロビナ，ベッサラビア，バナート東部を獲得．

こうした東欧の変動は正しく国家の興亡とその宿命を背負っており，それは第2次世界大戦で，さらにいま一度一変するところとなる．そして，ユーゴスラビアは内戦で，正しくは独立を宣言したクロアチアとセルビアによる侵略戦争で，1991年6月ユーゴスラビアの6共和国2自治州連邦が5つに分裂した．それをもたらしてしまった原因は，ドイツ統一の過程におけるクロアチア承認というヨーロッパ外交の責任，米国の石油政策に従う中途半端な介入とボスニア支援，さらにセルビア制裁の限界と国連平和維持活動の制約にあり，このことが旧ユーゴスラビア紛争の解決を1995年まで引き延ばしてしまった[11]．

3. ブレジネフ・ドクトリン

　1939年ドイツは，チェコスロバキアに侵攻し，次いで，ポーランドに侵攻した．これに対し，ソ連はポーランド東部を占領し，ポーランドは分割された（第2次ポーランド分割）．さらに，ソ連はベッサラビア，ヘルツェゴビナを，ハンガリーがトランシルバニアを，ブルガリアが南ドブルジアの返還を要求し，ルーマニアは国土の3分の1を失った．ドイツのユーゴスラビア攻撃，そして独ソ戦の発動でハンガリー，ルーマニア，ブルガリアがドイツ側に立って参戦したが，結局，ドイツの降伏を前に，ポーランドは東部をソ連に割譲しつつも，ドイツから広大な領土を取得し，ルーマニアはトランシルバニアを回復し，ベッサラビア，ヘルツェゴビナはソ連へ，南グルジアはブルガリアへの委譲となり，カルパチア・ウクライナ地方はソ連領となった．これにより，チェコスロバキア，ハンガリーはソ連と国境を接するところとなり，一方，アドリア海沿岸のイタリア領はユーゴスラビアに戻った．この戦後処理を行ったのはソ連で，1945年いずれの諸国もソ連軍の侵攻によって大きくソ連の影響を受けた．そこでは，人民民主主義体制のもとソ連の影響力が大きく，ポーランド，チェコスロバキアは米国が呼びかけたヨーロッパ復興計画（マーシャル・プラン）への参加を断念させられたばかりか，ユーゴスラビアの追放にもみるように，スターリン主義が強制され，一体の政治・経済体制が強いられた．

　その一体性を確認したのがブレジネフ・ドクトリンであった．1968年4月チェコスロバキアのプラハで社会主義の再生を目指す体制変革の宣言が発表され，「プラハの春」と呼ばれた改革運動が始まった．これに続き東ドイツ，ポーランドなどで政治的多元化の動きとなり，これに強い危惧を抱いたソ連は，8月ワルシャワ条約機構軍（ルーマニアを除く）80万人をチェコスロバキアに反乱鎮圧のため投入した[12]．そして，ブレジネフ・ソ連共産党書記長は，11月12日ポーランド統一労働者党第5回大会で，社会主義の成果を維持することは，すべての社会主義の責務であるとした．いわゆる制限主権論（ブレジネフ・ドクトリン）を発表し，ここに東欧共産圏の関係原則が規定された[13]．

同宣言はこう述べる．

「社会主義諸国は，あらゆる国の主権を厳格に尊重する．

われわれは，いずれの国の内政干渉にも，国家主権の侵害にも，断固反対する．

それとともに，われわれ共産主義者にとって特に重要な意義をもっているのは，社会主義建設の道を歩むようになった諸国家の主権を確立し，擁護することである．帝国主義と反動勢力は，あれこれの社会主義諸国の国民から，彼らを獲得した自国の繁栄を保証する主権，広範な勤労大衆が抑圧や搾取から解放された国を建設することによって獲得する幸福の利益を保証する主権を奪おうと企んでいる．ところが，こういった主権の侵害が社会主義陣営の側からの一斉反撃にさらされると，ブルジョア宣伝家どもは，「主権の擁護」だとか，「内政干渉」だとか，声高に喚き立てる．彼らの側からみて，これがまったくの欺瞞であり，デマであるのは明らかである．実際のところ，この喚き屋どもが心配しているのは，社会主義的主権の維持ではなく，社会主義的主権の絶滅である．……

経験が物語っているところでは，あれこれの国における社会主義の勝利を現在の条件下で最終的な勝利と見做し，資本主義復活の可能性がなくなったと見做すことができるのは，社会の指導的な力としての共産党が社会生活の全局面の発揮においてしっかりとマルクス・レーニン主義政策をとっている場合だけであり，党が国の防衛，その革命的獲得物の守りを絶え間なく強固にし，党が階級敵に対する警戒心，ブルジョア思想に対する非妥協性を自ら保持し，これを人民のなかに育成している場合においてだけであり，社会主義的国際主義の原則が神聖に遵守され，他の社会主義国との団結と兄弟的連帯が強化されている場合に限られる．

歴史の教訓を忘れたがり，ヨーロッパの地図を再び書き換えたがっている連中は，ポーランド・ドイツ民主共和国・チェコスロバキアの国境は，他のワルシャワ条約加盟国の国境と同様に，不動・不可侵のものであることをよ

く知るがよい．これら国境は，社会主義共同体諸国の全武力によって守られている．他国の国境内に足を踏み入れんとした物好きどもは，以上のことをよく覚えておけ，と忠告する．[14]」

そのブレジネフはデタントを主張し，一方では，断固たる政策をとった．それこそソ連モデルの二重性というものであった[15]．その矛盾が露呈して，このドクトリンは失墜した．1988年12月ゴルバチョフ・ソ連共産党書記長は，東欧からソ連軍を引き揚げ，ブレジネフ・ドクトリンは解消された．

4. 東欧と冷戦

この混然たる東欧を抱える半島では，東欧に激動が続く限り，西欧は必然的に大きな余波を蒙るという状況にあり，そして東欧にハートランドの一大勢力が成立した場合には，西欧は完全に孤立した半島の地位に陥ってしまうとの地政的条件にあった．

実際，その危惧は第2次世界大戦後に，現実態となった．その重大な意味を指摘したのは，当時，在野にいた前英首相ウィンストン・チャーチルであった．彼は，1946年3月5日ミズリー州フルトンのウェストミンスター・カレジ演説で「ステッチンからトリエステまで"鉄のカーテン"が降ろされている」と，以下のように述べた．

「……米国は，今や世界最強の地位にある．アメリカ民主主義にとって今が重大な時である．卓越した力を有しているということは，また，将来に対する大きな責任を伴うからである．……戦時においても，同様に平時においても，堅固な精神，一貫した目的，そして邪気のない堂々たる決断ということが，英語圏国民の行動を導く基本姿勢でなければならない．われわれは，この厳しい要請に耐えうることを証明しなければならないし，またそうするであろう，と私は信ずる．……

　バルト海のステッチンからアドリア海のトリエステまで，大陸を横切って鉄のカーテンが降ろされている．このカーテンの背後には，中欧及び東欧の

古くからの諸国の首都がある．ワルシャワ，ベルリン，プラハ，ウィーン，ブダペスト，ベオグラード，ブカレスト，そしてソフィア，これらの有名な都市はすべて，その周囲の住民もソビエト圏内にあり，何らかの形で，ソビエトの影響下におかれているだけでなく，ますます増大するモスクワからの強固な統制のもとに従属を強いられている．……

　ヨーロッパを横切って降ろされた鉄のカーテンのこちら側には，別の心配の種がある．イタリアでは，共産党が，共産主義をたたき込まれたチトー元帥のアドリア海頭部に位置する旧イタリア領に対する要求を支持せねばならないことで，非常に困惑している．にもかかわらず，イタリアの将来はどちらに向くのか分からないままである．……ロシア国境から遠く離れた世界中の多くの諸国において，共産主義者の第5列が結成され，固く統一しながら，共産主義中枢からの指令に絶対的に服従して活動している．共産主義が未熟な状態にある英連邦と米国を除いて，共産党あるいはその第5列は，キリスト教文明に対する挑戦を強化し，キリスト教文明を大いなる危険に曝しているのである．[16]」

それは，いうまでもなく的確な指摘であった．ソ連が支配する地域ではソ連が無限に勢力を拡大しており，この動きを制するためには圧倒的な武力が必要であるとする，冷戦の現実に対する指摘がそれであった．このチャーチルの指摘は，第2次世界大戦後の米国では，ルーズベルト大統領がイギリス帝国主義の方がソ連膨張主義よりも危険だと述べたと伝えられる見解への支持があったからであろう．実際，1944年12月ギリシャでの第2次共産党暴動に対してそれを阻止するための英軍の実力行使を，米国は非難していた[17]．

　この現実についての理解は，ウォルター・リップマンの著作『冷戦（Cold War)』によって一般化した[18]．この鉄のカーテン（iron curtain）とは，ソ連の秘密主義を非難して使用された用語で，ゲッペルス・ドイツ宣伝相が使用していた．このソ連の東欧支配を，ヒェウ・セトン・ワトソンは『新帝国主義』といい，その共産主義拡大は低開発国（発展途上国）の民族主義の利用にあり，

その新帝国主義の活用はソビエト社会内部の発展と中ソ関係にかかっていると，彼は論じた[19]．

その東欧共産政権支配の象徴は，1961年8月東ドイツから西ベルリンへ自由を求めた逃亡者の流出を阻止した「ベルリンの壁」建設であった．しかし，東欧諸国の西欧への接近は時間の問題であった．1980年代におけるハンガリーの大胆な経済改革は，政治改革突入への前哨線であった．1989年3月ハンガリー・オーストリア国境の有刺鉄線が切断され，8月西ドイツへ亡命する市民が激増し，ここに翌9月ハンガリーが西ドイツに亡命する東ドイツ市民の自由出国を認めたことで，もはや物理的手段では人間の自由を止めることができないことになった．こうして，ベルリンの壁も11月自由開放された[20]．

それは，西ドイツの東方政策が東・西ドイツ間にヒト，モノ，カネ，情報の大きな流れを生み出したところの結果であった．1989年10月東ドイツのライプニッツなどで自由旅行・自由選挙を止めるデモが起こり，1990年3月実施の東ドイツの自由選挙は，西ドイツの主要政党による代理選挙の様相を呈した．東ドイツ市民の統一要求は根強く，同90年10月東・西ドイツの統一が実現した．この激動に対し，ディエテル・セングハースは，『ヨーロッパ2000年——1つの平和計画』（1990年）で，東・西ドイツの統一はヨーロッパの統一経済圏の拡大と恒久的な世界平和の基礎となるヨーロッパとなるものである，と指摘した[21]．自由の達成は他の東欧諸国でも同様であった．

1991年8月ソ連に政変が起こり，その前年6月ロシア共和国の民族主権宣言と人民主権宣言で生じていたソ連とのあいだの二重権力状態が大きな動揺を引き起こし，ソ連共産党支配は事実上，機能不全となった．1991年12月ソ連は解体した．それは，社会主義の再生を求めたペレストロイカ時代の終焉を意味した．

5. ヨーロッパ統合とその東欧拡大

元来，エルベ河以東の地域として分離された東欧社会は，その構成がキリス

ト教社会である（表4-1）．18世紀以降，東欧と西欧の区別がなされ，スラブ世界は東欧とされた．その文脈で，ローマ・ゲルマン文化の西欧に対するビザンチン・スラブ文化の東欧という対比がなされ，またロシア革命が起こったことで，ドイツとロシアの中間に東欧／中欧を設定する努力もなされてきたが，第2次世界大戦後のソ連支配で，その東欧の理解は，政治的概念に転化し現実の存在となった．それで，東欧共産圏の解体はその民族的覚醒とともに，まず南スラブ民族を中心に成立していたユーゴスラビアでのセルビア民族主義の

表4-1 東ヨーロッパ諸国の社会構成

国　名	宗　教	接壌大国	接壌大国
ポーランド☆□	カトリック95%	ロシア・ドイツ	第1次,第2次,第3次分割
チェコ☆□	カトリック39%	ロシア・ドイツ	旧チェコスロバキア
スロバキア☆□	カトリック69%	ロシア	旧チェコスロバキア
ハンガリー☆□	カトリック67.5%,プロテスタント25%	ロシア	
ルーマニア□	ルーマニア正教87%	ロシア	
セルビア・モンテネグロ	セルビア正教65%,イスラム19%		旧ユーゴスラビア
ボスニア・ヘルツェゴビアナ	イスラム40%,セルビア正教31%,カトリック15%		旧ユーゴスラビア
スロベニア☆□	カトリック優位		旧ユーゴスラビア
クロアチア■	カトリック,セルビア正教		旧ユーゴスラビア
マケドニア■	マケドニア正教67%,イスラム30%		旧ユーゴスラビア
ブルガリア□	ブルガリア正教80%		
アルバニア■	イスラム70%,ギリシャ正教20%		
リトアニア☆□	カトリック	ロシア	旧ソ連
ラトビア☆□	カトリック,プロテスタント	ロシア	旧ソ連
エストニア☆□	プロテスタント,ロシア正教	ロシア	旧ソ連
ロシア連邦#	ロシア正教		旧ソ連
ウクライナ#△	ウクライナ正教,東方帰一教会,ロシア正教	ロシア	旧ソ連
ベラルーシ#	ロシア正教,カトリック	ロシア	旧ソ連（旧ドイツ）
モルドバ△	東方正教	ロシア	旧ソ連（旧ルーマニア・ウクライナ）
グルジア△	グルジア正教,イスラム	ロシア	旧ソ連

（注）☆EU加盟国,□NATO加盟国,■NATO加盟予定,#統一経済圏（他にカザフスタン参加），
△GUAM（他にアゼルバイジャン参加）．

高揚に始まって，スロベニア，クロアチア，ボスニア・ヘルツェゴビナ，マケドニアの独立とともに引き続く内戦と化した．当然に，そのヨーロッパ社会文化圏としての覚醒は欧州連合の拡大となる．西欧15カ国で発足した欧州共同体（EC）は，1973年に英国，アイルランド，デンマーク，1981年にギリシャ，1986年にスペイン，ポルトガル，さらに，1995年にオーストリア，スウェーデン，フィンランドの参加をみてきたが，2004年にはポーランド，ルーマニア，チェコ，ハンガリー，ブルガリア，スロバキア，リトアニア，ラトビア，スロベニア，エストニア，キプロス，マルタを加えて計25カ国の構成となる（図4-4）．この欧州統合の動きは，第1次世界大戦後，東のソ連と西の米国に挟まれ衰退していたヨーロッパ半島の激動で起こったものであるが，それは第2次世界大戦後，1950年5月9日ヨーロッパ統合の父，フランス外相ロベール・シューマン（1886-1963）がジャン・モネとの協力で[22]西ドイツ，フランス両国の石炭・鉄鋼生産全体を共通の管理におく提案を行い[23]，翌51年両国とイタリア及びベネルクス3国で欧州石炭鉄鋼共同体（ECSC）を設立して，さらに1957年欧州経済共同体（EEC）と欧州原子力共同体（EURATOM）を設立して（1958年1月発足），1967年7月それら諸国はECとなった．ここに東・西ドイツの統一で欧州統合がいよいよ進展して，1992年2月欧州連合条約（マーストリヒト条約）が調印され（1993年11月発効），欧州連合は，欧州通貨統合．主権国家間の協調強化を目指す外交・安全保障政策，及び司法・内務協力の3本柱を基本目標としている．

その欧州統合は，ヨーロッパ人の念願であった．既にチャーチルも1946年9月19日チューリヒ大学で行ったヨーロッパ合衆国演説で，こう指摘していた．「本日は，ヨーロッパの悲劇に言及する．……比較的小さい国ぐにのいくつかは，なるほど順調な復興を遂げつつある．しかし，広範な地域にわたって，苦しみ，飢え，やつれ，当惑しきった人類の膨大な部分の者が，うち震えながら，彼らの都市や家々の廃墟を前に茫然と立ちすくみ，また地平線の彼方からやってくる新たな危険，すなわち専制と恐怖の接近を，じっと見詰めて

いる．——実に，暗黒時代がその狂気と悲惨を再現しようとするかの如くである．……

しかし，そのなかにも常に1つの救済方法が存在している．もしわれわれが全般的にかつ自発的にそれを採用するなら，あたかも奇跡のように全場面を転換させ，全ヨーロッパ又はその大部分で，数年間のうちにも，スイスと同じように，自由かつ幸福にすることが可能でありえよう．この絶対最高なる救済方法とは何か．それは，「ヨーロッパ家族」，あるいはできる限りそれに近いものを再形成することであり，その共同体に平和，安全，そして自由な生活を保障するような機構を備えることである．われわれは，一種の「ヨーロッパ合衆国 (the United States of Europe)」を建設しなければならない．数億の勤勉な人びとが生活を生きるに足るものにする純粋な喜びと希望を取り戻すことができる方法は，この道しかない．……

私は，これから皆さんを驚かすような発言をしようと思う．ヨーロッパ家族の再形成にあたって，その第一歩は，フランスとドイツの提携である．こうすることによってのみ，フランスはヨーロッパの道義的な指導性を回復することができる．精神的に偉大なフランスと精神的に偉大なドイツを抜きにしては，ヨーロッパの誕生はありえない．……

われわれの普遍の目標は，国際連合の力を打ち建て強化することでなくてはならない．この世界的概念の枠組みのもとで，われわれは，「ヨーロッパ合衆国」ともいうべき地域機構の下にヨーロッパ家族というべきものの形成である．……この緊急な仕事のすべてにおいて，フランスとドイツがともに主導権をとらねばならない．英国，英連邦，強力な米国，そして私はソビエト・ロシアを加えたいが——なぜなら，そうすれば，すべてが上手くいくからである——．これら諸国は，新しいヨーロッパの友人となり支援者となって，その生存と光輝の権利を擁護しなくてはならない．[24]」

実際，東西冷戦の激化でソ連の脅威に対抗するために結成された北大西洋条約機構（NATO）は，冷戦の終結により，1991年11月開催したローマ首脳

会議で，域外の地域紛争にも全欧安保協力会議（CSCE，1972 年発足．ヨーロッパの和解と人権の保障に取り組み，1972 年常設機関として全欧安保協力機構 OSCE に移行）の枠内で対応する新戦略を決定し，12 月 NATO と旧ソ連・東欧諸国が安全保障・軍事協力について協議する北大西洋協力評議会（NACC）を発足させ，これを受けて 1997 年 5 月欧州大西洋協力評議会（EAPC）が発足した．2002 年 11 月 NATO 首脳会議は，東欧 7 カ国の加盟を盛り込んだプラハ宣言を採択し，バルト 3 国，スロバキア，スロベニア，ブルガリア，ルーマニアの 7 カ国が NATO に加盟した．そして 2003 年に NATO 軍は，ボスニア・ヘルツェゴビナ，マケドニアなどで平和維持活動を展開した．

6. バルト地政学

　ヨーロッパ北部，スカンジナビア半島とヨーロッパ大陸とのあいだに挟まれた内海のバルト海は，ヨーロッパの周辺にあって特異な存在にあった[25]．スウェーデン，フィンランド，ロシア，エストニア，ラトビア，リトアニア，ポーランド，ドイツ，デンマークは北半球周辺の沿岸国で，ボスニア湾，ボスニア海，フィンランド湾，バルト海主部，バルト海，及びカテガット海峡の 7 海域に分かれる．北海とは狭くて浅いカテガット海峡でしか繋がっていないため，水の入れ替えが少なく，汚染が進行した．また，ボスニア湾，フィンランド湾，リガ湾は 3 〜 5 カ月間結氷することで，経済活動が限定される．といっても，バルト海はバイキング（ノルマン人），バルト・スラブ人が相次いで活動した通商路（シーレーン）であった[26]．13 世紀にはドイツ騎士団に代表されるドイツ人が海上及び沿岸各地に進出し，デンマークの激しい反撃を排除して，この地域を支配した．代ってスウェーデンが進出すると，デンマーク及びポーランドがそれに強く抵抗した．17 世紀には，スウェーデンがバルト海の支配者となった．18 世紀におけるスウェーデンの衰退で，ロシア勢力が増大し，プロイセンも進出した．1908 年 4 月バルト海・北海会議が開催され，沿岸各国が現状維持を確認して勢力均衡の条約が成立し，ヨーロッパの安定に与った．

第1次世界大戦後，ドイツとロシアの影響力が後退し，バルト3国（エスニア，ラトビア，リトアニア）が独立し，バルト海中立化構想が提唱されたが，それは実現しなかった．というのも，3国には引き続いてソ連とドイツが干渉しており，1939年ドイツ・ソ連不可侵条約の秘密議定書で，3国は1940年8月ソ連に併合されたからである[27]．第2次世界大戦後，ソ連の影響力が高まるなかで，非武装地帯化構想が追求されたが，これも実現をみなかった[28]．
　ソ連邦の崩壊で，バルト3国は独立を回復し，北部ヨーロッパにおけるシーレーンとして機能し，2004年5月バルト3国はNATO，EUに加盟した．3国は独立国家共同体（CIS）諸国とEU諸国の貿易中継の役割にあり，1992年3月コペンハーゲンで設立のバルト沿岸諸国評議会は，バルト海の環境保護において共通利害を担っている一方，その加盟にはドイツとロシアも参加していることで，ヨーロッパ秩序の再編・維持の大きな役割を果たした（加盟国はドイツ，ロシアのほか，バルト3国，フィンランド，スウェーデン，ノルウェー，デンマーク，アイスランド，ポーランドの11カ国である）．以上の意味において，辺境バルトの安定はヨーロッパの安定における大きな要因を構成しており，不安定地帯にはない．なお，デンマーク，フィンランド，アイスランド，ノルウェー，スウェーデンで構成する北欧閣僚会議は，1971年設立以来の外交政策を含む地域協調を堅持している．アイスランドのみがNATOに加盟しており，EUに加盟しておらず（EUの共通漁業政策を受け入れることができない），ノルウェーは，拡大EUへの参加が国民投票で成立せずとも，政府が強い参加の意向にあり，NATOに参加している．

7．シャルルマーニュ統一の成就とキリスト教圏ヨーロッパ
　ヨーロッパが事実上統一されたことは一度もなかった．その繰り返された夢は，文化的統一であり，普遍主義者としての帝国の統一であった．そこでは，大陸統一の手段としてローマ帝国の現代版が追求された．768年，ヨーロッパ最大のフランク王国皇帝を継承したシャルルマーニュ（カール大帝／1世，

第4章　ヨーロッパ半島の運命

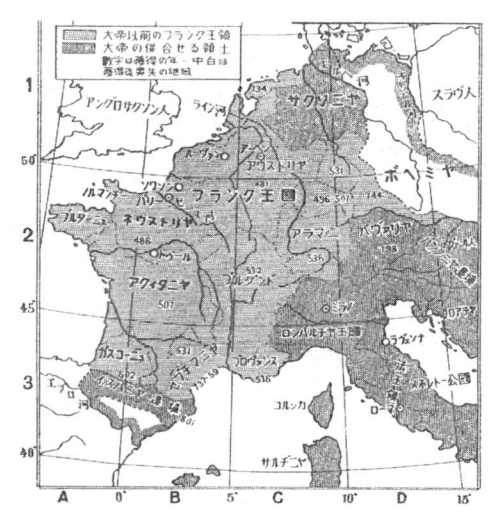

図4-1のフランク王国の版図

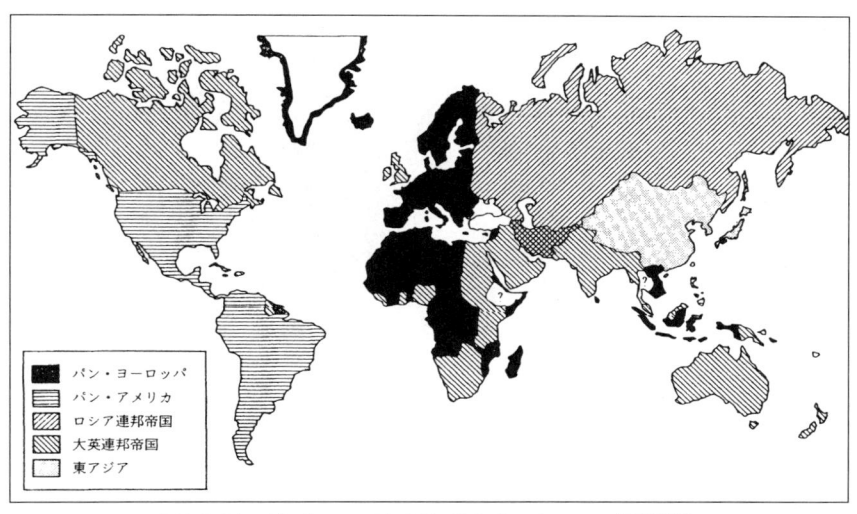

図4-2のクーデンホーフ・カレルギー伯のパン・ヨーロッパ構想地域

69

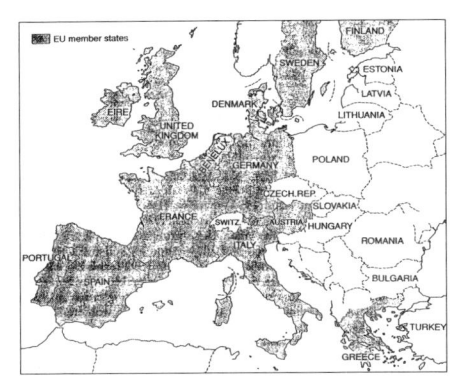

図 4-3 ブリアンの
　　　　ヨーロッパ連合提案地域

図 4-4 拡大 EU 地域

EU加盟国（15カ国）
フランス、ドイツ、イタリア、オランダ、ベルギー、ルクセンブルク、英国、アイルランド、デンマーク、ギリシャ、スペイン、ポルトガル、オーストリア、スウェーデン、フィンランド

（注）EU加盟国のうちユーロ不参加国：英国、デンマーク、スウェーデン

2004加盟国（10カ国）
エストニア、ポーランド、スロベニア、チェコ、ハンガリー、キプロス、ラトビア、リトアニア、スロバキア、マルタ

2007加盟国（2カ国）
ブルガリア、ルーマニア

EU加盟候補国　トルコ

742-814）が，ヨーロッパ合衆国の原型を追求した．ヒトラーは 1935 年 9 月ニュールンベルグでシャルルマーニュの剣の複製を拝受したが，それは空しい儀式に過ぎなかった[29]．そのヨーロッパ統一の追求は図 4-1 のフランク王国の版図，図 4-2 のオーストリアの政治家クーデンホーフ・カレルギー伯（1894-1972）のパン・ヨーロッパ構想地域．図 4-3 のフランス首相アリスタド・ブリアン（1863-1932）のヨーロッパ連合提案地域をみよ．図 4-4 は現在実現した拡大 EU を示している．

表 4-2 ヨーロッパ統合の思想と流れ

思　想	現　実
	751　カロリング朝成立
	768　フランク王国シャルルマーニュ大帝統一
1300　デュボア『聖地の回復について』	1339-1453　英仏百年戦争
1500　エラスムス『平和の訴え』	1559　英国，ヨーロッパ大陸の領土喪失を確認
1623　クリュッセ『新ギアネス論』	1618-1648　30 年戦争
1640　シュリー『大計画』	
1693　ペン『ヨーロッパの現在の平和についての論』	
1697　クルック『永続的平和への道』	
1710　ベラーズ『ヨーロッパ統一構想』	
1713　サン・ピエール『永久平和論』	
1782　ルソー『永久平和論批判』	
1795　カント『恒久平和のために』	
1958　バルト『東ドイツのある牧師への手紙』	1951.4　パリ条約調印
1958　ハース『ヨーロッパ統合』	1957.3　ローマ条約調印
1962　ハルシュタイン『ヨーロッパ合衆国──挑戦と機会』	1967.7　EC 発足
1963　回勅「パーチェム・イン・テリス──地上の平和」	1968.11　ブレジネフ・ドクトリン
1964　シューマン『ヨーロッパ復興』	1988.12　ブレジネフ・ドクトリン解消
1970　ド・ルージュモン『ヨーロッパ人への手紙』	1989.12　冷戦終結
1990　センクハース『ヨーロッパ 2000 年──一つの平和計画』	1990.5　東・西ドイツ統一
1992　パーキンソン／ハイネッケン『ヨーロッパ合衆国』	1992.2　マーストリヒト条約調印，1993.11 発効
	1993.1　EU 移行
	1996　モンティ報告「EU 市場とヨーロッパの将来」
	1999.1　EU, 単一通貨ユーロ導入
	2003.6　カメロン文書「広域欧州」
	2004.5　EU25 カ国体制移行
	6　欧州憲法採択

シャルルマーニュの統一帝国がヨーロッパ合衆国の原型とされる基礎は，以下の2点にある．
(1) その領土支配（南はピレネー山脈，北はホルシュタイン，東南はドラバ川，南はナポリ北方まで）．
(2) 初めて「ヨーロッパの礼拝者の首長」とされたこと[30]．

そこでは，デレック・ヒーターが指摘しているように，神聖ローマ帝国が中央ヨーロッパの潜在力として生き続け，その結集力は政治的統一ではなく，宗教的統一を十分成就していた[31]．実際，ヨーロッパそのものが，その用語に代わってキリスト教世界の存在が実在していた（表4-1）[32]．

そのヨーロッパ統一の思想が成就し，ヨーロッパ統一が実現するまでには，1200年を要した（表4-2 ヨーロッパ統合の思想と流れをみよ）．そして，現在，ヨーロッパ市民が誕生した．この集合「意識」，ヨーロッパ・パトリオティズムは「思想」がより深く社会のなかに定着することにあるが，この定着は第1次世界大戦の衝撃，続く第2次世界大戦の衝撃が大きく作用した．このヨーロッパ・アイデンティティという表現は，1973年12月のEC首脳会議のEC一体化宣言で初めて使用された[33]．いうまでもなく，このヨーロッパ市民は，ヨーロッパ人共通の権利を享受する一方，地域アイデンティティが強く自覚されるところとなり，国民／民族アイデンティティを離脱することなく，ヨーロッパ・アイデンティティがとって代わることもなく，そして新しい移民大陸としての展望をみせることだろう．これは，米国と並ぶ開かれたヨーロッパ大陸の誕生であり，それを通じて価値の共有が実現をみせるところとなろう．そのヨーロッパ人アイデンティティは外国人の地方参政権を通じていっそう強まるところとなろう[34]．

こうして誕生したEUは，米国を超えた人口と面積を有し，EC当時から地中海を包容し，その新しい地政的追求が注目されていた（表4-3）．フランスのジャック・アタリは，1994年に，こう予言していた．

「ヨーロッパ統合を，文化的にはセダンテール（定住性）よりもノマド（移

表4-3 米国・欧州・日本・中国・インドの地政的比較

指標	米国	欧州25ヵ国	日本	中国	インド
面積　万平方キロ	962	443	38	960	329
人口2002年　万人	2,8900	4,5400	1,2700	12,9000	10,3300
GNP2002年　億ドル	104,460	90,390	39,910	14,070	5,150
世界GDP比	34.1	29.5	13.0	4.6	1.7

住性）を，孤立主義よりも開放性を，アイデンティへの固執よりも異質なものを受け入れる寛容性を重視する……「複数のヨーロッパ」にこそ未来がある．排他主義よりも多様性に価値を置く新しい道を拓くことになる．そして……英国，米国，東欧の人びとは，ヨーロッパ・大西洋という第3の選択肢に執着しているが，ドイツ人は東欧まで拡がるヨーロッパ空間の第1の選択肢を夢みている．フランス人は，連邦化されたヨーロッパ連合という第1の選択肢を実現できると，いまだに信じている．しかし，第4の選択肢である全ヨーロッパ連合こそが，他のどの選択肢よりも，各国の利益を守ることができる．[35]」

アタリは，さらに，「北ヨーロッパとの力のバランスをとるために，まず南ヨーロッパ諸国のあいだで同盟を結ぶ必要がある」と指摘し，南ヨーロッパ3国（フランス，スペイン，イタリア）とマグレブ3国（モロッコ，アルジェリア，チュニジア）を結集する地中海連合の結成を第5の選択肢として提起した．これは，ヨーロッパ・大西洋連合に比べかなりフランス的特徴があるというのがその根拠であった．東・西ドイツの激動がヨーロッパ統合を可能にしたことで，この地中海連合の選択肢は成功しなかった——フランスによる地中海の内海化戦略は成功しない——ものの[36]，第4の全ヨーロッパ統合の選択肢が実現した[37]．それは，「複数のヨーロッパ」の成熟である．

イタリアのヨーロッパ史家フェデリゴ・ジャンボーは,『ヨーロッパ理念の歴史』(1961年)で，こう指摘している．

「ヨーロッパという意識が生まれたのは，18世紀であった．その18世紀の遺産はロマン主義において，新しい要素を加えられ歴史化されて，完全なものとされた．19世紀前半に勝利をおさめた歴史感覚は，統一と多様，すなわち国民とヨーロッパ，という異なった要求を調和的に結成させることによって，ヨーロッパ意思をも自らの刻印とした．またさらに，従来は野蛮と暗黒の時代としてけものとされていた中世をも，ヨーロッパのなかに包含させた．かくして中世は，いまや勝利に輝くこの近代ヨーロッパの形成に，不可欠な要素となるにいたった．

……ヨーロッパ文明の優越性は，過去，現在を通じてあらゆる他文明の上にあるという意識，そのヨーロッパは，さらに進歩して新しい輝きを増すにちがいないという，ヨーロッパの未来における全面的信頼，これがすなわちその結論であった．[38]」

ヨーロッパの歴史は,「当初は分割されていた大地域空間を統合する方向にむかって作用してきた諸力の歴史であったといえる一方で，逆に，これら諸力が作り上げたものを解体していく分裂の方向に働く諸要素の歴史である」として，その選択，統一性と多様性の2極の「対立的共存」にあると解したのは，フランスの史家クシトフ・ボミアンで，彼はさらに，現在,「実際．第1次世界大戦がヨーロッパに残した最後の遺跡が消滅しつつあるように見える」．さらに,「その清算の第2幕は，ECの建設前進である．そしてそこで学んだ教訓は，民族，国家，イデオロギーに関する自己中心主義という要素の敵であったが，これを克服しえてこそ，第3のヨーロッパ統合の完遂を期待できる」と述べた[39].

その拡大ヨーロッパの世界秩序戦略は，ブッシュの新世界秩序，W・ブッシュの国際秩序と対照的に，多様性・寛容・対話に基づく多国間協調主義を機軸としている．それは米州，アフリカ，アラブ中東，アジアとの関係において世

界秩序構築を意図している．それは，3つの文書を骨子としている．
(1) EU単一市場（1993年）——EUの中核として1985〜1992年の目標が1993年1月単一市場の発足で実現し，1996年のモンティ報告「EU単一市場とヨーロッパの将来」で，ヨーロッパ横断ネットワークと単一市場の展望が提起された[40]．
(2) 広域ヨーロッパ（2003年）——ロシア，近隣4カ国（アイスランド，ノルウェー，スウェーデン，フィンランド），及び北アフリカ・中東10カ国のEUに加わっていない諸国との広域ヨーロッパ圏の形成である．EUの枠内にない諸国との友好と相互協力による発展を意図している．近隣諸国との貿易・資源の協同化と拡大，人権の擁護と経済的・社会的安定を指摘している[41]．
(3) ヨーロッパ安全保障戦略（2003年）——米国と並ぶパワーを目指した新しい多元的秩序のもとでの拡大EUの世界戦略宣言で，2003年12月EU首脳会議で採択された．安全保障体制における米国からの自立を宣言したもので，「ヨーロッパが危機に突入する前に積極介入する」方針を打ち出し，外国・軍事・通商・援助のあらゆる手段を行使して多国間主義に基づき介入するとした．その柱は以下の4点にある．
　①EUは独自に軍事作戦の計画・実行能力を持つ．
　②作戦は，NATOが関与しない場合に限り，実行する．
　③EU加盟国が侵略された場合，他の加盟国は支援する．
　④独自の防御構築は，能力ある加盟国が先行して実施するが，意思決定はEU首脳会議に従う[41]．

この指針は，米国の単独行動主義の先制行動論ないし先制攻撃論とは一線を画しており，同盟安全保障の新しい形態であった．同03年6月の起草文書（ソラナ文書）には先制的関与とあったが，ドイツ，フランスがその用語に抵抗して予防的関与に置き換えられ，平和的解決に重点を置いた．そこでは，近隣国との共通の安全保障が展望されている．同12月にEU独自の防衛作戦司令部

が設けられた．

　これと並んで，新たに世界の平和と安全のために国際連合との協力による脅威への対処とともに，日本，中国，カナダ，インドと戦略的友好関係を維持する方向でアジア・ヨーロッパ会議（ASEM）が，そこでは 1996 年以来，既に 5 回開催されている（参加国は 39 ヵ国と EU）．そこでは，中国，インドとの戦略的協力が打ち出されたことは注目される[43]．

　そして，そのもとで新しいヨーロッパの地政的構図が展望される．以下の区分は 1980 年に S. ロッカンが指摘したもので，国家の方向性を明らかにしている[44]．

　海洋国民国家　　英国，フランス，スペイン，ポルトガル，デンマーク．
　海洋周辺国家　　アイルランド，アイスランド，ノルウェー．
　都市国家　　　　イタリア，ベネルックス，オランダ．
　大陸国民国家　　ドイツ，オーストリア，スウェーデン．
　大陸緩衝国家　　ユーゴスラビア，フィンランド．

　そこでは，歴史風土の遺産が反映されている．大陸緩衝国家のユーゴスラビアやフィンランドはヨーロッパ政治の犠牲者であることは明らかで，その国は民族の縮図である．都市国家のイタリアはベネチアの都市国家の遺産を継承している．そしてヨーロッパ半島の主役は海洋国家の英国とフランス，大陸国家のドイツという対照的な国民性の存在をもって注目される．ドイツの目は依然，ヨーロッパ半島の支配に向かっており，ドイツ人はその目標を決して放棄したことがない．海洋国家であるフランスの目は，英国の目と同様に，世界に向かっており，米国と対峙している．その理念の対立はアラン・ジョクスの指摘する米国の〈帝国〉モデルに対する〈共和国〉モデルである．このヨーロッパ風土に徹したフランスのモデルは，無秩序の調停者としての米国の支配理念とは対照的で，土地・交通網の場所・失業という 3 つの社会学的な隣人関係性の主権空間の擁護なし奪回を生み出すとしており，保護者的共和国といえるものである[45]．いいかえれば，フランスは市場主義と進歩主義の限界を自覚し

ており，それを克服しつつある．一方，米国は，いまだ至上主義と進歩主義を信奉しており，これと対照的である．英国のそれは，米国の信奉に同調しており，この英国とフランスの相違は，英国の半島に対する海洋国家としての存在と，フランスの半島内海洋国家の相異にある．

　英国はその海洋権力の成果が余りに著しかったために，海洋権力を陸地権力に対する切り札と考えてしまったとは，先のマッキンダーの指摘であるが，その世界の覇権自体，「放任状態のうちに世界の半ばを征服し，植民したかの観」がある[46]．英帝国研究者伊東敬は，「『神が新たな偉業を実現せんとする場合には必ず英人をして行はしむ』と云う意識の下に教導された為めであった[47]」と指摘する．英国の神学者・文明論者ウィリアム・R・イングの『英国論』（1933年）は，英国人は「恰も神と秘かな約束でもあるやう」に行動する，としている[48]．これは米国の使命感と理解を共有するところである．

8. 中立スイスの地政的選択

　ここで，スイスの選択を補足しておこう．スイスは永世中立国として国際連合に参加せず（国際連合のヨーロッパ機関はスイスにある）．1986年3月の国民投票でもその加盟が否決された（賛成30.2％）が，2002年3月の国民投票で賛成148万票，反対124万票で加盟が決まった（23州のうち12州が賛成）．一方，EUへの加盟は，1992年5月ECに加盟申請を行い，そのための前段階としての欧州経済地域（EEC）協定の批准国民投票は12月否決された．2001年3月EUへの早期加盟をめぐる国民投票でも，過半数の州で反対票が多く，否決された．EUはスイスの参加を希望しているが，その参加の展望はスイスの個性のために明るいとはいえない．

　こうしたスイスの選択は，スイスがアルプスとジュラの2つの褶曲山脈とそれに挟まれた丘陵地ミッテルラントの3者で構成され，中央アルプスを水源とする主要河川で西欧と結びついているその特殊性にある．にもかかわらず，スイスは山峡の戦略的地政拠点であることから，まずローマ帝国に組み入

れられ，以来，スイスの要衝に対する近隣諸国の侵攻と支配を受けた．そこで，対外脅威に対して1315年に原初3州同盟の誓いがなされ，1352年それは8州同盟に拡大した．そして内部対立と対外干渉を克服して，それは1513年13州同盟となった．またも，再び宗教戦争に見舞われたが，不偏不党の立場を堅持し，この教訓から，1674年に外交基本政策として武装中立を宣言した．1815年のウィーン体制でスイスの永世中立が国際法上承認された[49]．その伝統が堅持されるも，第1次世界大戦でドイツ語圏とフランス語圏のあいだで内部動揺をみせ，分裂の危機に直面した．そこで，連帯による平和を追求して国際連盟に加盟したものの，そこでは，制限的中立の立場が認められた（ロンドン宣言）．しかし，国際連盟が集団安全保障の機能を果たせなくなるや，1938年4月スイスは国際連盟を脱退して中立を再確認した．引き続いて，第2次世界大戦にあっても，スイスは中立を維持し，アンリ・ギザン将軍の砦プランによる民衆の徹底抗戦の構え[50]がスイスの武装中立[51]の堅持を可能にした[52]．

　スイスは，多重言語であるにもかかわらず（1938年2月の国民投票でロマンシュ語を第4言語と決定した），スイスには言語戦争というものがない．それは，言語社会が政治社会や宗教社会と重なっていないというところに理由がある．スイス人はその周辺のドイツ，フランス，イタリアの文化圏のいずれかに属すると考えてもよいが，彼ら国民意識はスイス人である．それぞれの言語で書かれた文学にも独自のスイス・スタイルが目立つ[53]．その意識と行動がスイスの自立性を可能にする．そして，その独特の民族形成は民族の拡大という地政学上の膨張国家の発展を生み出さなかった．反面，そこでは，ヨーロッパ統合といううねりに対しても，独自の選択を可能にしている．

[注]

1 ナポレオンは，農民を主体とする大軍隊を出現させ，市民として国民皆兵による国土防衛を実施した．その遠征は，革命の輸出と封建制からの住民の解放である革命的側面と，戦勝は国民的名誉であるとした意識的側面があって，封建的戦争（傭兵の戦争）に対し兵力数と大砲の戦術による中央突破の戦略で勝利した．ラス・カーズ，難波浩訳『ナポレオン大戦回想録』3巻，改造社，1937-38年．梅崎延太郎『奈翁戦略史略』偕行社，1942年．酒井三郎『ナポレオン戦争』總力戦研究所，1943年．佐藤堅司『ナポレオンの政戦兩略研究』愛宕書房，1944年．志垣嘉夫編『ナポレオンの戦争――戦争の天才児・その戦略と障害』講談社，1984年．松村劭『ナポレオン戦争全史』原書房，2006年．

2 フランスの対英戦争は，以下をみよ．Alexander von Peeg & Paul Dehn, *Englands Vorheerschaft aus der Zeit der Kontinertalsperre*, Leipzig: Duncker & Hambolt, 1912. 防衛研究會訳『對英封鎖論』中央公論社，1941年．

3 Charles Higounet, *Die deutsche Ostsiedlung im Mittelalter: Les Allemands en Europe centrale et orientale au Moyen Age*, Gottingen: Unsterschmidt, 1954/ Berlin: Siedler, 1986 ／ München: Deutscher Taschenbuch Verlag, 1990. 宮島直機訳『ドイツ植民と東欧世界の形成』彩流社，1997年，179-181，199-200，205-206頁．増田四郎『獨逸中世史の研究』勁草書房，1941年，第7中世東独逸植民運動の政治的性格．

4 Gaston Zellor, *La France et l'Allemagne depuis dix siècles*, Paris: Colin, 1932. 本田喜代治訳『獨佛關係一千年史』白水社，1941年．

5 ロマンス系のフランスがフランスの文明理念で「普遍主義のいっさいの主張はそのまま国民観念に移された」と，ドイツ人ロベルト・クルティウスは指摘している．Ernst Robert Curtius, *Die Französische Kultur, eine Finfihung*, Stuttgart/ Berlin: Deutsche Verlags-Anstalt, 1930. 大野俊一訳『フランス文化論』創元社，1942年，14頁．

6 フランス史家アンリ・ベールは，プロイセンの興隆がドイツの統一を成就し，ゲルマン主義をもって帝国を固めた，と指摘している．ベール，大野俊一訳『ドイツ論』萬里閣，1941年．

7 前掲，増田『獨逸中世史の研究』第5「ハンザ同盟の成立」．高村象平『ドイツ・ハンザの研究』日本評論新社，1959年．高村『ハンザの経済史研究』勁草書房，1980年．高橋理『ハンザ同盟――中世の都市と商人たち』教育社，1980年．Johanes Schildhauer, Konrad Fritze,Walter Stark, *Die Hanse,* Berlin: VEB Deutsher Verlag der Wissenschaften, 1974. 斯波照雄『中世ハンザ都市の研究』勁草書房，1997年．

8 Geoffrey Barraclough ed., *Eastern and Western Europe in the Middle Agaes*, London: Thames & Hudson, 1970. 宮島直機訳『新しいヨーロッパ像の試み――中世における東欧と西欧』刀水書房，1979年，第1章スラヴ人とゲルマン人．

9 佐原徹哉『近代バルカン都市社会史――多元主義空間における宗教とエスニシティ』刀水書房，2003年．

10 時野谷常三郎『バルカンの風雲』赤木正藏，1914年．高桑駒吉『東方問題と巴爾幹半島』時局問題研究會，1915年．長瀬鳳輔・内藤智秀『現代バルカン』寶文館，1916年．信大淳平『巴爾幹外交史』大鐙閣，1921年．英國王室國際問題研究所編，仙波太郎訳『バルカンの政治經濟』清和書店，1939年．芦田均『バルカン』岩波新書，岩波書店，1939年．根岸謙『風雲のバルカ

ン』博文館，1940年．エルンスト・ワーデマン，神戸政彌訳『バルカン』興成書房，1941年．大屋久寿雄『バルカン近東の戦時外交』1941年．Charles & Barbara Jelavich, *The Balkans*, Englewood Cliffs: Prentice-Hall, 1965. 野原美代子訳『バルカン史』恒文社，1982年，1990年．Georges Castellan, *Histoire des Balkans: XIVe-XXe siecle*, Paris: Fayard, 1991. 山口俊章訳『バルカン 歴史と現在——民族主義の政治文化』サイマル出版会，1994年．

その支配・干渉の混乱で，バルカンでは，革命の局面が続いた．以下をみよ．Djmitrije Djordjevic & Stephen Ficher-Galati, *The Balkan Revolutionary Tradition*, New York: Columbia U. P., 1994. 佐原徹哉訳『バルカン近代史——ナショナリズムと革命』刀水書房，1994年．

11 千田善『ユーゴ紛争——多民族・モザイク国家の悲劇』講談社新書，講談社，1993年．千田『ユーゴ紛争はなぜ長期化したか——悲劇を大きくさせた欧米諸国の責任』勁草書房，1999年．

12 1968年10月16日チェコスロバキア社会主義共和国内のソ連軍隊の一時駐留の条件に関するソ連・チェコスロバキア条約がプラハで調印された（10月19日発効）．ソ連月報，第373号，1968年10月，1-6頁に所収．

13 Boris Meissner, *The Brezhnev Doctrine*, Kansas City: Park College, Governmental Research Bureau, 1970. Robert F. Byrnes ed., *After Brezhnev: Sources of Soviet Conduct in the 1980s*, Bloomington: Indiana U. P., 1983. John Norton Moore, *International Law and the Brezhnev Doctrine*, Lanham: Univ. Press of America, 1987.

14 ソ連大使館広報部プレス・リリーズ，1968年11月15日号．世界政治資料，第299号，1968年12月下旬，31-34頁．*Current Digest*, Vol. 20 No.46, 1968, pp.3-5.

15 Alain Besançon, *Court Traité de Soviéttologie á l'Usage des Autorités Civiles, Militaires et Religieuses*, Paris: Hachette, 1976. 清水幾太郎訳『ソビエト・シンドローム』講談社，1981年．第3章戦争と平和．

16 "The Sinews of Peace," Robert Rhodes James ed., *W. S. Churchill: His Complete Speeches, 1897-1963*, New York: Chelsea House Publishers, 1974, Vol. 7: *1943-1949*, pp. 7285-7293.

17 J. M. Mackintosh, *Strategy and Tactics of Soviet Foreign Policy*, Oxford: Oxford U. P., 1962. 鹿島守之助訳『ソ連外交政策の戦略と戦術』日本国際問題研究所／鹿島研究所出版会，1964年，21頁．

18 Walter Lippman, *Cold War: A Study in U. S. Foreign Policy*, New York: Happer & Row, 1947.

19 Hugh Seton Watson, *The New Imperialism*, London: Bodley Held, 1961. 直井武夫訳『新帝国主義』自由アジア社，1963年，第7章新帝国主義．

東欧共産圏の形成は，以下をみよ．尾上正男『現代ソ連外交論覚書』晃洋書房，1976年，第1部東欧共産圏の形成とその後．

20 Egon Krenz, *Wenn Mauers Fallen: Die friellich Revolution*, Wien: Naff, 1990. 佐々木秀訳『国家消滅——「ベルリンの壁」を崩壊させた男50日の真実』德間書店，1990年．

21 Dieter Senghaas, *Europa 2000: Ein Freidenplan*, Frankfurut am Main: Suhrkamp Verlag, 1990. 河島幸夫訳『ヨーロッパ2000年——つの平和プラン』創文社，1992年．

22 Jean Monne, *Memoires*, Paris: Liberairie Anthóme Fayard, 1976. 黒木寿時編・訳『ECメ

モワール——ジャン・モネの発想』共同通信社，1985年．
23 Robert Schuman, *Pour l'Europe*, Genève: Les Editions Naqel, 1964. 上原和夫・杉辺利英訳『ヨーロッパ復興』朝日新聞社，1964年．5月9日宣言は，ibid. 前掲書，146-148頁に所収．
24 'The Tragedy of Europe,' op. cit., *W. S. Churchill: His Complete Speeches, 1897-1963*, Vol. 7: *1943-1949*, pp. 7379-7382.
25 ドイツ北部植民とスラブ人の状況については，富田矩正『ドイツ中世民族抗争史論——バルト海周辺にみる異文化圏の接触』校倉書房．1999年がある．
26 Johannes Brondsted, *The Vikings*, Harmondsworth/ New York: Penguin, 1965. 荒川明久・牧野正憲訳『ヴァイキング』人文書院，1988年．Bertil Almgren, *The Viking*, London: C. W. Watts, 1966/ New York: Crescent Books, 1991. 蔵持不三也訳『図説・ヴァイキングの歴史』原書房，1990年．荒川正人『ヴァイキング——世界を変えた海の戦士』中央公論社，1968. A・グレーウィチ，中山一郎訳『バイキング遠征誌』大陸書房，1971年．Gustav Faber, *Die Normannen: Piraten, Entdecker, Staatengrunder*, Hensching: M. Pawlak/ München: Bertelsmann, 1976. 片岡淳・戸叶勝也訳『ノルマン民族の秘密——』『バイキングの侵略と冒険』佑学社，1977年／片岡哲也・戸叶勝也訳『バイキングの足跡——海賊・冒険・建国の民ノルマン人の謎』アリアドネ企画，1997年／『ノルマン民族の謎——海賊バイキングの足跡』アリアドネア企画，2001年．Frederic Durand, *Les Vikings*, Que Sais-Je?, Paris: Presses Univ. de France, 1977. 久野浩・日置雅子訳『ヴァイキング』文庫クセジュ，白水社，1980年．Jacqueline Simpson, *The Viking World*, London: B. T. Batsford, 1980. 早野勝巳訳『ヴァイキングの世界』東京書籍，1982年．Yves Cohat, *Les Vikings: rois des mers*, Paris: Gallimard, 1987. 久保実訳『ヴァイキング——海の王とその神話』創元社，1993年．Robin Place, *Exploration and Encounters: Voyages of Exploration, the Aztecs*, Oxford: Glinnn, 1992. 木藤万里訳『バイキング文明』佑学社，1984年．Colleen Bateyetal., *Cultural Atlas of the Viking World*, New York: Facts on File, 1994. 『ヴァイキングの世界』朝倉書店，1999年．角谷英則『ヴァイキング時代』京都大学学術出版会，2006年．
27 秘密議定書第1項．尾上正男『独ソ不可侵条約』有信堂，1962年，306-307頁．独ソ不可侵条約第4条の「他方の締約国を敵対目標としたいかなる国家の連合にも加わらない」は，バルト3国に対するソ連の要求をドイツが認めたことへの対価であったと解される．齋藤治子『独ソ不可侵条約——ソ連外交秘史』新樹社，1995年，273-274頁．
28 その状況は，以下をみよ．Pascal Lorot, *Les Pays Baltes*, Que Sais-Je?, Paris: Presses Univ. de France, 1991. 磯見辰典訳『バルト3国』文庫クセジュ，白水社，1991年，83-90頁．ユオザス・ウルブシス，村田陽一訳『回想録リトアニア——厳しい試練の年月』新日本出版社，1991年．石戸谷滋『民族の運命——エストニア・独ソ2大国のはざまで』草思社，1992年．
29 Joachim C. Fest, translated by Richard & Ciara Winston, *Hitler*, Hammondsworth: Penguin, 1974, p. 731. 赤羽龍夫・他訳『ヒトラー』河出書房新社，1975年，下，141頁．
30 Denys Hay, *Europe: The Emergence of an Idea,* Edinburgh: Edinburgh U. P., 1957, p. 51.
31 Derek Benjamin Heater, *The Idea of European Unity,* London: Leicester U. P., 1992. 田中俊郎監訳『統一ヨーロッパへの道——シャルルマーニュからEC統合へ』岩波書店．1994年．
32 坂本進『ヨーロッパ統合とキリスト教——平和と自由の果てしなき道程』新評論，2004年．

33 Elisabeth du Réau et Robert Frank eds., *Dynamique européennes: nouvel et nouveaux acteurs (1968-1981),* Paris: Publications de la Sorbonne, 2002. ロベール・フランク，廣田功訳『欧州経済史のダイナミズム——フランスとパートナー国』日本経済評論社，2003年，第1章20世紀におけるヨーロッパ・アイデンティティの形成.
34 鈴木規子「ヨーロッパ市民権制定と『ヨーロッパ人』アイデンティティーの形成——外国人地方参政権を認めたフランスの結果」日本EU学会年報，第23号『ユーロの再検討』2003年．宮島喬『ヨーロッパ市民の誕生——拓かれたシティズンシップへ』岩波書店，2004年．
移民大陸ヨーロッパは以下をみよ．Dietrich Thranhard ed., *Europe, a New Imigration Continent: Policies and Politics in Comparative Perspective,* Munster: Lit Verlaga, 1992. [増補版］宮島喬・他訳『新しい移民大陸ヨーロッパ——比較のなかの西欧諸国・外国人労働者と移民政策』明石書店，1994年．
35 Jacques Attali, *Europe,* Paris: Librairie Arthème Fayard, 1994. 後藤淳一訳『ヨーロッパ　未来の選択』原書房，1995年，202-203頁．
36 フランスの地中海戦略は，ハドソン研究所ヨーロッパ本部のスティルマン報告 Edmund Stillman, *L'Enol de la France: portrait de la France dans les annees 80,* Paris: Hachette, 1973. 高木良男訳『フランスの脅威』サイマル出版会，1974年で指摘された．
地中海認識は，以下をみよ．國松久弥『地中海』古今書院，1940年．Fernand Braudel, *Le Mediterrance et le monde mediterraneen a l'epoque de phillipp II*, Paris: Armand Colin, 1949. イマヌエル・ウォーラースティン他．『［地中海］を読む』藤原書店，1999年．浜名優美『ブローデル「地中海」入門』藤原書店，2000年．
さらに，以下をみよ．歴史学研究会編『地中海世界史』全5巻，青木書店，1999-2003年．
37 op. cit. Attali, *Europe.* 前掲，後藤訳『ヨーロッパ　未来への選択』，203頁．
38 Federico Chabod, *Storia del l'idea d'Europa,* Paris: Editri Laterza, 1961. 清水淳一訳『ヨーロッパの意味』サイマル出版会，1968年，182-183頁．
39 Krzyszrof Pomien, *L'Europe et ses nation, Paris*: Gallimard, 1993. 村松剛訳『ヨーロッパとは何か——分裂と統合の1500年』平凡社，1993年，7-8頁．
40 *Mario Monti presented The Single Market and Tomorrow's Europe: A Progress Report from the European Commission,* Luxenburug: OOPEC/ London: Kogan Page, 1996. 田中素香訳『モンティ報告——EU単一市場とヨーロッパの将来』東洋経済新報社，1998年．
41 Fraser Cameron, *The Wider Europe,* Brusseles: The European Policy Centre, EPC Issue Paper No. 1, 10 June 2003.
42 *A Secure Europe in a Better World, A European Security Strategy,* Brussels: EU, 12 December 2003.
43 *Claims and Silences: An Asian perspective on the European Union's Security Strategy,* Challenge Europe Issue No. 10, Brussels: The European Policy Centre, Nov. 2003.
44 S. Rokkan, 'Terrritories, Centres, and Peripheries toward a Geoethnic-geoenomic-geopolitical Model of Differentiation within Western Europe,' J. Gottmann ed., *Centre and Periphery: Spatial Variation in Politics,* London: Sage, 1980の表4-2．
45 Alan Joxe, *L'Empire du chaos; Le Républiques face à la domination amésicaine dans l'*

aprés-guerre foride, Paris: Découverte, 2002. 逸見龍生訳『〈帝国〉と〈共和国〉』青土社，2003年．
46 Sir John Robert Seeley, *Expansion of England,* London: Macmillan & Co., 1883, 1897, p. 10. 古田保訳『英國発展史論』第一書房，1942年，17頁．
47 伊東敬『英帝國及英國人』青年書房，1939年，9頁．
48 ウィリアム・ラーフ・イング，小山東一訳『英國論』松山房，1940年，54頁．
49 Walter Hoffer, *Neutrality as the Principle of Swiss Foreign Policy,* Zürichi: Schweizer Spiegel Verlag, 1957. 北村孝治郎『第2次大戦とスイスの中立』時事通信社，1962年．
50 植村英一『将軍アンリ・ギザン――意思決定を貫く戦略』原書房，1985年．
51 スイス政府編，原書房編集部訳『民間防衛――あらゆる危険からスイスを守る』原書房，1970年．
52 Hans Kohn, *Nationalism and Liberty: The Swith Example,* New York: The Macmillan Co., 1956. 百々巳之助・浦野起央訳『ナショナリズムと自由――スイスの場合』アサヒ社，1962年．森田安一『スイス――歴史から現代へ』刀水書房，1980年，増補版1984年．
53 スイス文学では，複数の言語と民族を統合する要素として国家に帰属する市民意識が強調されている．岡村民夫「多言語の小国スイスとその文学――1つの『スイス文学』の像を求める努力の歴史」，森田安一編『スイスの歴史と文化』刀水書房，1999年．

5章

ドイツ地政学と
日本の地政戦略

1. 海洋国家日本論の濫觴

　日本の総理山県有朋は「外交政略論」(1890年)で日本外交の戦略的基礎を設定し，主権線を確認し，そして利益線の確保という認識を示した（第5章8日本地政戦略の条件と山県有朋の「外交戦略論」をみよ）が，それは海洋国家論としての海軍の拡張が主題の1つであった．福沢諭吉は，ロシアとの競争で海軍の拡張を主張し（福沢「東洋の政略果たして如何せん」時事新報，明治15／1882年12月7日〜12日)，英国との同盟追求を求めた（福沢「日本と英国との同盟」時事新報，明治28／1895年6月21日）そして，福沢は，海軍増強は商業上の拡張と目的を1つである，と指摘した．

　勝海舟は，日本の防衛は海上輸送にあると見做しており，日本の財閥はこれを担い大きく成長し，その基礎を築いた．それは，貿易国家論の先駆であるばかりでなく，海洋国家としての日本の方向性を提示していた[1]．

　その後，日露戦争で満蒙権益への着目となり，第1次世界大戦により陸軍の大陸帝国論が大勢を制するところとなり，現に日本は，21カ条要求をもって大陸権益を強化した．これに対し，石橋湛山はその1920年代を通して貿易国家論を展開し，朝鮮も台湾も関東州（大連）も樺太（サハリン）も日本の利

益にならないと主張し，大日本主義は幻想であると，小日本主義を以下の通り説いた．

「以上の諸理由により吾輩は，わが国が大日本主義を棄つることは，何等の不利をわが国に醸さない，否ただに不利を醸さないのみならず，かえって大なる利益を，われに与うるものなるを断言する．朝鮮，台湾，樺太，満州というごとき，僅かばかりの土地を棄つることにより広大なる支那の全土をわが友とし，進んで東洋の全体，否，世界の小弱国全体をわが道徳的支持者とすることは，いかばかりの利益であるか計り知れない．もしその時においてなお，米国が横暴であり，あるいは英国が驕慢であって，東洋の諸民族ないしは世界の小弱国民に虐ぐるがごときことあらば，わが国はよろしくその虐げたるる者の盟主となって，英米を膺懲すべし．この場合においては，区々たる平常の軍備のごときは問題でない．戦法の極意は人の和にある．傲慢なる1，2の国が，いかに大なる軍備を擁するとも，自由開放の世界的盟主として，背後に東洋ないし全世界の心からの支持を有するわが国は，断じてその戦に破るることはない．もしわが国にして，今後戦争をする機会があるとすれば，その戦争はまさにかくのごときものでなければならぬ．しかもわが国にしてこの覚悟で，一切の小欲を棄て進むならば，恐らくこの戦争に至らずして，傲慢なる国は亡ぶるであろう．今回の太平洋会議［ワシントン会議］は，実にわが国が，この大政策を試むべく，第一の舞台である．[2]」

米国での邦字新聞記者，東京朝日新聞記者を経て自由主義の立場でジャーナリスト・評論家に終始した清沢洌も，同じ立場にたった[3]。外務次官吉田茂もその貿易国家論に立っていたが，吉田は田中義一政友会内閣で満州権益の保守に走ってしまった．この貿易国家論の立場は，海軍の井上成美が大船巨砲主義を批判して主張したが[4]，結局，その海洋国家論は政策の選択からは姿を消した．いうまでもなく，太平洋戦争に突入した日本の死命を制したのは，海上護衛戦の敗北であり，海上交通路（シーレーン）の途絶であった[5]．

2. ラッツェルとチェレーンの地政学

　その後，日本では，大陸国家系学者による地政学分析が導入され，それを担ったのが駐日武官を勤めた「地政学雑誌」の主宰者，ミュンヘンの地政学研究所所長カール・ハウスホーファーであった．そのドイツ地政学の源流はフリードリヒ・ラッツェルで[6]，彼は『人類地理学』第1巻「地理学の歴史への適用綱要」(1882年)[7]に続き，第2巻「人類の地理的分布」(1891年)[8]を刊行して，地理的民族群を基準として世界を区分した．彼はさらに，1897年の『政治地理学』[9]で，第1部土地と国家の関係で国家有機体説をとりあげ，国家の進化過程を解明し，第2部歴史的運動と国家の発達，第3部国家の地理的発達，第4部位置，第5部地域，第6部境界，そして第7部陸地と海洋のあいだの中間領域では海岸，半島，地峡，島嶼などと国家の関係を論じ，第8部の水界では海洋，小沼，河川を論じ，第9部で山脈と平原を扱った．彼は1901年に論文「生活空間――一つの生物地理学的研究」[10]を発表した．その体系的構成は国家統合と発展の条件を政治的・経済的条件の統一性によって解明するところにあった．ラッツェルは，「土地は有機体に作用し，有機体は土地に作用する」[11]と解した．この有機体とは，個人は国家有機体における細胞であって，全体において配分された機能を分担するに過ぎないとみる国家有機体説で，ロマン主義，歴史主義と連繋深く，功利主義，個人主義と対立する思想にあった．

　ラッツェルは「国家は一群の人びとと一塊の土地」からなる生命体」と解し，以下の所説を展開した．

1. 国家の政治力はその国家の領域の拡がりに依拠する．領域概念が低下すると，その政治体は衰退する．
2. 国境は，同化作用の境界線である．国境は国家の生命力（膨張）により変動する．その膨張が境界線で衝突すると，戦争となる．
3. 国家は生命を有する組織体で，それへの阻害には暴力を行使しても排除しなければならない．

　これこそ，真に国家は「生物有機体」であると解するところであった．これ

を維持するためには「生活圏 Lebensraum」を確保しなければならないとされた．こうしてラッツェルは，国家は力をもって他の集団からその版図を収奪しなければならないという教訓を残した．そして，地球には，大国1つだけが容れるだけである，と述べた．

　この人間集団の統合的資質を地政的環境との関連で究明し，もって「地政学」の名を冠したのは，スウェーデンのウプサラ大学教授の国家主義者・地理学者，政治家ルドルフ・チェレーンである．チェレーンは，1901年の論文「学問としての政治学[12]」でまずその視点を提起し，『生活形態としての国家』(1916年)[13]において体系的分析をした．国家は1つの「生活形態」として対象化され，他のものと拮抗し，その対立を通じて生活形態が客観化されるとみており，彼はその生活形態を「権力 Mächte」と呼び，「国土 Reich は国家の体躯」であり，かくて空間であると解した．彼は『戦争の政治的問題』(1916年)[14]を書き，現実主義の政治家としてドイツに味方して対ソ戦に参加せよと唱道した．戦争は彼のいう「地政学の実験場」であったからであるが，その世界観はレオポルド・フォン・ランケの『強国論』の現代版としての『強国論』(1914年)[15]にあった．このチェレーンの地政学は1903年ドイツに紹介され，『生活形態としての国家』刊行の翌17年にそのドイツ語訳が出版された[16]．

　以下，『生活形態としての国家』の構成とそこで指摘された要点を掲げる[17]．
第1章　緒論　国家科学の自己反省
「有名なマンチェスター学派,即ち,ロックやカントに基底を置くところの「国権縮小論者」は最早や国家を「法律保護の源泉」とは考へず，法律秩序の保証人と見ないのである．……

　　従来のわが伝統的国家学理論は，これを拡充する必要がある．恰も，嵌めようとする指に取って，小さ過ぎるやうになった指輪の如き，これを拡大する必要がある．これは，第一，国家科学自体の為に行はれねばならぬ．生命の緑の樹木，その木陰に成長した国家学が，余りに灰色にならぬように，又，国民の為に行はれねばならぬ．国民は通常よりも特に又現代に於ては，此種

の陶冶を肝要とするからである．今や普通選挙を実施せんとするスウェーデンは，時代に適合した政治教育を取逃してはならない．」

第2章　国家の一般的本質　国法的国家概念

「国家科学の自己省察の結果は，同学の境界を拡大する必要を明察せしむるに至った．」（第1節経験的分析）

「土地と国民が新しき国家概念を決定する基本的要素となるのである．」（第5節領土及国民としての国家）

「国家は客観的の実体である．個人を超越せる，客観的実体である．と同時に，生活原則の支配を受けつつ，国家流の仕方に於いて存在してゐるものである．」（第7節国家の有機的統一）

第3章　領土の経綸――地政学――

「地政学は，国家を地理的有機体，即ち，地域に於ける現象として考察するところの国家論である．つまり，国家を，国土，版図，領域，最も特徴的に云へば，領土（Reich）として考察する国家論である．」（第1節国家を陥穽する要素としての領土）

第4章　民族の経綸　民族の国家的生活形態

「民族性の原則は，民族的人格の上に応用せる人格主義の原則，つまり，永久的心理と永久的限界をゆうしてゐるところの人格主義に外ならないのである．されば，人格主義の原則である以上，既にこゝに於て，民族の原則は，民族内の普通選挙権を要求する精神と同一精神，即ち，人格の意識の所産であることを，急に明白にする所以である．大なる力が同一の源泉から流れ出るのである．」（第9節民族主義の反対者及びその代表者）

「民族の自然的本質と国家の理性的努力との融合の中に，その深い奥に，近代国家の思想が潜んでゐる．こゝに生命ある実体としての近代国家思想の内部的性格が最も明白に反映する．」（第10節民族国家の内部的必然性）

第5章　家政，社会，統治権力としての国家　経済的経綸――社会的経綸――統治的経綸

「領土は国民の家屋敷である．……国家のこの性質の中に，即ち国家が国民の物質的生活欲望の事を配慮し，又，領土の上に築かれてゐる営利生活の事を配慮する機能の中に，国家は経済的有機体として，即ち，1つの家政（Haushalt）として出現して来る．家政としての国家論を吾々は経済的経国策と名づける．」（第1節家政の概念，その種々なる典型）

「こゝで著しく注目されるのは，領土の謎の解決と，国民の謎の解決とが完全に一致することである．恰も自然地位が地理的個体であり，又，民族性が民族的個体である如く，アウルタルキーは国家の経済的個体に外ならない．」（第2節アウルタルキーの概念と其実際）

第6章　生存の法則と国家

「国家が一種の生物であるとすれば，生物の根本原則にも従ってゐる訳ではないが，生物の根本原則中最大のものは，死滅の法則であるが，国家はこの法則に従ってゐなければならないのではないか．

この方向の線に向かって経験的証明を発見することは困難ではない．国家は生まれるものである．と云ふことは，国家の存在する事実が何よりの証拠で，それ以外の証明を必要としない．国家は死滅することもあるが，それも同様にたゞ歴史を一瞥すれば直ぐ判る事である．」（第1節国家の死滅）

「最後に，国家はその行くべき方途を誤って，罪に墜ちたことを力なき苦々しい気持で追産し，単純に判決を下されるよりも，寧ろ，国家には必然的趨向性は備はって居り，この性質から国家の辿って行く道は決定される所以を，了解すべきであったろう．吾々は何が起るかについては余り驚かないであろうし，又，時折国際法の火花が閃いても，火花を散らすことは寧ろ時代の利益であるとして，之を喜ぶことも出来るかと思はれる．」（第5節国家の生存に於ける必然性と自由）

第7章　結論＝国家の目的に就いて

「吾々の有機的国家観は，国家に固有の一目的を再び与へることによっても，亦，一層高度の真理である所以を証明するものである．それは，国家に於て，

単に個人の集団たるのみではなく，固有の生命を有する現実的人格を認むるものにとってのみ，可能であり，又，すべての有機的生活に対する法則に適応し，この方向に従へば，全体はその部分の早計と多少違った形を取るものである，との見解を懐く人に取ってのみ，可能な説である．茲に，外部的な，明かに認められる一例を挙ぐれば，ドイツ国はたゞにその部分国家の総計ではなく，その有機的融合によって成立したところの，新しき，強き，大なる或物である．それ故に，その目的も亦たゞその部分国家の幸福ではなく，新しい一層大なる人格の幸福である．国家のこの人格を，吾々は民族に於て発見した．」(第1節個人の幸福でなく民族の幸福)

「吾々は，先づ第一に，近代国家の問題を眼中に置いた．フステル・クーランジュが半世紀前に『古代の国家』を模写した時，古代国家の本質は崇拝である所以を発見したやうに，吾等は，吾等の周囲に現実に存在する国家の形象及び本質を確定しやうと試みたのである．その際，外面的に表現される国家の様相は種々雑多であるが，最後には，それらが一所になって，1つの同じ傾向，周知の傾向に帰着するものであることが，吾々の目につく．地理的個性，民族性，アウルタルキー，利益集団化へのこの企図は，要するに，何れも自然への帰還であって，たゞその形式が違ってゐるに過ぎない．」(第3節自然への復帰)

「国的とは何か，それは個人に取っても，亦，国家に取っても幸福より以上のもの，即ち，根本に於て生活の代価を支払ふところのもの，益々完全な人格にまで向上するところの，唯一の目的である．されば，国民の素質を益々高度の完全性へ発展させることが，結局国家の目的である．」(第4節幸福でなく人格の完成)

そのチェレーンの指摘は，以下にあった．

1. 国家は生きた組織体であって，その生命は国民，文化，政府，経済，及び土地に依存する．
2. 国家の性格のうち，重要なのは権力である．

3. 海洋に分散している帝国（英国）の力は，やがてまとまった大陸帝国となり，その大陸帝国が海洋を制することになる．
4. ヨーロッパ，アジア，アフリカには数個の超大国が興隆する．ヨーロッパの大国はドイツであり，これが，結局は，ヨーロッパ及びアフリカ，西アジアを制することになる．
5. 国家にとり，アウルタルキー（自給自足）は重要条件である．
6. 1つの国家が強国となるための条件は，次の3つの条件が必要である．
　　①領域が広いこと．
　　②移動の自由があること．
　　③内部の結束が固いこと．

このチェレーンの所見をラッツェルの理論と接合すれば，国家は生きた組織体であって，必要なエネルギーを供給し続けなければ，衰弱し，死滅を招く．このことは，国家がエネルギーを取得するためには，生存発展に必要な物資をその支配下に収めなければならない，ということである[18]．これが，ドイツが生存する条件であるとされる．ラッツェルはこう述べる．

「北方に位置することによって，ドイツは，地球全体に影響を与へた最も強力な歴史的諸勢力の射光範囲に入るといふ利益を得た．こゝには最も強き国家があり，最も活動的で最も富裕なる国民がある．それ故にまた，世界交通の大部分の糸はこゝに集まり，世界貿易の利益はこゝに集積する．

　旧世界に属するが故に，ドイツは，かゝるものとして西方大陸の和解諸国に相対する国々の1つである．それ故に，ドイツは，これらの若い国々に胚芽すれば成熟の徴候を持ち，同時にまた老成の徴候をも有ってゐる．

　……ドイツの重要さは，その地域の広さでにはなく，むしろ住民の数，活動力，文化に求めなければならないという点である．その際，ヨーロッパのかゝる部分の自然的構造が，多数の国家の形成を助成し，それらの国家が力のための競争を為しつゝ同じ位の大きさに達したといふことは，極めて重要なことである．かうして，政治家がヨーロッパの均衡と名づけるものが生じ

たのである．更に重要と思はれることは，このやうな権勢的地位の類似が諸国民——ドイツはその中心にある——をして，云ふまでもなくドイツ国民をも，その力が弱らないやうに努力させ，特にその文化の優越によって培はれた強力の泉が涸れないやうに努力させてゐることである．[19]」

「ドイツが中央的位置にあり，多数の隣国をもってゐる．といふことは，ドイツにとって弱点でもあり長所でもある．ドイツは強力である時にのみ存続しうる．弱小な国家ならば，周囲の集中的圧力に亡びるであらう．そして，ドイツは，強力である時にのみ，この中央的位置の利益を利用する事ができる．ドイツの位置にある一国家にとっては，全力を集中し，不断の努力によって世界にその地位を主張するか，ポーランドの如く圧伏されるか，スキスの如く中立の保護の下に隠れるか，このいづれかの可能性しかあり得ない．……

中央的位置が，凡ゆる方向に対して中心から同じ力で作用しうるといふ利益を与へ，同時に凡ゆる対角線的関係を支配しうるといふことは，常に他の諸国に，ドイツを占領しようといふ希望を起こさせた．だが，かゝる位置の重要さに対する確信は，また常に，ドイツが他の一強国の所有になることに対して，ヨーロッパの反抗を呼びさました．また諸国民の精神的な交通においても，ドイツは精神的市場である．……

より安全な地位への平和的発展を許す国々との結合がドイツにとって必要であるのは，ドイツのかゝる位置に基くのである．オーストリア及びイタリーと同盟したことによって，ドイツは，総括的だとも凝縮的だとも名づけうるその方形陣的地位から，北海とシシリー島の間の幅の広い開進の支配的中心的地位にまで発展した．これによってドイツは，南は地中海への足場を，西及び東では，フランスとロシアに対する自己の戦線の延長と掩護物を得たのである．[20]」

このラッツェルの指摘は，ドイツの中央に位置する地政的位相こそが「ドイツの偉大さであり，危険性である」ということにつきる．この所見が，ドイツ

の指導者に地政学を受け入れさせたことはいうまでもない．実際，第１次世界大戦では，ドイツが３Ｃ海洋政策（英国が帝国を維持するためのカイロ－カルカッタ－ケープタウン三角地帯）の北辺を狙い，敗北を招くことになってしまったが，その３Ｂ大陸政策（バルカンからトルコのビザンチウム，さらにイラクのバグダッドへの大動脈建設）[21]の対決をもって，その地政戦略が実証された[22]．

　実際，チェレーンのインパクトは大きかった．かくて，1924年ハウスホーファーらによって「地政学雑誌」が刊行され，同年ハウスホーファーの『太平洋地政学』が刊行され，さらにオットー・マウルの『政治地理学と地政学』(1928年)[23]が，続いて同著者の『地政学の実在』(1936年)[24]が刊行された．ドイツにおけるこの政治地理学の歴史は，アレクサンドル・フォン・フンボルトの『ヌエバ・エスパニア王国の政治状態』(1808年)[25]でも観察されていたが，地政学における空間は，国家の位置との全体的な関係で，ハウスホーファーのいわゆる「位置価値」の根底を形成した．それは同時に，チェレーンのいわゆる心性共同体（Seelengemeinschaft）であるが，その想念は既にヨハン・ゴットフリード・フォン・ヘルダーが『歴史哲学』(1784年)で「人間精神と自然との関連を通して見極めた人文性（Humanität）にほかならない」と把握されていた[26]．こうした認識のなか，ハウスホーファーは，「ドイツ民族の歴史的空間が民族的発展の遙か後方に切りつめられている[27]」状態にあるベルサイユ体制の羈絆から脱却せんと，そのドイツ民族に強い民族意識の覚醒を促した[28]．

　なお，チェレーンは，「地政学は政治学として，常に国家的統一性に着目しており，国家の本質の理解に資するべきものである．これに対し，政治地理学は地表を，その居住者たる人間の居住地として，地表の開発の特質と関連して研究するものである[29]」と両者を区別した．オットー・マウルは，地政学は応用地理学に他ならない，と解しているが，空間理論の重視をもって，ハウスホーファーは両者を明確に区別した[30]．その後も政治地理学の名称は残ったが[31]，地政学が一般化した[32]．

3. ハウスホーファーの地政学

　ハウスホーファーは，第1次世界大戦前の日本に武官として滞在し（1908-10年），日本への関心が大きかった．1908年8月小村寿太郎は2度目の外相に就任したが，そこで決定した三大方針（列国に対する対等，対外経営，及び条約改正）で，「日露戦争の結果，日本は地位を一変して，日本はアジア大陸の所領をもつ大陸国となった」と解した[33]．ハウスホーファーは，その小村が移民と地政学的方法で大陸に生活圏を求める宣言をしたと，『日本と日本人』（1921年）[34]で書き，日本の国家戦略を論じた[35]．

　ところで，ハウスホーファーをアドルフ・ヒトラーに引き合わせたのは，かつて第1次世界大戦期にハウスホーファーの副官だったルドルフ・ヘスである．ハウスホーファーは，1923年のビアホール一揆に失敗したヘスをミュンヘンの別荘に匿った経緯があった．ヒトラーとヘスがランツベルクの要塞監獄に収容されていたとき，ヘスを訪れたハウスホーファーはここでヒトラーに会い，ヒトラーは以来，地政学に傾注していった．この要塞監獄で執筆された『わが闘争』[36]はドイツ民族の生活圏構想がモチーフとなっており，その概念はドイツ民族の特性を特徴づけている．そのヒトラーの国際戦略を明示したのは，ヒトラー「第二の書」といわれる，南チロル問題を契機に1928年に執筆し未刊の（ヒトラー自身が発刊を封じた）『続・わが闘争』で，そこでは，ドイツ民族主義的目標の欠如，ハプスブルグ帝国の無価値，同盟相手国としてフランスではなくイタリアの存在，同盟国としての英国との協調，そしてハンガリーとスペインとの同盟といった戦略選択を明示し，「世界大戦におけるドイツの災厄はユダヤの仕業である」と論じていた[37]．

　なお，この地政学がヒトラーに受け入れられ，そのイデオロギー性をもって非難されたのは，ヒトラーの差別認識構造（表5-1）にあって，これに対しては，現在，批判地政学が提起している視点の1つは，エドワード・サイドの他者（差別される者）認識に対する告発，ヨーロッパの他者認識としてオリエント主義の拒否，いいかえれば，古典的な帝国主義の地政学に対する対決である[38]．サ

イドは心象的地理学という用語を使用しているが，それは反地政学的考察といえるものである[52]．

表 5-1 ヒトラーの差別認識の特徴

自己認識	他者認識
自称「われわれ」	他称「彼ら」
仲間,友人,市民	部外者,異端者,外国人
アーリアン・ドイツ国民	ユダヤ的ボルシェビキズム
伝統的で組織的な魂と社会に根ざしたもの．「国民指導者」としての農村社会の確認されたイメージ	根こぎ,いかなる魂もない,他国の「寄生者」．近代的・都市的生活の連合体
美しく健康的な,純粋に人種的な民族共同体	不吉な雑種の汚れた危険なものの連合体

4. 生活圏構想

「地政学雑誌」1934年1月号の巻頭論文で，ハウスホーファーは生活圏の危機を取り上げた（図5-1をみよ）．ドイツの神学者で政治家フリードリッヒ・ナウマン（1860-1919）はドイツ主導の経済圏を中核とした共同体，つまり中欧概念を定着せんとしていたが[40]，それはベルサイユ体制で踏みにじられたドイツの国家的権利の回復という主張からであって，その点では，ヒトラーと視圏を同じくしていた[41]．これに対して，オーストリア貴族リヒァルト・N・クーデンホーフ・カレルギー伯の『パン・ヨーロッパ』[42]構想は，帝国の細分化を目の当たりにして生まれた構想で，1924年にパン・ヨーロッパ宣言が出された（図4-2）[43]．それは英国とロシアを排除した形でのパン・ヨーロッパ構想にあって，ドイツとフランスの和解が主眼にあり，そこではドナウ河を中心にした諸地域の統合が企図されていた．それは，米国・ソ連・中国に対して「第4の世界的勢力としてのヨーロッパ連邦構想」にあった[44]．1930年，ブリアン仏首相の欧州連邦秩序構想が頓挫すると，クーデンホーフ・カレルギー伯は1934年7月エルゲルベルト・ドルフス・オーストリア首相の暗殺で後継

したクルト・シュシュニック首相（在職 1934-1938）と協調してドナウ連邦構想を進めた．1938 年 8 月ヒトラーのポーランド侵攻，続く 9 月のミュンヘン会談でのゴーデスベルグの最後通牒に直面して，クーデンホーフ・カレルギー伯は 10 月『ヨーロッパは統合しなければならない』[45] を刊行し，その中で，技術の発達がヨーロッパの分裂に結末をつけると断言した．さらに，1938 年 9 月ベルンで彼は「ヨーロッパ連邦のための闘争を！　ヨーロッパ人よ，ヨーロッパを救え」のアピールを発しており[46]，その思想はヨーロッパ十字軍として構想されていた[47]．クーデンホーフ・カレルギー伯のパン・ヨーロッパ思想は[48]，第 2 次世界大戦後，フランス首相エドワール・エリオにより継承され[49]，このパン・ヨーロッパ運動に刺激され，1950 年 11 月ストラスブールの欧州会議は，ヨーロッパ合衆国憲法委員会を創設して，翌 51 年にヨーロッパ連邦憲法草案（前文と 18 条）[50] を起草した．さらに，クーデンホーフ・カレルギー伯は，1961 年 7 月 4 日ウィリー・ブラント西ドイツ首相あてにヨーロッパ統合の公開状を送付した[51]．もっとも，1970 年代以におけるドイツの新東方政策の外交的追求は，中欧を歴史的かつ文化的な伝統における共有地域として把握しており，それは本来のドイツ的でない中欧への理解にあった[52]．

　その生活圏構想のなかで，ハウスホーファーは，ヨーロッパを以下の 5 つに分類した（図 5-1）．
(1) 英国・フランス・ベルギー・オランダ・スペインの植民地国家群——これら諸国は海を通じてその搾取の対象をもって連携している．
(2) ソ連——陸地を通じて搾取となる地域と連携している．
(3) 植民地を保有せずそれに制約されない中欧の小国家群——これはドイツという中央国家の残骸である．
(4) やや空間的広がりのある中欧諸国（チェコスロバキア・ハンガリー・ポーランド・ユーゴスラビア・ルーマニア・アルバニア・ギリシャ・バルト諸国）．
(5) 比較的恵まれた中欧北部諸国（デンマーク・スウェーデン・ノルウェー・

フィンランド)——これら諸国は北方に向けて防衛線を拡張できる.
　(1)は海洋国家であり，(2)〜(4)は大陸国家であり，(5)はヨーロッパの辺境国家で，バルト海沿岸諸国である.

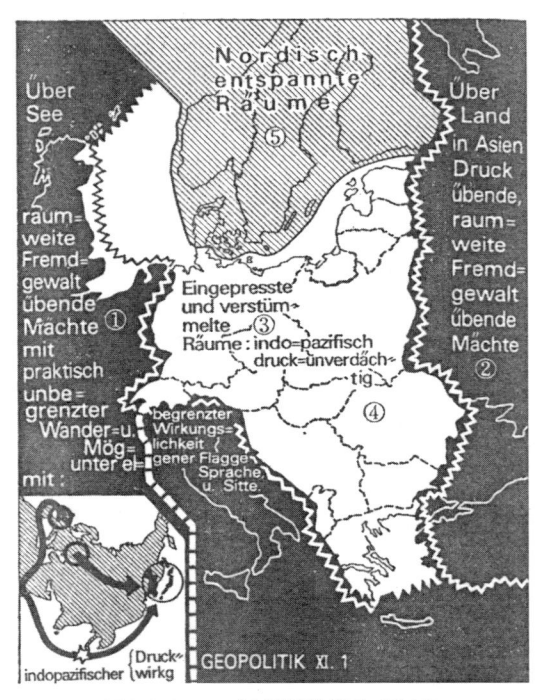

図 5-1 ヨーロッパの地政学的構図，1934 年

　その図 5-1 をみれば，ドイツがいかに閉塞的な情況にあるかを説明できる．だから，ナチスの地理学者エバルト・バンゼは，1932 年に『世界大戦における領土と民族』[53]を執筆し，同書は 1934 年，『ドイツ，戦争に備えよ』[54]と題して英訳され，その外国での非難は喧喧囂囂たるものがあった．それで，ナ

チス・ドイツは同書を発禁処分にしたが，その発禁の理由は，敵国のネズミに病原菌を付けて散布せよとか，飲料水の貯水地に毒を入れよ，といった醜聞による敵国内政の破壊工作に言及しているという指摘にあったからである．この点は現下のテロ戦争に向けた先例の記述というほかはない．英書の前文では，戦争における領土，産業，産業，運輸・通信，及び国民心理の重要性を特に指摘しているが，国民心理も戦争の心理的地理学としてそのプロパガンダの重要性が論じられている．これは今日における情報戦の指摘であり，地政学の応用の一側面をみせていた．この発想は，ドイツ地政学が国家有機体に発してそのイデオロギー化を担ったところにあったが，これに対し，アメリカ地政学は戦略論として発展しており，現在，ブッシュ・ドクトリンとして展開されている．

そこでのドイツの閉鎖的な精神状態を解放する方策は，広域経済の構想であった．この広域は経済的・政治的勢力範囲という従来の概念とは異なっていて，植民地発展の途を奪われたドイツ民族の大陸方面への対外進出，つまりビスマルク時代に着手された東方政策と軌を一にしていた．そこに盛られた構想は，チェレーンの『生活形態としての国家』におけるアウルタルキー（自給自足）思想であって，国民の基本的要求はその地域内の固有な資源で満たされなくてはならないというものであった．実際，ナチス・ドイツでは，1933年農地世襲法を制定して，1939年以降，本格的に東方植民が進められた．こうした理解と流れが，ドイツ地政学を，ヒトラーの戦略としての活用とともに，悪魔の理論として非難してしまう契機となった．

その生活圏の確保とアウルタキーに必要な資源と産業を経済的に支配する必要性から，ハウスホーファーはパン地域の概念を創出した．それは以下の4つである（図5-2）．

(1) 米国が支配するパンアメリカ地域——北極海沿岸から南極に近いホーン岬までの南・北アメリカ大陸．これは，いわゆる米州共同体を指している．
(2) 日本が支配するパンアジア地域——チベットを含む中国，ビルマ（ミ

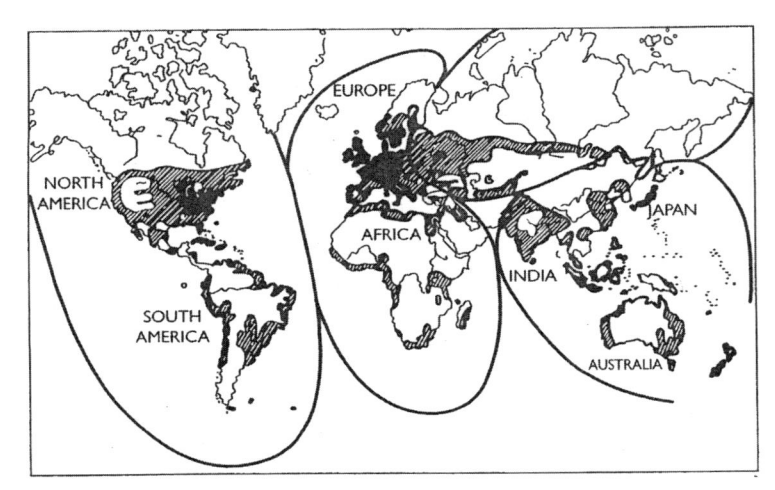

図5-2 ハウスホーファーのパン地域

ャンマー）以東のアジア，東南アジア一帯の地域．これは，日本が提唱した大東亜共栄圏（図1-4をみよ）とほぼ一致した．そして，広義には，インドとオーストラリア，南太平洋をも含めたものとなる
(3) ドイツが支配するパンユーラフリカ地域——ソ連領を除くヨーロッパ，中東，及びアフリカ．これはチェレーンの主張とほぼ一致する．現在のユーロ・アフリカ共同体は，ほぼこれに一致する[55]．
(4) ソ連が支配するパンロシア地域——インドはパンアジア地域に，他はパンユーラフリカ地域に吸収され，その結果，ドイツがパンユーラフリカ地域を支配してハートランドの支配者となるというもので，これに関連してマッキンダーの1943年修正（図5-3）が提起された[56]．

マハンは，いかなる国家も，大陸国家と同時に海洋国家となることはできないと論じたが，ハウスホーファーは，大陸ブロックの海洋政策を提起しつつ，

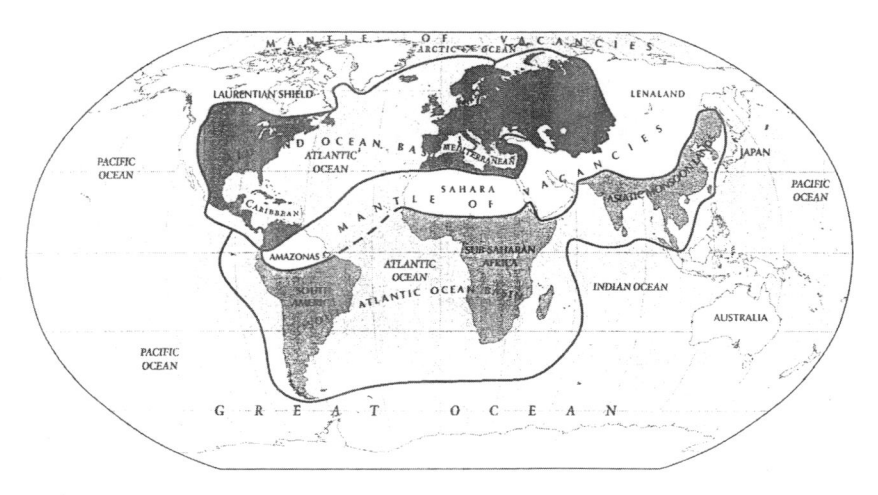

図5-3 マッキンダーの世界，1943年

ドイツはその地政的条件からハートランドを支配できる，と見做した[57]．この視点は，英国・米国の海洋権力にとっては誠に恐るべき脅威であった．したがって，英国・米国は，第2次世界大戦で，ドイツがハートランドを手に入れさせないために，ソ連を支援した．

ヒトラーの第三帝国は，その生活圏であるオーストリア，チェコスロバキア，ポーランドの大部分を併合しており，さらに北欧，バルカン半島，フランス，イタリアなどを経済的に支配し，第2次世界大戦では，北アフリカとソ連にも軍事侵攻した（図5-3）．

5. 太平洋地政学と大東亜共栄圏

ハウスホーファーは，地政学的類型の1つに海洋型を取り上げ，『太平洋地政学』（1924年，改定版1938年）で太平洋の生活形態を論じた[58]．ハウスホーファーは「太平洋こそはヨーロッパの対偶空間である」と表現し，第1次

世界大戦後，太平洋及びその周辺地域は一種の自己組織の時代に入っており，米国がハワイを併合吸収するに及んで（表6-1），日本はマレー・ポリネシア人の政治的自決権を擁護する太平洋で唯一のものとなった，と指摘した．但し，日本列島は，マッキンダーのいう陸地権力と海洋権力の双方の影響力を蒙りやすい内円半月弧に密着しているところから，海洋的文化と大陸的文化との間の仲介者としての位置——マッキンダーは日本の中国干渉を是認していた——は避けられないだろうし，その日本の国家宗教である神道は，太平洋に起源をもっており，太平洋的原始形態から発展して現代文化圏内で自己主張を貫徹した唯一の例である，と説明した．また，ハウスホーファーは，太平洋経済のアウルタルキー性を主張しており，また1940年の日本・ドイツ・イタリア三国同盟の成立から大東亜共栄圏が論じられるところとなった．大東亜共栄圏構想は1940年7月閣議の「基本国策要綱」の決定，並びに大本営政府連絡会議の「世界情勢ノ推移ニ伴フ時局処理要綱」で，大東亜秩序建設の目標が再確認され，さらに支那事変解決の手段としての対南方施策の要領が定められ，その方策が確定された[59]．こうして，ハウスホーファーの太平洋地政学は日本の国策遂行に利用された面もあったが，日本には元来，幕末，勝海舟の日本・清国・韓国3国同盟構想の下での海洋権力に対するアジア進出の方針があり，内田良平の『日本之三大急務』（1912年）の指摘はその文脈にあった．

「日露戦役は，第二十世紀の劈頭に於ける最大戦争なりしと雖ども国際的見地より之を観察すれば，東亜大陸に於ける国際的競争の序幕たるに過ぎず．帝国の捷利は，一時的の捷利にして恒久的の捷利に非ざるなり，故に我帝国にして，平時に於ける武装的競争に対し，経済的競争に対し，優勝的位置を占むるに非ざれば，太平洋の主人たり，東亜大陸の覇者たること能はざるなり，而して武装的競争に於て，経済的競争に於て，最後の捷利を制せんと欲せば，国民の自覚的精神を発揮し，進取的国是を確定し，一面には，国力の充実を図り，一面には，外交の振作を策し，其国是方針に伴う根本的準備を完整し，北は，満洲大陸に於る勢力圏を鞏固にし，南は長江一帯に於る利益

圏を伸暢し，更に進て太平洋の海権と東亜大陸の利権とを我に占めさる可からず．[60]」

内田は，1913年2月「對支策斷案」[61]を起草し，中国問題の解決を求めたが，それは南満州及び内蒙古の独立政府樹立を企図していた[62]．しかし，当時の日本は，海洋権力としての自覚を欠いており，それで中国辛亥革命を契機にアジア主義のイデオロギーに傾注し[63]，海洋権力としてのアイデンティティを失ってしまった．

大東亜建設のイデオローグ，大川周明は，1925年に『亜細亜，欧羅巴，日本』で東西両洋の対立を論じ[64]，1943年の『大東亜秩序建設』でその歴史的根拠を明らかにし，以下のように展開した．

「佐藤信淵が支那の『併呑』を主張したことは，恐らく支那人の耳に快く響かないであろう．而も信淵の大陸政策又は領土拡張論は，近代欧米資本主義国家の無理想なる植民地征服主義と，全く其の本質を異にして居る．彼の至心に志せるところは『世界万国の蒼生を救済すべき産霊の教』を以て，天下の民草の苦しみを救ふことに外ならなかつた．故に其の併呑とは，支那を日本と同様なる政治体制の下に置き，「昊天の神意を奉り，食物衣類を豊かにし黎民を安んずるの法」によつて，万世人君の模範たる『堯舜の道』を実現するといふ意味であつた．彼は永眠の前年に『存華挫狄論』の一書を著して居る．此書は其の題名が既に物語る如く支那を存して狄を挫くべきことを髙調せるのにして，狄とは取りも直さずイギリスを指せるものである．彼は英国がモーガル帝国を亡ぼして印度を略取してより，更に侵略の歩武を東亜に進め来り，遂に阿片戦争の勃発を見るに至つたが，若し清国にして此の戦敗に懲り，大いに武備を整へて失地を回復すればよし，然らずして今後益々衰微するならば，禍は必ず吾国に及ぶであろうと洞察し，支那を保全強化して英国を挫き，日支提携して西洋諸国の東亜侵略を抑へねばならぬと力説したのである．彼の謂はゆる併合が，決して侵略征服の意味でないことは，之によって観るも明瞭であろう……

日清戦争が欧羅巴の東亜侵略なりとすれば，戦後の三国干渉は来るべきものが来ただけである．……かくて三国干渉は，清末政治家の亜細亜の運命に関する無自覚と不純極まる動機によって誘発されたものであつた．……

かくして日露戦争は，欧羅巴の東亜戦略に対する第2次反撃であると同時に，直接ロシアと戦ひて之を破れることによつて，亜細亜諸国の覚醒を促す警鐘となつた．……

さて日本が満洲建国の大業に当面するに及んで，国民の魂に潜める強烈なる愛国心が，俄然として目を覚ました．……而して此の大業の遂行過程に於て，英米の激しき圧迫と戦へることによつて，従来はその好意に頼つて日本の安全を図らんとして来た英米が，実は断じて両立すべからざる東亜の敵であることが，次第に明らかに認識されて来た．かくして日本は，アングロ・サクソン世界制覇の期間，即ち世界旧秩序維持の根城たる国際聯盟からの脱退を敢行し，一挙英米依存を超克して自主的精神を其の外交の上に発揮するを得た．……

大東亜秩序建設は，亜細亜的規模に於て行はれる第二維新である．[65]」

こうした状況下に，平野義太郎・清野謙次の『太平洋の民族＝政治学』（1942年）が刊行され，太平洋広域圏が論じられた[67]．平野は，第1扁大東亜共栄圏と南方経綸で，「太平洋の黎明は，明治の維新改革と大東亜民族の指導者たる日本の近代化への端緒によって現実に明け初め，爾来太平静穏の際涯なき大洋が日本民族の生活空間の汎域として拡がってきた」と指摘し，徳川時代における「太平海」の「太平洋」への転化は海洋制覇の世界史的段階にあると解し，佐藤信淵（1769-1850）の一文，「周囲皆太洋に臨み，四通八達の要枢たり．航運甚だ便利にして，宇内を混同すべき基礎悉く備れり．若し夫れ時至り時至り運応じて，海外を経略すること有らば，実に全世界の総主となるべき国なり」（佐藤信淵『経済要録』巻之一，総論，岩波文庫，18頁）を引用し，日本の南方経綸を論じ，併せて東亜聯盟の先駆，樽井藤吉（1855-1922）の興亜思想（樽井『大東合邦論』1892年）[68]に大東亜共栄圏の基礎を求めた．さらに，平野は，

また『大アジア主義の歴史的基礎』(1945年6月) を刊行し，前述のアジア主義の文脈で日華聯合による大アジア主義の経綸を論じ，その視点は，「湿潤温暖アジアは，その南北の中に乾燥地域と海洋の2つの回廊を用意することをもって，不断によりより広き世界を関連しつつ生活したところである[69]」と地政学的見地を確認した[70].

6. 地政戦略の確立と地政学の理解

1926年以来，ドイツ国防軍とソ連とのあいだには，一種の密約があった．ベルサイユ条約でドイツでの生産を禁じられていた武器の一部をソ連領で開発するというのがそれであった．そのことがドイツのソ連侵攻と変わった．そこでは，地政学の理解は適用されなかった．一方，ナチスは，ハウスホーファーが日本を理解していた以上の信頼を日本に置いていなかった．そこでは，日本の地政学的理解が生かされるところではなかった．

もっとも，当時，日本でも，海洋国家として地政的存立の基礎についての検討があったろう．日本では，以下の邦訳が刊行されていた．

カール・ハウスホーファー，佐藤弘・江澤譲爾訳「地政學的基礎」『新獨逸國家大系政治篇3』日本評論社，1939年.

カール・ハウスホーファー，土方定一・坂本徳松訳『地政治學入門』新世代叢書，育生社，1941年.

ルドルフ・チェレーン，阿部市五郎訳『地政治學論』科學主義工業社，1941年.

ハウスホーファー，マウル，玉城肇訳『地政治學の基礎理論』科學主義工業社，1941年.

ヨハンネス・シュトイェ，渡辺義晴訳『アウタルキーと地政治學——ドイツ封鎖経済論』科學主義工業社，1941年.

クルト・ヴィールビッキー，井汲越次訳『東南アジア地政治學——白色・赤色・黄色間の将来の戦場』科學主義工業社，1941年.

エルネスト・マッシ，他，米澤卓司訳編『アメリカ地政治學論』科學主義工

業社,1941年.

　ヨーゼフ・メルツ,田間耕一訳『海洋地政治學——列強と制海権』科學主義工業社,1942年.

　カール・ハウスホーファー編,若井林一訳『生命圏と世界観』博文館,1942年.

　特に前掲『生命圏(生活圏)と世界観』は,原書が『Raumübrewidende Mächte 空間征服力』で,マウル「生命圏としての地球」,ハウスホーファー「国家,空間,及び自己決定」,ウアルター・ヴェスト「空間と世界観」の論考を収め,さらに地政的世界地図が付されており(図5-4),それは世界の勢力分割を描

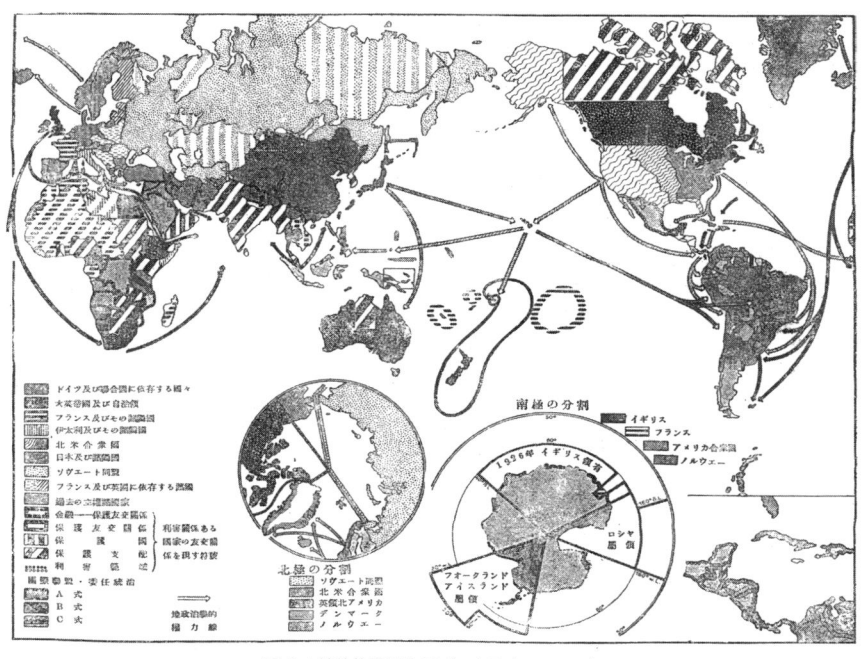

図5-4 地政的世界地図(ハウスホーファー)

き出していた．

太平洋地政学についてのハウスホーファーの指摘は，以下の通りである．
「凡ての太平洋国家構造，換言すれば，彼等の自然的方域に於ける起生とともに，排他的に太平洋に根ざして居る国家構造に於ては，太西洋的並に内部ユーレーシア大陸的世界の膨張的，遠心的なる，不安にして洶々たる傾向と反對に，凝集結合して努めて相互の関聯を失はざらんとする特質，獨自の生活空間の最高度の搾取的経営に，自給自足と鎖国とに帰着する特質が潜在する．太平洋世界のより多く求心的なる，より多く縁辺密閉的なる存在特徴は，極めて明白にして争はれない．さうしてこの特徴は，この最大なる海洋が，山脈と沙漠と高原帯との背後に跼蹐するその集水地域と比較して，当初の間は到底人力を以て征服すること能はざるが如く圧倒的に見ゆる廣袤と遮断力とを有することにより説明せられ得る．それは単に，われわれの識る太平洋のあらゆる古来の沿岸文化圏，すなはち，古代支那，古代日本，中米及びペルー等の顕著なる特徴であるに止まらない．それは亦――大西洋的世界の闖入と侵犯審判とに依る太平洋的世界の開発以来――この発酵作用に因りて，例へば新日本帝国，合衆国，豪洲聯邦乃至青年支那等に発生したる種々なる生活様式の幾多の特性をも説明するものであり，これらの特性は，他の方法に依りては到底これを説明すること能はざるものであった．[71]」

いうまでもなく，その海洋性の概念化はアルフレッド・セイヤー・マハンの『海上権力史論』（1890年）である（21頁をみよ）．ドイツは1888年に太平洋のサモア島をめぐって米国と対立し，翌89年ビスマルク諸島を占領した．同年，米国はパナマ運河工作に失敗した．つまり，太平洋は，米国，英国，ロシアの勢力によって再編成の局面にあった．ここに，マハンは，海洋戦略家として以下の2つの教訓を得た．

1. 世界の強国となるための唯一の前提条件は，海を制することである．英国の盛強は，四囲環海を本国とし，他国から隔離した安全性を保持し，巨大な海軍力をもって本国と世界各地の植民地との交通を保持できたからである．

2. いかなる国家であれ，大陸国家であると同時に海洋国家となることはできない．大陸国家は，国境を接する隣国に対して防衛のための大きな努力を払わなければならないからである．大陸国家系の地政学は持たざる国の理論であるが，海洋国家系の地政学は持てる国家の理論である．[72]

そこで海洋権力を得るための条件として，以下の5つをマハンはあげた．
①その国家の地理的位置，自然的構成．
②国土の面積の広さ．
③人口の多さ．
④国民の性質．
⑤政府の性質．

この②，③は，チェレーンの強国となる第1条件に，④，⑤はチェレーンの第2条件に合致している．[73] ここから，マハンは，当時の英国に匹敵しうる強国となり，海洋国家としての性格を持ちうるのは，米国だけであると断定した．

7. 日本地政学

日本における地政学研究は，阿部市五郎の『地政治學入門』(1933年)[74] に始まる．彼は，ラッツェルの感化を受け，ゲオルグ・アレキサンドル・ズーバンの『一般政治地理学綱要』(1922年)[75]，リヒャルト・ヘンイヒの『地政学——生活体としての国家学』(1928年)[76] の影響を受けた．チェレーンの『政治体系論』(1920年)[77] も1926年に邦訳され，続いてチェレーンの『生活形態としての国家』も邦訳されたが，最大の影響を与えたのは，ハウスホーファーで，前記の通り多く文献が邦訳され，ハウスホーファーの太平洋地政学が議論され，また軍に関係あった江澤譲爾は『地政學概論』(1943年)，『國防地政論』(1944年) で地政学の基本理論の研究視点を体系化した[78]．

こうしたなかで，当時，特に議論されたいま1つの主題は，応用問題としての国家経界論で，国家経界問題が地政学の基本問題として論じられた．この一般的な国境問題は，国家が人的結合を基礎とした限り，その活動の範囲が，

その勢力の盛衰と他者との関係で絶えず変動してきた．その活動の限界として海岸線（領海），山麓（分水嶺），大河（航行中央線 Talweg）などといった領域国家の国境が形成されており，あるいは，緯度・経度ないし地物・地貌をもって国境が設定され，その保全は領域の得喪にかかわる問題を提起していて，国家の盛衰とともに国境紛争を引き起こしてきた[79]．

一方，海については，ラッツェルの『諸民族の偉大さの源泉としての海』（1911年）が紹介された．同書は，ラッツェルが，ドイツ皇帝ウィルヘルム2世の「吾人の将来は海上にあり」と叫んだのに応えて，海上支配こそは生命であると論じたものであった．その指摘はこうである．

「分離したり結合したりする海は将にそれに由って歴史上に於ける進歩の負担者となる．……人類史上に於ける一大事実なるアメリカの欧洲との関係は，全く大西洋による結合と分離の同じ歴史的作用に基づく．島嶼少なく波高く主として東方に向かって吹いてゐる風と潮流に駆り立てられてゐる大西洋は，欧洲人をして夙にアメリカへ植民伝搬するを妨げた。……こゝに再び大西洋の孤立的分離作用は，新大陸の若い国家にとり重大なる勝ちを有するものとなった．……

　海国が水陸両要素に親しみ，水陸両居所の利益を結合線とするならば，その限りに於いて，かくの如き海国は大きな両棲動物である．……

　『大強国』の概念は，只陸上の強国にのみ適用されるならば，今日では既に幾分全く時代遅れを免れぬ．[80]」

以来，地政学にとって海への関心が高まった．政治学者川原篤は「大東亜権力と海洋勢力の支配」[81]を書いた．

日本史学者西村眞次[82]は，1924年に『人類学概論』（1926年再版）を書き，1942年に『大東亜共榮圏』を書いた．彼は，世界は二分の運命にあるといい，「日本の意図は東亜に経済的・文化的・政治的協同体を作って，イギリスを首魁とする白人の搾取からアジヤを救出し，共存共榮の實を挙げようとするのである．……『六合一都』，『八紘一宇』といふ標語は，つまり民族主義の上に世界主義

を構築すべきことを要求している」と論じた[83]．そして自然的環境，人種的動因，歴史的交聯，経済的資源の4方面から，大東亜共栄圏の建設が十分可能とするが，その地理的環境として3点を指摘した．すなわち，第1は，「いづれも皆太平洋に直面して海洋性を有つた国々である．此海洋性といふ相似の地勢を有つことが，これら諸国を緊密に結合する紐帯となる」．第2は，「海流が共榮圏を結合している」．第3は，「季節風が共榮圏を結合して，冬には北から南に吹き，夏には南から北に吹く．帆船時代における共榮圏内の貿易の繁栄，航海に頻繁は，實に此季節風を利用した結果であった」と指摘し，「自然のまゝに放任して置けば，共榮圏は自ら結成せられるわけであるが，……英国が西から，米国が東から，其共榮圏を人為的に切断してゐる為め，現今の如き乖離が見られた」と，その「自然的紐帯が同時に文化的紐帯ともなって，共榮圏に於ける民族の共存共榮的生活が行はれてゐた[84]」と述べた．この記述は地政学的発想に極めて忠実というほかはない．

　この指摘が当時，どこまで現実態として受け入れられていたか．哲学者三木清は，「もし東洋の統一が真に世界史的な課題とするならば，それは今日極めて重要な課題を含んでいる」としていたが，その後に，そのイデオロギーの根拠とされる「日本精神といい東洋精神といっても　世界史の立場から把握さるべきであり，単に日本の特殊性や東洋の特殊性を解釈するに止まっている限り，日本の行動の原理となるには不十分である」と述べた[85]．そこに指摘されたのは，アジア民族の覚醒に対する行動と認識が求められなくてはならないということであった．

　日本地政学を提唱し，「日本地政學はその故何處までも正しい皇國有用の學である[86]」と正面から論じたのは，当時，地理学講座を京都大学に開設した小牧實繁である．彼は，1940年に『日本地政學宣言』を刊行し，「世界新秩序に積極的に参与する時代創造の計画に方向を指示する，創造せらるべき歴史に指針を与ふる」日本地政学というものを提唱した[87]．その視点は「歴史は運動を与へられた地理である」といい，それは「地的空間の力」にあると解した[88]．

その主張はドイツでもない，英国でもない創造的な日本の地政学にあったが，それは大東亜戦争への心情的な貢献と寄与にあって，実証的分析の域をはみでたものとなってしまった．そして，小牧は『日本地政學』で，「大東亜海地域の延長として濠洲が必然的に東亜に，日本に結合せらるべきことは言ふまでもない」といった．また，そのためには，ドイツ地政学者が呼んだアジアとオーストラリア間に介在するいわゆる「濠亜地中海」を制するべきであると説いた．さらに，「アメリカ大陸が元来東のアジア大陸であるとしても，現実に於いて，カナダ，アラスカ，アリューシャンを含む連鎖地帯が米国と共に明確な敵空間であることは言ふまでもない」とし，日本にとっては北辺の要地への関心が高められるべきだとした[89]．さらに，小牧は『大東亜地政學新論』を編集し，その序論で，吉田松陰の世界経綸論の「余をして志を得しめば，朝鮮，支那は勿論，蝦夷及び濠斯多辣理［オーストラリア］を定め……」を引用して，大東亜共栄圏の地政学を検証し展開した[90]．そして，同書に所収の論考には，兼子俊一「大東亜に於ける蒙疆の地位」，和田俊二「大洋洲への地政學的省察――その抹消より南アジアへ」，村木達郎「日本地政學より見たるニュージーランド列島」，浅井得一「印度のアジヤへの復帰」などがあった[91]．また，小牧は，ニュージーランドは「大東亜共榮圏確立の一目標」であるとしており，一方，大東亜共栄圏へのインドの組み込みとそのためのインドの解放も主張した．さらに，小牧は，インド洋は「太平洋の支海」であれば，アジアの戦略に入るとした[92]．このほか，米倉二郎『東亜地政學序説』（1941年），川西正鑑『東亜地政學の構想』（1942年），松川二郎『大東亜地政學』（1942年），佐藤弘「大東亜地政論」（1944年）が相継いで刊行され[93]，さらに中村良之助『構成地理學と國防政策』（1937年），大木隆造『政策學』（1941年）などをもって政策学として展開された[94]．

8. 日本地政戦略の条件と山県有朋の「外交政略論」

　日本の行動は，太平洋地政学の理解にあるにもかかわらず，現実の方策は大

陸国家的行動に走った．その日本の海洋国家としての存立条件は，以下の点にあらねばならない．

1. 海岸線が長く，天然の良港に恵まれ，季節によって制約されることがない．
2. その一方，国土の狭さが生存適地や資源が求めにくく，防衛上からみて，抵抗のための縦深性が浅い脆弱性がある．一方，国土が狭いことは経営管理が容易であるので，融通性のある地域的最適性のネットワークを確立する必要がある．そのための経験的特性を生かす努力がなされなくてはならない．そうした対処能力の欠如はよく指摘されるところである．これは，先のチェレーンの第2条件ないし第3条件である．

その外交の適格性は，山県有朋の「外交政略論」（明治23／1890年3月閣僚に回覧の意見書）に指摘された通り，戦略の設定がまず確定されなければならないことである．彼はこう論じる．

「有朋窃ニ惟フニ，國ニシテ自衛ノ計ナキトキハ國其ノ國ニ非ザルナリ．苟モ國勢傾危シテ外其ノ侮ヲ禦グコト能ハズ，而シテ臣民獨各個ノ降伏ヲ保ツコトヲ得ルは，史乗ノ曾テ例見セザル所ナリ。……

　國家獨立自衛ノ道二ツアリ．一ニ曰，主権線を守禦シ他人ノ侵害ヲ容レズ．二ニ曰，利益線ヲ防護シ自己ノ形勝ヲ失ハズ．何ヲカ主権線ト謂フ．疆土是レナリ．何ヲカ利益線ト謂フ．隣國接触ノ勢我ガ主権線ノ安危ト緊ク相關係スルノ区域，是レナリ．凡ソ国トシテ主権線ヲ有タザルハナク，又均ク其ノ利益線ヲ有タザルハナシ．而シテ外交及兵備ノ要訣ハ，專此ノ二線ノ基礎ニ存立スル者ナリ．方今列國ノ際ニ立チテ，國家の獨立ヲ維持セントセバ，獨リ主権線ヲ守禦スルヲ以テ足レリトセズ，必ヤ進ンデ利益線を防護シ，常ニ形勝ノ位置ニ立タザルベカラズ．……

　我ガ國，利益線ノ焦点ハ實ニ朝鮮ニ在リ．西伯利鐵道ハ己ニ中央亞細亞ニ進ミ，其ノ数年ヲ出スシテ竣功スルニ及デハ，露都ヲ発シ十数日ニシテ黒龍江上ニ馬ヲ飲フベシ．……

　他ノ一方ニ於テハ，加奈陀鐵道新線成ルヲ告ゲ，英國ヨリ東洋ニ至ルノ距

離ヲ短縮シ,実ニ九千二百五十哩ニシテ我ガ横浜ニ達スルベク,即チ旧航路ノ蘇西ヲ経ル者一万三千七百五十哩ニ比較スルニ,実ニ四千五百哩ノ減差ヲ得タリ．……

　利益線ヲ防護シ,以テ独立ヲ完全ナラシメントスルノ実際ニ施行スベキ計画ハ如何.

　外交ノ事ハ實カノ如何ニ存シ,空言以テ遠略ヲ務ベカラズ.[95]」

現下の利益線の認識をどこに求めるべきか．それは海洋国家としての日本の存立条件に依拠しているといわねばならない．いうまでもなく,日本の米国との同盟はその条件設定に合致している．

9. 田中義一文書と日本の大陸政策構想

　日本は,明治期,大正期を通じて海洋国家英国との日英同盟を追求した(1902,1905,1911,1921年)．しかし,日本の大陸政策への転換が,日本の海洋国家としての地政的視点を喪失させてしまった．[96] これは大陸国家としてのロシアの極東への進出から,日露戦争による転換をもたらし,在来,清国領土満州への日本の進出政策を生み出したからである．そして,これ以来,「支那人の支那」なる観念は動もすれば則ち一種の排外思想となり,……夫れ既に内憂四百余州の体内に蔓延せり,況や其頭部より五体に亙り,外部より逼迫すべき列強発展の勢力は澎湃として赤た放漫なる清国の猶予を許さざるものあり」(望月小太郎「日清同化論」太陽,第12巻第8号,1906年6月1日)との認識が日本の存立を狂わしてしまった．海洋国家日本の大東亜共栄圏構想も誕生したが,その地政的認識は大陸政策を変更づけるものではなかったし,その日本の海洋国家構想は空洞化されてしまった．

　その日本の大陸政策への明確な転換は,幣原外交を軟弱と批判して生まれた1927年田中義一内閣の発足に始まった．田中内閣は,対華方針は「我が日本帝国にとって,中国問題は極めて重要である」(4月22日施政方針演説)とし,以来,少壮軍人が政治を支配し,対外侵略政策を推進した[97]．

それは，山東出兵に始まり，1927年6月27日～7月7日に東方会議を開催し，以下の強硬方針3項（1～4項は中国の現状に同情し統一政権の出現に理解を示していた）を決定した．

「5. 支那ノ政情不安ニ乗ジ　往々ニシテ不逞分子ノ跳梁ニヨリ治安ヲ紊シ不幸ナル國際事件ヲ惹起する虞アルハ争フベカラザル所ナリ　支那ニ於ケル帝國ノ権利　利益　並ビニ在留法人ノ生命ニシテ　不法ニ侵害セラルル虞アルニ於テハ　必要ニ応ジ断乎トシテ自衛ノ措置ニ出テ　コレヲ擁護スル外ナシ
　殊ニ日支關係ニ付キ　捏造虚構ノ流説ニ基キ　妄リニ排日排貨ノ不法運動ヲ起スモノニ対シテハ　其ノ疑惑ヲ排除スルハ勿論　権利擁護ノタメ進ンデ機宜ノ措置ヲ執ルヲ要ス
6. 満蒙　殊ニ東三省地方ニ関シテハ國防上並ビニ　國民的生存ノ關係上重大ナル利害關係ヲ有するを以テ我邦トシテ特殊ノ考量ヲ　要スルノミナラズ
　同地方ノ平和維持　經濟発展ニ依リ　内外人安住ノ地タラシムコトハ接壌ノ隣邦トシテ特ニ責務ヲ感ゼラルヲ得ズ
7. （本項ハ公表セザルコト）モシソレ東三省ノ政情安定ニ至ッテハ　東三省自身ノ努力ニマツヲ以テ最善ノ方策ト思考ス
　三省有力者ニシテ　満蒙ニ於ケル我ガ特殊地位ヲ尊重シ　真面目ニ同地方ニ於ケル政情安定ノ方途ヲ講ズルニ於テハ　帝國政府ハ適宜之ヲ支持スベシ
8. 万一　動乱満蒙ニ波及シ　治安乱レテ同地方ニ於ケル我特殊ノ地位權益ニ　対スル侵害起ルノ虞アルニ於テハ　其レ何レノ方面ヨリ来ルヲ問ハズ之ヲ防護シ　且内外人安住発展ノ地トシテ保持セタルル様　機ヲ逸セズ適当ノ措置ニ出ヅルノ覚悟アルヲ要ス．[98]」

それは，以下の2点にあった．
1. 自衛という口実による軍事行動の正当化．
2. 東3省における日本の特殊権益の確保と中国からの分離．

この方針は7月11日付対支政策綱領[99]として日本在外公館に対し訓令が出された．一方，8月15日大連会議（旅順会議）を開催し，その政策の基本的

推進となった．その方針は，7月25日田中が一木喜徳郎宮内大臣を通じて上奏されたとして，その全文4万字の田中上奏文が日本帝国主義者の大陸への野望を謳い上げたものとして，1929年12月南京で発行の時事月報に掲載された．それは日本皇室の書庫深く収められていた秘密文書を1928年6月台湾人蔡智堪が原文の写しに成功し，公表されたものとされた[100]．その説をめぐっては真偽が分かれるところであるが[101]，中国侵略の重点を東3省の支配におき，盧溝橋（日中戦争）から真珠湾（太平洋戦争）へ至る日本の侵略政策を国策として示したものとして，世界が注目した．その抜粋は，次の通りである．

「……よって，我が國は，その富源を開拓し，満州鐵道株式会社を設立して，彼の地の鐵道・海運・鉱山・森林・鐵鋼・農業・畜産に投資して，帝國永久の繁栄を期するものとする．しかしその名目は，半官半民なりといえども，その實權はことごとく政府の執るところなり．

かつこれに外交，警察及び一般政權を，賦与して帝國主義を発揮せしめ，特殊の社會を形成せしむるに至りては，第二の朝鮮統監と異なるなきなり．すなわち満蒙に対する権益は巨かつ大なるを知るべきなり．……

我が日本が自己を保全し，ひいては他住民の保全を図らんと欲せば，必ず鐵血をもってするを要し，初めて当面の難局突破することを得べし．しかして鉄血主義をもって東三省の保全を実行せんと欲せば，第三国の米國は支那の夷をもって夷を制するの煽動手段に乗ぜられ，起ちて我が國を制御するの挙ぬ出ずや必せり．

この秋に当りて，勢い我が國は米国と角逐するのやむなきに至るべし．……曩日の日露戦争は，実は日支の戦にして，将来支那を制せんと欲せば，必ずまず米國の勢力を妥当せざるべからざること，日露戦争と大同小異なり．……

支那を征服せんと欲せば，まず満蒙を征せざるべからず．世界を征服せんと欲せば，必ずまず支那を征服せざるべからず．

もし支那にして完全に我が國のために，征服せられんか，他の中小アジア，

インド・南洋等のごとき異服の民族は，必ず我をして敬畏して我に降伏すべく，世界をして我が國の東洋たるべきを知らしめ，永久にあえて我が國を侵害すること，なからしむるに至るべし．これすなわち明治大帝の遺策にしてまた我が日本帝國の存立上必要時たるなり．

……もし昭和新政を樹立せんと欲せば，必ず積極的に満蒙における利權を強取するをもって主義となし，利權をもって貿易を培養するべし．これ支那工業の発達を制するのみならず，歐米勢力の東漸を回避し得べく，策の優にして計の善なるものこれに過ぎたるものなし．

我が対満蒙利權にして真に我が有に帰せば満蒙を根拠とし，貿易の仮面をもって支那四百余州を風靡し，なお満蒙の利權を司令塔として，全支那の利源を攫取し支那の富源をもって，インド及び南洋各島進んでは，中小アジア及びヨーロッパを征服するの資となすべく，我が大和民族がアジア大陸に歩武せんとする，第一の大關鍵は満蒙の利益を把握するにあり．[102]」

その日本文は，1930年の日華倶楽部の冊子に「支那人の観た日本の満蒙施策」として公表された．日本側は，この田中文書を偽造文書としてその上奏文そのもの存在を否定してきたが，その内容の真実性は歴史が証明した．そして，その反響は，以下の通り，現実となった．

1. スターリンは日本軍閥の満蒙征服が成功すれば，ソ連としては中国東北地区から退出を余儀なくされ，シベリアの安全も脅威となる，と解した．スターリンは，結局，大祖国戦争を発動した[103]．
2. その結果，ソ連は赤化攻勢の強化を指示し，抗日闘争が激化した．
3. 米国は，駐米日本大使館の偽物説を信じていたが，日本軍部の満蒙政府と中国本土への支配から，日本は田中上奏文通りに行動をしていると判断し，日本への警戒，そして日本との対決に走った．

もっとも，田中上奏文の内容は単なる田中義一の妄言ではなかった．それは，日本軍部の一貫した政策であり，彼ら軍部は，田中義一内閣以降，日本を米英と並ぶ富国強兵の国家にしたいと念じ，それを目標としていたからである．

しかし，日中戦争は泥沼の戦いであった．日本陸軍の支那通軍人は侮蔑の支那意識に走ってしまった．これは，現下の中華意識を危険視する日本の知識人の中国観と相通ずるところがある（第7章7台湾海峡の内海化と中国覇権戦略をみよ）[104]．

10. 吉田ドクトリン

第2次世界大戦後，政権を担った吉田茂は，戦後日本の出発に当たり経済中心主義，軽武装，及び日米安全保障体制堅持の3本柱をもって，日本の戦略構想と見做した．冷戦期のジョン・フォースター・ダレスとの外交交渉においても，この基本構想は固持され，それは吉田ドクトリンといわれる．この用語は日本が経済大国として台頭した1985年以降に使用されたが[105]，吉田はその政策をドクトリンとは見做してはいなかった[106]．反面，吉田の軽武装の考え方はその後，現実的でなくなった．

その戦略ドクトリン構想は，以下を骨子としていた．

1. 日本の政治体制において伝統的，保守的，かつ進歩的要素を混合させたものとして，象徴的天皇制のもと日本的体制の構築を図る．
2. 日本の戦前における国際的役割を回復し，日本は名誉ある地位を占める．
3. 海洋国家米国・英国が主導するブレトン・ウッズ体制に参加し，自由貿易を享受し，経済発展の基礎を固める．
4. 日本の防衛能力の強化は国内の政治的対立を招来し，アジア諸国を初めとする世界諸国の国際的警戒を招く．米国との防衛態勢への誓約で，対外安全保障を確立する．
5. 共産主義の脅威は深刻で，その脅威はイデオロギー的なものであると認識しており，テロによる不安情勢，宣伝工作による政治浸透への混乱を警戒し，対決しなくてはならない[107]．

そのための経済的繁栄の追求と非軍事的手段を基本とする対外関係の構築が課題とされており，1951年9月日米全保障体制が設定されること（1960年

4月改訂）こそが基本であり，そこでは，海洋国家としての同盟体制の樹立にあった．以上を基本方針とされつつ，その戦略構想が追求された（池田勇人はその吉田の理念を忠実に継承し実行した[108]）．そして，その条件は佐藤栄作政権末には，国際環境が冷戦からデタント及び多極化の時代へ移行したことで，日本は新たな国際貢献を求められることになった．

11. 日本の海洋国家戦略

日本は第2次世界大戦後，米国の支配下に国家自立の選択をした．そして海洋国家としての日米同盟を建立した．ここでの海洋国家の戦略とは，海洋が重要な役割を担う類の戦争を支配するという海洋戦略の原則以上のものである．したがって，制海権は目的ではなく手段であり，その目的は平時においても戦時においてもあらゆる権力を大陸に拡大するもので，大陸を封じ込めることをもその適用の基本とした[109]．米国の覇権政策はそれも基本としており，米国はこれをもって対処した．日本の海洋戦略も，その基本原則の適用を受け入れた．その確認は，次の通りである[110]．

　1957年5月　　国防の基本指針で基盤的防衛力を確認．
　1976年10月　国防計画の大綱で基盤的防衛力に着手．
　1981年8月　　日米首脳会談の共同声明で「同盟」関係を明記．
　1996年4月　　日米防衛協力強化の橋本・クリントン共同宣言．
　1997年9月　　日米安全保障協議委員会，日本が日本周辺有事の際に協力すべき分野40項目の合意（新ガイドライン）．
　1999年6月　　日米新ガイドライン関連法成立．
　2001年10月　テロ対策特別措置法成立．
　2004年2月　　アジアの安全に関する日米協議．

日本の地政的見地に立つ国際脅威認識とそれに対応した国際社会における責任の行使における論点は，次の通りである（表5-2をみよ）．

（1）米国は1951年10月相互安全保障法（MSA）を制定し，ハートランド

及びリムランドの共産主義勢力を封じ込めるべく自由と民主主義の共有理念のもとでの武器・経済復興・技術援助に着手した．かくて，1954年7月自衛隊が発足し，1957年6月防衛力の整備に着手した．そして，1976年10月の「防衛計画の大綱」で基盤的防衛力の構想がまとまった[111]．

(2) 日米安全保障体制の存在・維持を前提として，基盤的防衛力構想は，限定的かつ小規模な侵略を超える侵略の生起を抑止することにある．それは，外部勢力による拡張主義行動への対処にある一方，同時に，自国の安全保障を高めること（防衛能力の増強）が周辺国の脅威と映ることになる安全保障のジレンマを回避する意図にある．その基盤的防衛力構想は軍事的脅威に限定されず，国際戦略理念をも考慮しており，脅威に対して情報収集能力や分析能力の向上が求められたのはそのためで，そこでは，所要防衛力を維持しない吉田ドクトリンの軽武装の枠内にあった．

(3) 自衛隊の国連平和維持活動（PKO）への参加，大規模災害などの事態への対応が求められ，1992年6月PKO協力法が制定された．一方，1973年以降，日本は沖縄南西航空警戒態勢を引き継ぎ，1997年9月「日米防衛協力のための指針」（新ガイドライン）が成立し，その実効性を高めるための周辺事態安全確保法が1999年8月成立した．1978年「防衛計画の大綱」は内外情勢について変更をみていないとの前提に立って基盤的防衛力構想にあったが，核弾道ミサイルの発達をみ，1979年12月ソ連軍がアフガニスタンに侵攻した．このため，1980年に初めて米国主導の海上権力活動，リムパックへ参加し，1981年5月ロナルド・レーガン米大統領との会談直後，鈴木善幸首相はナショナル・プレス・クラブ演説で，日本周辺海域の防衛とシーレーン1000カイリ防衛を打ち出した[112]．同81年6月，①3海峡封鎖によるソ連潜水艦の太平洋進出阻止，②ソ連バックファイヤーの太平洋攻撃の阻止と第6艦隊空母の安全確保の海上自衛隊戦略が提起された[113]．また，1986年以降の

中期防衛力整備計画で装備の近代化に着手する一方，同86年1月ジェームズ・ワトキンズ米海軍作戦本部長の「海軍戦略」[114]を受けて，陸上防衛戦略を内陸持久（米軍支援までソ連の侵略を押さえる戦略）から，上陸部隊を撃破し海峡防衛を確保する前方防衛，正式には前方対処・早期撃破の戦略方針が採用され，ここに急迫した事態に対処できる戦略が策定された[115]．こうして1990年の湾岸戦争で，日本は90億ドル（1兆1700億円）の支出をもって国際貢献をしたが，それは国際社会では評価されなかった[116]．

(4) ソ連邦崩壊後の世界変動で，1995年7月「防衛計画の大綱」が決定され，1992年PKO協力法による自衛隊の国連カンボジア暫定機構へも

表5-2 日本の脅威認識と対処

地政的事件	対処	措置
韓国,竹島(独島)に領土標識建設(1954.1)	侵略の排除(「国防の基本指針」＝基盤的防衛力構想1957.5)	新日米安全保障条約(1960.4) 防衛計画の大綱(1976.10)
ベレンコ・ソ連中尉の強行着陸(1976.9)	シーレーン1000カイリ防衛(1981.5) 前方対処・早期撃破に戦略転換(1986) 早期警戒態勢(1989)	日米ガイドライン(1978.11) 中期防衛力整備計画(1985.9.)
湾岸戦争(1990.8)	国際貢献(1990.8) 自衛隊掃海艇のペルシャ湾派遣(1991.4)	
北朝鮮のミサイル発射(1993.5ノドン1号発射,1998.8テポドン発射) 韓国,竹島に船舶接岸施設建設(1995.12) 中国,台湾周辺海域にミサイル発射(1996.3) 外国海洋調査船の日本近海活動(1996～)	自衛隊の平和維持活動(1992.9～)	PKO協力法(1992.6) 新防衛計画の大綱(1995.11) 日米新ガイドライン(1997.9) 周辺事態安全確保法(1999.5) 日米新ガイドライン関連法(1999.6)
国際同時多発テロ(2001.10) 北朝鮮不審船事件(2001.12) イラク戦争(2003.1) 北朝鮮,「核保有」を表明(2003.4) 北朝鮮ミサイル発射(2006.7)	ミサイル防衛に着手(2003.12) 弾道ミサイル探知・追尾の弾道ミサイル実験成功(2005.11)	テロ対策特別措置法(2001.10) 有事関連法(2003.6) イラク復興支援特別措置法(2003.7) 国民保護法(2004.6) 北朝鮮制裁措置(2006.7)

派遣が可能となった．そして1989年以降，早期警戒態勢が確立された．1997年新防衛ガイドライン（防衛協力指針）と能力の向上で周辺地域における警戒監視や航空輸送が可能となった．そして，2003年イラク復興特別措置法で，同年12月イラクへの自衛隊派遣となった．さらに，同12月日本はミサイル防衛（MD）に着手した（2006年8月短中距離ミサイルを迎撃できる海上配備型のSAM3搭載イージス艦の配備）．

12. シーレーンの安全保障

　現下の世界における海洋戦略の焦点は，シーレーンにある．これは陸上の兵站線に対する海上交通線で，海上兵站線に相当する．日本を初めアジアNIES諸国の発展は，環太平洋構想としての海上交通の安全保障と一体である．それはリムランドの外側弧状地帯において形成されており，ベーリング海－オホーツク海－日本海－黄海－東シナ海－南シナ海－インド洋からなる．そこには，津軽海峡－対馬海峡－台湾海峡－シンガポール・マラッカ海峡／スンダ海峡／ロンボク海峡といった狭水路を有する．この地域は冷戦下にあってソ連及び中国，さらにベトナム，そしてインドと直接対峙する海域を形成しており，ために発火点にあり，ソ連の海上防衛戦略の遂行が続いた．ソ連は，カラフト－カムチャッカ半島－千島列島－北方領土－北海道－本州北部を囲む線を内部防衛圏としており[117]（1983年8月31日大韓航空機007便がアラスカからこの圏域，カムチャッカ半島，オホーツク海，サハリンに突入して撃墜された[118]），その外域，ペトロパブロフスクカムチャッキーウラジオストックから2000キロの線を外部防衛圏としている（図5-5）[119]．米国は，1987年国務省報告『ソ連の軍事力』で，「ソ連はわれわれの不可欠な権益を脅かす能力を十分備えている」ことを確認した[120]．ソ連提督セルゲイ・G・ゴルシコフ元帥は『国家の海洋権力』（1979年）で，ピョートル大帝の「陸軍を有する君主は片手をもつが，艦隊をも有する君主は両手をもつ」という金言に従い，「強国は艦隊を持たねばならない」と言い切った．ゴルシコフの結論は，以下の通りであった．「世界の陸地の6分の

1を占めるロシアは無論，世界最大の国家である．しかも同時に，ロシアは常に大海洋国家であった」．その主張の真意は，ソ連は太平洋の島嶼を「獲得すべき」であることにあった[121]．それは「地球的規模に自己を拡大したいとい

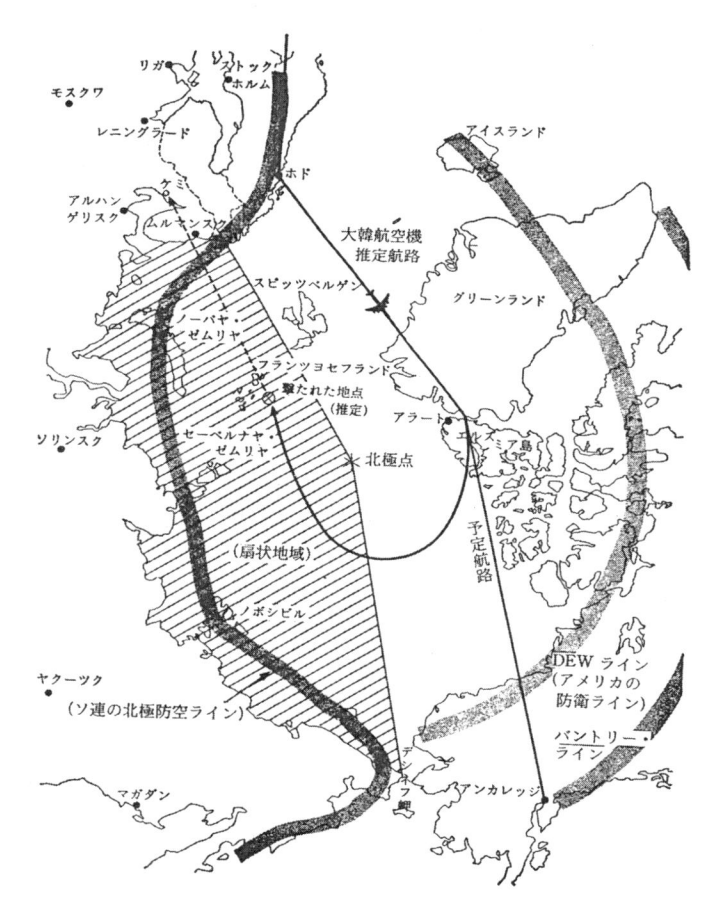

図 5-5 ソ連の内部防衛線

（注）この図は 1983 年の大韓航空機飛行ルートの関連で作成されている．

う欲望」[122]に従うところであり，エドワード・アトキンソンが「半球的拒否」[123]といえるものであり，「ハートランドへの接近拒否」[124]にあった．このソ連の攻勢に対し，日本の海洋防衛は当然に，大きな責務である[125]．

　このソ連の進出は，チャーチルが1953年にこう予言していた．「1, 2以内に米国と英軍は消えてしまうであろうが，その時，ソ連は，実に200ないし300種の積極的な行動を選択するかもしれない．[126]」1948年のベルリン封鎖は米国とその同盟国の「大空輸作戦」によって破られたが，米国は1962年キューバ危機の挑戦を受け，シーレーン封鎖を敢行して，これに対処した．ここにソ連の意図を米国はまざまざと知ったが，そのキューバ作戦を行ったのはフルシチョフ・ソ連首相で，そのフルシチョフが旧来の陸上権力としてのソ連赤軍戦略に代えゴルシチョフの指揮下に世界海洋戦略を遂行した．それは「万能の艦隊」による大海軍力の創設と展開にあって，1950年に秘密裡に着手され，1962～63年に誘導ミサイル搭載の巡洋艦・駆逐艦が登場した（表5-3）[127]．この核弾頭搭載空母の出現で，過去のシーパワー（海洋権力）の概念は一変し，一方，シーパワーの一部として日本の太平洋岸に出現したトロール船は電子機器の諜報収集に当たった．1972年に弾道弾ミサイル装備のディーゼル潜水艦ゴルフⅡ号にキューバのシエンフェゴス港への入港命令が出されたが，米国はこの試みを阻止した．これは，いうまでもなくソ連が米州海域，特にパナマ―メキシコ湾―米国東海岸のシーレーンを制圧する作戦の一部であった．それ以上に注目されるに至ったのは，煙突のような狭い箇所を商船隊やタンカーが通過し，あるいはその場所での海上交通を遮断するチョークポイント（煙突地帯／閉鎖水域）が問題視されたことである（図5-6）．これまではイギリス海峡やジブラルタル海峡といったものしか関心がなかったが，2つの大陸を結ぶ地点にあるチョークポイントが海洋の各所に存在することに気づくところになった．これまでこのチョークポイントの掌握と支配は，2つの点で有用であると，イギリス商人と英海軍は理解していた．1つは，制限海域の通航においては，多くの掠奪を防止し，安全を確保することであった．いま1つは，チョ

ークポイントを活用することで，他国との公益を円滑化し，定期化に備え，艦船を管理することであった．これに成功したおかげで，英国の7つの海の支配を可能にした．そして，潜水艦作戦を遂行したドイツがこれに着目し，挑んだ[128]．ヨハン・フォン・レールスの『世界制覇の焦点』はズンド海峡，ジブラルタル海峡，ジブラルタル海峡，ダーダネルス・ボスポラス海峡，スエズ運河，マラッカ海峡，パナマ運河，ベーリング海峡など8つの海峡，ホーランド群島，アーランド群島，デンマーク諸島，アデン湾島嶼，インド島嶼など12の封鎖島嶼，カレリア地峡，ダーネウェルク地峡，コリント地峡，トラキア地峡，スエズ地峡，クラ地峡，中米地峡など7つの地峡，及びカスピ海地帯の門，下ドナウの門，タイス・サベの門，ウィーンの門，フランデルの門，ロートリンゲンの門，モーゼル渓谷，フェルツ渓谷，ブルグンドの門など西部の門など5つの民族の門，つまり山嶽・河川渓谷の隘路をあげている[129]．今度は，ゴルシコフがこのチョークポイントの支配に挑戦してきた（表5-3）．カリブ海，大西洋に次いで，喜望峰からペルシャ湾とアラビア半島海域を含むインド洋へ

表5-3 ソ連戦闘艦艇の配備，1988年

艦種名 艦隊名	北方	バルチック	黒海・カスピ海	太平洋	計
SSBN 弾道ミサイル原子力潜水艦	37	—	—	26	63
SSB 弾道ミサイル潜水艦	2	6	—	7	15
SSDN ミサイル原子力潜水艦	30	—	—	20	50
SSG ミサイル潜水艦	8	3	1	4	16
SSN 攻撃型原子力潜水艦	50	—	—	25	75
SS 通常潜水艦	45	30	30	30	135
CV V/STOL搭載空母	1	—	1	2	4
CHG ヘリコプター搭載ミサイル巡洋艦	—	—	2	—	2
CGN ミサイル原子力巡洋艦	1	—	—	1	2
CG ミサイル巡洋艦	9	1	7	11	28
DDG ミサイル駆逐艦	18	9	14	12	53
FFG ミサイル・フリゲート艦	8	6	7	11	32
CL 軽巡洋艦	2	2	3	4	11
DD 駆逐艦	2	2	7	6	17

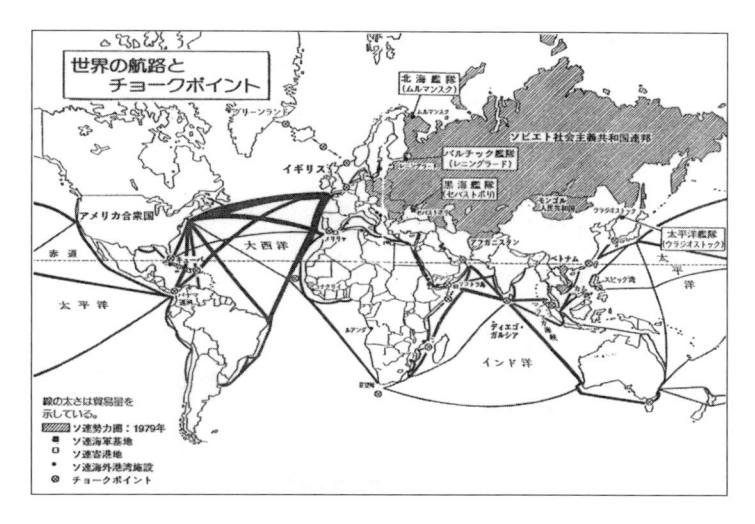

図 5-6 世界の航路とチョークポイント

のソ連進出がそれであった．そして，ソ連は，大英帝国が開発してきた近代的軍港アデンと米国が投資してきたカムラン湾の施設を収めてしまった[130]．これは，エドワード・N・ルトワークのいう海上権力の行使に対する説得（suasion）——力の行使（compulsion）ではない——の効用原理といえるものである[131]．

13. 日本海洋戦略の落とし穴

海洋国家の地政的条件にある日本は津軽海峡の閉鎖が可能であるし，同じ戦略は日本の内海，瀬戸内海と東京湾・相模湾に適用できる．しかも，日本の防衛空間および漁業専管水域は極めて広大で，ソ連，北朝鮮，韓国，中国（台湾を含む），フィリピン，及び米国との境界線に接合している（日本の防衛空間／防空識別線及び漁業水域はそれぞれ図 5-7，5-8 をみよ）．そして，その防衛空間はシーレーンに接合している．

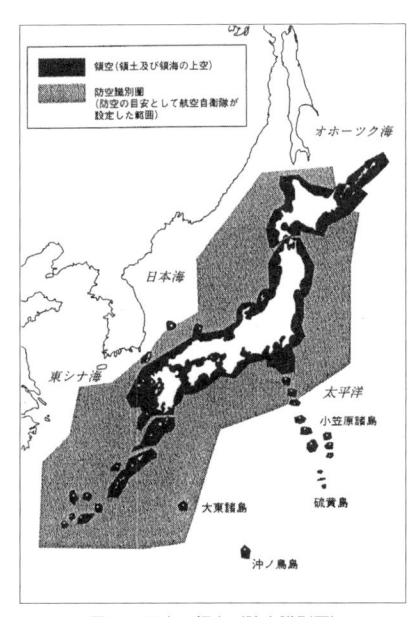

図 5-7 日本の領土（防空識別圏）

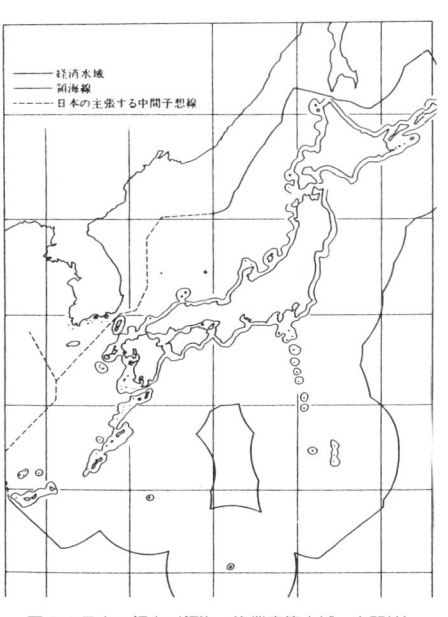

（注）防空識別圏は日本自衛隊が防空範囲として設定したもの。濃い部分は領空を示す。

図 5-8 日本の領土（領海・漁業専管水域・中間線）

（注）1977 年に設定した漁業専管水域。但し、東経 135 度以西の日本海及び東シナ海については設定せず、日韓中間線及び日中中間線を適用している。

　その日本の海洋戦略の落とし穴は 4 つある．

　第 1，尖閣諸島問題．尖閣諸島（中国名釣魚島／釣魚台）は日本の固有領土にあるにもかかわらず，中国が沖縄を含めその歴史的主権を主張してきた（琉球は，昔，中国と宗主国関係にあり，その往来の地域が尖閣諸島海域であった）．この海域は，1990 年代以降，2004 年頃まで中国海洋調査船の活動地域となってきた．最近では，東シナ海の海底油田開発をめぐって，日本と中国が対峙しており，中国では尖閣諸島海域まで中国大陸の大陸棚が広がってきていることを，その領有の根拠に結び付ける議論がある（図 5-9 をみよ）[132]．自衛隊は沖縄には配備しているが，南西諸島，特に宮古群島には配備されていな

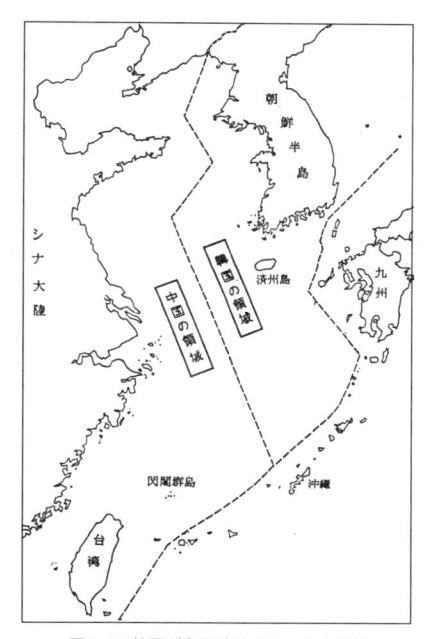

図 5-9 中国が主張する東シナ海大陸棚　　　　図 5-10 韓国が主張する東シナ海大陸棚

い．それで，宮古島はミサイル部隊による制圧が可能で，この地域は中国の台湾制圧行動にとっても活動拠点となる．このため，現在，宮古群島の下地島に自衛隊の配備が検討されている[133]．但し，尖閣諸島への外国軍の軍事侵攻作戦の可能性はない．というのは，同島は占領する価値を欠くからである．

東シナ海に対して韓国も領有権を主張している（図5-10）が，1974年日韓大陸棚協定で，相互の調整がなされた．その日中中間線（図5-11）は中国も同意していると解せられるが，その中国の行動パターンからみると，それを是認していないとみられる．

第2，竹島（独島）問題．竹島は日本領土であるが，1952年に韓国の李ライン（平和線）で囲い込まれ（図5-12）[134]，1954年9月韓国が武力占領し，

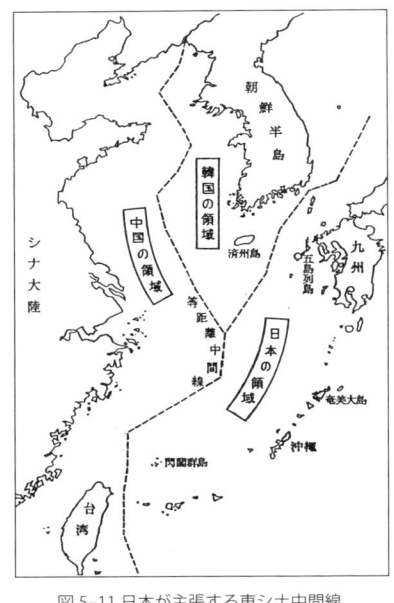

図 5-11 日本が主張する東シナ中間線　　　図 5-12 李ライン、1952 年

灯台を建設し，1965 年に韓国が実力支配に入った[135]．韓国は，領有権問題は存在しないとして一方的に支配を強行し，1954 年以来，日本の提起した国際司法裁判所への付託を拒否している．漁業権は 1999 年の日韓漁業協定で両国が暫定水域として利用される合意にあるが，現状での日本の操業は困難を極める．韓国の主張する固有領土竹島は鬱陵島で，同名の竹島であるが，日本の竹島でない．この議論は韓国を受け入れていない．

　第 3，北方領土問題．1945 年 8 月ソ連軍が占領し，日本の固有領土，北方 4 島（歯舞諸島，色丹島，国後島，択捉島）の元居住者の返還運動にもかかわらず，いまだ返還をみていない．ロシアは日本の「返還」要求に対し，「割譲」の問題であるとしている．1992 年にこれら島嶼と日本との自由往来が始まった[136]．

第4，沖ノ鳥島問題．中国が2004年4月沖ノ鳥島は排他的経済水域（EEZ）を設定できないと主張したことで，管轄する東京都（石原慎太郎知事）は，その周辺に海洋の温度差を利用した発電所の建設と居住構想を2005年1月提起した．この海域では，中国原子力潜水艦が2004年11月領海侵犯をした事件が起こった（第7章3中国の地勢戦略をみよ）（中国はこの海域を日本領海でないとしており，さらに，同艦は尖閣諸島海域で領海侵犯をした）[137]．日本は2005年2月沖ノ鳥島にレーダーを設置し，この海域の動向を把握することになった．

14. 朝鮮半島の地政戦略

　朝鮮半島は元来，大陸国家中国と海洋権力のインパクトの緩衝地帯であった．地政的に自律の風土を欠いており，多くの干渉を受けてきた．そこでは，その対外干渉から南・北に分断され，北部は，ユーラシアの共産主義と区別される専制型のチュチェ（主体）思想に基づく国家有機体論による支配形成をみており，ソ連と中国に対して独自の選択を模索してきた[138]．南部は米国との同盟体制を堅持し，もって北部の脅威に対処してきた．但し，南部は，李承晩政権は北部との対決をとったが，北部の浸透工作を受けて以後は，北部の脅威を知りつつ，北部との統一を優先させる政策ジレンマにある[139]．これは，朝鮮半島の地政的条件に帰せられる．統一なくしては自律的存立が難しく，その一方，現下の分裂状態，そのイデオロギー的対峙は，特に南部では海洋権力によって保障されるという状況にある．これに対し，北部は陸地権力の影響力と保障を直接に受けており，その下で南部との統一という国家目標によってその自立を追求せざるをえないという条件にあり（大陸国家は緩衝国家として北部を必要とし[140]，社会主義連帯の大義名分もあって，中国内戦における北朝鮮の貢献もあったことから，力による朝鮮統一を強行した朝鮮戦争での北部に対し，その北部の崩壊を直前にして，中国はこの朝鮮戦争に介入した）．そこにおける北朝鮮の地政戦略は独特なものがある．

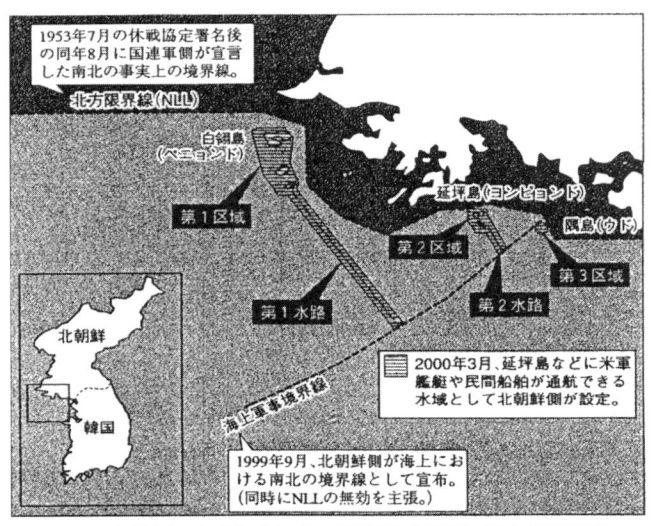

図 5-13 朝鮮半島の暫定境界線，北方限界線及び北朝鮮の海上軍事境界線

　南・北朝鮮間は，1953年7月の朝鮮休戦協定のままで，本格的戦闘はないが，北朝鮮ゲリラの侵攻工作は続いた．南部には，現在も，米軍のみの在韓国連軍が駐留している（米国は現在，撤退のシナリオを検討している）．北朝鮮は1999年6月7日から9日間にわたり警備艇が西岸黄海上の国連軍が設定した北方限界線を越えて，繰り返し韓国警備艇を攻撃した．この直後9月2日，北朝鮮は在韓国連軍との会談で，北方限界線及び38度線の無効性を主張し，北方限界線の南方に一方的に海上軍事境界線，及びその北方にある韓国支配島嶼への通航水路を指定した（図5-13）．2002年6月北朝鮮警備艇が再び北方限界線を越境して，韓国警備艇と交戦した．この北朝鮮の行動は自己の行動範囲が南部に及んでいることを示す明白な事件であった．これに対し，米軍は，1976年以降，1993年まで，北朝鮮の浸透作戦に備える大規模な米韓合同軍事演習チーム・スピリットを実施した．2001年以降，合同軍事演習フォ

ールイーグルが機動作戦として実施されている．
　その北朝鮮の対南工作，核開発，日本人拉致工作など，すべての工作は，北朝鮮の地政戦略にあるが，それは対南工作員に対する「金日成の秘密教示」に依拠しており，その「秘密教示」は，ピョンヤン龍城地区の金日成軍事政治大学に保管され，その閲覧は指導核心班にだけ許可されており，公開の「一般教示」（金日成演説など）とは区別され，「朝鮮労働党の唯一思想体系確立の十大原則」に立脚して領袖の権威が絶対化され，神格化された教示として，すなわち至上命令として適用されるものとなっている．
　まず，一般教示としては，以下のものを列記することができる．
——第4回労働党宣言「祖国の平和的統一のために」（1961年9月）．
——朝鮮民主主義人民共和国10大政綱（1967年12月）．
——第5回労働党大会金日成報告（1970年11月）．
——党唯一思想体系確立の十大原則（1974年2月）．
——朝鮮民主主義人民共和国10大建設目標（1974年2月）
——第6回労働党大会金日成報告「高麗民主連邦共和国創設」提案，10大展望目標（1980年10月）．
——金日成主席講義録「朝鮮労働党建設の歴史的経験」（革命偉業の継承問題）」（1986年5月）．
これに対し「金日成秘密教示」[141]の一部を紹介する．
「現代戦は前方と後方のない立体戦であり，長期戦である．現代戦の勝敗を左右するキーポイントは，長期戦に適するように誰もがもっと多くの戦略物資の予備を作るかどうかにかかっている．
　敵の攻撃を挫折させるためには，防御戦とともに，敵後の従深部に第2戦線を形成して背後を強打すべきである．そのためには，警報旅団主力部隊が素早く従深へ浸透し得るトンネルを予め準備しておくべきである．【南進用トンネルは1974年11月発見され，続いてトンネルのいくつかが存在することが判明した[142]】……坡州や東豆川にある米軍基地の1つを包囲し，

米軍部隊を人質にする作戦を試みる必要がある.」

「核ミサイルを開発するうえでも,理論では遅れておらず,装備が問題だというが,結局はカネだ.だから,今から外貨を稼げる最もよいものはアヘンだというが,それだったらできないこともないではないのか.一度,大胆に試みてみよ.アヘンは麻薬だから,遠い江原道高山地帯に一般人の出入りができない特別区域を作り,統制をしっかり行うべきである」(1968年1月党軍事委員会)[実際,1990年代以降,不正工作が続き,マネーロンダリングを行ってきた[143]].

「実際に戦争が起こると仮定したときに,防御にのみ汲々としてはいけない.どんな手段を用いても,米国本土を強打しなければならない.ミサイルを持たなければ,打ちのめさないというわけではない.中南米に行っている特攻隊を投入したり,僑胞組織を動員することもあり得る.核爆弾がなければ,化学兵器を散布してもいいだろう.死ぬ覚悟をして,何としてでも,米国本土に混乱が起こるようにすればよいのだ.本土だけでなく,世界各所に散らばっている米軍基地を爆破してもよい」(1974年8月党軍事委員会)[1993年5月,1998年8月,そして2006年6月と,米国・日本に対するミサイル工作は一先ず成功した(図5-14をみよ).そして,核兵器,生物兵器の開発に着手している.[144]]

「決定的な時期が捕捉されると,遅滞なく総攻撃を開始すべきだ.全国的なゼネストと同時に,戦略的要衝地帯の各所で武装蜂起して,電信・電話局・変電所・放送局など重要な公共施設を占拠すると同時に,断電とともに通信・交通網を麻痺させ,臨時革命政府の名前で北に支援を要請する電波を飛ばすべきである.こうしてこそ,南と北の戦略的配合で革命的大事態を主導的に速めることができる」(1974年12月対南工作員との談話).

「決定的時期は自然に来るのではない.革命情勢はもっぱら革命家の粘り強い努力によって成熟することになる.……デモの途中,警察によって殺害されたように,偽装して自害工作をする必要もある.デモ群衆は同僚の血を見

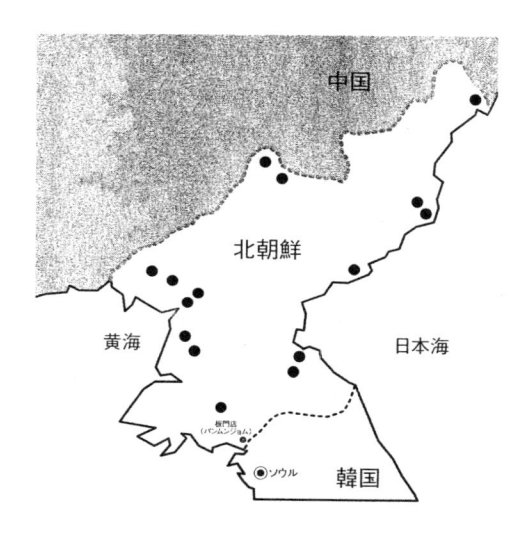

図 5-14　北朝鮮のミサイル基地

れば，いっそう激烈に立ち上がることになる」(1976 年 8 月対南工作員との談話)．
「現在，南朝鮮では，数多くの進歩的民主人士が各種の在野団体に結束して，活発に動いている．わが方は 1 日も早く，北と南，海外の統一愛国力量を総網羅する全民族統一戦線を形成すべきだ．全民族統一戦線を形成するためには勿論，わが方が主動的に提起することもできるが，南朝鮮組織が先に在野団体の名前で発揮するようにし，そこに北と海外団体が呼応する形式をとることの方が自然である」(1990 年 5 月 3 号庁舎 (対南工作当局) 拡大幹部会議)．
「第三国を通じた迂回浸透では，興味深い対象国は日本だ．日本は過去 36 年間，わが国を植民地として支配し掠奪した罪のため，わが共和国に対しては力を行使できないからだ．そして日本は地理的にも近く，朝鮮総連という強固で巨大な組織があるだけでなく，60 万の同胞がいる．そのなかには，われわれの帰国同胞との縁故者も多くいる．これがどれほどに有利な条件だ

ろうか．今後は日本を拠点にして迂回浸透工作を大々的に展開する必要がある」(1991年8月3号庁舎拡大幹部会議)［拉致，麻薬販売，軍事侵入などの一連の日本工作が行われた[145]］．

その教示戦略は，韓国に対し，日本に対しこれまで的確に実施されてきた．これも北朝鮮の地政戦略によるところである．この政策・作戦の方式は，1997年7月金正日体制へ移行して以後も，同様な戦略方式が遂行されている．

韓国も，同じ地政的条件にあり[146]，その国際認識構造は，北朝鮮と同様で，次の4点を基本としている．(1)朝鮮半島国家としても未完成であること（南・北が統一を達成して，大陸と島嶼に対してその存在を発揮させることができないでいること），(2)分断国家として民族意識の発揚をみせること（分断の存在を他者の責任として自己の抵抗を正当化していること），(3)半島国家との存在の限界を抱えること（大陸国家をテコとして周縁に対してゲームの勝者となること），(4)儒教社会の秩序維持の伝統がすべてイデオロギーとなること（その社会風土が対内的矛盾の対外的転化を可能にしているし，権力の集中及びその維持を可能にし，韓国は，野蛮な島嶼国家日本に対して大陸国家のイデオロギー（儒教＝中華思想）を継承して，その存在が優越しているとしている）[147]．

北朝鮮では，儒教に代替してチュチェ（主体）思想が醸成されているが，その政治心理の構造には，南部との共通性がある．そこでは，国家戦略の策定は難しく，それは地政的条件に制約されるからである．

2005年，ソウル大学校パク・ソンジョが北と南は違う民族だと公然と主張して注目された．それは，韓国で反日論調あるいは政府の北朝鮮傾斜の反日政策が強まるなか，北朝鮮の実態を紹介し，ドイツ統一の致命的欠陥を検証し，南・北朝鮮の統一は韓国の瓦解・破滅をもたらすことになると，彼は著作『南北統一はわれわれの崩壊となる』で主張したからである．パク教授は比較統一政策論を専攻しており，ドイツの北朝鮮分析を基礎に，「われわれが夢見る北朝鮮はない」と断言した．その視点の1つは，「社会主義体制下で形成された個人

の自我が資本主義体制に適応しがたい」という「感情の閉塞」の指摘にあって，これはチェチェ思想の根源に関する問題である[148].

1992年1月25日反金日成の朝鮮民主統一救国戦線が発足した[149]．その指導者に対する金日成の暗殺指令は成功せず，一方，北朝鮮は核・細菌ミサイル作戦工作に着手し，ならず者国家として，依然，存在を強めている．

[注]

1 朴栄濬「幕末期の海軍建設再考——勝海舟の「船譜」再検討と「海軍革命」の仮説」軍事史学，第150号，2002年9月．
2 石橋湛山「大日本主義の幻想」東洋経済新報社説，大正10年7月30日，8月6日，13日．増田弘編『小日本主義　石橋湛山外交論集』草思社，1984年，54-70頁．松尾尊兌編『石橋湛山評論集』岩波文庫，岩波書店，1984年，101-121頁．
　　以下をみよ．筒井清忠『石橋湛山——自由主義政治家の軌跡』中央公論社，1986年．増田弘『石橋湛山研究——「小日本主義者」の国際認識』東洋経済新報社，1990年．増田『石橋湛山——リベラリストの真髄』中央公論社，1995年．
3 北岡伸一『清沢洌——日米関係への洞察』中央公論社，1987年，52-53頁．
　　さらに，以下をみよ．清沢洌，山本義彦編『清沢洌評論集』岩波文庫，岩波書店，2002年．山本義彦『清沢洌——その多元主義と平和思想の形成』学術出版会，2006年．
4 井上茂美伝記刊行会編『井上茂美』井上茂美伝記刊行会，1982年．阿川弘之『井上成美』新潮社，1986年．生出寿・他『井上成美のすべて』新人物往来社，1988年．
5 大井篤『海上護衛戦』学習研究社，1992年．
6 國松久彌『フリードルッヒ・ラッツェル　その生涯と学説』古今書院，1931年．
7 Friedrich Ratzel, *Anthropogeographie, order Grundzüge der Anwendung der Edkunde auf die Geschichte*, Stuttgart: J. Engelhorn, 1882.
8 Ratzel, *Anthropographie, die geographische Verbreirynf des Menchen*, Stuttgart: J. Engelhorn, 1891.
9 Ratzel, *Politische Geographie*, München: R. Odenburug, 1923/ Osnabruck: Otto Zeller, 1974.
10 Ratzel, 'Der Lebensraum: Eine biographische Studie,' *Festgaben für Alber Schäffle zur 7. Wiederkehr seines Geburutstages am 24*, 1901, S.103-189.
11 op. cit. Ratzel, *Politische Geographie* の第1編第1章土地に立脚する有機体としての国家．
12 Rudolf Kjellén, "Die Politik als Wissenscchft," *Göteborgs Attonbland*, Bd. 22 No. 26, März 1901.

13 Kjellén, *Staten som Lofsorm*, Stockholm, 1916. *Der Staat als Lebensform*, Leipzig: J. Sandmeier, 1917. 阿部市五郎訳『生活形態としての國家』叢文閣, 1936年／金生喜造訳『領土・民族・国家──地政學の原典』三省堂, 1942年.
14 Kjellén, *Die politische Probleme des Weltkriges*, 1916.〔抄訳〕秦豊吉訳『欧州戦争と民族主義』富山書房, 1917年.
15 Kjellén, *Die Grossmächte der Gegenwart*, Leipzig: J. Sandmeier, 1918. 長田新訳『現代の八代強国』富山房, 1918年.
16 Rudolf Kjellén, *Der Staat als Lebensform*, Leipzig: J. Sandmeier, 1917.
17 引用は, 前掲, 金生喜造訳『領土・民族・国家──地政學の原典』による.
18 ラッツェルとチェレーンの批判的考察は, 以下をみよ. 飯塚浩二『人文地理學説史──方法論のための學説史的反省』日本評論社, 1949年.
19 Friedrich Ratzel, *Deutschland, Einführung in die Heimatkunde*, Leiptzig: W. Grunow, 1898. 向坂逸郎訳『ドイツ──その自然と文化』中央公論社, 1941年, 5-6頁.
20 ibid. 前掲書, 21-23頁.
21 チェレーンは, 自由連合に基づいたベルリン-バグダッド-中欧の閉鎖的な勢力圏を提起していた. この構想は,「レバント, すなわち, ギリシャー小アジア・エジプトの生活をドイツ工業の補完として構想された」と記述している. 前掲, 金生訳『領土・民族・国家──地政學の原典』210頁.
22 永雄策郎『植民地鐵道の世界経濟的及世界政策的研究乃至植民地鐵道の外的研究』1・2, 満州鉄道株式会社東亜経済調査局, 1928年／『植民地鐵道の世界経濟的及世界政策的研究』日本評論社, 1930年.
23 von Otto Maull, *Politische Geographie und Geopolitik*, 1925, Berlin: Gebruder Borntraeger, 1956.
彼は, 辻村太郎・山崎禎一訳『人文地理学』古今書院, 1935年を書いていた.
24 von Otto Maull, *Das Wesen der Geopolitik*, Leipzig/ Berlin: B. G. Teubner, 1936.
25 Alexander von Humboldt, *Versuch über den politischen Zustand des Königreich Neuspanien, Das amerikanishche Reisewerk*, 1808-11.
26 Johan Gottfried von Herder, *Ideen zuru Philosophie der Geschidhe de Mensckeit*, 1784-91, 1803.［第1部］田中萃一郎・川合良一訳『歷史哲學』第一書房, 1932年, 2冊, 丁子屋書店, 1948年. 鼓常良訳『人間史論』4冊, 白水社, 1948-49年.
27 von Karl Haushofer, *Geopolitische Grundlagen*, Berlin: Industrieverlag, 1933,.
28 江澤讓爾『地政學研究』日本評論社, 1942年,「ドイツ地政学の発展」.
29 op. cit. Kjellén, "Die Politik als Wissenscchft," *Göteborgs Attonbland*.
30 政治地理学と地政学の議論は, 江澤讓爾『地政学概論』日本評論社, 1943年, 第3章をみよ.
31 Alexander Supan, *Leitlinien der allgemeinen politischen Geographie*, Berlin/ Leipzig, 1918. 阿部市五郎訳『政治地理學綱要』古今書院, 1933年.
32 R. Henning & Leo Körhols, *Einführung in die Geopolitik*, Leipzig/ Berlin: 1933. 阿部市五郎訳『地政治学入門』古今書院, 1933年.
33 信夫淳平『小村壽太郎』新潮社, 1942年. 石井一郎『小村壽太郎──興亜の父』東光出版社, 1943年.

神戸雄一『小村寿太郎』日向文庫刊行会，1952年．
34 Haushofer, *Japan und die Japaner: eine Landes- und Volkskunde*, Berlin: B. G. Teubrer, 1921, S. 1.
若井林一訳『大日本』洛陽書院，1942年．佐々木能理男訳『日本』第一書房，1943年がある．
35 Haushofer, *Japan Baul sein Reich*, Berlin: Zeitgeschichte-Verlag, 1941. 梅澤新二訳『日本の国家建設』龍吟社，1943年．
36 Adolf Hitler, *Mein Kampf*, 2 Bd., 1925-27/ München: Franz Eher Nachf, 1937. 真鍋良一訳『我が闘争』2冊，興風館，1942年／平野一郎・高柳茂訳『わが闘争』3冊，黎明書房，1961年，1971年／2冊，角川文庫，角川書店，1985年．
37 Adolf Hitler, *Hitler's Secret Book*, New York: Grove Press, 1962. 立木勝訳『ヒトラー第二の書──自身が刊行を禁じた「続・わが闘争」』成甲書房，2004年．
38 サイドの1984年7月文学の社会学に関するエセックス会議の報告． Edward Said, 'Orientalism Reconsider,' Francis Barker ed., *Europe and its Other: Proceedings of the Essex Confrence on the Sociology of Literature, July 1984*, Vol. 1, Colchester: Univ. of Essex, 1985
39 『地政学論集』に「オリエンタリズム再考」所収．Gearóid Ó Tuathail, Simon Dalby, & Paul Routledge eds., *The Geopolitics Reader*, London: Rouutiledge, 1998, pp. 256-261.
40 von Fridrich Nauman, *Mitteleuropa*, Berin: Georg Reimer, 1915.
東欧解体後における中欧概念の復活は，以下をみよ．加藤雅彦『中欧の復活──「ベルリンの壁」のあとに』日本放送出版協会，1990年，155-157頁．加藤には，『中欧の崩壊──ウィーンとベルリン』中公新書，中央公論社，1983年がある．
41 Henning Heske, "Karl Haushofer: His Role in German Geopolitics and in Nazi Politics," *Political Geography Quarterly*, Vol. 6 No. 2, April 1987, pp. 135-144.
42 Richard Coudenhove Kalergi, *Paneuropa*, Wien/ Leipzig: Pan-Europa Verlag, 1923. 鹿島守之助訳『パン・ヨーロッパ』鹿島研究所出版会，1961年／『ヨーロッパ国民』鹿島研究所出版会，1962年／『クーデンホーフ・カレルギー全集』第1巻，鹿島研究所出版会，1970年．
43 前掲『ヨーロッパ国民』141-157頁に所収．
44 クーデンホーフ・カレルギー，鹿島守之助訳「世界的勢力としてのヨーロッパ」，『クーデンホーフ・カレルギー全集』第9巻，1971年，1-155頁．
45 Coudenhove-Kalergi, *Europe Must Unite,* 1939. 鹿島守之助訳『ヨーロッパは統合しなければならない』，『クーデンホーフ・カレルギー全集』第2巻，鹿島研究所出版会，1970年，第7章目的と方法，123-140頁．
46 前掲『ヨーロッパ国民』141-143頁所収．
47 Coudenhove-Kalergi, *Crusade for Pan-Europe: Autobiography of a Man and a Movement*, New York: G. P. Putnam's Sons, 1943. 深津栄一訳『汎ヨーロッパ十字軍』上・下，鹿島研究所出版会，1966年．
48 クーデンホーフ・カレルギー，鹿島守之助訳『ヨーロッパの統合』鹿島研究所出版会，1963年／『クーデンホーフ・カレルギー全集』第2巻，1970年．
49 Edouard Herriot, *The United States of Europe*, New York: Viking Press, 1930. 鹿島守之助訳『ヨーロッパ合衆国』鹿島研究所，1962年．

50 前掲『ヨーロッパ国民』158-162 頁に所収.
51 前掲書，248-252 頁に所収.
52 Jörg Brechterfeld, *Mitteluropa and German Politics, 1848 to the Present*, Basingstoke: Macmillan, 1996, p. 71.
53 von Ewald Banse, *Raum und Volk in Welkrige: Gedenken über eine nationale Wehrlehre*, Oldenburg: G. Stalling, 1932.
54 von Ewald Banse, *Germany, Prepare for War: A Nazi Theory of National Defense*, New York: Harcourt Brace, 1934.
55 現在，EC は，アラブ諸国との協定，及びロメ協定を締結している．但し，後者の協定には英国が EU に参加していることで，カリブ海の英語圏諸国が含まれる．
56 Halford Mackinder, "The Round World and the Winning of the Peace", *Foreign Affairs*, Vol.,21 No. 4, 1943/ op. cit. Mackinder, *Democratic Ideas and Reality*, pp. 265-78. 前掲，曽村訳『デモクラシーの理想と現実』285-304 頁．
57 Karl Haushofer, *Weltmeer und Weltmachte,* Berlin: Zeitgeschichte Verlag, 1937. ［抄訳］窪井義道訳『大陸政治と海洋政治』大鵬社，1943 年.
58 op. cit. Haushofer, *Geopolitik des Pazifischen Ozeans: Studien über die Wechselbezicheung enzwischen Geographie und Geschichte*. 太平洋協會編，佐藤壮一郎訳『太平洋地政學』.
59 国策研究會「大東亜共榮圏政治經濟體制論」非売品，日本評論社，1943 年は，日本の東亜の解放による東亜復興の形態としての大東亜共榮圏の建設を提起し，それはアングロサクソン的世界体制に代わる世界新秩序の指導性にあるとしていた．内部的条件として，(1) 歴史的・地理的・文化的・民族的な連帯性，(2) 防衛空間の確保，(3) 経済的自立圏の確保、(4) 指導国日本の政治力，(5) 上述諸条件の進展性の確保，そして外部的条件として，(1) 外部的反対諸勢力の克服，(2) 他の広域圏尊重に基づく斟酌、(3) 諸事情の未成熟，(4) 広域圏間の緩衝地域設置の考慮，を掲出している．
小林英夫は，大東亜共栄圏の展開を，以下のように整理している．
第 1 期 1931 年 9 月～ 1937 年 7 月　満州国の建設．
第 2 期 1937 年 7 月～ 1941 年 12 月　日中戦争の全面展開と華北・華中支配．
第 3 期 1941 年 12 月～ 1945 年 8 月　東南アジア地域の占領と大東亜共栄圏構想下の自活．
小林英夫『「大東亜共栄圏」の形成と崩壊』御茶の水書房，1975 年．第 2 期で展開された東亜聯盟と第 3 期の南方共栄圏は、ピーター・ドゥス，小林英夫編『帝国という幻想――「大東亜共栄圏」の思想と現実』青木書店，1998 年第 6-7 章をみよ．
60 内田良平『日本之三大急務』黒龍會，1912 年, 9 頁／『内田良平関係文書』第 3 巻，芙蓉書房出版，1994 年，168 頁.
61 内田良平『秘　對支策断案』黒龍會本部，1913 年 6 月（非売品）／前掲『内田良平関係文書』第 3 巻.
62 内田良平『支那觀』黒龍會本部，1913 年 10 月／前掲『内田良平関係文書』第 3 巻.
63 竹内好は『アジア主義』現代日本思想体系 9，筑摩書房，1963 年で，大アジア主義をパン運動の一部と理解したが，その傾向は間違いではないものの，アジア心性に迫るものではないとした．福沢諭吉の「日清同盟到底行はる可からず」時事新報，明治 8（1895）年 6 月 6 日は，その素朴なアジア連帯主義に対する反論である．すなわち

「日清同盟,東洋の利益を護るとは,両国協同して文明開化を促し,富国強兵の実を成して,西洋諸国に対する運動を共にせんとの意味なる可.恰も東洋を一個の病人として,日清の両医でて其治療を引受けんとするものなれ共,如何せん,支那は依然たる漢方医者にして,日本は文明の学医なり,本来の性質素養全く反対なる2人の医者をして事を共にせしめんとす,何として協議の纏る可るや.」

彼は,米国の利権外交が活発化し,太平洋における米国の優位が実現した場合に,英国は米国の見方となるので,日本は単独でロシアとの勢力均衡の責任を負わねばならなくなる,と書いていた.

64 大川周明『亜細亜,欧羅巴,日本』大東文化協会,1925年／大川『大東亜秩序建設』第一書房,1943年／『大川周明全集』第2巻,大川周明全集刊行会／岩崎書店,1962年.
65 前掲,大川『大東亜秩序建設』.
66 前掲『大川周明全集』第2巻,771-805頁.
67 平野義太郎・清野謙次『太平洋の民族＝政治学』日本評論社,1942年,第1扁大東亜共栄圏と南方経綸,3-30頁.
68 樽井藤吉『大東合邦論』森本藤吉,1893年.影山正治訳『大東合邦論』大東塾出版部,1963年／現代日本思想体系9『アジア主義』筑摩書房,1963年／長陵書林,1975年.
69 平野義太郎『大アジア主義の歴史的基礎』河出書房,1945年,序9頁.
70 この視点は,以下に明確である.平野義太郎『民族政治學の理論』日本評論社,1943年.
71 op. cit. Haushofer, *Geopolitik des Pazifischen Ozeans: Studien über die Wechselbezieheung enzwischen Geographie und Geschichte.* 前掲,太平洋協會編,佐藤訳『太平洋地政學』4-5頁.
72 Mahan, *The Interest of American in Sea Power: Present and Future,* Boston: Little Brown, 1887. 水上海彦訳『太平洋海權論』川流堂,1899年.［抄訳］麻田貞雄訳『アルフレット・T・マハン』アメリカ古典文庫,研究社出版,1977年.
   以下をみよ.谷光太郎『アルフレッド・T・マハン――孤高の提督』白桃書房,1990年.谷『米国東アジア政策の源流とその創設者――セオドア・ルーズベルトとアルフレッド・マハン』山口大学経済学会,1998年.山内敏秀編『マハン』戦略論体系第5巻,芙蓉書房出版,2002年.
73 op. cit. Kjellén, *Staten som Lofsorm.* 前掲,阿部訳『生活形態としての國家』120頁.
74 阿部市五郎『地政治學入門』古今書院,1933年.
75 Georg Alexander Supan, *Leitlinien der allgemeinen politischen Geographie,* 1922. 阿部市五郎訳『政治地理學綱要』古今書院,1933年.
76 Richard Hennnig, *Geopolitik: Die Lehre vom Staat als Lebenswesen,* Leipzig/ Berlin: B. G. Teubner, 1928.
77 Rudolf Kjellen, *Grundriss zu einem System der Politik,* Leipzig: S. Hirzel, 1920. 岩田静郎訳『政治學體系要論』政治學普及會,1926年.
78 前掲,江澤『地政學概論』.江澤『國防地政論』厳松堂書店,1944年.
79 岩田孝三『國境政治地理』東學社,1938年.岩田『國防地政學』帝國書院,1943年.岩田『国境の地政学――国際紛争の原点』日本工業新聞社,1982年.
   国松久弥『國境の話』柁谷書院,1939年.
   金生寅造『国境論』日新書院,1942年.
   百々巳之助『国家圏域論』桜門出版社,1950年.百々『国家経界論 国際政治概念としての政

治的経界の研究』三和書房，1952 年．
80 Ratzel, *Das Meer als Quelle der Völkergrösse: Eine politisvh-geographische Studies*, München/ Berlin: Hans Helmolt, 1911. 市川誠一訳『海洋論』古今書院，1930 年，93，102-103，119 頁．
81 世界政治研究会編『大東亜戰爭と世界』中央公論社，1944 年．
82 彼は，『大南洋』河出書房，1944 年を刊行し，前掲『大東亜戰爭と世界』に「人類学上から観た大東亜戰爭」を執筆した．
83 西村眞次『大東亜共榮圏』博文館出版，1942 年，8-9 頁．
84 前掲書，54-56 頁．
85 三木清『三木清エッセンス』こぶし書房，2000 年，「現代日本における世界史の意義」274 頁．
86 小牧實繁『續日本地政學宣言』白揚社，1942 年，122 頁．さらに，小牧『日本地政學』大日本雄辯會講談社，1942 年，第 1 章日本地政学の主張をみよ．
87 小牧『日本地政學宣言』弘文堂，1940 年，白揚社，1942 年，60-61 頁．
88 前掲，小牧『日本地政學宣言』74 頁．前掲，小牧『續日本地政學宣言』3 頁．
89 前掲，小牧『日本地政學』第 10 章オーストラリアの地政学──日本地政學の見地より，第 15 章アラスカ，アリューシャンの地政學──その自然に重點を置いて．
90 さらに，小牧實繁『日本地政學覚書』秋田屋，1944 年の「志士と海國經綸」68-84 頁をみよ．
91 小牧實繁編『大東亜地政學新論』星野書店，1943 年．
92 前掲，小牧『日本地政學覚書』地政学上より見たる印度，235 頁．
93 米倉二郎『東亜地政學序説』生活社，1941 年．川西正鑑『東亜地政學の構想』實業之日本社，1942 年．松川二郎『大東亜地政學』霞ヶ関書房，1942 年．佐藤弘「大東亜地政論」，『國防地政論』巌松堂書店，1944 年．
94 中村良之助『構成地理學と國防政策』三省堂，1937 年．大木隆造『政策學』青年書房，1941 年．
95 「外交戦略論」，大山梓編『山縣有朋意見書』原書房，1966 年，196-200 頁／『日本近代思想体系 12 対外観』岩波書店，1988 年，81-86 頁．
96 曽村保信「大陸政策のイメージの転換」，「近代日本の政治指導」東京大学出版会，1965 年，のち前掲，曽村『海洋と国際政治』所収，をみよ．
97 田崎末松『評伝田中義一──十五年戦争の原点』上・下，平和戦略綜合研究所，1981 年／平和戦略研究会，1995 年．
98 東方会議の決定は，以下の引用による．仲田民男『昭和の戦争と靖国神社の問題──蔣介石秘録による』創栄出版／星雲社，2003 年，14-15 頁．
99 1927 年 7 月 7 日「対支政策綱領の訓令」，前掲，浦野『資料体系アジア・アフリカ国際関係政治社会史』第 2 巻アジアの資料Ⅰ 1-3-31 に所収．
100 蔡智堪「我怎劔取得田中奏章」香港，自由人，1953 年 8 月 29 日号．
101 稲生典太郎「『田中上奏文』をめぐる二三の問題」国際政治 26『日本外交史の諸問題Ⅱ』1964 年．秦郁彦『昭和史の謎を追う』文藝春秋，1999 年．王家楨「日本両个机秘密文件中訳本的来歴」文史資料選輯，1960 年第 11 輯．中国人民抗日戦争祈念館編／髙殿芳・劉建業主編『田中奏折探隠集』北京，北京出版社，1993 年．
102 前掲，仲田『昭和の戦争と靖国神社の問題──蔣介石秘録による』19-20 頁．

103 スターリン，清水邦生訳『ソ同盟の偉大な祖国防衛戦争』国民文庫，国民文庫社，1953年．
104 日本軍の「支那通」の蹉跌と彼らの日中提携を夢みつつ泥沼の戦争に走った指摘は，以下をみよ．戸部良一『日本陸軍と中国――「支那通」にみる夢と蹉跌』講談社，2003年．
105 永井陽之助『現代と戦略』文藝春秋，1985年．
106 高坂正堯『宰相吉田茂』中央公論社，1968年．吉田茂『回想十年』2巻，新潮社，1957年，／中公文庫，中央公論社，1998年．
107 但し，吉田は中国に対して「一種のチトー化」は可能であると判断していた．それで，彼は，米国に対して逆浸透作戦につき提案した．op. cit. *Foreign Relations of United States*, 1951, Vol. 6, pp. 827-828.
108 伊藤昌哉『池田勇人とその時代』朝日文庫，朝日新聞社，1985年．
109 Julian Corbett, *Some Principle of Maritime Strategy*, Anapolis: Naval Insitute Press, 1911, 1988, p. 15.
110 前掲，浦野『新世紀アジアの選択 日・韓・中とユーラシア』第6章日本の安全保障と「極東有事」．前掲，梁雲祥・梁星訳『21世紀亜洲的選択』第6章日本安全保障与「遠東有事」．
111 道下徳成「戦略思想としての『基盤的防衛力構想』」，石津朋之, ウィリアムソン・マーレー編『日米戦略思想史――日米関係の新しい視点』彩流社，2005年．
112 1981年5月鈴木首相のナショナル・プレス・クラブ演説，『外交青書』第26号，296-299頁に所収．
113 堂下哲郎「海上自衛隊の位置づけ――冷戦期と冷戦後」新防衛論集，第26巻第2号，1998年，30-31頁．
114 Admiral James D. Watkins, "The Matitime Strategy," *Procedings*, Washington, DC: U. S. Naval Institute, January 1986.
115 西村繁樹「日本の防衛戦略を考える――グローバル・アプローチによる北方前方防衛論」新防衛論集，第12巻第1号，1984年．西村「陸上自衛隊の役割の変化と新防衛戦略の提言」新防衛論集，第26巻第2号，1998年9月，6-8頁．
116 手嶋龍一『1991年日本の敗北』新潮社，1993年，292-293頁．
117 ソ連の内部防衛圏は，以下をみよ．United States, Dept. of Defense, *Soviet Military Power*, Washington, DC: USGPO, March 1983. 米国防総省編，宮崎正弘訳『ソ連軍事戦略の秘密――大韓航空機はなぜ撃墜されたか』ダイナミックセラーズ，1983年，130-12頁．
118 柳田邦男『ブラック・ボックス――追跡・大韓航空機事件』講談社，1985年．柳田『撃墜――大韓航空機事件』上・中・下，講談社文庫，講談社，1991年．Seymour Hersh, "*The Target is Destroyed*": *What really happened to Flight 007 and What America knew about it*, New York: Random House, 1986. 篠田豊訳『目標は撃墜された――大韓航空機事件の真実』文藝春秋，1986年．R・W・ジョンソン，妹尾作太男・大西道永訳『悪魔の飛行計画――大韓航空機撃墜の真相』上・下，ダイナミックセラーズ，1987年．大韓航空機の真相を究明する会・竹本昌三編『大韓航空機事件の研究』三一書房，1988年．野田峯雄『破壊工作』JICC出版局，1990年．田中賀朗『大韓航空007便事件の真相』三一書房，1997年．小山厳『ボイスレコーダー撃墜の証言――大韓航空機撃墜事件の盲点』講談社，2002年．特に，田中の分析はボイス・レコーダーの通信を解明した．
119 ソ連の海洋戦略は，以下をみよ．曽村保信「ソ連海軍小史」，前掲，曽村『海洋と国際政治』1970年．

Thomas W. Wolf, *The Soviet Quest for Global Military Power*, Santa Monica: Rand, 1967.
120 Department of Defense, *Soviet Military Power 1987*, Washington, DC: USGPO, 1987. 森永和彦訳『ソ連の軍事力』世界週報別冊, 1987 年, 第 1 章ソ連の政策と世界の野心.
121 S. G. Gorshkov, *The Sea Power of the State*, New York: Pergamon Press, 1979, pp. 69, 73.
ゴルシコフ元帥は, 1972 年 2 月から翌 73 年 2 月にかけモスコイ・スポルニク誌に執筆の論文「戦時と平時の海軍」にその思想が伺える. 宮内邦子訳『ソ連海軍戦略』原書房, 1978 年.
122 志水速雄「ソ連の対アジア戦略」海外事情, 1983 年 6 月号／志水『対ソ国家戦略論』PHP 研究所, 1984 年, 129 頁.
123 Edward B. Atkeson, "Hemisphric Denial: Geopolitical Imperative and Soviet Strategy," *Strategic Review*, No. 4 No. 2, Spring 1976, pp. 26-36.
124 Colin S. Gray, *The Geopolitics of the Nuclear: Heartland, Rimlands, and the Technological Revolution*, New York: Crane, Russak & Co., 1977. 小島康男訳『核時代の地政学』紀尾井書房, 1982 年, 47 頁.
125 北村謙一『いま, なぜシーレーン防衛か——東アジア・西太平洋の地政学的・戦略的分析』振学出版社, 1988 年.
126 Winston S. Churchill, *Trumph and Tragedy*, Boston: Honghton Mitlin, 1953, p. 573.
127 1981 年報告の第 8 章挑戦で,「モスクワ級ヘリコプター巡洋艦とキエフ艦 VSTOL(垂直離着陸機)搭載艦という 2 つの新型航空機積載艦を建造した. ソ連は, 1980 年代後半には一般航空機発着可能の大型空母を持つものと思われる」と指摘した. Department of Defense, *Soviet Military Power 1981*, Washington, DC: USGPO, 1981, p. 42. 米国防総省扁『ソ連の軍事力』正論特別増刊, 1981 年 11 月, 110-126 頁.
128 ベルリンの海軍研究所は,『小さい世界の海洋国防地理』を 1938 年に刊行したが, そこでは, 1933 年以来, ベルリン大学国防学教授に就任し, 国防学研究所の初代所長となったオスカルロリッター・フォン・ニーダーマイヤー陸軍中佐, ドイツ海軍の理論家・海軍雑誌の主幹 R・ガドウラが執筆し, 太平洋, インド洋, 大西洋, 地中海, 北海とバルト海の国防地理を論じた. Instittu für meeras kunde, *Kleine Wehrgeographie des Weltmeers*, Berlin: Mitler & Sohn, 1938. 田間耕一訳『海洋国防地理』山東書房, 1943.
129 ヨハン・フォン・レールス, 高橋文雄訳『世界制覇の焦点——海峡・地峡・島嶼の紛争史』電通出版部, 1943 年.
130 Robert J. Hanks, *The Unnoticed Challenge: Soviet Maritime Strategy and the Global Choke Points*, Washington, DC: The Institute of Foreign Policy Analysis, 1980. 宮崎正弘訳『ソ連の海洋戦略——赤い艦隊の驚くべき野望』学陽書房, 1983 年.
131 Edward N. Luttwak, *The Political Uses of Sea Power*, Baltimore: The Johns Hospins U. P., 1974, chapter 1 The Theory of Suasion.
132 浦野起央『尖閣諸島・琉球・中国　日中関係史【分析・資料・文献】』三和書籍, 2002 年, 増補版 2005 年.
なお, 以下をみよ. 浦野・他編『釣魚台群島 (尖閣諸島) 問題　研究資料匯編』香港, 勵志出版社／刀水書房, 2001 年. 牧野清・仲間均『尖閣諸島上陸——日本領有の正当性』石垣,

尖閣諸島を衛る会，1997年．村田忠禧『尖閣諸島・釣魚島問題をどう見るか——試される二十一世紀に生きるわれわれの英知』日本僑報社，2004年．
133 『奪われる日本！ Border Report』別冊宝島1060号，宝島社，2004年．
134 池鐵根『平和線』ソウル，汎友社，1979年．
135 奥原碧雲『竹島及び欝陵島』報光社，1907年／松江，ハーベスト出版，2005年．川上健三『竹島の領有』外務省条約局，1953年．川上健三『竹島の歴史地理学的研究』古今書院，1966年，新版1996年．大熊良一『竹島史稿——竹島（独島）と鬱陵島の文献史的考察』原書房，1968年．塚本孝「平和条約と竹島」レファレンス，1994年3月号．塚本「竹島領有権問題の経緯」調査と月報，第224号，1994年．塚本「竹島領有権をめぐる日韓両国政府の見解（資料）」レファレンス，2002年6月号．田村清三郎『島根県竹島の新研究』島根県総務部総務課，1996年．北沢正誠『竹島考證』上・中・下，エムティ出版，1996年．慎鏞廈，韓誠訳『史的解明独島（竹島）』インター出版，1997年．内藤正中『竹島（欝陵島）をめぐる日朝関係史』多賀出版，2000年．下條正男『竹島は日韓どちらのものか』文春新書，文藝春秋，2004年．金学俊，Hosaka Yuji訳『独島／竹島韓国の論理』論創社，2004年．
136 吉田嗣延『北方領土』時事新書，時事通信社，1962年，改訂増補版1968年．落合忠士『北方領土——その歴史的事実と政治的背景』鷹書房，1971年．北方領土問題調査会編『北方領土——古地図と歴史』同盟通信社東京本社／中央社，1971年，北方領土問題調査会，1982年．洞富雄『北方領土の歴史と将来』新樹社，1973年．重光晶『「北方領土」とソ連外交』時事通信社，1983年．長谷川毅『北方領土関係と日露関係』筑摩書房，2000年．
137 平松茂雄「沖ノ鳥島をめぐる日本と中国との紛争」問題と研究，第33巻第10号，2004年．1つのシナリオとして，木村譲二『沖ノ鳥島は燃えているか——199×年日本領土防衛討伐』光文社文庫，光文社，1992年がある．
138 北朝鮮の国家有機体論の登場となった金正日談話（黄長燁執筆）「社会的生命体論」労働新聞，1987年7月15日は，以下をみよ．古田博司『東アジア・イデオロギーを超えて』新風舎，2003年，第6章天皇と首領——東アジアにおける有機体国家理論の隠された底流．
さらに，以下をみよ．古田『東アジア「反日」トライアングル』文春新書，文藝春秋，2005年，第6章北朝鮮——カルト国家の起源と実態．
139 浦野起央・崔敬洛『朝鮮統一の構図と北東アジア』勁草書房，1989年．
140 伝統的地理学としての風水思考では，そうした地政認識にある．三浦國雄『風水講義』文春新書，文藝春秋，2006年，第3講三本の大龍脈．
141 金東赫，久保田るり子編『金日成の秘密教示——対日・対南工作，衝撃の新事実』産経新聞社，2004年，第3章「金日成秘密教示」，引用は87-91，93，129，137頁．
142 1974年11月22日韓国は第29国連総会に対し南侵用トンネル建設について追加覚書を送付した．前掲，浦野『資料体系アジア・アフリカ国際関係政治社会史』第2巻アジアⅤ，資料7-2-10に所収．
さらに，以下をみよ．「奇襲南侵用トンネル 非武装地帯の地下にある北韓国のカタコム」ソウル，大韓民国海外広報舘，1985年．全富徳『北朝鮮のスパイ戦略』講談社，1999年，203-205頁．
143 2006年4月米上院で開催の北朝鮮の不法行為に関する公聴会は，精巧な偽ドル札「スーパー

ノート」の印刷問題，麻薬密輸が明らかにされた．最初のスーパーノートは1989年にフィリピン中央銀行で発見され，130カ国で捜査が行われ，発覚の度に最新版（現在のものは2003年版）が発行され，これまでに押収されたスーパーノートは約5000万ドルに達する．この製造には，拉致された日本人印刷技術者が従事しているとみられる．偽造・ブランド煙草はコンテナで米国に陸揚げされる度に，73万6000ドルの損失となり，それは北東部羅先経済特区羅津工場12カ所で製造されている．また，覚醒剤密輸は日本向けが1990年代に始まり，押収量のみで年間1トンに達し，末端価格600億円以上に達すると，日本の警察当局はみている．朝日新聞，2006年5月13日「北朝鮮覚せい剤　密輸3回計1トン」．

144 キム・ミョンチョル『韓国崩壊——金正日の軍事戦略』光人社，1999年．キム『金正日　朝鮮統一の日——北朝鮮　戦争と平和のシナリオ』光人社，1998年．キム『金正日　核の陰謀——謎の核戦略を徹底解明する』光人社，2004年．小都元『テポドンの脅威——北朝鮮のミサイルを理解するために』新紀元社，1999年．小都『核武装する北朝鮮——日本を狙う核の実態』新紀元社，2003年．李福九，金燦編・訳『標的東京！　北朝鮮弾道ミサイルの最高機密』徳間書店，2003年．朴振『これが北朝鮮核問題のすべてだ！』東洋経済新報社，2003年．恵谷治「北朝鮮の核・ミサイル開発の現状」，『イラク後の朝鮮半島——東アジアの新局面を探る』亜細亜大学アジア研究所，2004年．イ・ヨンジュン，辺真一訳『北朝鮮が核を発射する日——KEDO政策部長による真相レポート』PHP研究所，2004年．
2006年7月末，韓国外交通商省の外交安保研究院（尹徳敏）が作成した北朝鮮ミサイル報告書は，日本及び在日米軍を標的とする中・長距離ミサイル基地に1000基が配備されているとし（図5-14をみよ），それはミサイル製造・実施を分担する国際コネクションにより開発・配備が可能となった，と指摘した．ノドンとテポドン1号はそれぞれパキスタンのガウリ2号とガズナビ，イランのシャハブ3号，4号と同一モデルで，イランのシャハブ5号はテポドン2号と同じミサイルとされ，それらの部品は中国から北朝鮮に流入したとしている．

145 石高健次『金正日の拉致指令』朝日新聞社，1996年．安明進，金燦訳『北朝鮮の拉致工作』徳間書店，1998年．恵谷治『北朝鮮対日謀略白書——金正日が送り込む特殊工作員によるスパイ活動全記録』小学館，1999年．北朝鮮による拉致被害者の救出にとりくむ法律家の会編『拉致と強制収容所』朝日新聞社，2004年．

146 曺淮煥『朝鮮半島の対立　國運の輪郭』ソウル，文園，1985年．

147 前掲，浦野『新世紀アジアの選択——日・韓・中とユーラシア』第2章韓国の対外認識．
さらに，以下をみよ．木村幹『朝鮮／韓国ナショナリズムと「小国意識」——朝貢国から国民国家へ』ミネルヴァ書房，2000年．

148 SungJo Park, *The Unification Policy Research Team of GSPA SNU, South and North Korea United, We Fall*, Seoul: Random House Joong Ang, 2005. 桑畑優香・蔡七美訳『韓国崩壊——統一がもたらす瓦解のシナリオ』ランダムハウス講談社，2005年．

149 朝鮮民主統一救国戦線の創立宣言は，近藤大介『北朝鮮を継ぐ男——革命家・朴甲東の80年の軌跡』草思社，2003年，308-311頁に所収．

6章

米国の地政戦略と
世界展開

1. モンロー・ドクトリン

　米国の対外政策は，ヨーロッパ大陸から隔離された形での西半球の国際秩序の構築に始まった．それは，国務長官，陸軍長官を経験した第5代ジェームズ・モンロー大統領（1817-1825）が1823年に議会教書で表明されたモンロー・ドクトリンである．その3原則は，(1)両米大陸（米州大陸）に対する植民活動の禁止（非植民の原則），(2)ヨーロッパ大陸の政治組織を西半球に拡大する試みはアメリカ国民の平和と安全に対する危険と見做される（非干渉の原則），(3)米国はヨーロッパ諸国の内政にいっさい干渉しない（非干渉の原則）であった．

　モンロー大統領は，1823年12月2日以下の通り述べた．
「われわれは，頻繁に通交し，またわれわれの発祥の由来でもあるヨーロッパの出来事を，われわれは，常に憂慮と関心をもって注視してきた．アメリカ国民は，大西洋の彼岸における同志の自由と幸福のために，最大の友情溢れた気持ちを抱いてきた．ヨーロッパ強国間の戦争には，それがヨーロッパ事態に関する事項であれば，われわれは，決して介入しなかったし，また介入することは，われわれの政策とも一致しない．われわれが害悪に憤激し，

われわれ自身の防衛に備えるのは，われわれの権益が侵害されるか，又は甚だしく脅かされるときにのみである．しかし，本半球の動きは，われわれは必然的に直接結び付けられているので，その根拠はすべての良識ある公平な観察者にとっては明白であろう．同盟諸帝国の政治組織は，かかる観点からは，本質的に米国のそれと異なっている．その差異は，それら諸国の各政府のなかに存在している相異に発している．……

この故に，われわれは，率直にかつ米国とそれら諸国との間に存する友好関係を信頼して，それらの政治組織を本半球のいかなる部分であれ拡張せんとする企図は，われわれの平和と安全にとって危険なものと見做すべき旨を宣言する．現存するヨーロッパ諸国の植民地ないし属領に関しては，われわれは，従来も干渉しなかったし，将来もまた干渉しないであろう．しかし，既に独立を宣言し，それを維持し，またわれわれが独立について熟考し公正なる基準に基づいて承認した政府に関しては，ヨーロッパ諸国によって当該独立政府を圧迫する目的で，又は他の方法によりその運命を左右せんとする目的をもってするいかなる干渉も，米国に対する非友好的意向の表明としかみることはできない．……

その故に，いかなる形にもせよ，このような［スペイン及ポルトガルの］干渉を無関心でわれわれが見守ることも，同様に不可能である．もしわれわれがスペインとこれら新しき諸国との力や資源を比較するとき，またこれら諸国相互の距離を考えるならば，スペインが決して新政府を屈服させることができないことは明白である．したがって，新政府が自由にその進路をとるということは，米国の真実の政策であり，他国もまたわが国と同一の途を辿ることを望む．[1]」

この米国の方針は，ウィーン会議後におけるヨーロッパ半島の海洋国家，ブルボン王朝のフランスが，スペインの共和政権に干渉してその王制を復活させ，米大陸の旧スペイン領諸国をブルボン王冠のもとに統一せんとした野望に対抗したものであった．ヨーロッパ半島に列しない海洋国家として，英外相ジョー

ジ・キャニングが海洋権力の英国にとっての脅威として恐れたのも，この事態であった．かくて，英国と米国の利益が合致して，米国は西半球の利益の保護者となるとしたこの一方的宣言を打ち出した．海洋権力の米国としては，その一方で，太平洋岸を南下しようとしていた大陸国家ロシアに対して，1867年米国はアラスカを20万ドルで買収して手を打った．ここに，ロシアは海洋権力の手がかりを完全に失った（表6-1をみよ）．

その米国の行動パターンの現代的展開は，1846～48年のメキシコとの戦争に始まった．以来，歴代の米大統領は，大西洋から太平洋へ，そして世界へと，神の意志によるアメリカ民主主義を広げるという「明白な使命 Manifest Destiny」を世界に向けて広げるところとなる．この「明白な使命」は，海洋国家の英国やフランスの干渉を排除しようとすることに始まった．それで，1864年マクシミリアン大公（オーストリア皇帝フランス・ヨゼフ1世の弟）をメキシコの帝位に就けたナポレオン3世の計画（1863～67年）は1867年頓挫して終わった．それは直接的にはヨーロッパ大陸における陸地権力プロイセンの台頭によるところであったが，一方，カリブ海をめぐる勢力圏（1670年英領ジャマイカ成立，1700年代にフランス人のハイチ入植，フランス革命で自治領，1804年ハイチ独立宣言）が英国・フランスから米国に移るには，それから半世紀を要した．カリフォルニアを手に入れた米国は，メキシコ南部，ホンジュラス，ニカラグア，そしてパナマに，次の焦点をおいた．そこで，カリブ海をヨーロッパの地中海に準えてパナマ運河の重要性を指摘したのは，マハンであった．彼が米国のハワイ併合を支持したのも，その海洋権力の政策にあった．英国・フランスと競合するなか，米国は1880年ラスールフォード・ヘイズ大統領の通告で，フランスの関与を封じ，さらにコロンビアがパナマ運河建設を拒否したことで，1903年パナマ共和国を樹立してパナマ支配に成功した（そこでの米国のパナマ運河支配は，パナマ人民の抵抗のなか，1999年12月31日まで続いた）[2]．その方針は1904年12月6日のセオドア・ルーズベルト大統領教書でルーズベルト・コロラリーとして確認された．すなわち，「西

半球の諸国間に安定，秩序，及び繁栄をもたらすのが米国の希望である．……もし慢性的な非行を犯す国，または無力であるが故に，文明社会の連帯に罅を生じる国があれば，米国としては，やむをえずモンロー・ドクトリンの方針に従って国際警察軍の役割も果たすことにもなろう．[3]」

　こうして，米国は太平洋へ進出した（表6-1をみよ）．そして，1853年に日本，琉球，及び李朝朝鮮に開国を迫り，1899年9月ジョン・ミルトン・ヘイ国務長官が中国に対する第1次門戸開発通牒，1900年7月に第2次門戸開放通牒を発して中国に関与し，その一方で，米国は太平洋諸地域を取得していった．この門戸開放政策を継承して，満州事変後の1932年1月にヘンリー・スティムソン国務長官は，日本の満州侵略による現状変更を認めないと通告した（スティムソン主義）．しかし，日本軍の中国侵略を阻止できず，大陸国家志向にあった日本と海洋国家の米国は決定的な対立を迎えることになる（第2次世界大戦への突入）[4]．

表 6-1 米国の太平洋進出

年	事　項
1513	バルボア,太平洋発見
1824	米露太平洋条約締結
1844	中・米望厦条約締結
1853	ペリー提督,上海から那覇へ,1954那覇,浦賀に来航
1857	ジャービス島,ベーカー島取得
1858	ハウランド島取得
1867	アラスカ,アリューシャン列島,ミッドウェー諸島取得
1879	フランス人レセップス,パナマ運河会社設立,1981起工,1989中断
1897	ハワイ諸島取得
1898	グアム島,ジョンストン島,ウェーキ島,フィリピン取得
1899	米領サモア,ウェーク島取得,米・フィリピン戦争,ヘイ米国務長官の最後通牒（門戸開放,機会均等,中国の領土保全の原則を提起）
1900	義和団事件で米国も参加した共同軍事行動
1903	米国の支援でパナマ独立,米国がパナマ運河地帯を永久租借
1904	パナマ地峡運河理事会成立,米国は新パナマ運河よりパナマ運河の権利取得,タフト米国務長官のパナマ視察
1906	ルーズベルト米大統領のパナマ運河訪問
1908	高平・ルート協定（ヘイの原則確認）締結
1909-10	タフト米大統領,パナマ視察
1914	パナマ運河開通
1932	日本の中国進出を認めないスティムソン・ドクトリン発表
1936	米・パナマ友好条約調印
1940	米国,アラスカのアンカレッジ空港拡張整備
1945	パルミラ島取得,ミクロネシア諸島,マーシャル諸島,北マリアナ諸島占領

第6章　米国の地政戦略と世界展開

　こうして，米国は，モンロー・ドクトリンを通じてラテンアメリカの支配からアジア太平洋へと進出し（表6-1及び表6-4をみよ），これが第1局面を形成した．そして，そこでのリムランドに向けた展開は，ユーラシア大陸に対するハートランド，ソ連の封じ込め戦略として遂行され（トルーマン・ドクトリン），それが第2局面を形成した（表6-2及び図6-5）[5]．その展開はいうまでもなく米・ソ対決の冷戦として遂行されたが，その冷戦での米国の勝利から，現在，第3の局面として民主主義の宣布を掲げる米国の世界支配という文脈におけるブッシュ・ドクトリンの展開へと至っている（表6-2）．

表6-2 米国の封じ込め戦略の展開

時　期	展　　開
1946.12.19	インドシナ戦争(～1954.7.20)
1947. 3.12	共産主義に対抗してトルコ・ギリシャ援助(トルーマン・ドクトリン発動)
6.5	ヨーロッパ復興援助計画／マーシャル・プラン(～1951.12.30)(ソ連・東欧不参加)
7.10	朝鮮信託統治構想,米・ソの対立で挫折
1948. 4.1	ソ連,ベルリン封鎖(～1949.5.12),米軍が対抗措置
4.4	北大西洋条約機構NATO発足
11.3	封じ込め戦略NSC20／4採択
1949. 8.5	米国,「中国白書」発表,10.1中華人民共和国発足
1950. 4.14	封じ込め戦略NSC68採択
6.27	トルーマン米大統領,インドシナ援助の声明(1952.6.18米・フランス共同声明で援助強化)
6.25	北朝鮮の韓国侵攻(朝鮮戦争)(～1954.7.27),10.8中国人民義勇軍,朝鮮戦線に出動
11.30	トルーマン米大統領,朝鮮戦争で「原爆使用もありうる」と発言
1951. 8.30	米・フィリピン相互防衛条約調印
9.1	太平洋安全保障条約調印(1952.4.25ANZUS同盟成立)
9.8	日米安全保障条約調印(1952.4.28発効),1960.6.30新条約発効
1952. 2.24	米国・西欧,戦略物資の共産国輸出禁止措置
11.27	ダレス米国務長官,巻き返し演説
1953. 9.11	アイゼンハワー米大統領,インドシナの現地支援を決定
1954. 1.12	ダレス米国務長官,大量報復演説
3.29	ダレス米国務長官,インドシナ戦争での統一行動演説
4.7	アイゼンハワー米大統領,「一地域に共産主義の侵略を許せば,ドミノのように,他の地域も次々と侵略される」とドミノ理論を提唱
4.28	中国,台湾解放作戦(第1次台湾海峡危機)(～1954.8)
6.1	米軍事顧問団,南ベトナムへ派遣
9.8	東南アジア集団防衛条約調印(東南アジア条約機構SEATO成立),1977.6.20解体
1955. 2.24	トルコ・イラク相互防衛条約(バグダッド条約)調印,11.22中央条約機構METO結成,1979.9.26解体
1957. 1.5	アイゼンハワー米大統領,「共産主義国の武力攻撃」に対し武力反撃の中東介入を認めたアイゼンハワー・ドクトリン演説,1957.5.9連邦議会決議,1958.7.15米軍,レバノン介入
1958. 8.23	中国人民解放軍,金門島攻撃(第2次台湾海峡危機)(～10.6),9.5米第7艦隊出動
1964. 8. 2	トンキン湾事件,8.10トンキン湾決議成立,米軍が報復攻撃(ベトナム戦争,～1975.4.30)
1968. 2.19	ベトナム労働党,南部政策決議採択
3.	ソ連艦隊インド洋分隊発足
1970. 2.18	ニクソン米大統領,「同盟国に対し自助努力を求める」ニクソン・ドクトリン発表
1975.12.7	フォード米大統領,新太平洋ドクトリンで日本などアジア非共産国との関係確保を確認
1980. 1.23	カーター米大統領,ソ連のアフガニスタン侵攻(新冷戦)で「必要とあれば,米国はペルシャ湾に武力介入する」との中東防衛のカーター・ドクトリン声明
1991. 1.7	ブッシュ米大統領,湾岸戦争,2.28勝利
1992. 2.18	ウォルフォウィッツ米国防副長官報告「1994－1999年防衛計画指針」でならず者国家を指摘

149

表 6-3 米国のドクトリンとその戦略・目標・展開

	モンロー・ドクトリン	トルーマン・ドクトリン	ブッシュ・ドクトリン
時期	1823年12月2日	1947年3月12日	2002年9月17日
対象地域	両アメリカ大陸	ヨーロッパ大陸（西欧諸国）	世界（中東諸国）
基本戦略	ラテンアメリカ諸国の支援	ヨーロッパ統合の支援	世界秩序の維持 中東イスラム世界の改造*
最終目標	米州諸国共同体の実現	ソ連の解体 西欧文明の擁護	国際テロの壊滅 民主主義の普遍化
経済手段	ドル帝国主義	マーシャル・プラン 貿易自由化・経済援助	米国・中東共同事業
思想手段	植民地主義の拒否	共産主義との対決	イスラムの民主化
軍事手段	西半球防衛 軍事進駐	西欧防衛 ソ連封じ込め	米本土防衛 積極介入・先制攻撃
政策基盤	パンアメリカ会議（米州会議） 米州機構	NATO体制	米軍事力の単独展開 有志国連盟

(注) ＊アラブ諸国の対応は、UNDP, *Arab Human Development Report*, New York: UNDP, 2002 である。

　この米国の戦略構想に流れる国際警察軍構想なるものは，ヤンキー帝国主義の発動である．事実，米国は，1900年の義和団事件までに，既に海洋権力として英国に代わる存在となっていた（表6-1）．そして，ルーズベルト・コロラリーは，続けてこう述べていた．「われわれは，モンロー・ドクトリンを主張し，……極東において戦場を限定するべく努力し，さらに中国の門戸開放を維持することによって，米国自身と人類全体のために行動した」．これが米国の戦略の射程であった．その視点は現在，フランシス・フクヤマが『歴史の終わり』で市民社会を管理できなかったソ連全体主義の崩壊をもって確認している[6]．フクヤマの指摘は，冷戦が終わり，アメリカの民主主義が勝利したことで，「1つの歴史は終わった」ということにあった．その「歴史の終わり」とは「戦争や血なまぐさい革命の終わりを意味する」ものであって，というのも，「闘うべき大義がなくなった」からであるとされる．彼は，その1806年イエナ会戦でのナポレオンの，そしてフランス革命の共和制民主主義が勝利したが，以来，現在まで引き継がれ，自由主義経済の勝利はその帰結である，と解した．その一方，そこでは，現実主義がいまや万能でなくなったと指摘しており，それは分極体制の砦が存在しなくなったからであって，それ故にその現実主義の

仮説は有用でないとしている．このフクヤマの指摘が注目されたのは，1つは，彼が米国務省立案の国務省政策企画室にいて，ランド研究所に戻って本書を執筆したという経緯からである．いま1つは，今後，ますます米国型自由主義民主制が拡大していく展望にあるが，そのためには，これまで指摘されつつも十分に対処されなかった地政学上の活断層の矛盾が注目されるとした点である．この指摘は，ここでいう遮断地帯を指している（第11章をみよ）．

ルーズベルト・コロラリーは1936年12月ブエノスアイレスで開催されたパンアメリカ特別会議の宣言に変わったが，その現実の行動はヤンキー帝国主義の実践そのものであった（表6-4）[7]．ルーズベルト大統領は，この会議に西半球の共同防衛を提案し，それは第2次世界大戦後の1947年4月ボゴタ憲章をもって採択され，冷戦の只中にあって，米州の平和と安全が制度化された．そしてこれに連携して1951年9月アンザスANZUS条約が締結され，米国・オーストラリア・ニュージーランドの安全保障体制が確立し，引き続いてリムランドを包む韓国，日本，フィリピン，さらに台湾などアジア諸国とアメリカの同盟体制が形成された．

2. スパイクマンの地政戦略とオレンジ計画

この西半球の防衛戦略の構図は，第2次世界大戦期にエール大学のニコラス・J・スパイクマンが地政戦略として提起した[8]．それは平和戦略として提唱されたものの[9]，その狙いは地政的要因に基づく国家安全保障の計画を策定することであった．その中心命題は，マッキンダーの地政戦略観の現代版であった．その命題は，次の通りであった．

「リムランドを制する者がユーラシアを制し，ユーラシアを支配する者が世界の運命を制する．[10]」

彼は，そのユーラシア大陸の支配可能性を旧大陸勢力による新大陸の包囲態勢として置き換え，ハートランドの周辺，リムランド（マッキンダーの三日月地帯）[11]の日本・ドイツ・イタリア枢軸に対する米国の封じ込め戦略を提起し

表6-4 モンロー・ドクトリンとヤンキー帝国主義

時　期	事　項
1823	モンロー・ドクトリン
1845	米国、テキサス併合
1846～1948	ポーク大統領の命令によるメキシコとの戦争、カリフォルニアとニューメキシコを併合
1854	米軍のニカラグア上陸、港湾都市グレイタウン占領
1873,1885,1901,1902	米軍のパナマ上陸
1894,1898～99	ニカラグアの革命戦争で米軍派遣
1898	米・スペイン戦争で米海軍がキューバ港湾封鎖、1901グアンタナモ基地獲得
1903～1914	米海軍によるパナマ独立支援
1904	ドミニカ共和国の内乱で米海軍派遣
1906～1909	キューバ内乱でキューバ平定軍派遣
1907	ニカラグア・ホンジュラス戦争でホンジュラス6都市に米軍派遣
1910	ニカラグア内乱で反乱軍を米海兵隊が支援
1911	ハイチ暴動で米軍介入
1912	キューバ内乱阻止のために米海兵隊派遣
1912～1925	ニカラグアの内紛で反乱阻止に米海兵隊派遣
1914	ハイチに米海兵隊上陸、債務の返済を強要
1914	ドミニカ共和国内紛の調停のために米海兵隊派遣
1914	メキシコとの対立でウィルソン大統領が米海兵隊派遣、タピンコ上陸
1915～1934	ハイチ大統領の暗殺で軍隊を派遣、治安を維持
1916～1924	ドミニカ内乱の再発で米軍派遣、反乱軍鎮圧
1917～1922	キューバの政情不安で米軍派遣
1918～1919	パナマの選挙管理のために米軍派遣
1818～1919	メキシコからの不法入国者を追撃して米軍侵攻（9回）
1921	パナマ・コスタリカ国境紛争で米軍派遣
1924～1925	ホンジュラスの地方反乱で米軍介入
1925	パナマのストライキで米軍派遣
1926～1932	ニカラグア内乱の再発で米海軍・海兵隊派遣
1954	CIAの関与でグアテマラ政府転覆
1961	キューバ・オリエンテ州コチノス湾に反カストロ革命上陸、失敗
1962	ケネディ大統領の命令でキューバを隔離、ソ連の核ミサイル撤去
1965	ドミニカ共和国のクーデタで米軍派遣
1966	グアテマラに米特殊部隊を派遣、反乱鎮圧作戦を支援
1980～1990	ニカラグアの社会主義政権に対し反武装力コントラを支援
1983	中米のマルクス主義政権の封じ込めのため米艦隊派遣
1983	グレナダ・マルクス主義政権の内紛で米海兵隊派遣
1985～1986	ボリビアの麻薬制圧作戦に米軍派遣
1989～1990	米軍のパナマ侵攻、ノリエガ国軍総司令官を逮捕
1990	麻薬対策でコロンビアに対し米艦隊の威嚇展開
1994～2001	ハイチの民生復帰支援で米軍派遣
2001	麻薬取り締まりでコロンビアに米軍派遣
2004	ハイチの混乱で米海兵隊派遣

ていた．既に米国の軍部統合会議では，カリブ海や南半球に対するさまざまな危機に対処する対抗計画（カラーコード計画）が策定されてきており，その対日戦略の基本方針としてオレンジ計画／オレンジ戦略が構想され，遂行された（表6-5，図6-1，図6-2，図6-3）[12]．スパイクマンは，日本とドイツがそれぞれ太平洋と大西洋の正面から進攻してきた場合への対応に、その視点があった．その対日戦略は，日本はアジアの地中海（スンダ列島と台湾及びフィリピンの海域）への進出（いわゆる大東亜共栄圏の樹立）にとどまることになろうから，西半球の防衛は可能である，但し，西半球全体としての経済的自給自足（アウルタルキー）の可能性が検討せられねばならない，としていた．大西洋側は，太平洋側と違って大陸間の距離と島嶼の配置の関係から，航空戦力／空権力による作戦が可能であるとしており，ヨーロッパ大陸に次ぐ大西洋側の拠点，セネガルのダカールが敵の手に落ちることにでもなれば，南米大陸は脅威に直面することになる，と判断していた．ナチスの最終的意図は，その生活圏をスカンジナビア半島の北端ノードカップからアフリカ最南端の喜望峰まで拡大すること（いわゆるパンユーロ地域）にあるとみており（図5-3），西半球の防衛がもし不可能となれば，ユーラシア大陸のリムランド（マッキンダーのいう内側三日月地域）と共同して，ハートランド勢力の拡大を抑止するほかはない，というのがスパイクマンの結論であった（図6-4）．それで，西半球から逆に東半球を包囲する地政戦略が立論され，これが第2次世界大戦後における米国の封じ込め戦略を形成した（図6-5）．

表6-5 オレンジ計画の軍事行動（日本敗北のための戦略計画）

局面Ⅰ	海軍は西大西洋へ進出し，兵站支援，航空支援，及び船舶保守のための島嶼基地の奪取に対する防衛
局面Ⅱ	西大西洋地域の制海権を確保するための侵攻作戦，日・米両国の戦闘艦隊は大砲撃戦で対決
局面Ⅲ	日本の封鎖強化，日本の海上貿易分断及び海上封鎖と空襲で日本の全滅

この米国とソ連の対決は，すでに米国を旅行したフランスの政治家アレクシス・ド・トックビルが２つの巨大世界の出現として予言していた．「アメリカ人が大自然を向こうにまねして，ロシアは人間を向こうにまねして闘いを挑む．……アメリカ人の武器は鋤であり，ロシア人のそれは刀剣である[13]」．しかし，彼は，米国とソ連をユーラシア大陸の長い海岸線においてほとんど直に接触させることになる膨張主義の過程は論じつつも，個人の責任において膨張主義を促進させる独裁者や指導者が出現するという可能性にはまったく触れていなかった．

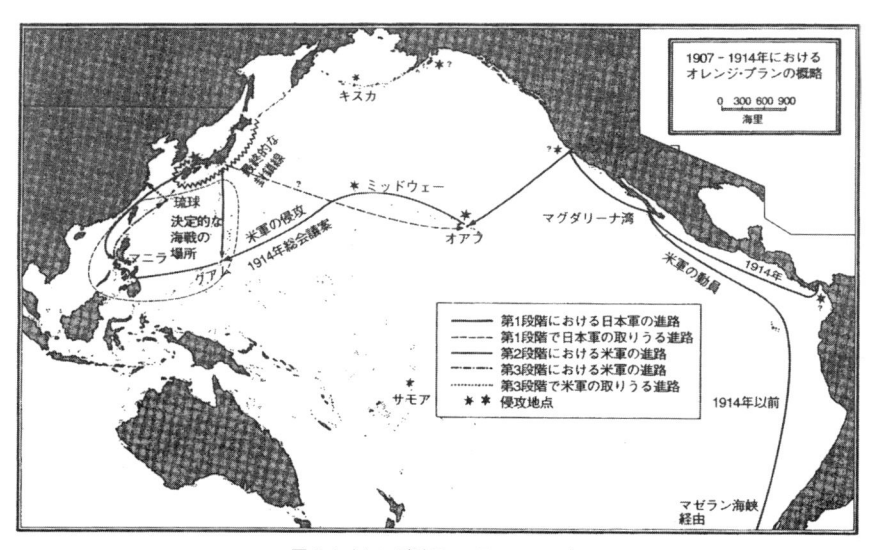

図 6-1 オレンジ計画、1907 ～ 1919 年

第 6 章　米国の地政戦略と世界展開

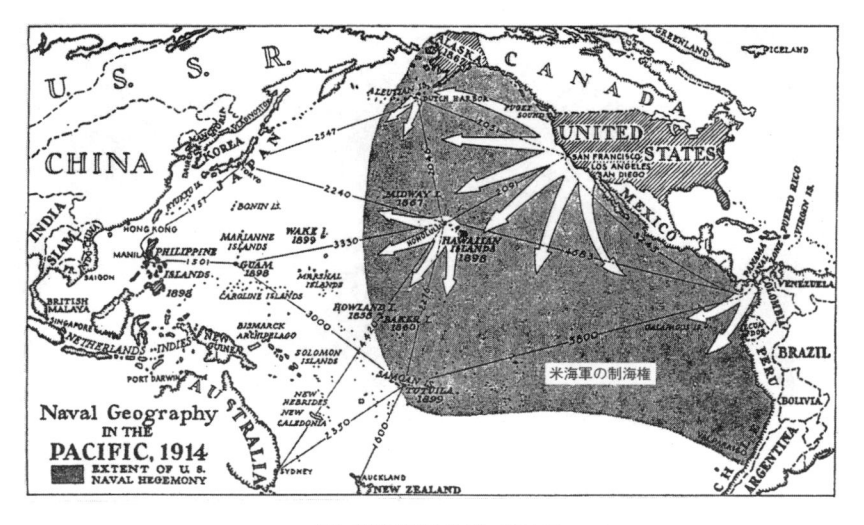

図 6-2 米海軍の制海圏、1914 年

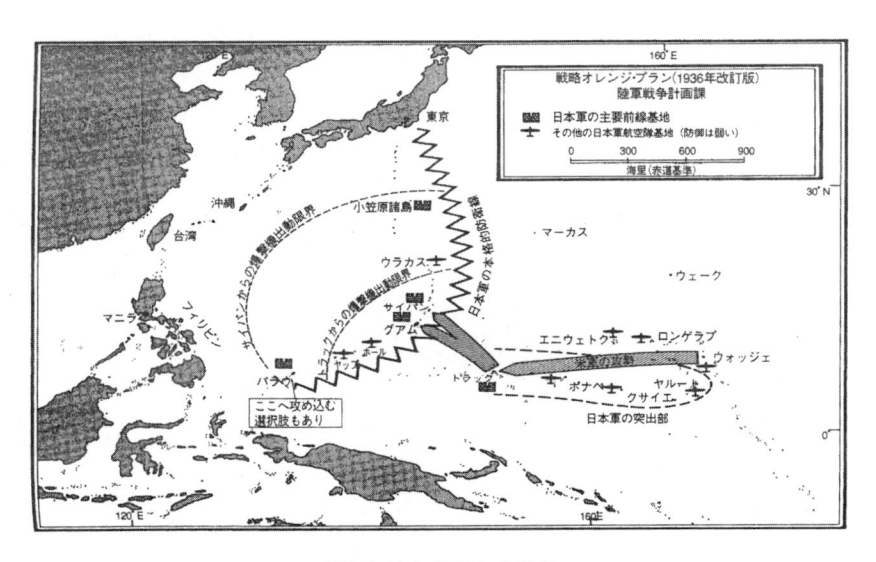

図 6-3 オレンジ計画、1936 年

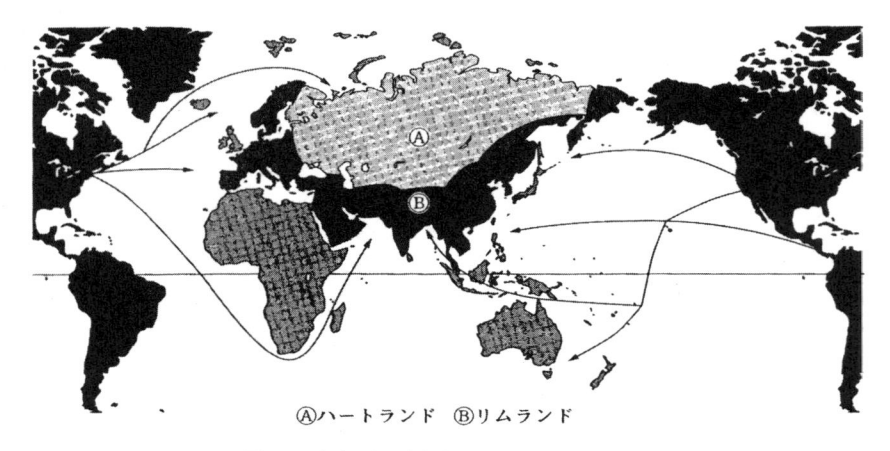

図 6-4 西半球による東半球包囲戦略（スパイクマン）

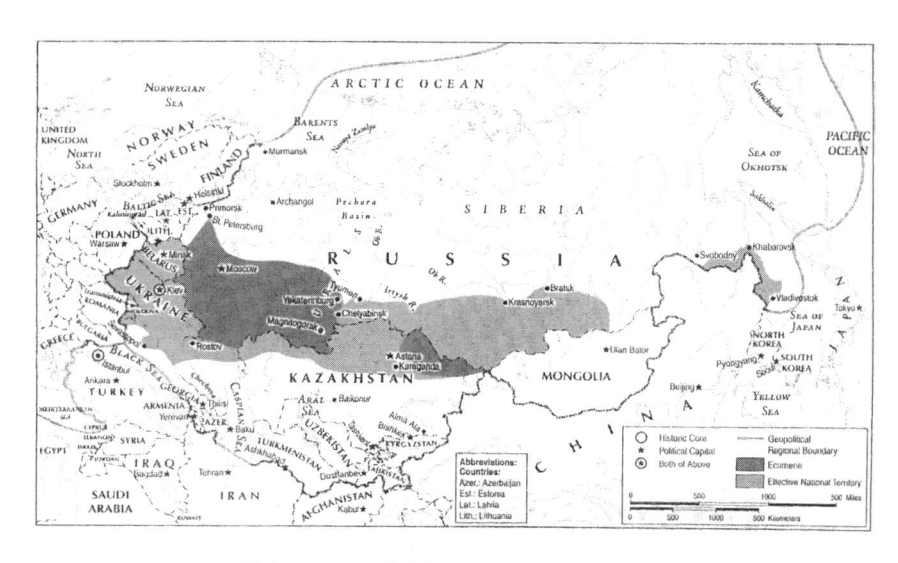

図 6-5 コーエンの地政戦略（ハートランドと周辺地域）

3. 西半球地政学とキューバの世界革命論

　以上にみた西半球の戦略方針に立って，1948 年 4 月の第 9 回米州ボゴタ会議で米州機構 OAS が発足した．それは 1947 年 9 月のリオネジャイロ条約で確認された「米州の平和を危うくする恐れのある事実又は事態」に際しての「大陸の連帯」あるいは「集団的自衛」の原則による処理方針を軌道に乗せたものであった．

　もっとも，米州といっても，米国に対する諸国の依存は同じではない．ラテンアメリカの大国，アルゼンチン，ブラジル，及びチリの ABC3 国は，経済的自給自足性（アウルタルキー）に欠け，米国への依存が高いだけに海上交通に対する安全保障への関心が高かった．そうしたなか，ブラジルの地政学者ゴルベリー・C・エ・シルバは，『ブラジルの未来設計図——ある地政学的アプローチ』（1957 年）[14] で，こう述べた（図 6-6）．

　「地勢は，なぜ両アメリカ大陸が全体として大西洋の方に傾く大陸であり，地形の褶曲が東部で最も古く，浸蝕されているかを説明する．多くの彎曲や海岸に近い島々に満ちた海外線は山脈の方向と一致していて，いっそう内陸の諸地域と海の影響とが直接に接触することを困難にするだけであるが，あの限られた障壁を両方から越えながら，大河の集中流域が奥深く侵入する．いずれにしても，太平洋に向いたアメリカの背骨は，重要な海岸地帯の山の他に，広大な大洋に実際守られている．……

　アメリカ大陸の強力な人口中心地の東側を太い道でじかにヨーロッパ半島に結び付ける海上の赤道は，さらに，地中海や紅海の狭い航路を通じて，セイロンのコロンボやシンガポールやマニラを目ざして，ホノルル地点で太平洋を渡り，最後にパナマ運河を通じてのその順路を終える．

　南米やアフリカ航海を勇ましく完了させた，さまざまな海流は，諸運河の困難な通過に変わる，重要な解決策を提供する．他の方法は，はるかに第 2 義的であるが，極東を通ったり，あるいは，地球を回りながらオーストラリアとニュージーランドを統合する．……

広大な太平洋という無類の陥没やアンデス山脈という巨大な障壁によって西側を十分守っている南米，大西洋全体や東の陸半球に向き，そこに北東部の岬がとび出している．

　平均約1万キロの半径で，左側に北米，真正面にアフリカ，そして右側に南極という形で第1の陸の内円が南米を取り囲む．この巨大な弧線にそって，周囲の3大陸は，人間による実質的な開拓と経済的・政治的潜在能力において，大いに不均等な度合いを示す．それは，北西部で最高，南部では皆無である．

　この内円の土地の中に生まれた南米は，予測期間をどれだけ長く考えても南米の安全保障，つまりブラジルの安全保障に対する直接の脅威を恐れる必要がない．……内部半円形に含まれる3大陸がある潜在的な侵略国の手に

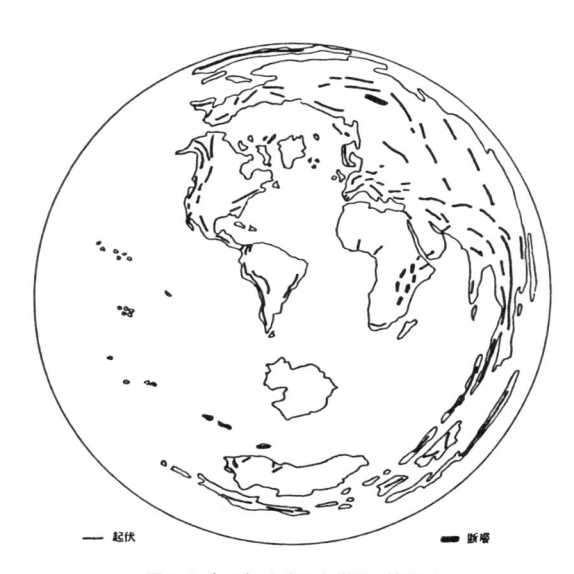

図6-6 ブラジルからみた世界の地形図

入らない限り，南米大陸は，いっそう直接的で実力による行動に対して十分安全であると思われる．[15]」

その地政戦略は図6-7の通りで，内円は南米の安全保障の決定的な境界線を示しており，その外円は，それに対して，南米が自己の安全保障を確実に構築しなければならない危険な円周を示している．実際，以下の通りである．「主な攻撃の中心は，エルバ島と北極から太平洋の沿岸部に至るユーラシアを支配して，前述したよう，固定される外円に根ざしている．前者と米国の要塞 – 工廠に中心を置く対立拠点（図6-7の1Aと1B）との間には，輪状に種々の「空白地域」（図6-7の2）が配置され，縦深の多少とも非常に多くの異なった地域別の潜在力，揺れ動く非常に変わり易い安定性及び西欧がたゆまず急速に築こうとしてきた周辺的防衛体制における異なった程度の統合を表している．無人の北極には，今日，レーダー網が張り巡らされており，……最後に，広大な太平洋の島々の前進基地がある．そして，このように概括される全体図のなかで明らかに脅威となる方向は，アフリカへの道を拓き，重要なヨーロッパの防壁全体を南から横切ることのできる中東の方向であり，また，さらに，オーストラリアの楯状地全体を広範に巻き込むことのできるインドネシア弧線の頂点へ侵入する方向である．

したがって，地中海ともいうべき南大西洋によって互いに結び付けられ，直接的な攻撃に対してより良く保護された，この体系のさらに内部では，南米，南大西洋アフリカ，及南極の3大陸（図6-7の3）は，島嶼，ソビエトの膨張主義が勝利を収めたとしても，常に起こり得る危険な攻撃に対する抵抗と反撃のいかなる戦略のための高度の作戦の回転板を構成する．[16]」

この議論は，スパイクマンの地政学的考察を発展させたもので，さらに，西半球における冷戦下の戦略的構図といえる．

そこでは，シルバによってさらに2つの議論が補足されている．

第1，米国は，余りにもハートランド・リムランド戦略に献身しているので，ラテンアメリカ諸国は不満で，そのことがラテンアメリカの連帯を生み出して

図6-7 ブラジルからみた世界の地政戦略図

いる．このことは，その米国の地政戦略に離反したキューバとその行動へのラテンアメリカ諸国の行動で立証された．

　第2，共産主義の欺瞞的侵入を免れている自国と周辺諸国を維持するだけでは十分でない．それと対決する戦略を立てなければならない．アフリカ西部と南部を防衛することが必要であれば，あらゆる犠牲を払ってでも協力するべく警戒心をもって対処すべきである．

　実際，カリブの小国キューバは，1869年の第1次独立戦争，1895年の第2次独立戦争を経て，同95年独立した．しかし，米国の干渉が激しく，1906年プラット修正法で米国のカリブ政策の要衝となった．1934年善隣外交の適用で，キューバは米国と互恵条約を締結したが，フィデル・カストロによる米国と結んだバチスタ独裁政府との闘争は，1959年1月成功した．そして成立のカストロ政権は，米国の経済支配に対決して革新的な政策をとり，1961年

1月米国と断交し，ソ連に接近し，結局，共産主義国家の道を歩んだ[17]．さらに，革命家チェ・ゲバラは，第3世界革命の旗手として大西洋の向こうのアフリカ大陸のアルジェリア解放戦争，コンゴ紛争などに関与し[18]．また，1960年以降，ソ連関与の代役で，カボベルデ，ギニア・ビサオ，ベナン，サントメ・プリンシペ，赤道ギニア，コンゴ人民共和国，アンゴラ，モザンビーク，タンザニア，ウガンダ，エチオピア，ザンビアにキューバ軍人・技術者が派遣され，革命活動のグローバル展開をみせた[19]．とりわけ，1968年9月キューバ軍はアンゴラ内戦に介入し，アンゴラ解放人民運動ＭＰＬＡ政権を支えた（1988年12月の協定でキューバ軍は引き揚げた）[20]．

4. クラインの地政戦略認識と米軍の前方展開

　この米国の地球戦略としての地政戦略認識を示したのは，米ＣＩＡ副長官レイ・クラインの戦略図である（図6-8）．この戦略図は，もともと国力の認知と国力状況を解析したもので（表6-6），それを投影した結果，その対立構図が戦略図として立体化され，構図が明確化された[21]．その視点で，米国の戦略配置を示した図6-9は，クライン図式の現実的投影となっている．その意味では，実態として世界のイデオロギー対決の位置づけが図6-9に明白に反映されており，それを確認したものといいかえることができる．

　図6-9は北極からみたクラインの図式（図6-8）を同盟関係に置き換えており，これによって，米国が封じ込めをいかに展開してきたかが判る（表6-2をみよ）．

　表6-7は米軍の世界的展開を示したもので，それをみると，米軍は米州を軸に，東方ではヨーロッパ大陸に，西方では太平洋に展開されており，それはハートランドとリムランドに対する包囲網／封じ込めの形成となっている．冷戦の終結で，ヨーロッパ大陸の米軍は劇的に削減された．さらに，2000年以降，米軍の再編成が進行している．にもかかわらず，アジア太平洋における米軍の展開は変わらない（表6-9）．

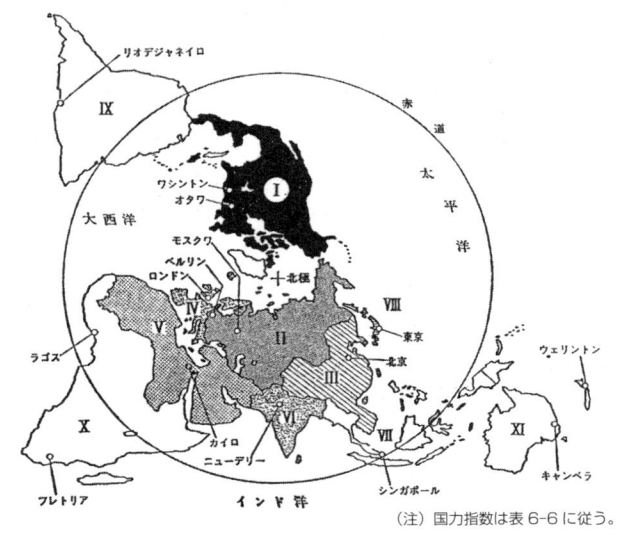

図 6-8 クラインの地政戦略図（政治構造地帯）

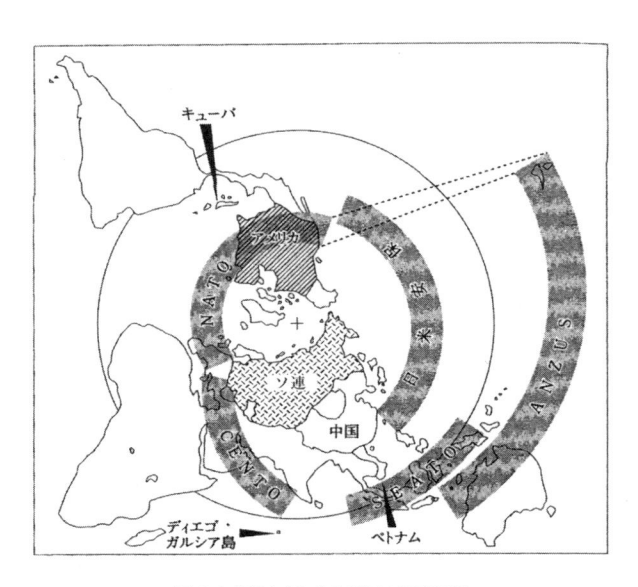

図 6-9 北極中心にみた米国の軍事同盟

表 6-6 クラインの国力指数分布, 1978 年

地帯	国名	国力指数	地帯別計	地帯	国名	国力指数	地帯別計
I	米国	304	388		イラン	16	255
	カナダ	61			シリア	15	
	メキシコ	22			イラク	14	
	ジャマイカ	1			スーダン	13	
II	ソ連	458	534		モロッコ	10	
	ポーランド	20			クウェート	5	
	東ドイツ	17			アラブ連合	2	
	ルーマニア	15		VI	インド	36	69
	チェコスロバキア	11			パキスタン	22	
	ブルガリア	5			バングラデシュ	11	
	ハンガリー	3		VII	インドネシア	55	110
	モンゴル	2			フィリピン	24	
	キューバ	2			タイ	20	
	アルバニア	1			マレーシア	5	
III	中国	83	143		ビルマ	4	
	ベトナム	39			シンガポール	2	
	北朝鮮	21		VIII	日本	108	203
IV	西ドイツ	116	458		台湾	49	
	フランス	74			韓国	46	
	イギリス	68		IX	ブラジル	137	232
	スペイン	39			アルゼンチン	32	
	イタリア	34			チリ	25	
	オランダ	23			ペルー	13	
	ノルウェー	21			コロンビア	12	
	デンマーク	17			ベネズエラ	9	
	スウェーデン	15			スリナム	4	
	ユーゴスラビア	13		X	南アフリカ	40	127
	スイス	11			ナイジェリア	22	
	ベルギー・ルクセンブルグ	9			ザイール	21	
	フィンランド	6			タンザニア	9	
	ギリシア	6			ケニア	9	
	オーストリア	5			エチオピア	7	
	ポルトガル	1			ローデシア	7	
V	エジプト	46			ザンビア	5	
	サウジアラビア	39			ギニア	5	
	イスラエル	39			リベリア	2	
	アルジェリア	20		XI	オーストラリア	88	106
	リビア	18			ニュージーランド	18	
	トルコ	18					
全地帯	77カ国合計					2,625	

この米軍の戦略は，1950年9月NATO戦略としての前方防衛戦略に始まっており（表6-8），それは陸地戦を主力に展開された．これに対し，アジア太平洋では，海外プレゼンスないし前方軍事基地と称されていたものが，共産主義封じ込め戦略の一環として「前方に基地を展開し敵を抑止し阻止する」戦略概念に関連して前方展開の用語が使用された[22]．つまり，前者の前方防衛戦略に対して後者の前方展開は，1994年6月クリントン政権の「関与と拡大戦略」の枠内で，平時＝非戦闘状況下の「展開」といった文脈にあり，そのための前方展開がなされてきており[23]，2001年9月「4年毎の国防計画見直し」(QDR2001)[24]で脅威基盤戦略から能力基盤戦略へ転換したことにより，前方展開兵力の再編成となっている（表6-9）[25]．

表 6-7 米軍兵力の世界的展開、1988～1999年　　　　　　　1000人

展開／年		1988	1995	1999
ヨーロッパ	ドイツ	249	73	66
	その他	74	37	40
	洋上	33	8	4
	小計	354	118	110
アジア太平洋	韓国	46	36	36
	日本	50	39	36
	その他	17	1	1
	洋上	28	13	21
	小計	141	89	98
米州		15	17	8
その他		29	14	32
計		541	227	247

第 6 章　米国の地政戦略と世界展開

　いうまでもなく，その展開はモンロー・ドクトリン以来の米国の戦略に位置づけられる（表6-3）．米国のアジア太平洋での基地建設は1821年東太平洋での艦隊基地の確保に始まった．1897年にハワイを併合し，翌98年フィリピンとグアムの併合でアメリカ膨張主義者の要求はまず達せられた．1912年米陸軍が中国天津に駐留し，1927年米海兵隊が上海と天津に展開した（1938年引き揚げ）．1941年米海兵隊がフィリピンに展開し，第2次世界大戦では，米軍の太平洋軍事基地が戦闘行動に入った（表6-1）．1943年11月統合参謀本部は，戦後における軍事基地の概要JCS-570／40をまとめ，大西洋・米州の基地33，アジア太平洋の基地39が必要であることを確認した（ちなみに，1947年の米軍基地は1139であった．以後，それぞれ1949年は582，1957年は883，1968年は794となっている）[26]．その米軍基地の展開はそれぞれ図6-10，図6-11，図6-12をみよ．

表6-8 アジア太平洋における米軍の前方展開

時　期	原　因	結　果	目　的
1853～1898	黒船・シャーマン号事件 米・スペイン戦争	沖縄寄港 フィリピン，ハワイ支配	中国市場への参入／門戸開放 アジア支配
1899～1945	第1次世界大戦 第2次世界大戦	前方展開	アジア秩序 戦後世界秩序
1956～1959	冷戦・朝鮮戦争 台湾海峡危機	封じ込め戦略	共産主義封じ込め リムランド防衛
1960～1988	ベトナム戦争 ベトナム戦争後	ニクソン・ドクトリン カーター・ドクトリン 「選択的抑止」	共産主義封じ込め ドミノ理論との対決
1989～	ソ連崩壊 冷戦後	前方展開戦略	ならず者＝テロ支援国との対決 国際テロとの対決

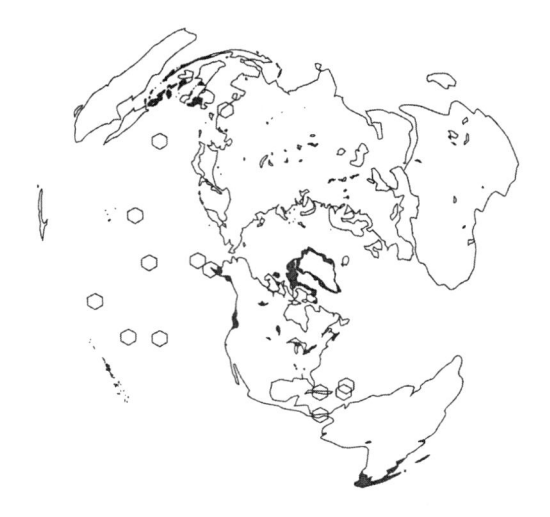

図 6-10 世界の米軍基地、1938 年

図 6-11 世界の米軍基地、1942 年

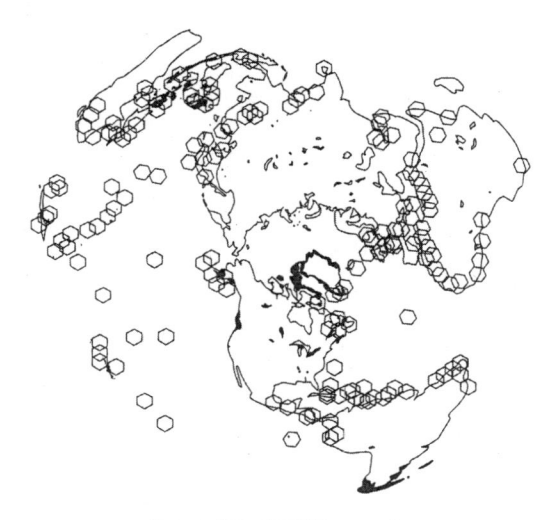

第 6 章　米国の地政戦略と世界展開

図 6-12 世界の米軍基地、1945 年

　冷戦の突入とともに，米国の「関与」が深まり，いわゆる前方展開が確立した（表 6-7 及び表 6-8）．それはリムランドの防衛，共産主義の封じ込め戦略に従っており，朝鮮戦争とベトナム戦争では，米軍が直接参戦して陸上戦闘を行った．1969 年 7 月 25 日ニクソン・ドクトリン（グアム・ドクトリン）が発表され[27]，前方展開兵力も大きく削減された．1977 年就任のジミー・カーター米大統領は 1+1/2 戦略，すなわち 2 正面の大規模紛争では 1 つの正面で勝利し，その戦力をもつ 1 つの正面作戦に振り向けるという戦略方針がとられ，アジア太平洋，特に朝鮮戦線では，在韓米地上軍の一部引き揚げという選択的介入がとられた[28]．しかし，1980 年以降，ソ連軍のアジア太平洋への進出で，前方展開兵力はむしろ強化された．そして，冷戦が後退するなか，1990 年 4 月東アジア戦略報告 EASI-1 が出され，前方展開兵力の見直しに入った[29]．しかし，1992 年 7 月 EASI-2 では，前方展開戦略が重視された[30]．1988 年 1 月レーガン政権の「選択的抑止」（1988 年 1 月）[31] とともに，「地域防衛戦略

167

——1990年代の国防戦略」(1993年1月)[32]は,1991年1月起きたサダム・フセインのクウェート侵攻で,その戦略の有用性が十分実証された。ここに,ならず者国家＝テロ支援国との対決(「1994-99年防衛計画指針」1992年5月承認),そして国際テロ対決とともに,前方展開の現代的局面が展開されることとなった[33]。

その米国のアジアにおける関与戦略は前方展開と同盟戦略とで構成され,海洋戦略の1つの要素となっている。米国は,日米同盟を含む同盟諸国との安全保障関係を維持し強化するとともに,友好国日本,韓国,オーストラリア,タイ,シンガポールを含む域内諸国との2国間軍事演習などをもって,防衛協力態勢を維持してきた(表6-9)。そこでは,日米同盟が米国のアジア太平洋政策の骨格を形成している。そうした米国の国家戦略は1994年民主党の「関与と拡大の戦略」から2001年1月共和党の「選択的協調」政策へ移ったものの,自由・民主主義／市場経済・人権などへの拡大方針は堅持されており,これまで朝鮮戦争,ベトナム戦争,及び湾岸戦争での「封じ込め」の軍事展開をもってその有用性が証明されてきた。そして,その戦略態勢は現在,リムランド戦略をもって前方展開として構築されており,それは1995年2月の「東アジア地域に関する米国の安全保障戦略(RASR-1,ナイ報告書)」で,10万人規模の兵力維持を確認して[34],その展開がアジア太平洋地域の安全保障の基盤を形成した(表6-8)[35]。その一方で,その前方展開をめぐり戦略再編成の可

表6-9 アジア太平洋地域の米軍兵力、2000年6月

米軍	陸軍	海軍	海兵隊	空軍	計
在韓米軍	27,179	323	102	8,659	36,263
在日米軍	1,781	6,203	19,289	13,297	40,570
在タイ米軍	40	9	293	26	368
在シンガポール米軍	7	87	40	41	175
在オーストラリア米軍	11	71	22	68	172
アジア太平洋地域米軍	29,057	28,007	19,863	22,101	99,048

(注) アジア太平洋地域米軍には、ハワイ(陸軍15,435、海軍8,387、海兵隊6,043、空軍4,453、計34,318)、及びグアム(陸軍43、海軍1,766、海兵隊4、空軍1,809、計3,622)は含まれない。

能性が提起されていたが，2004年8月ブッシュ米大統領演説で具体化に入った．その前方展開は，いうまでもなく，不安定な弧であるそのリムランドに向けた封じ込めである（第6章5「不安定な弧」をみよ）．

米国の地政戦略としてのそれは，単にハートランドを封じ込めるという長期の任務遂行にとどまらない．その戦略の重要性は，米国としては，リムランドを防衛し，自らにとって重要な利益に適うようリムランドへ比較的自由な接近を十分可能にしておくことであった[36]．いいかえれば，理論上，ユーラシア大陸のリムランドの大部分は，大洋がもつ距離と洋上のハイウェーを分離するよりもむしろ両者を結びつけるという事実によって守られており，その距離性は大して問題ではなく，それで，ソ連のハートランド・パワーに対して東，西，そして北のあらゆる方向から力を投入できる北米大陸にその中心を置いた海洋同盟の内部的通信機関の線として考えられるべきものとなっている（図6-9）．この点で，第1に，マハンが距離を重視した視点は，現在，修正されている．つまり，強度喪失曲線仮説は，20世紀の通信・輸送技術においてはまったく意味をなさなくなった[37]．第2に，リムランドに向けて対抗する際，ソ連よりも海洋同盟の方が固有の優位性をもっているとする新マハン主義者の主張は，ハートランドが海へ出てしまった現実において意味をなさなくなった．そこで，制海権を確保する必要はなくなり，代わってシーレーンこそが重要な点となる（第5章12シーレーンの安全保障をみよ）．

5.「不安定な弧」

冷戦期の在外米軍の配置は，ヨーロッパと北東アジアを主体としていた．そこでは，戦うべき敵が明確に想定できたからである．ヨーロッパでは，東・西ドイツを挟んで前線が存在し，このため米軍が西ドイツに大挙駐留し，ソ連を封じ込めた．それは，東側からの侵略を抑止し，防衛するというもので，そこでは，紛争生起の時点で米軍が自動的に介入するという担保が存在していた．冷戦の終焉によりその前線が消滅し，在ヨーロッパ米軍も大規模に削減された．

歴史的な不安定な弧

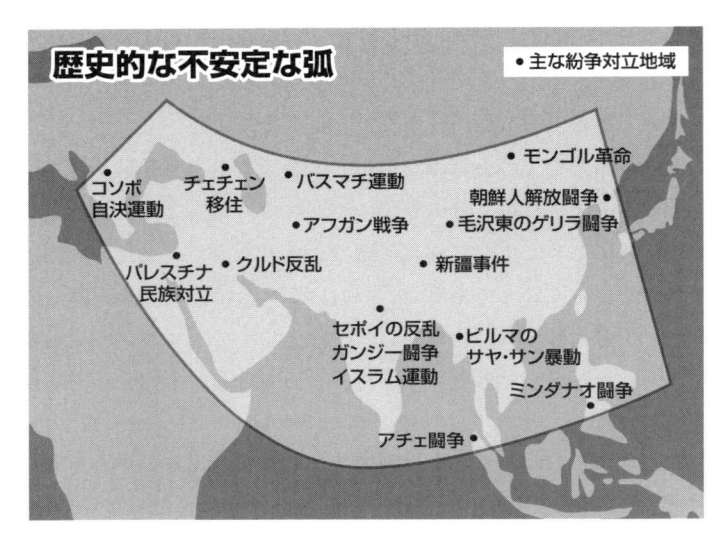

・主な紛争対立地域

- コソボ自決運動
- チェチェン移住
- バスマチ運動
- モンゴル革命
- 朝鮮人解放闘争
- 毛沢東のゲリラ闘争
- アフガン戦争
- パレスチナ民族対立
- クルド反乱
- 新疆事件
- セポイの反乱
- ガンジー闘争
- イスラム運動
- ビルマのサヤ・サン暴動
- ミンダナオ闘争
- アチェ闘争

図6-13 歴史的な「不安定な弧」

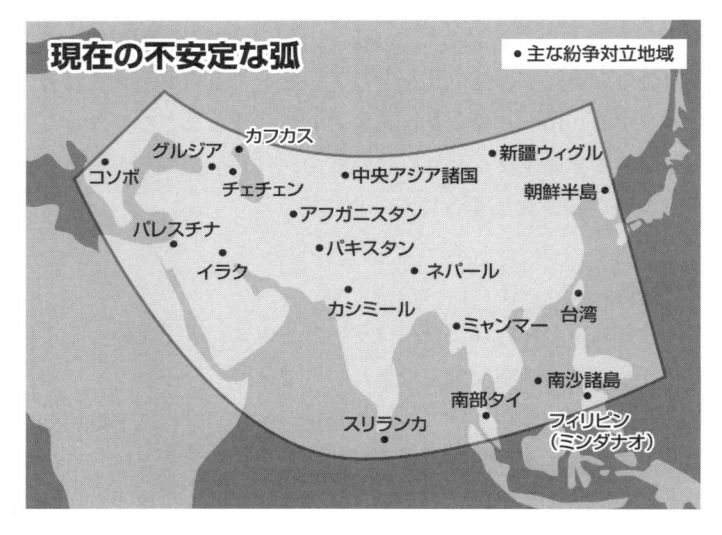

現在の不安定な弧

・主な紛争対立地域

- グルジア
- カフカス
- 新疆ウィグル
- コソボ
- チェチェン
- 中央アジア諸国
- 朝鮮半島
- パレスチナ
- アフガニスタン
- イラク
- パキスタン
- ネパール
- カシミール
- ミャンマー
- 台湾
- 南沙諸島
- 南部タイ
- スリランカ
- フィリピン（ミンダナオ）

図6-14 現在直面している「不安定な弧」

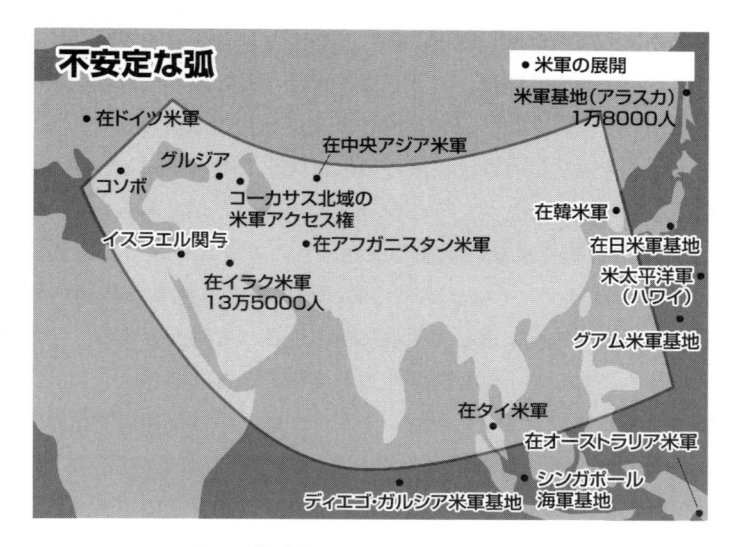

図6-15 「不安定な弧」における米軍の前方展開

　これに対し，東アジアはヨーロッパと異なり，冷戦後においても，朝鮮半島及び台湾海峡で大規模な紛争が生起する可能性は依然，排除できない．また，南沙諸島をめぐり南シナ海における領有紛争が紛争となる蓋然性は依然高い（表7-1）．図6-13にみるように，この東アジアから中東にいたる地域は，伝統的に根強いゲリラ闘争が続いてきたし，そして現在も，そのゲリラ闘争が続いている（不安定な弧）．中国新疆のウィグル人闘争，フィリピン南部からインドネシア及びマレーシアの拡がるアルカイダと連繋したイスラム教徒のモロ闘争やジェマ・イスラミア分子の闘争，タイ南部のイスラム教徒闘争，インドネシアのアチェ闘争（2005年8月和平合意），カシミールのイスラム解放闘争，パキスタンのアルカイダの温床，中央アジア諸国におけるイスラムのゲリラ闘争，シーア派イランの米国に対する抵抗闘争，アフガニスタンに残る旧イスラム勢力の抵抗闘争，イラクとヨルダンなどの地域におけるアルカイダ闘争，パレスチナ・ガザにおけるハマスの抵抗闘争などがそれである．その不安定な弧

は，さらにカフカスのゲリラ闘争，そしてバルカン半島の民族対立まで伸びる．

そこでの米軍の前方展開は，こうした不安定な弧に向けられ再編されることになった（図6-15をみよ）．2004年2月及び9月の議会証言で，ドナルド・ラムズフェルド米国防長官は，従来の戦場に代わる戦場空間という用語をもってその再編を明らかにしたが，その要点は，以下の2点にある．

　1. 21世紀型の複雑な構成の機能化を意図したモジュール（機能的相関の構成）陸軍への移行．それは従来の師団編成をより柔軟な組織に移し，その師団は任務や状況に応じて柔軟に組み合される編成とする．そのことは，対テロ闘争に対して小型で展開能力を高めることにある．
　2. 遠隔地にも対処できる全天候型レーダー配備といった通信情報能力の開発．これに対応した特殊作戦部隊の能力と任務面での拡充が意図されており，地域の統合軍が対テロ作戦においても活動できるようにする．

その課題は，部隊の統合ないし統合運用にあって，そのためには，危機に対して臨機応変な部隊の編成能力が課題とされており，これまでの軍事文化への挑戦といえるものである．

こうしたユーラシア大陸南縁における不安定な弧への対処は，国防総省に2001年11月戦力変革局が新設されたのに始まり，2003年4月に文書「再編計画指針」，さらに「軍事再編——戦略的アプローチ」，そして2004年10月に「国防再編の諸要素」がそれぞれ公表された．そこでは，20世紀の戦略家は，世界の主要工業地帯に注目してきたが，21世紀の戦略家は，反対の方向，つまり遠隔地域や破綻国家に着目し，この地域に接近できる方法と手段を想定してその影響を封じ込める方策を課題とする，と指摘されている．米国の中央アジア諸国との領空通過権及び基地利用協定，米軍駐留協定の締結などは，これに対処したものであった（中央アジア諸国については，表3-2をみよ）．2004年8月10日演説で，ブッシュ大統領は再編計画について，米国は十分な在外米軍を維持し，今後10年間で，在外兵力のうち6〜7万人を本国に引き揚げ，これに関連して，「予期せぬ事態に対処できるよう，部隊の一部を新たな

場所に移転させる」と述べた．そこでは，グアムでの兵站支援拠点化とこれに伴い日本の米軍基地の再編が進行中である．ドナルド・ラムズフェルド国防長官は2004年4月，米軍の能力目標10-30-30目標を示し，世界のいかなる場所についても所要の10日以内に軍を展開し，敵を30日以内に撃破し，その後，30日以内に次の場所で戦闘を可能にするとした．こうして，いわゆる不安定な弧への対処が明らかにされたが，米軍再編は，従来型の脅威（中国）に対する対決能力を求められているのとは関連がない[38]．

もっとも，この米国のアジア地域での地政戦略は，他面，中国を封じ込めることになった．米国防総省報告「中国の軍事力に関する年次報告」（2004年）も，「中国の指導者は，世界規模のテロとの闘争から米国との協力の機会が生まれていることを認識する一方で，米国主導のこの闘いが，とりわけ中央アジアに米軍事力を展開させ，米国とパキスタン，インド，及び日本との防衛関係を強化し，そして東南アジアに米軍を回帰させることで，中国をいっそう囲い込むようになってきている，と結論づけていると思われる」と指摘している[39]．

6. ブッシュ・ドクトリン

この米国の地政戦略は，9・11米国同時多発テロ（2001年）で大きく変更された．そこに登場したのが冷戦下のソ連封じ込めのトルーマン・ドクトリンに代わる全世界戦略としてのジョージ・W・ブッシュ大統領のブッシュ・ドクトリンである（表6-10）．かかる世界戦略への転換は，湾岸戦争に勝利したジョージ・ブッシュ大統領に始まり[40]，クリントン政権の「関与と拡大の戦略」を経て，同時多発テロでその形態が全面的に整えられるところとなったものである[41]．そのW・ブッシュのイラク戦争は，父ブッシュ以来の国際政治力学の認識が働いていた．その戦略文書は，以下の通りで，その思想的背景はネオコン（新保守主義）といわれる新世界プロジェクトにある[42]．

その経過は，以下の通りであった．

1992年2月 米国防副長官ポール・ウォルフォウィッツ報告「1994-1999

年防衛計画指針」(1992年4月改訂, 5月承認)——イラン・イラク・リビア・北朝鮮を「ならず者国家」と指摘
2001年9月「4年毎の国防計画見直し」——冷戦期における戦略攻撃兵器の見直し, 抑止の失敗を指摘.
2002年1月「核態勢の見直し」——いかなる武力攻撃にも対応できる一定範囲の核・非核オプションの必要性を指摘.
　　　8月「国防報告」——本土防衛と大量破壊兵器への対応, 情報システムの防御, 聖域確保を許さない偵察能力の向上, 米本土からのアクセス困難な地域での軍事力維持を明確化.
　　　9月「国家安全保障戦略」——反テロ闘争(理念としての民主主義の普遍化), 大量破壊兵器への先制攻撃(米国の単独介入), これによる脅威の無力化を確認(ブッシュ・ドクトリンの表明).
　　　12月「大量破壊兵器に対抗する国家戦略」.
2003年1月 ブッシュ大統領の一般教書演説——北朝鮮を「ならず者政権」と指摘.
　　　3月「テロリズムに対抗する国家戦略」.
　　　5月 ブッシュ大統領, クラコフでPSI(拡散安全保障イニシアチブ)——拡散懸念国への/からの大量破壊兵器の移転及び輸送を阻止する効果的な措置に着手[43].
　　　9月 ブッシュ大統領, PSI促進の国連総会演説.
　　　9月 PSI関係国第3回会合(パリ), 50カ国がPSI阻止原則の採択.
2004年4月 PSI国連決議1540(2004)成立.
2005年2月 ブッシュ大統領の一般教書演説——イラクを足がかりに「世界での圧制終結」を目指し「自由の拡大」を推進する決意を表明.
2006年2月「4年毎の国防計画見直し」——中国など戦略的分岐点の国家への対応を強調.
　　　3月「米国の国家安全保障政策」.

表6-10 ブッシュ・ドクトリンの展開

時　期	展　開
1991. 9.27	ジョージ・ブッシュ米大統領,朝鮮半島の短距離戦術核兵器の廃棄宣言,12.31南・北朝鮮,非核化共同宣言(1992.12.19発効)
1992. 1.31	拡散防止の必要性を強調した国連安全保障理事会議長声明
2.18	米国防副長官ポール・ウォルフォウィッツ報告「1994－1999年防衛計画指針」(1992.4.16改訂,5.22承認)―イラン・イラク・リビア・北朝鮮を「ならず者国家」と指摘
1994. 3.	米大統領安全保障担当補佐官アンソニー・レイク,フォーレン・アフェアーズ論文「敵対する逆行国家」で二重の封じ込め(封じ込めと抑止)を指摘
4. 1	米議会調査局コーリン報告「朝鮮半島の危機,1994年」で北朝鮮の核危機を指摘,4.18クリントン政権,アジアと中東の二正面作戦ウィン・ウィン戦略採択,5.米韓連合司令部作戦計画(作戦計画50―27)修正
6.	「関与と拡大の安全保障政策」
1996. 3.12	米国,キューバの自由と民主的連帯法成立
8. 5	米国,イラン・リビア制裁法成立
1997. 9.12	米国務長官マドレーヌ・オルブライト,「ならず者国家」対決に言及
2000. 1.	新世紀のための国家安全保障戦略
10. 2	イエメン・アデン港で米駆逐艦コール号テロ
2001. 9.30	米国防総省「4年毎の国防計画見直し」
2002. 1. 9	米国防総省「核態勢の見直し」
1.29	ジョージ・W・ブッシュ米大統領,「悪の枢軸」一般教書演説
6. 1	ブッシュ大統領,陸軍士官学校演説で先制攻撃を確認
8.15	米国防総省「国防報告」で先制攻撃ドクトリンを確認
9.20	ホワイトハウス「国家安全保障戦略」(ブッシュ・ドクトリンの表明)
12.10	ホワイトハウス「大量破壊兵器と戦う国家戦略」
2003 1.28	ブッシュ大統領,一般教書演説で北朝鮮を「ならず者政権」と指摘
2.20	イラク戦争,連合軍投入(2003.5.1ブッシュ大統領の終結宣言),多国籍軍として残留
3.	ホワイトハウス「テロリズムに対抗する国家戦略」
5.31	ブッシュ大統領,PSI演説(クラコフ)
9.3-4	PSI第3回会合,PSI阻止原則宣言採択
9.23	ブッシュ大統領,PSI推進とイラクへの軍派遣の国連総会演説
11.22	米国防総省「国防報告」でならず者国家への先制攻撃政策を確認
2004. 2.11	ブッシュ大統領,米国防大学でPSI演説
4.28	PSI国連決議1540(2004)成立
11.20	ブッシュ大統領,プーチン・ロシア大統領と会談,イランの核開発で圧力行使に合意
2005. 1.15	コンドリーザ・ライス,国務長官指名の上院外交委員会で北朝鮮,イラン,キューバ,ミャンマー,ベラルーシ,ジンバブエを「圧政国家」と指摘
2. 2	ブッシュ大統領,一般教書演説で「世界の圧政終結」を目指すと宣言
2006. 2. 3	国防総省,「4年毎の国防計画見直し」で中国など戦略分岐点(米国に対抗できる国家)にあると指摘
3.16	ホワイトハウス「米国の国家安全保障政策」

その米国の戦略は，2002年9月の「国家安全保障戦略」で従来型の抑止力重視の安全保障戦略と決別し，政治・軍事・経済の各分野にわたる総合的かつ長期戦略として構想されてきており，これまでのドクトリンに比し軍事戦略がより先行している．というのは，それは国家というよりも非政府組織のテロ集団との対決を優先しているからで，その戦略は，市場主義と進歩主義を思想的基礎に置く．つまり，市場経済を通じて繁栄を実現し，貧困を軽減することにより，権威主義・専制主義を克服し，民主主義の増進を通じてテロを解消し，平和な世界を樹立するというのが，その戦略の基本理念といえるものだからである．

前記ブッシュ・ドクトリンの文書は，こう述べる．

「20世紀の大闘争であった自由と全体主義の闘いは，自由を求める勢力の決定的な勝利に終わった．自由，民主主義，及び自由企業による方式が，1国を成功へと導くただ1つの持続可能なモデルとして勝ち残った．21世紀においては，基本的人権を守り，政治的・経済的自由の保障を約束で分かち合う諸国だけが，自国民にとり潜在的能力を発揮でき，将来の繁栄を確約できる．[44]」

そこでは，不安定地域にあるイスラム原理主義運動のアラブ中東の世界改造計画が提起されており，それは自国のモデルを世界の共通目標とした進歩主義の信仰においてアラブ中東世界に向けてパレスチナ問題の解決を求めるところとなった．それは，ヘルムート・シュミット元ドイツ首相によって，「文明，民主主義，人権についての西欧の理念と考え方を，別の大陸の国民や文化に押しつける[45]」ものと批判されたが，その批判には旧ヨーロッパ植民地へのキリスト教の強制改宗の現代版とした理解があった．

こうして，米国では，現実主義者の地政学が，現在も生きている．その座標を明示したのが表6-11である．そこでは，ソ連・米国の軍事指導者の戦略は地政戦略と解される．なお，環境地政学も米国地政学の一部である（第13章9環境地政学をみよ）．

第6章 米国の地政戦略と世界展開

表6-11 現実主義者の地政学

学 派	代表者	キーワード
帝国主義地政学	アルフレッド・マハン フリードリヒ・ラッツェル ハルフォード・マッキンダー カール・ハウスホーファー ニコラス・スパイクマン	海洋権力 生存圏 陸地権力・ハートランド 陸地権力・ハートランド 空間・リムランド
冷戦地政学	ジョージ・ケナン ソ連・西欧軍事指導者	封じ込め 東西対立・世界支配
新世界秩序地政学	ミハイル・ゴルバチョフ フランシス・フクヤマ エドワード・ルトワーク ジョージ・W・ブッシュ G7・IMF・WTO指導者 ペンタゴン・NATO戦略研究家 サミュエル・ハンチントン	新政治思考 歴史の終焉 国家地経学 米国主導の新世界秩序 トラスナショナル自由主義・新自由主義 ならず者国家・核の無法テロ 文明の衝突
環境地政学	環境・開発世界委員会 アル・ゴア ロバート・カプラン トーマス・ホーマーデクソン ミハイル・レンナー	持続的開発 開発戦略イニシアチブ アナキーの到来 環境不備 環境安全保障

　想えば，米国が「共産主義の封じ込め」のためベトナム戦争に突入したのは，その「救世主としての使命感」にあった[46]．その普遍的使命感／明白な使命が国際警察軍としての平和維持のための米軍の単独介入を支えてきているが，現在，その標的はテロ支援国8カ国，つまり「悪の枢軸」（この用語は2003年1月北朝鮮，イラク，イランに適用された）との対決へ向かっている（表6-12及び表6-13をみよ）．いわゆる文明の対決戦略[47]は，旧ユーゴスラビア内戦に発し，湾岸戦争に始まった．そして，9・11以後，米国は，アルカイダの温床であったアフガニスタンを攻撃し，イラクが大量破壊兵器を保持しているとしてイラク戦争を発動した[48]．このテロ戦争の発動は，その地政的条件が作用している．

177

アフガニスタン——カスピ海油田の石油・天然ガスのパイプライン・ルートにある（図 3-5）.

　イラク——中東石油支配を意図して米国は，サダム・フセインの圧制打倒という道義的理由で介入した．たとえ大量破壊兵器がなくとも，フセイン打倒の正しい理由がイラク支持と米国の安全強化に繋がることで，イラク戦争の容認となった[49]．一方，ニューヨーク・タイムスの大量破壊兵器報道は疑問が呈され[50]，イラク戦争への反対が提起された[51]．

　キューバ——米国の中庭の問題である．

　イランとスーダン——大陸緩衝国家としてその行方が注目され，そこではリムランドの国家として自律的決定が許されない．

　北朝鮮——来る米中対決の前に，台湾と並んで押さえておくべき戦略要地で，依然，リムランド国家として国際的焦点に立つ．

　シリア——レバノンへの干渉を梃子としてアラブ外交を展開することで，アラブ中東世界の独特の位置にある．遮断国家で，現在，米国の支持国イスラエルと対決できる能力をもつ唯一の国家である（第11章1中東地政学をみよ）．

表 6-12 米国の指摘するテロ支援国、2002 年

国 名	事 項	付 記	備考
アフガニスタン	アルカイダ支援国	アフガニスタン戦争発動	遮断地帯
イラク	大量破壊兵器の保管・使用	イラク戦争発動	遮断地帯
イラン	アルカイダ関係者の支援，核兵器疑惑		遮断地帯
リビア	1988年パンアメリカ機103便爆破テロ，核兵器疑惑	テロ支援を停止，核兵器開発停止	遮断地帯
シリア	パレスチナ過激派への支援		遮断地帯
スーダン	アルカイダ分子と接触		遮断地帯
北朝鮮	テロ組織に武器販売，シリアとリビアにミサイル技術輸出，大量破壊兵器輸出，核兵器疑惑		リムランド
キューバ*	米国と対決，コロンビア・北アイルランドのテロ支援		革命基地

（注）＊米国は、キューバを革命基地と解しており、国連決議によるキューバ制裁解除に応じていない。

米国の行動パターンにある「救世主としての使命感／明白な使命」に関連して，かかる「関与と拡大」戦略における米国の行動スタイルを分析することが，米国の独特な行動の源泉を理解する一助となる．1986～93年に実施した管理職1万5000人に対する個人主義か集団主義かの意識調査がある．それによると，(a) 皆で直ぐにでも人を選んで送り出すか，(b) 皆で何度でも議論して人を送り出すか，といった選択では，(b) が米国37.7%，英国58.7%，ドイツ69.0%，フランス61.9%，日本84.6%という結果がある．これは(b)コンセンサス民主主義か (a) 対決民主主義かの国民意識調査を示したもので，これによってもアメリカ人の行動主義が際立っており，それは対決民主主義にある[52]．この点で，米国の積極的行動が日本やヨーロッパと違い，異質な大国の論理を生み出しているというのが，シーモア・リプセットの『アメリカ例外論』である[53]．ここにアメリカ人の意識と行動が特性づけられており，その拡大的で行動的な思考が海洋権力のグローバル展開を形成している．

ブッシュ政権のもとで，イラン・イラク・リビア・北朝鮮を「ならず者国家（rogue states）」といったのは，ポール・ウォルフォウイッツ米国防副長官で，彼は，これに対しては，先制攻撃をかけるべきであると，指摘した（「1994-1999年防衛計画指針」1992年2月18日第1草稿，4月16日改訂，5月29日チェリー国防長官承認）．こうしてクリントン米大統領のもとで「ならず者国家」の用法が一般化したが，同政権の大統領国家安全保障担当補佐官アンソニー・レイクは「逆行する国家」で，「唯一の超大国である米国は，こうした逆行国家の行動を抑制し，封じ込めるべくあらゆる圧力行使を通じて，彼らを国際共同体の責任ある一員としなければならない」と指摘した[54]．その封じ込めとは，「二重の封じ込め」（封じ込めと抑止）政策であると総括したのは，マイケル・クレアであった．[55]民主主義の普及に反対している「ならず者国家」には，新しい封じ込め，つまり，「封じ込めと抑止」（二重の封じ込め）が必要であって，それが米国の地政戦略であるというのが一般理解である．

最後に，ブッシュ・ドクトリンにおける米国の脅威認識と安全保障戦略につ

いて，整理しておこう[56].
1. 米国の安全保障政策は，重大な脅威に対処するための抑止を軸とした「封じ込め」戦略においてきた．そして，脅威が顕在化した場合には，前方展開戦力と同盟国との協力体制によって速やかに排除し撃破する態勢にあった．その限り，前方展開戦略と同盟戦略の組み合わせをもって対処し，他地域での脅威がアメリカ本土に及ばないものとしていた．
2. こうした戦略の見直しが1993年の「ボトム・アップ・レビュー」(BUR)[57]と1997年の「4年毎の国防計画見直し」(QDR)[58]でなされ，兵員の大幅削減，即応態勢の改善，及び大規模地域紛争への同時対処の態勢がとられた．そこでは，国家の安全保障を強化し，米国の経済を発展させ，かつ米国の価値観を推進するとの3つの基本目標が設定され，軍事革命（RMA）による軍事技術の優位を確保し，前方展開戦略を維持する「拡大及び関与」戦略がとられた．特に米国の価値観を世界に拡大する方針においては，それに従わない国家に対して関与する戦略をとり，大量破壊兵器の拡散ないしならず者国家の脅威，つまり米国の重大な権益を侵害する可能性の地域覇権国家――「悪の枢軸」――を排除する戦略が2001年のQDRでとられ，それは，基礎基盤戦略から能力基盤戦略への転換にあった．
3. 9・11事件以後，その安全保障戦略は，2002年1月ラムズフェルド米国防長官の21世紀における米軍の目標再確認（米軍に対する信頼性強化，ミサイル・テロ・情報システムに対する脅威への対処能力，及び技術力の活用による米軍の再編），さらに，「核態勢の見直し」(2002年1月)，「本土安全保障に関する国家戦略」(2002年7月)，さらに「国家安全保障戦略」(2002年9月)などの一連の報告で，ブッシュ・ドクトリンによる転換戦略がとられるに至った．その特色は，以下の4点にある．
　　第1．脅威を基礎として構成された戦略から能力を基礎とした戦略への転換――そこでは，当然，「悪の枢軸」の脅威を基礎とした米軍の再編が進められた．

第2. アメリカ本土の安全保障に重点を置いた危機管理戦略への転換——9・11同時多発テロから，2002年6月本土安全保障省が新設され，本土安全保障会議が創設された．

第3. 抑止戦略の転換——脅威の主体が特定されなければ，抑止は意味がなく，したがってそこでの主体が特定されないという新しい状況に対し先制攻撃によってこの脅威を撃破し，事前に予防するところとなる．

第4. 核戦略・核戦力の変更——抑止戦略の変更で，従来のTRIAD（①大陸間弾道ミサイルICBM，②潜水艦発射弾道ミサイルSLBM，③戦略爆撃機）の3本柱を変更して，新TRIAD，すなわち，①核及び非核の攻撃戦力，②ミサイル防衛システムを含む防御戦力，③研究・開発・産業インフラストラクチャーの構築が新しい課題となる．そこでは，抑止戦略における相互確証破壊（MAD）も弾道弾迎撃ミサイル（ABM）条約も最早，必要とされない[59]．

その結果，米国の単独行動主義の思考とその行動パターンはいよいよ強まるところとなってきており，米国に対しては誰も手が出せない状態の創出が想定されるところとなった．そこでの同盟管理は，一方的確証破壊（UAD）と同盟管理である．EUは当然に自立の安全保障戦略を確定した（75頁をみよ）．日本は米国との同盟管理強化へと走った．有志国連合にみるイラクへの軍隊派遣は，その同盟管理の選択の1つであった．そこでは，同盟管理の思考も，共同防衛から地域秩序の形成・維持・管理へと転換をみせる[60]．

以上がブッシュ・ドクトリンの新世界秩序である[61]．その推移を整理したのが，表6-13である．それをみると，冷戦以後における米国の脅威認識は，民族紛争とか大量破壊兵器の拡散にあったが，2001年9月の同時多発テロ以後，国際テロの脅威が大きく浮上し，アメリカ本土防衛が同盟国の安全保障とともに大きな課題となり，この新しい状況に対する前方展開米軍の再編成が着手されるに至っている．

この新世界秩序のドクトリンに対しては，反地政学の視点が提起され，それ

表 6-13 米国の脅威認識の推移

1993年9月	1995年2月	1998年4月	2001年9月	2004年11月
ボトム・アップ・レビュー	国家安全保障戦略	国防報告	国防総省4年毎の計画見直し	国防報告
Ⅰ地球的危機、大規模侵略、民族紛争 Ⅱ大量破壊兵器の拡散（北朝鮮・イラン・イラク・旧ソ連） Ⅲテロ	Ⅰ民族紛争 Ⅱ大量破壊兵器の拡散 Ⅲテロ・麻薬・国際犯罪	Ⅰ越境侵略（イラン・イラク・北朝鮮）・領土紛争 Ⅱ兵器の拡散 Ⅲ破綻国家（旧ユーゴスラビア・アルバニア） Ⅳテロ・環境・海賊	（同時多発テロへの対決） Ⅰ奇襲に対処できる米国防衛 Ⅱ非対称戦に備える必要性 Ⅲ二正面作戦戦略の見直し	（テロに対する勝利） Ⅰ米本土の防衛 Ⅱ同盟国の安全保障 Ⅲ米軍の再編成

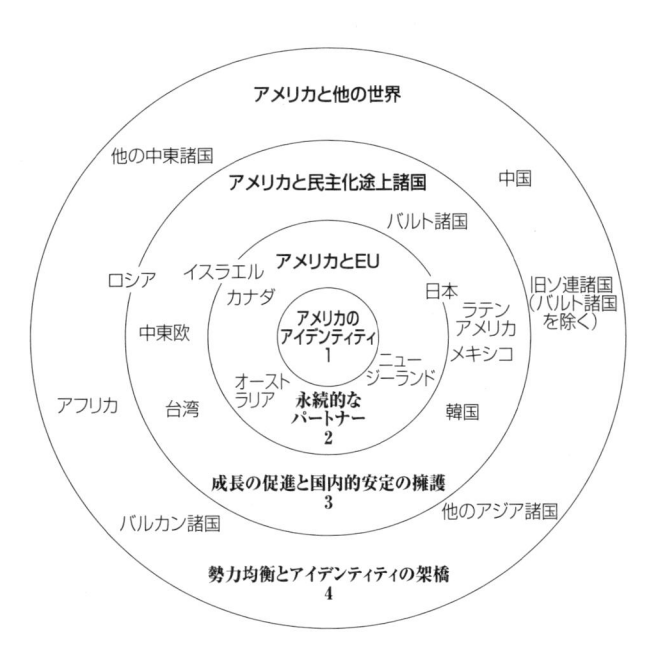

図 6-16　21世紀におけるアメリカ外交政策の概念図

は米国の自由主義への拒否ないし対決にある（第13章8反地政学をみよ）[62].

2006年3月の「米国の国家安全保障戦略」は核開発を抱えるイランを「最大の挑戦」としており，テロと大量破壊兵器への対処を重視する一方，新たな課題として中国の台頭を懸念し，北朝鮮・イラン・シリア・キューバ・ベラルーシ・ミャンマー・ジンバブエの7カ国を圧政国家として非難した．特に，中国の台頭を「戦略的岐路に立つ国」と位置づけ，中国が責任あるステークホルダー（利害関係者）として行動するよう求め，そうした事態に備えるとした．依然，先制行動の位置づけは変わらず，同盟の強化を必要とし，国際連合などが有志国連合に比し効果的でないこともありうる点を確認した[62].

ヤンキー帝国主義とされてきた米国の対外関与は，正しくすべてにおいて国際関係における米国の経験そのものだった．そこでの米国の利害をめぐる概念図は図6-15の通りで，それは外交政策の上で明確に位置づけられ，米国とEUの永続的なパートナーを内円に，成長の促進と国内的安定の擁護の中間円，そして勢力均衡とアイデンティティの架橋の外円が形成される[63].

【注】

1 William Macdonald, *Documentary Source Book of American History, 1606-1913*, New York: Macmilan, 1925/ New York: Franklin, 1968, pp. 318-320. Louis Morton Hacker, *The Shaping of the American Tradition*, New York: Columbia U. P., 1947, pp. 434-435. アメリカ学会編『原典アメリカ史』岩波書店，1953年，第3巻，147-149頁．中屋健一監訳『アメリカの外交』東京大学出版会，1966年，96-98頁．

2 David G. McCullough, *The Path between the Seas*, New York: Simon & Schuster, 1977. 鈴木主税訳『海と海をつなぐ道——パナマ運河建設史』上・中・下, フジ出版社, 1986年. Joseph Bucklin Bishop, *The Panama Gateway*, New York: C. Scribner. 1913. 早坂一郎訳『パナマ運河』栗田書店, 1941年. David Hawarth, *The Golden Isthmus*, New York: McGraw-Mill Book Co., 1966. 塩野崎宏訳『パナマ地峡秘史——夢と残虐の四百年』リブロポート, 1994年. 山口廣次『パナマ運河——その水に影を映した人びと』中公新書, 中央公論社, 1980年. 河合恒生『パナマ運河史』教育社, 1980年.
　パナマ運河は，その閘門はパナマックス船（約6.5万トン）の航行が限界で，第二運河構想が

1982 年に提起されたが，実現をみていない．小出木志郎『パナマ運河——百年の興亡と第二運河構想』近代文芸社，2000 年．
3 Dexter Perkins, *The Monroe Doctrine: 1867-1907*, Boston: Little, Brown, 1937, 1955. 豊田義道訳『モンロー主義』山水社，1940 年，第 6 章．
4 エリノーア・タッパー，泉信介訳『對日米國興論史』人文閣，1943 年（原本は 1937 年）．恒川眞『ルーズヴェルト東亜政策史』高山書社，1944 年．Paul H. Clyde & Burton F. Beers, *A History of Far East of the Impact and the Eastern Response (1830-1965)*, Englewoodcliffs: Prentice-Hall, 1948, 4ed. 1966. 本橋正『アメリカ外交史研究』学習院大学／第一法規出版株式会社，1984 年．
5 封じ込め戦略の展開は以下をみよ．八木勇『アメリカ外交の系譜——トルーマンからカーターまで』朝日新聞社，1981 年．
6 Francis Fukuyama, "The End of History," *National Interest*, Vol. 16, Summer 1989, in op. cit. *The Geopolitics Reader*, pp. 114-124. Fukuyama, *The End of History and the Last Man*, New York: Free Press/ Harmondworth: Penguin Books/ London: Hamish Hamilton, 1992. 渡部昇一訳『歴史の終焉』上・下，三笠書房，1992 年．
7 Scott Nearing & Joseph Freeman, *Dollar Diplomacy: A Study in American Imperialism*. New York: B. W. Huebsch & Viking Press, 1925/ New York: Monthly Review Press, 1966. 角田敬三訳『弗外交』同人社，1930 年．Scott Nearing, *The American Empire*, New York: Rand Schoolof Social Science, 1921. 愛知謙三訳『アメリカ帝國』春陽堂，1931 年．楊内克己『アメリカ帝国主義史論』東京大学出版会，1959 年．中嶋啓雄『モンロー・ドクトリンとアメリカ外交の基盤』ミネルヴァ書房，2002 年．
8 op. cit. Spykman, *America's Strategy in World Politics*.
9 op. cit. Spykman, *The Geography of the Peace*. 本書は彼の弟子によって編集された．
10 ibid., p.43.
11 ibid., pp. 37-38, 40-41.
12 Edward S. Miller, *War Plan Orange: The U. S. Strategy to Defeat Japan, 1897-1945*, Annapolis: Naval Institute Press, 1991. 沢田博訳『オレンジ計画——アメリカの対日進攻50年戦略』新潮社，1994 年．
オレンジ計画は，歴史上，最上に成功した戦争計画とされる．Michael Vlahos, "The Naval War College and The Origins of War-Planning against Japan," *Naval War College Review*, Summer 1980.
13 Alexis de Tocqueville, *Democracy in America*, New York: Vintage Books, 1945, Vol. 1, p. 452. 杉â¨謙三訳『アメリカ民主々義』朋文社，1957 年，72 頁．
14 op. cit. Globery do Couto e Silva, *Geopolitical do Brasil*. 前掲，山田訳『ブラジルの未来設計図——ある地政学的アプローチ』．
15 ibid. 前掲書，258-254 頁．
16 ibid. 前掲書，115-117 頁．
17 フィデル・カストロ，池上幹訳『わがキューバ革命の道』三一書房，1961 年．カストロ，高橋勝之訳『カストロ演説集』新日本出版社，1965 年．Harbert Lionel Maththews, *Castro:*

A Political Biography, Harmondsworth: Penguin, 1970. 加茂雄三訳『フィデル・カストロ——反乱と革命の想像力』紀国屋書店，1971 年．K. S. Karol, *Les guerilleros au pouvoir: L' itineraire politique de la revolution cubaine*, Paris: R. Laffont, 1970. 弥家康夫訳『カストロの道——ゲリラから権力へ』読売新聞社，1972 年．Jorge I. Dominquez, *Cuba: Order and Revolution*, Cambridge: The Belkanp Press of Harvard U. P., 1978.

18 キューバ革命の国際的展開は革命家チェ・ゲバラによって担われており，彼の世界観は以下をみよ．Martiadel Carmen Ariet, *H E Pensamiento Politicao*, Havana: Politica Pub., 1988. 丸山永恵訳『チェ・ゲバラの政治思想』IFCC 出版会，1992 年．

19 浦野起央『世界における中東・アフリカ——その国際関係とソ連の関与およびパレスチナ問題』晃洋書房，1982 年，179-181 頁．

20 青木一能『アンゴラ内戦と国際政治の力学』芦書房，2001 年．

21 Ray S. Cline, *World Power Trends and U. S. Foreign Policy for 1980's*, Boulder: Westview Press, 1980. 伊藤浩文訳『世界の【軍事力】【経済力】比較《1980 年代》』学陽書房，1981 年．本書は，以下の改訂である．Cline, *World Power Assessment 1977: A Calculus of Strategic Drift*, Washington. DC: The Center for Strategic and International Studies/ Boulder: Westview Press, 1977.

22 Stanley B. Weeks & Charles A. Meconis, *The Armed Forces of the USA in the Asia-Pacific Region*, New York: I. B. Tauris, 1999, p. 22.

23 *A National Security Strategy of Engagement and Enlargement*, 1996.

24 US Department of Defense, *Report of Quadrennial Defense Review*, Washinton, DC: US Department of Defense, Oct. 2001.

25 川上髙司『米軍の前方展開と日米同盟』同文舘，2004 年．

26 James R. Blaker, *United States Overseas Basing*, New York: Preager Publishers, 1990, p. 33.

27 ニクソン・ドクトリンは，前掲，浦野『資料体系アジア・アフリカ国際関係政治社会史』第 5 巻アジア・アフリカ資料Ⅱ 2-2-45 に所収．

それは，1970 年 2 月大統領外交教書「1970 年代のアメリカ外交——平和のための新戦略」，1971 年 2 月の外交教書「1970 年代のアメリカ外交戦略——平和のための建設」で繰り返し強調された．前掲書，アジア・アフリカ資料Ⅱ 2-21-31，Ⅱ 2-1-32 に所収．

28 それは，在韓米地上軍が「導火線となっている」との認識にあったが，国際情勢から実現しなかった．村田晃嗣『大統領の挫折』有斐閣，1998 年．

さらに，以下をみよ．林茂夫『駐「韓」米軍』二月社，1978 年．ソウル新聞社編『駐韓米軍 30 年 (1945～1978 年)』ソウル，杏林新聞社，1979 年．韓桂玉『韓国軍駐韓米軍』かや書房，1989 年．

29 US Department of Defense, *A Strategic Framework for the East Asian Pacific Rim: Report to Congress*, Washington, DC: US Department of Defense, 1990

30 US Department of Defense, *A Strategic Framework for the East Asian Pacific Rim*, Washington, DC: US Department of Defense, July 1992.

31 White House, *Choice Deterrence,* Washington, DC: GPO, 12 Jan, 1988「選択的抑止」世界週報，1988 年 2 月 16 日号，23 日号，3 月 1 日号，8 日号．

32 Us Department of Defense, *Defense Strategy for the 1990's: The Regional Defense Strategy*, Washington, DC: US Department of Defense, 1993.
33 Michael Klare, *Rogue States and Nuclear Outlaws: America's Search for a New Foreign Policy*, New York: Hill & Wang, 1995.
34 Department of Defense, *The United States Security Strategy for the East Asia-Pacific Region*, Washington, DC: US Department of Defense, Feb. 1995.
35 それは，1998 年 11 月の第 4 次報告，RASR-2 でも確認された．Department of Defense, *The United States Security Strategy for the East Asia-Pacific Region*, Washington, DC: US Department of Defense, 23 Nov. 1998.「米国防総省の 1998 年東アジア戦略報告」世界週報，1999 年 2 月 9 日号，16 日号，23 日号，3 月 2 日号，9 日号，16 日号，23 日号．
さらに，以下をみよ．森本敏「米国の東アジア戦略と日米同盟──変遷と展望」，森本編『アジア太平洋の多国間安全保障』日本国際問題研究所，2003 年．
36 Mahan, *Naval Strategy*, Boston: Little, Brown, 1911. 尾崎主税訳『海軍戦略』海軍軍令部，1932 年／原書房，1978 年／井伊順彦訳『海軍戦略』中央公論新社，2005 年．
37 op. cit. Gray, *The Geopolitics of the Nuclear: Heartland, Rimlands, and the Technological Revolution*. 前掲，小島訳『核時代の地政学』第 4 章．
38 防衛庁防衛研究所編『東アジア戦略概観 2005』国立印刷局，2005 年，第 7 章．江畑謙介『米軍再編』ビジネス社，2005 年．
39 *US Department of Defense, Annual Report to Congress on the Military Power of the People's Republic of China*, 19 July 2005.
40 読売新聞外報部『砂漠の聖戦──'90〜'91 湾岸戦争の真実』講談社，1991 年．朝日新聞外報部『ドキュメント湾岸戦争の二百十一日』朝日新聞社，1991 年．松井芳郎『湾岸戦争と国際連合』日本評論社，1993 年．ラムゼー・クラーク，中平信也訳『ラムゼー・クラークの湾岸戦争──いま戦争はこうして作られる』地湧社，1994 年．
41 1991 年湾岸戦争が中東の政治・軍事地図を塗り替え，同時多発テロで米国の中東政策を根本的に転換させ，イラクとの最終対決へ駆り立てた流れの立証は，岡本道郎『ブッシュ vs フセイン──イラク攻撃への道』中公新書，中央公論社，2003 年に詳しい．さらに，注 49 をみよ．
42 前掲，浦野『国際関係のカオス状態とパラダイム』103-109，118-119 頁．
43 坂元茂樹「PSI（拡散防止構想）と国際法」ジュリスト，第 1279 号，2004 年 11 月 15 日．
44 *The National Strategy of United States*, 17 Sep. 2002, 序文．
45 ヘルムート・シュミット，大島俊三・城崎昭彦訳『グローバリゼーションの時代──21 世紀の最大の課題に挑む』集英社，2000 年，142-143 頁．
46 この米国の明白な使命は，世界主義的な宣教のアメリカ的伝統のもと，国内外の区別なしに世界からの挑戦に対処し，世界問題に取り組むというもので，ロナルド・レーガン，ビル・クリントンら歴代大統領の共通した特質である．レーガンは 4 つの信念を要約した．すなわち，(1) 米国は歴史上稀な国家で，その位置を占める，(2) アメリカの精神は善で，その心髄は正しい，(3) 一般的宗教は健全な国家に必要である，(4) 米国は軍事的にかつ精神的に強い．それはプロテスタント福音主義（神学的保守主義）の市民宗教の問題である．RichardV. Pieard & Robert D. Linder, *Civil Religion and the Presidency*, Grand Rapids, Mich.: Zondervan, 1988. 堀内一史・

他訳『アメリカの市民宗教と大統領』廣池学園出版部, 2003 年. 坪内隆彦『キリスト教原理主義のアメリカ』亜紀書房, 1997 年. 上坂昇『現代アメリカの保守勢力――政治を動かす宗教右翼たち』ヨルダン社, 1984 年. 蓮見博昭『宗教にゆれるアメリカ――民主政治の背後にあるもの』日本評論社, 2002 年.

47 サミュエル・ハンチントンの「文明の対決」あるいはバーナード・ルイスの『何がねじれてしまったか――西欧のインパクトと中東の応答』に対するマフディ・エルマンジュラの文明戦争論ないしウサマ・ビンラディンのイスラム対決論を想起せよ. Samuel Philips Huntington, "Clash of Civilizations?," *Foreign Affairs*, Vol. 72 No. 3, June/ July, 1993.「文明の衝突」中央公論, 1993 年 8 月号. Huntington, *Clash of Civilizations and the Remaking of World Order*, New York: Simon & Schuster, 1996. 鈴木主税訳『文明の衝突』集英社, 1998 年. Bernard Lewis, *What Went Wrong? Western Impact and Middle East Response*, New York: Oxford U. P., 2002. 今松泰・福田義昭訳『イスラム世界はなぜ没落したか？ 西欧近代と中東』日本評論社, 2003 年. マフディ・エルマンジュラ, 仲正昌樹訳『第 1 次文明戦争』お茶の水書房, 2001 年. エルマンジュラ, 仲正訳『第 2 次文明戦争としてのアフガン戦争――戦争を開始した「帝国の終焉」の始まり』御茶の水書房, 2001 年. 石野肇『ウサーマ・ビン・ラーデン――その思想と半生』成甲書房, 2001 年.

48 米国の大義は, 以下をみよ. Thomas Freedman,' Because We Could,' *New York Times*, 24 June 2003.

49 Bob Woodward, *Bush at War*, New York: Simon & Schuster, 2002. 伏見威蕃訳『攻撃計画――ブッシュのイラク戦争』日本経済新聞社, 2004 年. Woodward, *Plan of Attack*, New York: Simon & Schuster, 2004. 伏見威蕃訳『ブッシュの戦争』日本経済新聞社, 2003 年. 志方俊之『「フセイン殲滅」後の戦争』小学館, 2003 年.

50 ニューヨーク・タイムスの大量破壊兵器報道をめぐっては, 高濱賛『捏造と盗作　米ジャーナリズムに何を学ぶか』潮出版社, 2004 年, 189-198 頁をみよ. さらに, 以下をみよ. Howard Fried & Richard Falk, *The Record of The Paper: How the New York Misreports as Foreign Policy*, London/ New York: Verso, 2004, 立木勝訳『「ニューヨークタイムズ」神話――アメリカをミスリードした〈記録の新聞〉の 50 年』三交社, 2005 年.

51 大量破壊兵器問題は, 以下をみよ. 2002 年 7 月 30 日米上院外交委員会での前国連大量破壊兵器特別委員会委員長リチャード・バトラーの証言. フォーリン・アフェアーズ・ジャパン編『アメリカはなぜイラク攻撃をそんなに急ぐのか』朝日新聞社, 2002 年, 91-99 頁. 前国連大量破壊兵器視察官スコット・リッターの証言. William Rivers Pitt, *War on Iraq*, Danbury: A Context Books, 2002. 星川淳訳『スコット・リッターの証言・イラク戦争――ブッシュ政権が隠したい事実』合同出版, 2003 年.

イラク開戦におけるネオコンと軍需産業の連繋を指摘したのは, アメリカ人記者セイモア・ハーシュであった. Seymoar M. Hersh, *Chain of Command: The Road from 9/11 in Abu Ghraib*, New York: Harper Collins, 2004, 伏見威蕃訳『アメリカの秘密戦争――9.11 からアブグレイブへの道』日本経済新聞社, 2004 年.

この嘘をブッシュの犯罪とした立論は, 以下をみよ. Emmanuel Ludot, *Saddam Hussein: Présumé Coupable*, Paris: Canot, 2004. 石川憲二監訳『依頼人はサダム・フセイン』ぺんぎん

書房，2005 年．
52 Charles Hampder-Turner & Alfons Trompenars, *The Seven Cultures of Capitalism*, New York: Doubleday, 1993, pp. 179-180.
53 Seymour Martin Lipset, *American Exceptionalism: A Doble Edged Sword*, New York: W. W. Norton & Co., 1996. 上坂昇・金重紘訳『アメリカ例外論──日欧とも異質な超大国の論理』明石書店，1999 年．
54 Anthony Lake, "Confronting Backlash States," *Foreign Affairs*, Vol. 73 No.2, March/ April 1994, pp. 45-46.
55 Micjel Klare, *Rogue States and Nuclear Outlaws: America's Search for a New Foreign Policy*, New York: Hill & Wang, 1995. 南雲和夫・中村雄二郎訳『冷戦後の米国の戦略──新たな敵を求めて』かや書房，1998 年．
56 森本敏「冷戦後における米国の脅威認識と安全保障戦略変化」国際問題，511 号，2002 年 10 月．
57 US Department of Defense, *Force Structure Experts, Bottom-Up Review*, Washington, DC: US Department of Defense, Sep. 1993.
58 US Department of Defense, *Report of Quadrennial Defense Review*, Washington, DC: US Department of Defense, Oct. 1997.
59 2001 年 5 月 1 日ブッシュ米大統領は、「冷戦時代とは異なる脅威に対処するためのミサイル防衛網を構築し、……弾道弾迎撃ミサイル（ABM）制限条約の束縛を乗り越えなければならない」と述べた．Remarks by the President to Student and Faculty at National Defense University, 1 May 2001. *http://www.whitehouse.gov/news/releases/20010501-10.html*．
60 川上高司「ブッシュ・ドクトリンと同盟管理」，久保文明編『G・W・ブッシュ政権とアメリカの保守勢力──共和党の分析』日本国際問題研究所，2003 年．
61 ブッシュ・ドクトリンの新世界秩序の地政学に対する反地政学は、チアパスのサパティスタ副司令官マルコスの論文が提示しており、その視点は新自由主義ないしトランスナショナルな自由主義，具体的には米国が推進している NAFTA（北米自由貿易協定）に対する拒否である．Marcos, 'Chiapas: the Southeast in Two Winds, a Storm and a Prophecy,' op. cit. *The Geopolitics Reader*, pp. 294-298.
62 *The National Strategy of United States*, 16 March. 2006.
63 Henry R. Nau, *At Nome Abroad : Identity and Power in America Foreign Policy*, Ithaca: Cornel U. P., 2002. 村田晃嗣・他訳『アメリカの対外関与──アイデンティティとパワー』有斐閣，2005 年，終章 21 世紀アメリカの外交政策．

7章

アジア太平洋空間と中国の地政戦略

1. アジア太平洋空間地政学

　アジア太平洋空間は，ハートランドを包囲するリムランドとその外側，海洋権力の展開地域を指すが，この地域が新しい空間として登場してきたのは，中国大陸の共産主義との対決，それに続いたインドシナにおける共産主義のドミノとの対決，さらに続くインドシナ地域での混乱，そして植民地主義も遺制が残っていた東南ジア地域の混乱が解消して，以後の世界が誕生してきたからである．その古い対決の世界から新しい協力展望への世界を切り開いた局面への移行は，表7-1の国際対立以後にある．南シナ海では対立が残り，オセアニアでは大国支配への抵抗が残っていたが，インドシナ・東南アジア地域では1980年代以降，安定へ向けて大きく進展し，1967年のインドネシア，マレーシア，フィリピン，シンガポール，タイの5カ国が主導して発足した東南アジア諸国連合（ASEAN）がその政治的・経済的安定を担い，1995年にベトナム，1997年にラオスとビルマ（ミャンマー），1999年にカンボジアも参加して，ASEANは現在10カ国体制にある．この地域の南シナ海海域で1974年に交戦事件があったものの，対立とその回避への努力が重ねられ，2002年11月南シナ海行動宣言が中国を含む関係国によって調印された．オセアニア

はアジア太平洋に含まれ，米国のアジア進出は太平洋の支配に始まっていた（表6-1をみよ）．

こうした局面において，米国は現在，その海洋地政戦略に基づく軍事再編を進行中であるが，その米軍の対応は，次の現下の「危機の弧」，すなわち中央アジア，イランからインド亜大陸を経て東南アジア，そして台湾海峡までに至

表7-1 アジア太平洋の国際対立

	時 期	
インドシナ	1946.11-1954.7	インドシナ戦争（フランス・ベトナム）
	1958.8-1962.7	ラオス内戦。（右派・左派）
	1962.2-1973.5	ベトナム戦争（ベトナム・米国など連合国）
	1963.3-1973.2	ラオス内戦（パテト・ラオ支配）
	1970.3-1975.4	カンボジア内戦（ロンノル政権）
	1975.4-1979.1	カンボジア内戦（ポル・ポト派）
	1978.12-1993.5	カンボジア内戦（ヘンサムリン政権）
	1979.2	中国・ベトナム国境紛争
東南アジア	1958.2-1962.10	西イリアン紛争
	1962.6-1963.7	北ボルネオ帰属紛争
	1963.9-1966.8	マレーシア対決
	1964.12-1966.3	インドネシアの国連脱退
	1968.3-12	サバ事件（マレーシア・フィリピン）
	1976.7-1999.10	チモール紛争
	1979.12-1991.4	シンガポール・マレーシア領土対立
南シナ海	1956.3-1958.9	南沙群島紛争Ⅰ（フィリピン・中国・台湾）
	1971.4-1975.4	南沙群島紛争Ⅱ（南ベトナム・中国）
	1974.1	西沙群島交戦事件（中国・南ベトナム）
	1976.1-1986.6	南沙群島紛争」Ⅲ（ベトナム・フィリピン・マレーシア）
	1987.4-1988.3	南沙群島紛争Ⅳ（中国・ベトナム）
	1992.4-10	南沙群島紛争Ⅴ（中国・ベトナム）
	1998.9-11	南沙群島紛争Ⅵ（中国・ベトナム）
	1999.6	南沙群島紛争Ⅶ（マレーシア・中国・ベトナム）
オセアニア	1973.9	フィジーの反核政策
	1980.5	中国のICBM発射
	1981.11-1988.6	ニューカレドニア内戦
	1985.-1987.2	ニュージーランドの核搭載船舶・航空機の寄港拒否
	1988.4-1998.4	ブーゲンビル独立事件
	1995.6-9	フランスの核実験抗議（南太平洋フォーラム）

る新しい争点地域の事態に対応したものとなっている（図6-15をみよ）．
 1. テロ支援国に対する対処．これは，アルカイダのネットワーク（図13-1 をみよ）に対応した遮断地帯，インド亜大陸を経てアジア太平洋空間のマレーシアとインドネシアにいたる一帯（マレーシアとインドネシアはイスラム原理主義組織ジェマ・イスマリア（JI）が活動しており，インドネシアでは，2002年10月バリ島でイスラムの爆弾テロが起き，またフィリピンでは，モロ解放闘争のテロが残っている）[1]（図6-14をみよ）．それに対する米軍の活動拠点はシンガポールである．
 2. インド洋では，イラン，イラクの激動に対処できる軍事展開にある．
 3. 台湾海峡における中国・台湾対立．これは東アジア周辺の問題であり，シーレーンに関連している（図7-9をみよ）．米軍は，沖縄，アラスカを活動拠点として対処している．

台湾は，北朝鮮とともに東アジアの周辺（periphey）を形成しており，朝鮮戦争（1950-1953年），台湾海峡危機（1958年）があり，朝鮮問題も未だ解決をみていず，台湾海峡の中台対決は未だ解消していない．この地域は，リムランドにあって，米国封じ込め戦略の焦点に立ち，インドシナも同様であった．インドシナ3国（ベトナム，カンボジア，ラオス）はハートランドに参加した共産中国の浸透工作に直面した（ミャンマーも同様であった）一方，インドシナ戦争（1946-1954年），ベトナム戦争（1962-1973年）での激しい巻き返しに直面した．これに対して，ASEAN（東南アジア諸国連合）のタイ，マレーシア，シンガポール，インドネシア，フィリピンはアジア太平洋空間にあり，共産中国への脅威に直面し，1971年には平和・自由・中立宣言を発してきたが，その共産中国に対する封じ込め政策の解消と共産中国の浸透工作終結で，海洋権力空間のASEAN体制が維持可能となり，インドシナ3国もミャンマーとともにこれに参加した．ASEANは海洋空間の組織であることから，ASEAN拡大外相会議の開催（1978年発足，日本，次いで米国，EU，オーストラリア，ニュージーランド，カナダ，韓国，中国，インド，ロシアが参

加,拡大順),ASEAN 地域フォーラム(ARF)の開催(1994 年 7 月第 1 回会議)を可能にしてきており,ARF の参加国はいずれも海洋国家である(但し,中国とロシアは大陸国家)[2]．そして,1993 年 6 月クアラルンプールで開催の第 7 回アジア太平洋ラウンドテーブルで発足したアジア太平洋安全保障協力会議(CSCAP)は,トラック II のアジア太平洋地域における民間の多国間安全保障対話のフォーラムとして,新しい展望を担っている[3]．

このアジア太平洋空間の特色は,以下にある．
(1) オーストラリア及びニュージーランドとの連繋が成立している．
(2) 表 7-2 にみられるように,貿易国家地域である．APEC(アジア太平洋協力会議)の活動がそれである[4]．

表 7-2 アジア太平洋空間の貿易関係

国名	商品・サービス貿易(GDP比)	主要相手国	輸出における製品比	対外投資(GDP比)
シンガポール	150	日本,米国,マレーシア	84	9.0
マレーシア	82	日本,米国,シンガポール	76	5.2
韓国	44	日本,米国,中国,ドイツ	92	0.6
ニュージーランド	43	オーストラリア,日本,米国	29	9.0
オーストラリア	33	日本,米国,英国,ニュージーランド	29	2.3
タイ	31	日本,米国,シンガポール	71	2.4
日本	25	米国,中国,韓国	95	0.1
フィリピン	24	米国,日本,シンガポール	45	1.5
インドネシア	16	日本,米国,シンガポール,ドイツ	42	2.2
ブルネイ	64*	日本,タイ,シンガポール,韓国	NA	NA
台湾	64*	日本,米国,シンガポール,EU	NA	NA
パプアニューギニア	32*	日本,オーストラリア,米国,シンガポール	NA	NA

(注)*は商品貿易(GDP比)のみである

(3) 政治的不安定地域としては,フィジー,ソロモン諸島,インドネシア,フィリピンがあるが,いずれも中央集権的統治の成功にもかかわらず,国内のトランス移民に起因して民族紛争が起きている(表 7-3 をみよ)[5]．こ

れら地域では,統治は有効的に維持され,国境対立はない.そこにおける中心としての役割を遂行しているのはシンガポールで,シンガポールは,1971年以来,5カ国防衛協定(英国・オーストラリア・ニュージーランド・マレーシアが参加)を維持し,米国との拡大軍事協力にある.さらに,シンガポールは,1999年12月以降,国際金融取引所(SIMEX)を維持し,また2000年4月以降,情報通信の完全自由化に入った.さらに,シンガポールは自由貿易協定(FTA)を日本,ニュージーランド,オーストラリア,米国,欧州自由貿易連合(EFTA),EUなどと締結している.

表7-3 アジア太平洋の民族紛争

国　名	時　期	備　考
フィジー	1987.10クーデタ,フィジー人政権成立 2000.5フィジー人武装集団が議会占拠,フィジー人政権成立	フィジー人政党の敗北,インド系の進出による危機感から起きた
パプアニューギニア	1990.5ブーゲンビル革命軍(BRA)の独立宣言 2001.8BRAに対し自治合意	オーストラリア資本銅鉱山保障問題で分離運動に発展した
ソロモン諸島	1998.12ガナルカナル島でマライタ島移民と対立, 200.6マライタ島住民が武装蜂起,10和平協定成立	移民の土地使用権問題が原因である
マレーシア	2001.3クアラルンプール郊外でマレー系とインド系が衝突	1969.5クアラルンプールで中国系とマレー系の激しい対立があった
インドネシア	1999~2001スラウェシでイスラム教徒とキリスト教徒の対立 2000.6マルク島でイスラム教徒とキリスト教徒の対立, 2003.4マルクのキリスト教徒独立デモ 2004.4州都アンボンで両教徒の対立 2002.10バリでイスラム・テロ 2003.10スラウェシ島でイスラム武装勢力がキリスト教徒を襲撃 2005.5スラウェシでイスラム・テロ	トランス移民が原因となって宗教対立が続く イスラム・ゲリラのテロが続く アチェ独立運動は2005.8終結
フィリピン	1974.9モロ民族解放戦線(MNLF)結成 1986.4コロディリラ人民解放軍,コロディリラ山系自治闘争 1994MLLF過激派アブサヤフがキリスト教徒へのテロ激化	ミンダナオのカトリック支配拒否でモロ・イスラム教徒の独立運動となった.アブサヤフはビンラデンのアルカイダと連繋している コロディリラ闘争は終息

193

2. オーストラリア地政学

アジア太平洋におけるオーストラリア・ニュージーランドの地政的条件についてとりあげる．

このオセアニア地域の名称は，1513年スペイン人ヌニェス・デ・バルボアがパナマ地峡からヨーロッパ人として初めて太平洋を目撃し，南の方向に見えたために南海と称したのに始まる．ギリシャの旧い地理学者は北大西洋の陸地と釣り合う大きな南方大陸が存在すると見做していた（オーストラリアでは，南極が上で北極が下に向いた位置にオーストラリア大陸を描いた地図が使用されている）が，1567年スペインの航海者アルバロ・デ・メンダニャがその大陸の黄金郷を発見する探検を行い，ソロモン諸島の発見で終わった．遅れて1642年オランダ航海者アベル・ジャンスゾン・タスマンが南方大陸テラ・アウスラウス，ラテン語名オーストラリア大陸を発見し，タスマニア島，ニュージーランドもオーストラリアの一部と見做した．オーストラリアという名称を使用したのは，1817年，当時の植民地総督ロックラン・マックアリであった．こうしてオセアニアの一部としてオーストラリア，ニュージーランドは存在したが，その入植は1788年1月26日「最初の船団」で流刑者及び軍人1000人がシドニーに上陸したのに始まった．1820年代以降，自由農民が入植し，流刑者の受け入れは1853年で終わった（第1期）．以来，羊毛を中心とした植民地経済の基礎が確立し，英国からの資本流入による公共投資とともに小麦栽培が拡大した（第2期）．その構造調整過程が結実したのは第2次世界大戦後であった．オーストラリアは，ニュージーランドとの関係を除いて，依然，アジア太平洋からは「距離の横暴」に従う隔離された存在にあった[6]．

その転機となったのは第2次世界大戦期における日本のオーストラリア空襲で，ここに，オーストラリアは，「距離」の孤立を脱却して米国との対日共同行動に参加して対外関係が始まり，そして英国のEC加盟で相対的な英国離れとなり，日本，東南アジア，さらには中国との関係を重視するに至った（第3期）．この時期には，大量の資本と労働力の導入がみられ，とりわけ1960

年代以降，鉱物資源の開発が進み，経済の多角化とともに高い生活水準が維持されるところとなった．そこでの行動の射程にある戦略は，(1) アジア太平洋同盟の ANZUS（オーストラリア・ニュージーランド・米国条約）による米国との共同対抗にあった（それは日本の国際社会復帰に伴う，北半球にあって「距離」で隔たれた存在にあった理解が崩れたことによる日本への脅威認識に立脚していた），(2) その認識をテコとした東南アジア諸国との安全保障及び経済協力（マレーシア及びシンガポールとの安全保障取決め）に入り，そして(3) 日本との対外経済関係（オーストラリアにとり日本は最大の市場，対輸出比 15.1％を占め，2 位は米国 12.6％，3 位は中国 9.8％，2003 年統計）の堅持にある．1980 年代の移民流入は半数が東南アジア系で，この傾向はアジア太平洋におけるオーストラリアの現在的位置を示している．

ちなみに，この国を支える国民意識は仲間 mateship で，それは反エリート的で反権力的な相互扶助の精神というべきものである．その意識は国民形成における平等主義の伝統に従っている[7]．

3. 中国の地政戦略

これに対する中国の地政戦略はどうか．

中国は，東シナ海を自国の大陸棚としており（図 5-9 をみよ），その拡がりのなかで行動している（図 7-1，7-2 をみよ）．中国は，1982 年 8 月海軍司令官に劉華清少将が任命されて以降，これまでの地理的国境から戦略的国境への生存空間戦略認識（大陸棚及び陸海軍宇宙 3 次元空間）へと転換し，1987 年自らを海洋国家と位置づけ[8]，そして海洋権益の擁護を旗印に海軍力の強化を進めた．中国の太平洋進出は，台湾作戦の発動にあることはいうまでもないが，海洋資源の獲得だけでなく，政治的にも軍事的にもアジア太平洋地域での覇権確立（覇権戦略）を目標としている．中国は，1992 年 2 月に領海法を制定して，南シナ海の南沙群島，西沙群島のみならず，尖閣諸島の支配を明確に打ち出した．

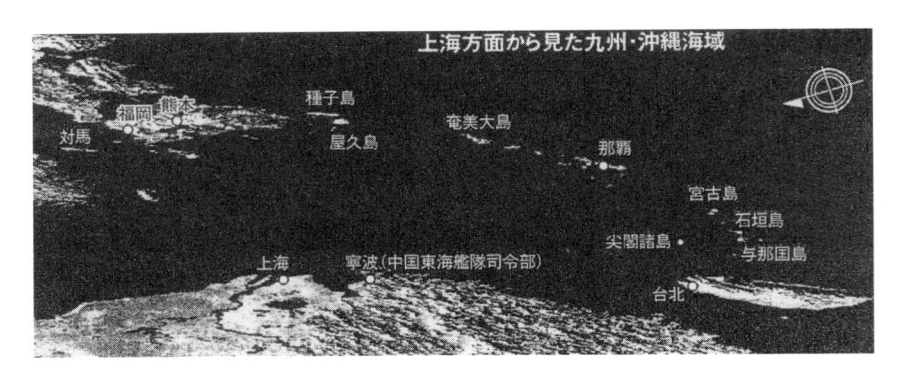

図 7-1 ユーラシア大陸からみた日本（九州・沖縄海域）

　日米軍事筋は，こうした中国海軍の展開を，こう分析する．千島列島から日本列島，台湾，フィリピン，セレベス島の東側海域までを第一列島線とし，それ以西地域の内海化を企図する．さらに，中国海軍は，千島列島から小笠原諸島からグアム，サイパンのマリアナ列島に至る線の西太平洋海域を第二列島線としており，この地域までの聖域化を進める意図があると解されている（図7-2をみよ）[9]．1980年代後半以降，中国海軍の実力は著しく高まり，その存在は大きく注目されるところとなった[10]．

　中国は，2002年までに東シナ海の海域調査を完了し，2004年11月この海域で中国原子力潜水

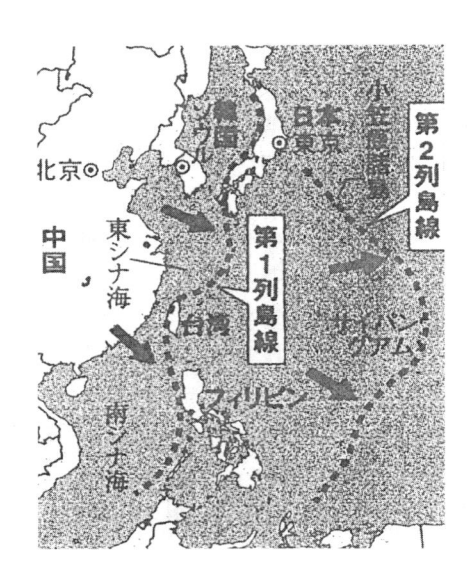

図 7-2 中国の第一列島線と第二列島線

艦の日本領海の侵犯事件が起きた．この中国の意図は，台湾を防衛する米海軍の防衛線を突破し，太平洋に制海権を有する米海軍力と拮抗することであった（図7-3をみよ）．この南西諸島海域での度重なる侵犯は，また，そのことをもって中国大陸の大陸棚の延長という主張を既成事実化するにあるとみられる（図5-9）．

この中国の将来的な直接の企図は，台湾の併合にあることはいうまでもない．台湾海峡に対する中国の支配が確立すれば，バシー海峡を含む台湾海峡での日本船舶の通航が制限され，日本のシーレーンは直接の影響を被ることになる．そこでは，日本の海洋戦略，つまり，シーレーンの確保がとりわけ重視されてくる．

2000年6月米国防総省の「中国の軍事力に関する議会あて年次報告」は，中国は核による脅迫に対処して報復攻撃を意図しており，「人民解放軍（PLA）は台湾に対するスタンドオフ（米国に対して埋め合わせができる）兵器を獲得しつつある．……中国は台湾攻撃を決定した場合，十分な敏捷性をもって台湾の戦意を削ぐことを目標としよう．それは自国に有利な政治解決を目指し，紛争のエスカレーションと第三国の介入を避けるためであろう」．そして，「短期的（2000〜05年）にみると，台湾に対する統合作戦を遂行するPLAの力は軍事演習も戦術レベルでは行っても，各軍がまとまった1つの戦闘部隊として完全に統合されることは

図7-3 中国潜水艦の日本領海侵犯，2004年11月

ない．……台湾空軍の全体的能力は，適正なパイロット訓練の実行，兵站・維持管理での十分な支援，さらには，幾つかの種類の異なる別々の航空部隊を1つのまとまった作戦遂行可能な戦闘部隊にまで十分まとめ上げることが可能かどうかにかかっている」と解析した[11]．これに対して，同年10月16日の中国国防白書「2000年中国の国防」は，こう指摘した．「台湾問題を解決することは，まったく中国の内政であり，……いかなる形の外部からの干渉にも反対する．……もし台湾をいかなる名目であれ中国から分割させるような重大事件が起こり，もし外国が台湾を侵略し，もし台湾当局が交渉による両岸統一問題の平和解決を無期限に拒否するなら，中国政府は，やむなく武力行使を含むあらゆる可能な断固たる措置をとって，中国の主権と領土保全を守り，国家統一の大事業を実現するしかない．[12]」

2005年7月19日米国防総省の「中国軍事力に関する年次報告」が公表された．その要点は以下の通りで，中国の周辺に対する脅威の増大を指摘した．

1. 2005年中国軍事費は299億ドルと公表しているが，実際は推計最大900億ドルで，軍事費は極めて不透明である．大陸間弾道ミサイルICBMや衛星攻撃兵器ASATも開発しており，この傾向が続けば，周辺地域の米軍にとり脅威である．
2. 短距離弾道ミサイルSRBMは650～730基に達し，台湾との軍事バランスは中国の優位となってきている．
3. 海上戦力は潜水艦55隻を保有しているほか，宋級ディーゼル潜水艦が大量生産体制に入っており，次世代の93型原子力潜水艦が年内に稼働し，アジアで活動する他の近代軍隊にとり確実な脅威となりつつある．
4. こうした中国軍事力の増強速度や規模は，地域の軍事バランスを危うくしている。その中国軍の展開は日本やベトナムなど周辺国との領土問題や資源採掘権をめぐる紛争に対応したもので，中国が軍事手段に訴える可能性は否定できない．現に，中国海軍の潜水艦は日本の領海を侵犯し，その活動は西太平洋に大きく張り出している．

5. 中国は，エネルギー資源確保のため，イラン，スーダン，ベネズエラなどの「問題のある諸国」との接近を図っており（さらに，ナイジェリアなどアフリカ諸国に接近している），その中国の資源への関心は，日中関係の緊張の一因となっている．

6. 中国は台湾海峡危機を想定し，2004年に大規模な上陸作戦演習を2回実施した．その圧力は決して無視できない[13]．

日本政府の「防衛白書05年版」は，2004年11月中国潜水艦の日本領海侵犯事件（図7-3），日本近海での中国海洋調査船調査活動から生じる緊張も高まっており，米国防総省報告「中国の軍事力」を引用する形で，中国の脅威を指摘した[14]．

2005年1月北京で開催された中国海軍の新年会で司令官張定発上将は在中国日本防衛駐在官に対し「先の領海侵犯行為は，日本を挑発したり，日本を対象とした行動ではない」と発言し，さらに海軍参謀長孫建国少将が「東シナ海で海上自衛隊と摩擦を起こす気はない」と補足発言した．しかし，領海侵犯の理由については説明を拒否した．中国の目的は台湾海峡での局地戦争に勝利するべく，そのための戦術行動にあることは明白である．中国は，1996年以降，引き続き台湾周辺でのミサイル演習を繰り返し実施しているが，その海域は，1996年ミサイル演習で米空母2隻が展開した水域である（第7章7 台湾海峡の内海化と中国覇権戦略をみよ）．

中国は元来，地政的にみて，大陸国家である．紀元前1500年頃に成立した漢民族の殷帝国が380年間続いた周帝国に代わった．当時の支配地域は，黄河中流域で，洛陽を中心に東方へ発展して揚子江河口部分までを勢力圏を広げた．以来，この地域は中原と呼ばれ，中華世界の中心であって，異民族の地を奪取し支配しても，漢民族は，中原以外の地には居住せず，人を送って統治した．そこには，地政学的発想があった[15]．この統治形態は前漢の高祖劉邦が始めた異民族を懐柔するべく彼ら同士を牽制する羈縻(きび)政策で，漢民族以外の異民族の首長に対して帝国首都の宮廷に年1回の参勤を促し，三跪九叩頭(さんききゅうこうとう)の礼を強い

ることにあった．漢民族は五胡十六国時代の317年以降，北方から侵入してきた夷狄に追われ，南部に逃れ，以来，帝国領域の拡大となった．唐の時代（616～907年）を通じて，800以上の羈縻州が正州（本土）のなかに存在しており，その外に朝貢国といわれる藩部が多数存在する冊封体制の維持が徹底化され，新羅，高句麗，渤海，さらに李氏朝鮮，越南といった冊封国が存在し，こうして中華思想圏が維持されてきた．[16] そして，その外には，南詔，真蝋，林邑などの朝貢国があって，吐蕃もこれに組み込まれ，以上をもって中華体制が形成され，その思想は王化思想にあった（図7-4）．そこでは，その膨張と帰属（藩屛／屛蔽）その国家政策の基本であった（図7-5）．政権は交代したが，この中華帝国の思想は堅持され，中華人民共和国の現在においても継承されている．中国はその大国化とともに，海洋国家を宣言し，本土から太平洋へ，そして新疆からインド洋へ進出した（図7-6）．

図7-4 中国の支配領域拡大

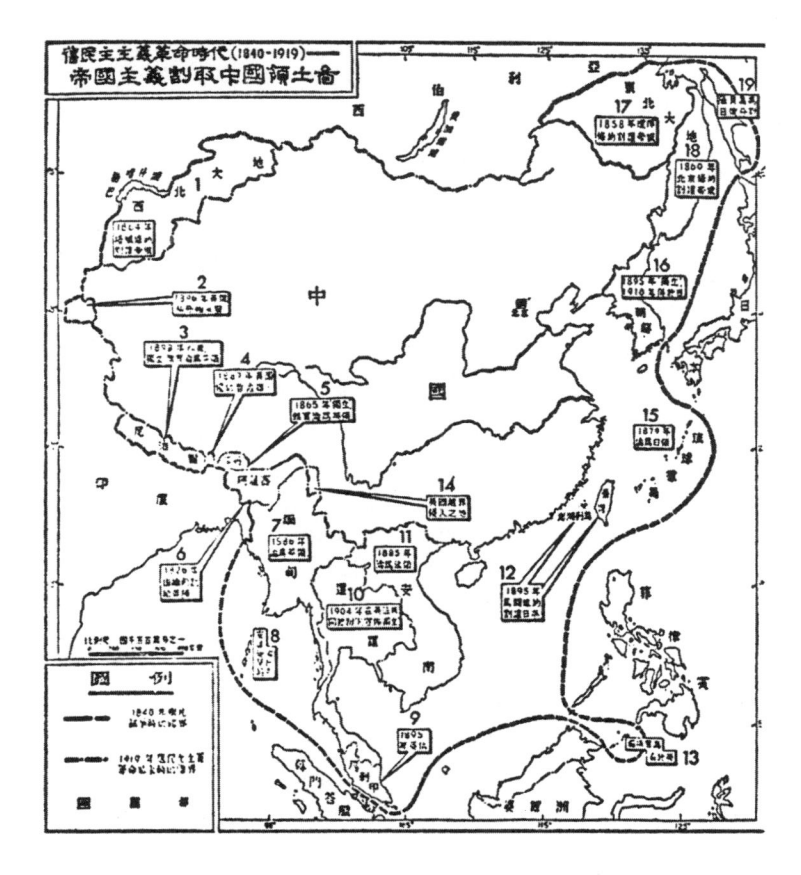

第7章　アジア太平洋空間と中国の地政戦略

図 7-5 中国支配の変遷（旧民主革命時代（1840～1919年）に
中国が帝国主義により侵略された領土＝本来の中国領土）
（注）中学校教科書『現代中国小歴』1954年に所載の地図である．

　この中華システムは大一統システムというもので，秦の始皇帝の下で成立して以来，中国は中央集権大国であり続けた．その大一統システムを担ったのは儒生（儒学者）で，そのイデオロギー構造とその組織能力，及び政治構造にお

201

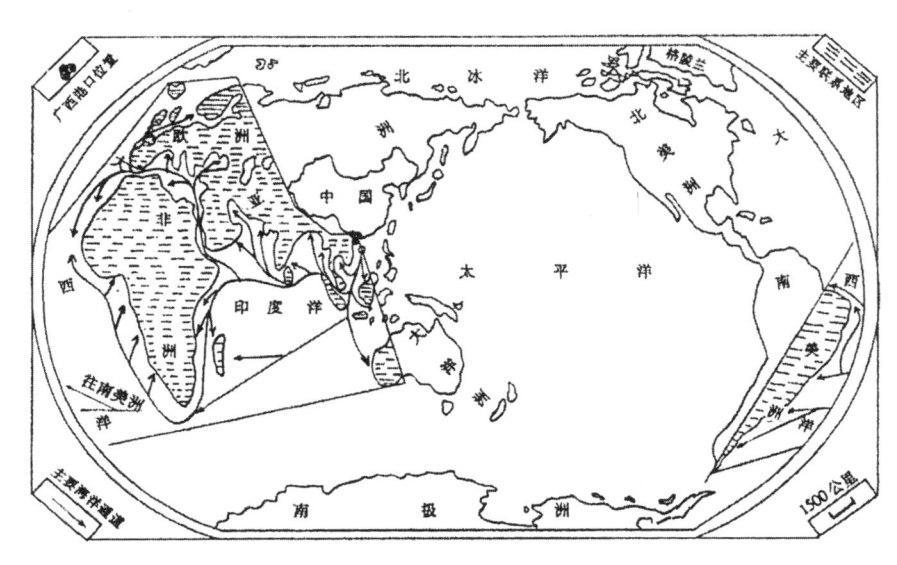

図 7-6 中国広西港の大西南対外戦略における海洋の役割

ける統治力によって，一種の超組織の形成が可能となった．この大一統システムの組織方法は，超大システムを構成する各組織間の分裂（分権）調節作用の原則にも合致しており，儒家の国家学説の指導下に，各級官僚はみな「忠君保民」（君主に仕え民を養う）の政治信条のもと，中央から地方に至る各級の機構に配置され，中央の命令が執行され，体制が維持された[17]．

日本も，大化の改新（645／大化元年）でこの中国モデルが導入されたが，その統一賦課を基礎に水田を班給して用益させる班田制度は成功しなかった．一方，中国では，儒生による官僚機構が諸王と闘う有効な政治的武器となる一方，その調整作用によって地主・農民の身分関係は弱められた．これにより，貴族と教会が連合した政治構造のヨーロッパとも，貴族の分立が生じた日本とも異なる一定の安定状態が維持され，そのシステムが連綿と続いた．その儒生

組織はいうまでもなく天地君親師，すなわち神権（天地）・政権（君）・族権（親）・教権（師）の高度な一体化にあった．それを担う宗法的家族は国家と個人の中間次元にあり，組織的には国家と一体化された構造体であって，これにより国家組織が形成・維持されてきた．

中国では，にもかかわらず農民の大反乱があり，それは王朝末期に起きた．秦や隋の反乱，後漢の黄巾の乱，安禄山の乱，紅巾の乱は，失政に結びついていた[18]．にもかかわらず，宗法一体化（大一統システム）構造体の作用によってすべてが再生され，儒家の国家学説により統治の連続性が保証された．日本やヨーロッパでは，貴族との利害調整によって王権の維持が計られたが，中国では，この宗法一体化構造によりシステム維持が可能であった．また，中国では，英国でエンクロージャー運動となって本源的蓄積が可能となったのと対照的に，その一体化構造のもとで流民を再び土地へ戻してしまったことで，その流民は本源的蓄積に結びつかなかった．ヨーロッパでは，部分の解体（柔性瓦解）であったが，中国では，全面的崩壊（脆性瓦解）であった．それで，王朝は交代しても再び一体化構造のもとで巨大帝国メカニズムが出現して，大一統の帝国システムが継続された．

以上は，超安定システム維持の基本で，その超安定システムの硬直化にもかかわらず，中国文明の生命力は喪失しなかった．そして最近史における1930年代と1950年代の持続性の問題は，超安定システムの再現であると同時に新しい社会体制の追求を生み出した．マルクス・レーニン主義・毛沢東思想というとき，それは，宗法思想としての毛沢東思想が論じられているに過ぎない．毛沢東思想は，マルクス・レーニン主義の発展としてのそれではなく，基本的には，中国伝統思想の現代的展開にあると解することが正しく，その儒家は，現代では，共産党分子ということになる[19]．農民の反乱と日中戦争によって，その切り替えが可能になったと解される．この視点，つまり，中国伝統思想の現代的展開における近代化局面の理解をもって，その大一統システムの発展的連続性を，そして大躍進の体制，及び改革・開放の現下の体制を理解する

ことが可能である[20].

　整理すれば，その中華思想と中華体制は，以下の分析軸で理解できる．
1. 大一統システム——国家の理念と支配体制はこれに従った．共産中国においても，改革・開放の中国においても，その点は変わりない．
2. 中国文明の卓越性とその自負——大一統システムの硬直化とそれに伴う鎖国主義（閉関自守）の維持，そして対外帝国主義による植民地化，及び日中戦争による侵略・支配にもかかわらず，その理念とイデオロギーは連綿として続いた．実際，中華文明は，諸子百家の説に始まり，発信型の文明であった．この文化的優越性が漢民族の生存を支え，中華帝国の維持・拡大を可能にした．現下の中国の歴史認識とその行動も，その点は変わりない．
3. パックス・シニカの国際体系——異民族や周辺国家を統合した中華帝国の国際体系は，大一統システムによって維持され，その冊封体制は皇帝を中心にした中華体制，そしてその外延には王化思想に従う朝貢国があり，その外は狄夷（夷は東，狄は北の野蛮）である．日本の卑弥呼は冊封関係にあったが，聖徳太子が独立を宣言して以来，その関係は曖昧であった．
琉球は明治政府によって日本の中央集権的統治が適用されるまで，冊封体制にあった（図7-5）．

　その理論武装が「南史」と「北史」の編纂で，それぞれに皇帝の「本紀」を立てた．そして，1127年金軍の侵入と欽宗・皇后の拉致で，編年上の宋大にあって，南宋の儒者，朱熹(1130-1200)が以下の性理を確立した．

　「至於獼猴，便最霊於他物，只不会話而已．到得夷狄，便在人禽獣之間，所以終雑改．」（『朱子語類』巻四人物之性気質之性）

　つまり，「猿となると形状が人間に似ているので，獣のなかで最も利巧で，言葉が喋れないだけである．夷狄夷となると，人間と禽獣の中間にあって，結局，気質を変えることが難しい」とされる．ここに礼を中核とする中華思想は[21]，禽獣も夷狄も人間（漢族）もみな天理につながる理を素性としつつも，その素質には清濁があって，この濁りをはらせなければ，内なる理を澄ますことがで

きない．かくして，この世界というものが儒者のあいだに生き続け，体系化され，理念化され，いっそう強固な幻想の文明国としての中国を形成づけた（それで，中華民族観は血統ではなく文化となった）．加えて，19世紀後半の人種観を断受し，その夷狄観はいっそう精緻化されて[22]，中国の礼は世界に優越するものとなり，中国人（漢民族）以外の諸国民は豚や鹿のごとき禽獣に過ぎないとされた．それにより，黄族は漢族に通じ古代神話の「黄帝」の子孫であるという幻想に帰結した．かくして，すべての民族も同化する「大同の世界」[23]を通じて，大中華民族主義という孫文の主張は，中華人民共和国の中華民族論へ引き継がれた[24]．中華人民共和国の樹立後，その中国人民解放というスーガンは，毛沢東のもとで「世界の革命，人類の解放」となったが，それこそ中国の世界史的使命であった．こうして中国は世界の中心となった．正しくそれは中華思想の発露であった．他方，その中華思想共有圏はいうまでもなくベトナム（毛沢東モデルまでも導入した），朝鮮（特に小中華思想として定着した[25]）に形成された．日本は，当然に，礼を核としないために，社教化もなく中華思想と内実を異西，夷狄とされる．日本におけるいわゆるアジア主義の主張は，世界的大同社会の文脈を連帯をもって自覚的な優越感を内包した拒否に直面し，それは座標軸を異ったものとしてしまった．

　この中華世界の戦略は，中華世界が中央の中華と周辺の夷狄をもって構成される（自国を中華とし，北狄ないし西狄への対処において，彼ら外国人を夷狄とみる認識構図）ことから，中華世界の危機においては，宋の宰相王安石の「以夷制実」（夷狄をもって夷狄を制する）」戦略をとるところとなる．すなわち，

　「議者咸以羌胡相攻，諸官之利，以夷伐夷，不宣禁城．」（『後漢書』16 鄧訓傳）

　中国は，こうして対外脅威に対して，この以夷制夷戦略を展開してきた．アヘン戦争で敗北した中国は，自国の軍事力で西欧に対抗する戦略をとらず，自国の国益を侵害する巨大列国甲に対抗するに，別の巨大列国乙と提携し，その乙との提携で侵害する巨大列国甲の干渉を排除し，その間に国力を回復し，乙とは争いながら，乙を攘夷し，もって中国の伝統を維持し，中華不滅の信仰が

連綿として存在するところとなる．つまり，夷狄甲を制するために，夷狄乙と連繋し，夷狄をもって夷狄を制するという戦略である．そこでは，中華の維持のためには夷狄と組み，屈辱的な同盟政策も当然のこととした．その実証をあげる[26]．

1. 李鴻章は，日本の脅威に対して，以露制日論を展開し，ロシアとの工作をとった．
2. 孫文は，以日制英戦略を展開し，恢復中華に取り組んだ．孫文は，日本と提携して清朝を打倒し（恵州蜂起），さらに，台湾総督児玉源太郎に援助を要請して清朝打倒を企てた．そして，孫文革命派は，日本との借款交渉のためには，その担保として鉄道などの提供を三井物産に申し出た（南満州鉄道前理事大塚信太郎との中日盟約）．孫文は，さらにソ連に接近し，帝国主義列強を制する戦略に出た（1923年孫文・ヨッフェ連合宣言）．
3. 蒋介石は，日本の侵略という外圧の危機で，連合国にその排除を期待した．世界戦争で世界の列国が日本を打ち破ることを期待し，それが実現した．
4. 毛沢東は，「誰がわれわれの敵か，友かを認識することが，敵を打ち破る」基本だとしており，抗日統一戦線戦略を打ち立てた．そして，ソ連と提携して（ソ連一辺倒）帝国主義の包囲網を打破した（社会主義一辺倒による対決）．その図式は，農村から都市を包囲する戦略（人民戦争論）－親ソ統一戦線（世界の都市との対決）－反米統一戦線の中間地帯論（第三世界の結集）－反米・反ソ反覇権統一戦線（社会帝国主義論）にみる主敵の転換であった．
5. 鄧小平は黒猫白猫論（黒猫であろうと白猫であろうと，鼠を捕まえさえすれば，良い猫である）で毛沢東の教条主義を克服したが，それは「良い国家との関係は是であり，良くない国家との関係は非である」というものである．いいければ，良い国家をもって良くない国家を制する戦略に他ならない．1978年の日中平和友好条約交渉における中国の反覇権条項の固執，ベトナムに対する制裁戦争の発動，また外資導入による現代化（改

革・開放政策）などにそれがみられるが，その基本は以米制ソにあったが，2005年8月の中ロ合同軍事演習は以ロ制米にあった．

　北狄の脅威に対処して中華帝国が学んだ地政戦略は，現在も連綿として展開され遂行されている[27]．その戦略における大転換は，攘夷の失敗を認めた鄧小平の改革・開放政策であったが，その戦略も以夷制夷戦略であることには変わりない．それは中国の地政認識に依拠するところである．

4. 日・印・中3軸構想

　2004年3月31日ニューデリーで在インド日本大使榎泰邦は，日本，インド，及び中国の3国関係における日本外交につき発言した．彼は，日本は，アジア外交で南北に東アジア外交を展開し，東西に日本，中国，及びインドのアジア3大国間関係を射程におき，この2つの座標軸でアジア外交を展開するとした戦略構想を打ち出した．この基本認識において，彼は，インドを日本外交におけるアジア3大国の1国と位置づけ，日印関係におけるルック・ウエスト政策の視点を確認した．そして，両国関係はかかる認識のもとで，不拡散とテロの闘い，防衛の分野での協力，国連安全保障理事会改革の協力，国際経済関係の促進などを，課題として提起した．

　この日中印3軸構想は，アジア及び世界における3国の責任を分担しようとするもので，同年4月23日の国際先駆導報がこの構想に着目し，日本のシーレーンといった地政的条件においてこの構想は極めて有利な構想であると，中国社会科学院日本研究所の馮昭奎が論評した．中国と日本は中東に石油を依存しており，インド洋の地政戦略は無視できなく，他方，3国関係は日米同盟といった第三国関係において新しい方向性が課題であると，彼は指摘した．5月11日の国際先駆導報では，中国国際問題研究所の劉学成が経済3国のアジア経済協力における3軸構想の意義を指摘した．私，浦野は6月21日の国際先駆導報で，1982年の中国・インド共同声明以来における中国チベット問題へのインド不干渉条件の解決，1999年のシージャック事件以来のシーレー

ンにおける日本・インド協力，及び最近における日本・インド対話と協力の3点において，日本外交は新しい視点を提起している，と述べた．これは米国との同盟関係にある一方，アジアの大国としての日本が独自の選択をみせる1つの機会と考えることができる．

このアジア3軸構想は新しい国際的挑戦であり，日本外交の新しさをみせたものであった．このイニシアチブは，インドというよりも中国の対応が大きかったことが注目される．

その問題点は以下にある．この点はアジア地政学の課題といえるものである．

1. アジアの大国としてインドの存在——これは断続地帯の1つの選択といえるものである（第10章1インド亜大陸地政学をみよ）．そして，1991年7月ルピーの引き下げに始まる産業政策声明・貿易政策声明での新経済政策から，インド時代が展望されることになった[28]．それを担ったのは，インドのIT業界，特にITES—BPO（ITを利用した特定業務の受託業務）である[29]（インドのITサービス輸出全体に占めるITES—BPOは2002年で24.6％，成長率は57.0％）．インドの製造業は低いが，産業の環境要因は適切で[30]，特にサービス産業の戦略的重要性は高い[31]．そして，「インドの選択」報告は労働集約的なサービス部門での高い経済成長率に着目している[32]．

2. 新しい中印関係の展望——これは，英国のインド支配以来続いてきたインドの北辺安全保障観の転換を意味する[33]．そこには，冷戦下におけるインド洋問題の転換があり，英国のアジア支配の残影といえるものの解消がある．いいかえれば，まったく政治体制を異にする中国・インドの戦略的分業の成立である．つまり，「インドは決して西洋ではないし，イスラムでもない．まぎれもないアジアであるし，ある意味ではアジアの原点であるということもできるかもしれない[34]」と評価できるそれである．そして，インドは1991年の政策転換で，アジア，特に中国に経済的に接近した（表7-5をみよ）．

表 7-4 中国・インド貿易関係　　　　　　　　　　　　　　　　　　　100 万ドル

年	輸出入合計	輸出	輸入	バランス
1977	2	1	1	1
1980	108	38	65	-27
1985	73	56	17	40
1990	158	115	43	72
1995	1163	765	398	368
2000	2914	2914	353	208
2001	3596	1896	1697	107
2002	4946	2672	2274	398
2003	7595	3344	4252	-908

3. インドの ASEAN 接近と東アジア共同体への関心——インドが東アジア諸国であるかの問題は，インドの最近の関心事である（インドの対東アジア貿易関係は表 7-5 をみよ）．そして，それは，シーレーンの共通安全保障の課題が注目されてきたことで浮上してきた．現に，インドは 1991 年の経済自由化以降，ルック・イーストを提唱し（マレーシアは 1971 年に提唱した），2004 年 2 月インド・ASEAN 包括的経済協力枠組み協定が締結された[35]（→第 10 章 3 マラッカ・シンガポール海峡地政学をみよ）．

5. 東アジア共同体構想

　日本は，太平洋の西端で中国大陸に向かい合う島嶼であるから，海洋権力としての存在に位置づけられ，中国と米国の対決戦略においては，海洋権力米国との同盟を選択している．そこでの陸地権力中国の選択は，米国を排除した東アジア共同体の推進にあり[36]，この米国排除の戦略は，かつて 1990 年 12 月マハティール・マレーシア首相が李鵬中国総理のクアルンプール訪問の際に打ち上げた東アジア経済グループ（EAEC）構想の先例がある（この構想は日米基軸による日本の反対で実現しなかった）[37]．果たして東アジア（経済）共同

表7–5 インドと東アジアの貿易パターン

	1971-1980	1980-1990	1981-1996	1997-2002
年成長率				
インド全体				
輸出	14.5	9.7	10.8	7.7
輸入	21.7	7.2	8.8	10.1
インドの対東アジア				
輸出	23.1	20.0	25.5	11.6
輸入	83.7	11.9	22.4	19.5
世界全体				
輸出	21.4	6.4	8.0	3.2
輸入	21.2	6.4	7.7	3.8
貿易シェア%				
インド貿易に占める東アジア				
輸出	3.9	5.5	8.8	10.4
輸入	3.0	8.7	9.2	18.1
東アジア貿易に占めるインド				
輸出	0.5	1.2	0.6	1.6
輸入	0.6	0.4	0.4	0.5
世界貿易に占めるインド				
輸出	0.6	0.5	0.6	0.7
輸入	0.6	0.6	0.6	0.8
世界貿易に占める東アジア				
輸出	4.1	6.2	9.8	9.9
輸入	3.9	6.6	11.1	13.8

(注) 東アジアは、シンガポール、マレーシア、対、インドネシア、韓国、中国の6カ国.

体の形成は地政戦略として考えられうるのか（その規模は表7–6をみよ）[38].
　日本政府の『通商白書2005――我が国と東アジアの新次元の経済的繁栄にむけて』は，東アジア地域の新たな関係に着目して，以下の点を指摘した．
　1. 東アジアにおいては，EUやNAFTAのような確固とした制度上の枠組みが確立されていないにもかかわらず，事実上の経済関係の緊密化が進んで

表 7-6 拡大 EU，EFTA，及び東アジア共同体構想の比較，2002 年

	構成国	人口 100万人	GNI 10億米ドル	GNI購買力平価 10億米ドル	対世界貿易比 1985-2000年
拡大EU	25カ国*	450	8,395.4	10,337	37.2　35.3
NAFTA	米国・カナダ・メキシコ	420	11,407.3	11,854	20.5　22.4
東アジア共同体	ASEAN，日・中・韓	1,986	6,513.9	11,616	15.0　18.9
	ASEAN**	530	565.8	1,891	3.6　6.1
	日　本	127	4,265.6	3,315	
	中　国	1,281	1,209.5	5,625	}11.4　12.8
	韓　国	48	473.0	785	

(注) ＊ルクセンブルグのデータ入手不能．
　　＊＊ミャンマーとブルネイのデータ入手不能．

いる（表 7-6，図 7-7 をみよ）．

2. EU 市場統合の経験からは，今後，東アジアにおいて制度的統合が進んだ場合，域内分業関係の更なる進展を通じて，域内各国・地域全体が経済成長を享受しうるという示唆が得られる．

3. 市場統合を通じて域内内部の経済格差が是正されるためには，人的資本の蓄積，金融市場の整備，競争政策の整備など一定の条件を満たす必要がある．この点では，東アジア地域は，現在，こうした条件を満たしつつあり，市場統合への準備が整いつつある．

4. また，現実には，東アジア域内には，国・地域によって極めて大きな経済格差が存在する．このために，発展段階に応じて，直接的な経済援助である ODA などを組み合わせつつ，統合を進めることが望ましい．

5. このような取組みを通じて，関税の削減だけにとどまらず，域内におけるモノ・サービス・ヒト・資本の移動を高レベルで自由化・円滑化する高次元の東アジア経済統合を達成することは，域内に「Win-Win」の利益をもたらすことになる[39]．

まず，域内の相互依存関係の緊密化が重要で，それは図7-7のEU，NAFTA，及び東アジアの域内貿易比率の推移に明らかで，その域内貿易比率はNAFTAよりも高く，EUの単一市場形成（制度的統合）時のそれに近い．これは，日本企業を中心に東アジア大での生産体制・販売ネットワークが形成され，日本・NIEsが中間財を生産し，中国・ASEANが中間財を輸入して最終的に組み立て最終消費地へ輸出する世界経済規模の三角貿易が成立しているためである．いま1つは，表7-7にみる東アジア域内の労働移動では，1990年代以降，域内の経済成長の違いから，特に東南アジア諸国を中心に域内労働力移動が拡大してきた．受入れ国・地域として，日本，香港，韓国，マレーシア，シンガポール，台湾，そして送出し国として中国，インドネシア，フィリピン，タイ，ベトナムなどの相関関係が成立しており，特に最近では中国の送り出しが著しい．この段階に到達した現時点においては，東アジアの人材育成政策が課題で，それは日本政府のODA目標の1つとなっている[40]．さらに，経済関係のよりいっそうの深化に向けて，経済分野における各国制度の調和などの政策協調が課題で，具体的には，①エネルギーの安定供給，②通貨危機に備えた通貨スワップ取決め及び資本市場の育成，③基準認証制度の調和，④地球環境

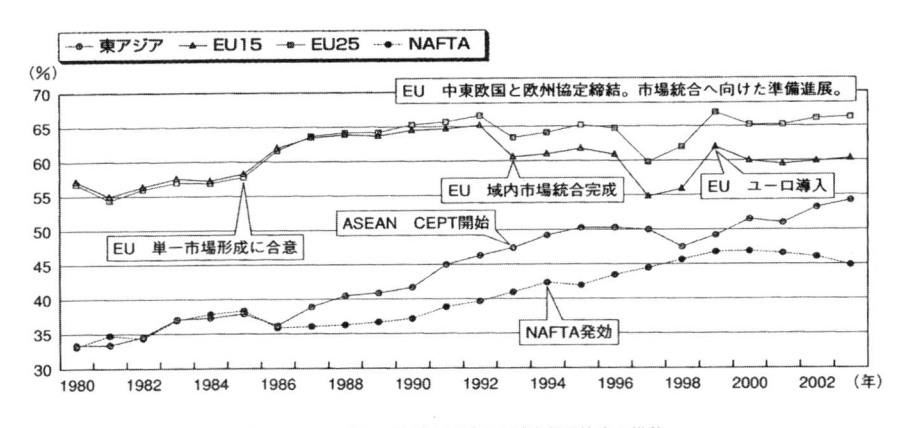

図7-7 EU，NAFTA，及び東アジアの域内貿易比率の推移

第7章　アジア太平洋空間と中国の地政戦略

問題への対策などの協力が求められる．

　また，1997年7月タイのバーツ危機[41]では，ASEAN＋3首脳会議が1997年，1998年と相継いで開催され，日本が新宮澤構想（300億ドルの円借款）を提起した．現在，チェンマイ・イニシアチブに基づく通貨スワップ取極が機能している（図7-8）．金大中韓国大統領は東アジア・ビジョン・グループの設置を提案し，ASEAN側は，ASEAN＋3首脳会議の毎年開催が提案された．ここに，東アジアにおける政策協力の枠組みがASEAN＋3という形で実現することになった．かくて，1999年の第3回ASEAN＋3首脳会議で，東アジアにおける協力に関する共同声明が出され，経済・社会の分野（貿易・投資，通貨・金融，社会開発及び人材育成，価額・技術開発，文化・情報，開発協力）と政治・その他の分野（政治・安全保障，国境を越えた問題）が確認された．

　そして，東アジアFTA（自由貿易協定）構想は現在，大きく進捗をみている（表7-8）[42]．2000年11月東南アジア諸国連合（ASEAN）首脳会議で，

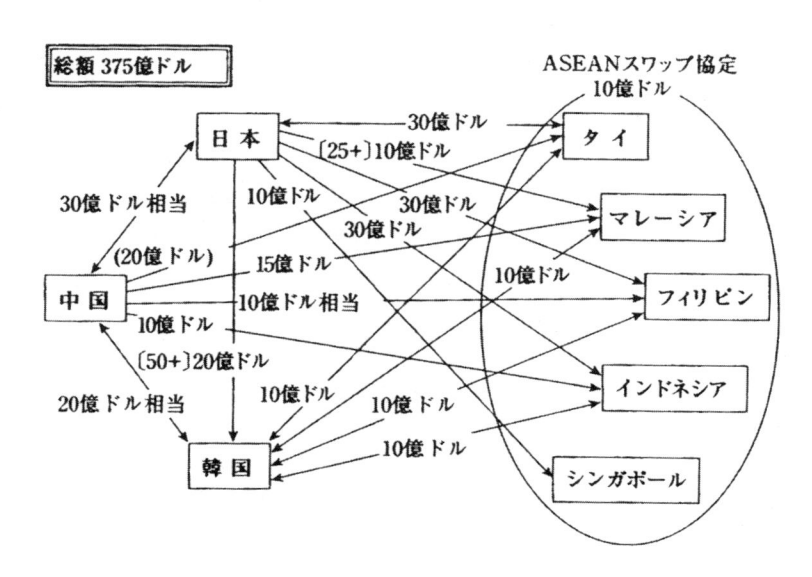

図7-8　チェンマイ・イニシアチブに基づく通貨スワップ取極

213

朱鎔基中国総理が中国・ASEAN 自由貿易地域構想を提案した。さらに，朱総理は 2003 年 1 月 ASEAN 首脳会議の際の日・中・韓首脳会談で，小泉純一郎日本首相に対し特に経済・貿易の日・中・韓 FTA につき提議した．2002 年 1 月小泉首相が ASEAN 諸国を歴訪した際のシンガポール演説「東アジアの中の日本と ASEAN——率直なパートナーシップを求めて」で，日本と ASEAN の枠組みにオーストラリア・ニュージーランドを加えて東アジア共同体を建設しようと呼びかけた．同 03 年 3 月盧武鉉韓国大統領がその大統領就任式典演説で，日・中・韓共同体の結成を呼びかけた．そして 12 月東京で開催の日本・ASEAN 首脳会議で，東アジア共同体構想が打ち出された（東京宣言）．これに対し，2004 年 4 月胡錦涛中国国家主席が海南島のボアオ・アジア・フォーラムでアジア自由貿易圏構想を提起した．

　2001 年の第 5 回 ASEAN + 3 首脳会議に前記東アジア・ビジョン・グループ（EAVG）の報告，さらに 2002 年の第 6 回同会議に第 5 回会議で金大中大統領が提案した東アジア・スタディ・グループ（EASG）の報告がそれぞれ提

表 7-7 東アジア各国の労働力移動

	中東	アジア	その他	出国労働者数
インドネシア				
1980-84	64.9%	20.5	14.6	24,400
1990-94	40.6	55.5	3.9	118,000
	中東・アフリカ	東アジア	その他	
2000	29.7	69.9	0.4	435,219
2003	62.6	37.4	0.1	293,694
フィリピン	中東	アジア	その他	出国労働者数
1980-84	87.8	11.2	4.0	274,000
1990-94	61.6	30.6	7.9	471,000
	中東・アフリカ	東アジア	その他	
2000	44.7	44.9	10.4	543,304
2003	45.2	38.2	16.6	660,864
タイ	中東	アジア	その他	出国労働者数
1980-84	81.7	5.5	13.1	60,100
1990-94	24.4	71.9	3.7	86,800
	中東・アフリカ	東アジア	その他	
2000	7.5	90.2	2.4	193,041
2003	13.2	82.1	4.7	147,769
中国	中東	アジア	その他	出国労働者数
1980-84	80.1	6.0	14.4	37,600
1990-94	3.7	37.6	58.6	135,000

出された．2004年6月ASEAN＋3高級事務レベル会合に，日本は「論点文書」を提出し，その方向性を明らかにした．

　2003年6月20日日本国際フォーラムは，2002年12月28日の第22提言「東アジア安全保障協力体制の構築」に続いて，第23提言「東アジア経済共同体構想と日本の役割」を発表した．そして，9月29日～30日日本国際フォーラムは，北京で第1回アジア・シンクタンク・ネットワーク（NEAT）を開催した．第2回NEAT総会は，2004年8月16日～17日バンコクで開催された（NEATはEAVG報告に提言されたトラック2（半官半民）の国際組織）．同03年8月マレーシアのシンクタンクがASEAN＋3（13カ国）の有識者が参加して第1回東アジア議会が開催され，「東アジアの運命は東アジアが団結して決める」ことを確認した．前記「東アジア経済共同体構想と日本の役割」は，2007年までに経済共同体条約の締結，2015年までに関税同盟の結成，及び2025年までの単一通貨導入を提言しており，その課題を担うべく東アジア共同体評議会が2004年9月18日発足し（会長中曽根康弘，議長伊藤憲一），同評議会は，日本の戦略として東アジア経済統合を表7-9の通り提言している．同様に，日本の戦略として東アジア共同体に向けた政治課題を，表7-10の通り整理している[43]．

表7-8 東アジアEPA・FTAの現状

成立	交渉中	検討中
1976年バンコク協定	日本・韓国	韓国・ASEAN
1992年AFTA（ASEAN自由貿易地域）	日本・フィリピン	韓国・シンガポール
2001年シンガポール・ニュージーランド	日本・マレーシア	韓国・オーストラリア
2002年日本・シンガポール	韓国・カナダ	韓国・ニュージーランド
2003年シンガポール・オーストラリア	タイ・オーストラリア	日本・インドネシア
2004年シンガポール・米国	タイ・米国	シンガポール・台湾
2004年韓国・チリ	シンガポール・インド	ASEAN・インド
2004年タイ・インド	シンガポール・カナダ	ASEAN・米国
2005年日本・メキシコ	シンガポール・メキシコ	日本・チリ
2005年日本・タイ	香港・ニュージーランド	シンガポール・チリ
2005年中国・チリ	中国・ASEAN	
	日本・ASEAN	

表 7-9 東アジア経済統合の段階案

第1段階　東アジアEPA
（2国間EPA,複数間EPAの統合）
貿易・投資の自由化
貿易・投資の円滑化
経済協力
第2段階　東アジア関税同盟
東アジアEPA＋域外共通関税
第3段階　東アジア経済共同体
東アジア関税同盟＋単一通貨の導入

表 7-10 東アジア共同体に向けた政治課題

Ⅰ 米国と友好的な東アジアのために
○東アジア協力と日米同盟の強化
○米中関係の安定（台湾問題の安定化）
○対テロ戦争の東アジア・米国協力
Ⅱ 覇権秩序でない東アジアのために
○日中両国の政治対話・協力
○ASEANや韓国の役割向上

　かくして，2004年11月ビエンチャンで開催の第8回ASEAN＋3首脳会議は，2005年12月第1回東アジア・サミットの開催に合意した．いよいよ「開かれた地域主義」としての枠組みへの取組みが始まった．特に，前記EAVG報告は「われわれの地域共同体は，域外に開かれたものである」と指摘していた．そこでの課題は，次の3点にある．

(1) 東アジア・サミットの枠組みをいかに規定するか．

(2) 東アジア・サミットの範囲はどうか．米国，インド，そしてオーストラリア及びニュージーランドの参加についてである．安全保障の視点からは，それら諸国の存在は一定の地域秩序を担っている．

(3) ①機能的協力の促進，②地域規模の制度的枠組み，③地域間の交流促進，諸国間の発展格差の縮小，③共通の価値観と原則に基づくアイデンティティの創成，共同体意識の醸成．

　以上，いずれの点も，未だ整理されていない．各国のコンセンサス重視の実質的な成果がその機能的協力を可能としてきており，そして政府間協力の制度化が現在，課題となっている．

　その共同体構想が進展すれば，米国など太平洋諸国も参加しているAPEC（アジア太平洋経済協力会議）は形骸化されているとする向きもあるが，元来，APECは，日本が第2次世界大戦後に小島清一橋教授，大来佐武郎元外相，三木武夫元首相，大平正芳元首相らによって進めてきた環太平洋経済協力協定構

想にあり，それは十分生かされないできている現実がある．2003年12月東京で開催された日本・ASEAN特別首脳会議で，日本が東南アジア友好協力条約（TAC）の加盟を表明し，ここに日本としては，共同体構想を進める条件が整った．東アジア共同体成立発展の基本的要件は，以下の4点である．
(1) 関係国の地政的条件の容認．この点で日米同盟体制と矛盾しないことが要件とされる[44]．
(2) 関係国間の経済的能力とその相互依存性（表7-6をみよ）．この点は開かれた展望にある．
(3) 関係国の内政的秩序維持の確保．対外協力との調整がどこまで可能かという問題であり，中国での激しい反日暴動とそれに対する中国政府の容認という内政問題がある[45]．それは日中外交対立を引き起こしている．
(4) 共同体意識の醸成と制度的枠組みの合意．東アジア「共通文化圏」形成の指摘はなされてきており[46]，EUはその先駆的経験を提供している（第4章7シャルルマーニュ統一の成就とキリスト教圏ヨーロッパをみよ）が，価値共同体の実現は極めて難しく，この要件がこの構想を崩しかねない要素となっている．それで，経済共同体に徹するべきであるが（その段階案は表7-9をみよ），そうした制度的枠組みの交渉と合意は政治課題であり，国益ないし自国意識──中華主義とその外交スタイルもその1つである──がその交渉を阻む可能性は，依然，大きい（その政治課題の関連は表7-10をみよ）．

　ここでさらに論議すべきは，東アジアの範域である．これまでの議論からすれば，東南アジアのASEAN10カ国と北東アジアの日・中・韓3カ国が中核を構成することに異論はない[47]．このほか，インド，オーストラリア，ニュージーランドの2005年12月マレーシアで開催の東アジア首脳会議への参加が予定された．それは，開かれた地域協力を基本とする限り，東アジア協力に参画する意思と能力のある諸国はすべて歓迎されるという考え方に立つところで，そして共同体に向かう深い協力が目的とすれば，参加国の強い誓約は免れない．

その点で，東アジア協力における米国の政治・経済・安全保障すべての面での米国の存在は大きいものの，米国が強い誓約をなしうるとは考えにくい（米国との協力枠組みは APEC にある）．一方，当然に，日本は，その東アジア共同体の推進において日米協力の意味を明確に設定していかなければならない．つまり，東アジア共同体に安全保障がかかわらない点を明確にしなければならないのである．同様に，ロシアは東南アジア友好協力条約に調印しているものの，自らが国境を接するヨーロッパ，中央アジア，あるいは東アジアのなかで，東アジア共同体の優先度が決して高いとは判断できない．

　2006年4月経済産業省は，自由貿易協定（FTA）を柱とした包括的経済協力関係を築く東アジア経済連携構想を固めた．それは，日本と ASEAN10 カ国，中国，韓国，インド，オーストラリア，ニュージーランドの計16カ国で2010年までに FTA の締結を目指すというもので，参加国人口は約30億人．GDP は9兆1000億ドル（2004年算定）で，世界の4分の1を占める．これが実現すれば，NAFTA（北米自由貿易協定），EU（欧州連合）に匹敵する．これは，中国の台頭を牽制する狙いもあるが，韓国とは2004年11月以降，交渉は中断したままである．中国は，ASEAN 諸国と FTA を2010年までに締結するとした合意を2002年11月成立させ，2004年11月中国・ASEAN バオ首脳会議（海南島博鰲）で EFA の中核となるモノ貿易協定に調印した．

6. 東アジアの歴史認識と共同体意識

　東アジア共同体参加の前記4点のうち，第1条件及び第2条件はいうまでもない．第3の条件は第4の条件を基礎づけるものであって，2003年12月東京宣言で，「東アジアの伝統と価値を理解する共通の精神を有する東アジア共同体の構築を追求する」ことが確認された．その行方は，地域の安定と共同体意識の醸成にあるが，現在のところ，日・中・韓では，中華思想に立脚する中国・韓国認識とその日本に対する倭夷認識に起因する相互の歴史認識が作用しており[48]，抗日戦争史観がすべての歴史座標を規定する中国あるいは朝鮮併

合を事実としない韓国の日本の歴史教科書に対する批判[49]，A級戦犯を合祀する靖国神社参拝の拒否問題（表7-11をみよ）[50]などの問題をめぐり，いまだ政治的かつ感情的な深い溝があり，このことが共同体意識の芽生えを拒んでいる[51]．その点は，極めて非生産的なことというほかはなく，一方，相互依存に

表 7-11 靖国神社参拝をめぐる動き

	事項
1869. 6.29	東京招魂社創建
1879. 6. 4	靖国神社と改称
1945. 8.18	東久邇首相参拝
10.23	幣原首相参拝
11.20	昭和天皇、幣原首相、臨時大招魂祭に参拝
12.15	連合国軍総司令部は神道指令
1948.11.12	東京裁判で戦犯25被告に有罪判決
1951.10.18	吉田首相参拝、以後、岸、池田、佐藤、田中首相が参拝
1952. 5. 2	新宿御苑で初の政府主催全国戦没者追悼式
10.16	昭和天皇参拝、1975.11.21まで6回参拝
1953. 3.11	日本遺族会設立
8. 3	戦争犯罪による受刑者の赦免に関する衆議院決議成立
1959. 3.28	千鳥ヶ淵戦没者苑完成
1964. 8.15	靖国神社内で政府主催全国戦没者追悼式
1965. 8.15	日本武道館で政府主催全国戦没者追悼式（以後、定例化）
1969. 6.30	自由民主党、靖国神社法案提出（1975まで5回提出、廃案）
11. 8	神道政治連盟発足
1975. 8.15	三木首相参拝、在任中4回
1977. 4.21	福田首相参拝、在任中4回
1978.10.17	靖国神社に東京裁判A級戦犯14人合祀、1979.4.19判明
1979. 4.21	大平首相参拝、在任中3回
1980. 3.18	鈴木首相参拝、在任中8回
1981. 3.18	みんなで靖国神社に参拝する国会議員の会発足
1983. 4.21	中曽根首相参拝、在任中10回
1985. 8.15	中曽根首相公式参拝
1986. 8.15	中曽根首相、中国の反対で参拝見送り
1996. 7.29	橋本首相参拝
1999. 8. 6	野中官房長官、A級戦犯の分祀を表明
2001. 8.13	小泉首相参拝
2002. 4.21	小泉首相参拝
2003. 1.14	小泉首相参拝
2004. 1 .1	小泉首相参拝
2005. 10.17	小泉首相参拝

基づく共同体意識の醸成は東アジア共同体全体の安定と発展のために不可欠で，それなくしては共同体の醸成はまったく暗いということである[52]．

　もっとも，東アジア共同体が１つの価値共同体を目指すのは，元来が無理がある．各国の統治体は多様で，社会が守るべき価値も同一ではないからである．その限り，東アジア共同体は，貿易・投資・エネルギー・金融・経済協力といった地域の発展に必要な機能を基軸とした共同体が目指されなければならない．かつての小泉シンガポール演説も，この点を基本理念としていた．その上，地域協力を通じて守るべき１つの「価値の共有」が達成できれば，その地域共同体は，理念的に，そして政策的に，さらに制度的に大きな前進をみせることであろう．

　加えて，そこでは，次元を異にする日本が日米同盟の堅持かそれとも日中協力の東アジア共同体かの選択を迫られないようにしなければならない，ということである．というのも，それは，東アジア共同体が海洋国家と大陸国家の妥協ということだからである．日米同盟が堅持されてこそ，日本の海洋国家存立が可能であって，その選択が成り立つ．その地政戦略が喪失してしまうことになるとされる東アジア共同体戦略は，日本にとっては成立しないことになる．一方，大陸国家中国にとっては，日米分断においてその地政戦略を貫徹すべき方向にあるが，それは，太平洋における米国の封じ込めを打破し，米国とのゲームにおいて優位に立つことを指針としているからである．この点は捨象できない地政戦略の基本問題である．

　もっとも，海洋国家米国は大陸国家中国と全面対決をしているわけではない．米国が中国の経済力を利用して世界戦略を展開するというのは，中華図式によると，中華地政戦略に対する逆用としての以中制夷戦略だからである．

7. 台湾海峡の内海化と中国覇権戦略

　中国は台湾の中国統一を未決の課題としている．1954年夏から翌55年春にかけて追求された「台湾の解放」作戦は，成功しなかった（第１次台湾海

峡危機)[54]．米国は，核兵器による即時報復と大量破壊兵器の軍事戦略による巻き返しニュールック戦略で，徹底した中国包囲網を展開した．再び1958年8月中国は金門島砲撃の毛沢東戦略で米国に報復したが，ソ連のフルシチョフ首相は当時，ソ連しか保持していない大陸間弾道ミサイルの米国向け発射の威嚇行動で米国に寝返り，米国をして台湾問題から手を引かせるというこの中国の戦略は成功しなかった[55]（以後，フルシチョフは，中ソ対立で中国の封じ込めを展開した）．中国のその地政戦略は，台湾の併合と台湾海峡の内海化であって，その達成は現下の最大の戦略的課題である．

1995年7月新華社は，中国軍が7月21日〜28日台湾北部の公海で地対地ミサイル発射訓練を実施し，中国の艦船と航空機が同水域で作業すると通報し，発射訓練は予定通り実施された．中国は，1993年8月台湾白書「台湾問題と中国の統一」を公表し[56]，1995年1月江沢民中国国家主席が8項目提案（江八点）を行い[57]，これに対し4月李登輝中華民国（台湾）総統が両岸分治の現実に立脚した中国統一の追求など6項目提案（李六点）で応えた[58]．他方，5月中国軍は長城工事（弾道ミサイル発射基地）の完成を公表した．

翌96年3月台湾周辺海域に対するミサイル演習海域が設定され，実施された（図7-9）．この軍事演習は，台湾南西部沖と北東部沖の2カ所，及び台湾西部の先島諸島周辺海域の4カ所の軍事演習海域に向けて地対地ミサイル9（射程距離500キロ）を発射し，3軍軍事演習を実施したもので，これに対し，米国は空母2隻を急派して中国を牽制した．台湾を展望できる先島諸島与那国島は中国設定のミサイル演習海域の50キロの距離にあり，日本は安全のために漁業の操業を中止した．そして，台湾海峡を航行する特に香港便は台湾の東方へと航路を迂回した[59]．

この軍事演習は，中国軍が台湾の軍事統一を実施する場合の手順を示威したものであった（そのシナリオが，鄭浪平『一九九五・閏八月一日中共武力犯台白皮書』（1994年）で公表されていた）[60]．弾道ミサイル攻撃は，台湾周辺海域を封鎖する役割を果たしており（弾道ミサイルは本土から発射から5〜7

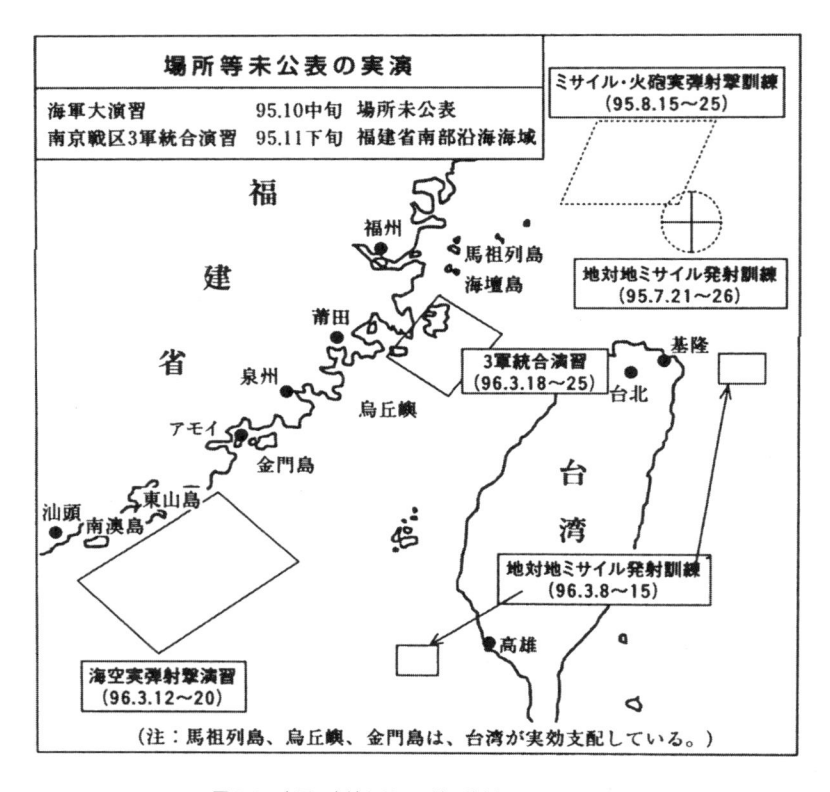

図 7-9　中国の台湾ミサイル演習海域，1995–1996 年

分で台湾に達する），中国は，その作戦によってまず海空軍力により台湾海峡の制空権及び制海権を掌握し，台湾周辺海域を封鎖した後，陸・海・空3軍が台湾に上陸する協同作戦の実施を想定している．1995年の演習は台湾の政治日程に合わせて実施され，1996年の演習は，台湾の総統選挙に合わせて実施された．その政治目的は，台湾独立の抑制にあり，併せてシーレーンとしての台湾海峡の封鎖，つまり内海化の実現，そして軍事手段をも含む台湾の統一

達成にある．

　当然に，台湾は，軍事力の増強に走った．とりわけ，1979年1月米国の中国（中華人民共和国）の承認で，米国は台湾（中華民国）との国家関係，軍事同盟関係は断絶された．これに対して，台湾は，2点での防衛能力の維持，つまり，①新型戦闘機及びミサイルの配備による台湾に侵攻する中国機の台湾海峡での撃墜，②最新の潜水艦の展開による台湾海峡でのシーレーンの安全確保をもって，これに対処することになった．かくて，1980年以降，ミサイル兵器・新鋭戦闘機などの米国の台湾輸出，高性能国産戦闘機経国号の開発（1989年10月公開テストで生産に着手），ミサイル防空システムの開発（1982年7月試射成功，1995年2月配備公表），及び海軍力の増強（フリゲート艦などの建造，ミサイル護衛艦の米国・フランスからの購入）などを通じて，台湾防衛能力は一段と高まった[61]．

　再び，中国は，2000年5月陳水扁総統就任，2001年総選挙での民進党の進出，2003年9月の台湾正名運動（台湾代表部を台湾代表処に変えるなど外交関係での名前を正す方策）といった台湾人意識の鼓舞に対決し（しかし，その中国の工作は成功しなかった）[62]，さらに2004年3月，総統選挙の工作[63]では，中国がそれに反撥して，2005年3月反分裂国家法を制定した．これは，①憲法・法律に基づく独立，②台湾での動乱発生，③外国勢力による介入に対する中国の武力行使を明記しており，それは海洋戦略の文脈にあった．台湾当局の行政院大陸委員会は3月8日この法案について，「武力で台湾を併合する企てを暴露するもので，人民解放軍に武力行使のための白紙の小切手を切った」と非難した．

　この中台対立の本質は現代版の脱亜入欧にある．日本は50年間，台湾を植民地としたが，その一方，台湾の近代化と発展に寄与したと評価される．その日本統治は，中国の統治において欠けていた遵法意識を植え付け，教育を充実させ，勤勉な労働意欲をもたらした．それは近代化への道程であり，ここに，台湾民衆は，中国人意識の中国的秩序観を拒否して脱中華世界認識を実現した．

かくて，台湾の中国大陸への統一拒否意識が生まれ，異質の中国への憧憬の念として中華主義のみが残った．これが，日本人が台湾の道程を支持するところとなっている．それは，韓国が志向する小中華ではなく小台湾主義といえるものであろう．台湾人の親日意識は韓国の反日意識と対照的である．但し，いずれも親日感がその底流にある．韓国の反日意識は政治操作の要素が極めて高く，それは北朝鮮の統一イメージ的と対極的で，しかもそのイメージに逆作用する形で操作されている[64]．別言すれば，韓国の朝鮮半島においては，南北統一戦略が優先的に志向されているのに対して，台湾海峡両岸の統一は，双方がその目標を追求しているのもかかわらず，現状の確認を前提にしており，その対立の溝，つまり閾の克服はなかなか難しいことになる．もともと，台湾の国民党は依然，中華意識の文脈にある[65]．

　その台湾の戦略は陸地権力の中国に対する海洋権力の台湾に立脚しており，そこでの海洋国家日本の中国・台湾観は，次の通りとなろう．この視点は，日本人の中国観にも通ずるところであろう．

　その前提は，まず以下の認識がある．

①遣唐使以来の日本人の中国への憧憬[66]．
②無秩序国家の中国理解（暗黒大陸への残影）[67]．これに対して，台湾では，一定の遵法精神が根づいているとみる．
③華僑の「4つのドラゴン」といわれる台湾経済発展への注目．台湾人への強い近親感はここに生じた．中国でも，最近，台湾の経済発展への刮目が生じた．
④自らの自立．中国が中華主義のもと大国として登場してきている一方，台湾は，対照的に国際的孤立化（国民党の独裁，国連議席の喪失など）にもかかわらず，独自の努力で民主化に成功した（脱中華主義）．

　そこでの日本人の台湾観・中国観は，以下のパターンをとる．

(1) 反中国主義者　日中国交正常化の達成においても，台湾を中国の一部を認めず，中国は解体するとの理解にある．北朝鮮のチュチェ体制を理解しな

い立場も同じである．
(2) 共産中国支持者　共産中国を支持し，台湾の共産化を支持した．北朝鮮をあくまでも賛美し信じ尽くしたとする立場も同様である．
(3) 中華帝国支持者　中華帝国としての大一統システムを堅持し，夷狄の組み込みを支持し，台湾も中華帝国の版図にあると理解する．改革・開放の中国への無条件支持も，この文脈にある．
(4) 自由主義者　台湾の自由中国を支持し，共産党支配の中国を全体主義と批判する．民主主義者は，台湾の議会制民主主義を支持した．同じ文脈で，冷戦期には自由韓国が強く主張された．彼らは，改革・開放の中国を前進と評価している．
(5) 平和統一主義者　東アジアの安定を展望し，もって台湾の独立を拒否し，台湾海峡両岸の平和的統一実現を期待する．政策としてではない，感情認識の投入としての朝鮮統一主義者も同じ立場にある．グローバリズムの立場もこれに近いといえるだろう．

これに対し，中国人の日本観は，以下の通りであるが，その現在の射程の枠組みは，1996年10月10日中国共産党第14期第6回中央委員会総会の社会主義文明建設強化に関する若干の重要問題についての決議で確立しており[68]，同決議は1986年9月の第12期共産党中央委員会第6回総会で開放を方向づけた精神文明決議[69]とは，次の点でその違いが特記される．①マルクス・レーニン主義・毛沢東思想路線への回帰，②党中央指導の強化，③中華民族主義の強調である．そこでは，人権ではなく中国の生存権（大中華主義）が明確に打ち出されており，その中華思想の対外認識が明確に打ち出されたのが『ノーといえる中国』及びその続編である[70]．それは，中国人の戦略としての反日観の現われである．その要点は，以下にある．

1. 日本脅威論と偏見心理から，島国根性を侵略根性に置き換え，病的幻想としての蔑視の日本悪魔観が原型として形成される[71]．これに政治操作の動員・イメージ化が外交手段をもって行使され，その原型に基づく行動が公

式化される[72].
2. 中国人の愛国主義は，正しい史観を要求することで，国民の中華意識を鼓舞し，体制への反発を回避し，中国の統一イメージを強化している.
3. その導火線は中国最大の反日ウェブサイト愛国者同盟網で，それは中国政府が日本のマイナス報道を控えていることへの反発・挑戦であり，同時に中国人に中華思想を自覚させることで，自らの主張を高めるところにある. その主張は強國論壇に代表され，その申し立ては著しい[73]. 但し，その文脈は民主化にあり，共産党独裁とは相容れないもので，ここに中国政府のジレンマがある[74].
4. 毛沢東＝周恩来は，日本軍を反面教師として利用した戦略的実利主義にあって，そこには，日本人民への共感があった. しかし，天安門事件（1985年）で状況が一変し，胡耀邦政権以後，対日外交は挫折に突入した. 共産党政府は，その支配を強化するために，対日批判をいっそう強硬にした[75].
5. 大陸国家中国と海洋国家日本の文明的パラドクスが存在する. 日本は中華を超えた独自の日本文明を構築したことで，それを中国は受け入れないところとなった. 長期展望に立つ海洋国家米国と中国との対立は必然である.

「長く外国勢力の侮どりに耐えてきた中国がその経済成長を背景に実力に自信を持ったとき，必ず中華思想が復活して抑えようもなくなるから，世界中が困惑するようなことが起こる」と1999年に指摘したのは，邱永漢で，彼は，さしあたりそのとばっちりを受けるのは台湾だろうと述べた[76]. 実際，中国の台湾政策は台湾海峡に対する中国支配の強い決意を示しているところで，中国としては台湾海峡を自国の閉鎖海とするとの解釈が成り立つが，それはブッシュ・ドクトリンへの対応といえなくはない. この海峡の閉鎖海化はバシー海峡を抑えることになり，南シナ海を内海化することで，日本にとりシーレーンの安全保障への脅威を構成する（第5章12 シーレーンの安全保障，第10章3 マラッカ・シンガポール海峡地政

学をみよ).

　中国は，2004年10月マレーシアで開催のマラッカ海峡安全保障国際会議で，マラッカ海峡を通航して原油が運ばれる割合は日本と中国で8割を占めており，シーレーンを守る重要性は日中双方に共通している，と指摘した．一方，中国は，マラッカ海峡を通行せずインド洋からのミャンマー－雲南ルートの可能性も検討した（これは，実現していない）．1994年中国は，ココス諸島をミャンマーから租借してレーダー基地を建設した．そして，ハイジー島に港湾施設を建設した．それで，中国は当然に西沙群島及び南沙群島を「内海」化しつつある．それは，シンガポール基地をも拠点とする米第7艦隊とのあいだの米中緊張を高めた．

　要するに，中国の中華思想に基づく覇権戦略の目標は，内海化とともに，以下にある．

1. 中国は覇権国家の樹立を目指し，世界の主役としての中華思想のイメージをもつ国民を説得し，国民統合の維持に努め，国家分裂の危機を克服せんと努める．
2. 中国の戦略は尖閣諸島・沖縄を狙っており，それは中国の大陸棚支配確立の次の目標である．琉球はかつて中華圏にあった．
3. かかる中国覇権戦略は，アジアにおける米国の民主主義拡大とグローバル化を旗印とした世界的な自由主義市場体制を享受しつつ，その危険思想を拒否するということにある．これは，いうまでもなく中華思想の防衛にある．

にもかかわらず，世界は，12億人の中国市場を再評価している．そして，米国が衰えたにしても，その背後に1億2000万人の日本市場がある．これが世界の地政的重心に対する視界である．

[注]
1 浦野起央『現代紛争論』南窓社，1995年，96-100頁．
2 ARFはアジア太平洋の多角的協調的安全秩序の枠組みであって，それは，全欧安保協力会議（CSCE）から1995年に移行した全欧安保協力機構（CSCE）とはその機能が違っている．それは，アジアにはNATOの存在がないからであって，ASEANによる大国との調整にあるのはそのためで，その結果として信頼醸成の創出となった．山影進『ASEANパワー——アジア太平洋の中核へ』東京大学出版会，1997年，第9章広域安全保障とARFプロセス．川上髙司「米国とARF」，坂本正弘・滝田賢治編『現代アメリカ外交の研究』中央大学出版部，1999年．
3 参加の研究機関は，日本国際問題研究所の他，インドネシア，シンガポール，タイ，フィリピン，マレーシア，中国，カナダ，オーストラリアの研究機関である．中山俊宏「アジア太平洋のトラックⅡプロセス——CSCAの事例」，前掲，森本編『アジア太平洋の多国間安全保障』．
4 前掲，浦野『アジアの国際関係』第7章 APECの展開．
5 その代表的なものがインドネシアの島嶼間移住計画で，それに起因して民族対立が生じている．Graeme J. Hugo, "Circular Migration in Indonesia," *Population and Development Review*, Vo. 8 No. 1, March 1982. マルトノ「インドネシアの移住計画」海外事情，1985年10月号．Alden Spere, Jr. & John Harris, "Education, Earnings, and Migration in Indonesia," *Economic Development and Cultural Change*, Vol. 34 No. 2, Jan. 1986. 石橋重雄『変容するインドネシアの社会経済——その分析と実証的研究』鳳書房，1991年，第2章島嶼間移住．
6 *Geoffrey Blainey, The Tyranny of Distance: How Distance shaped Australia's History*, South Melbourne: Macmillan, 1966. 長坂寿久・小林宏訳『距離の暴虐——オーストラリアはいかに歴史をつくったか』サイマル出版会，1980年．
7 ibid. 前掲書，139-142頁．
8 北京泛亜経済研究所編『海洋中国——文明重心東移与国家的利益空間』上・中・下，北京，中国国際広幡出版社，1997年．
9 平松茂雄『台湾問題——中国と米国の軍事的確執』勁草書房，2005年，259頁．
10 徐錫康編『局部戦争与海軍』北京，海軍出版社，1988年．逯真林・趙新主編「中国海軍与海洋法」北京，海軍出版社，1990年．楊金森・梁喜新・黄晃魯『中国海洋開発戦略』武昌，華中理工大学出版社，1990年．平松茂雄『甦る中国海軍』勁草書房，1991年．平松『中国の海洋戦略』正．続，勁草書房，1993-97年．平可夫『2000年の中国軍——日本はNOといえる時代を迎えられるか』蒼蒼社，1991年．海軍司令部《近代中国海軍》編輯部編『近代中国海軍』北京，海湖出版社，1994年．
軍の現代化については，以下をみよ．總政治部宣伝部編『新時期軍隊建設重要論述選編』北京，解放軍出版社，軍内部発行，1987年．
11 US Department of Defense, *Annual Report to Congress on the Military Power of the People's Republic of China*, 23 June 2000．「米国防総省・中国の軍事力に関する報告書」世界週報，2000年，10月3日号，10日号，24日号，31日号，11月7日号．引用は，第3章台湾海峡における安全保障情勢A台湾作戦に利用可能な戦力を含む中国の戦略・通常戦力の概観による．
12 中華人民共和国国務院新聞弁公室「2000年の中国の国防」北京周報，2000年第40号，13-33頁，

引用は16頁.
13 US Department of Defense, *Annual Report to Congress on the Military Power of the People's Republic of China*, 19 July 2005.
14 防衛庁『防衛白書05』国立印刷局,2005年.
15 その記述がある『孫子』13篇は中国地政学の宝庫と,佐藤信夫はみている.佐藤『地政学で世界を読む 21世紀のシナリオ』同友館,1995年,46-52頁.
16 1707年康熙帝のもと全土の地図が作製されることになり,イエスズ会のマテリオ・リッチ(利瑪竇)が北京を通る子午線を本子午線とし,東経・西経に分け中国辺境にいたるまでの700程の地点で測量を行い,1717年に「神興全覧図」が完成したが,この本子午線の発想はそれから167年後にグリニッチ子午線が決定されて以後も,中国では中華思想においてそれは生き続けた.
17 金観涛・劉青峰『在歴史的表象背後——対中国封建社会超穏定結構的探索』成都,四川人民出版社,1983年.若林正丈・村田雄二郎訳『中国社会の超安定システム——「大一統」のメカニズム』研文出版,1987年.金観涛・劉青峰『興盛與危機——論中国封建社会超穏定結構』長沙,湖南人民出版社,1984年/香港,中文大学出版社,1992年.
18 坂本正弘『中国・分裂と膨張の3000年』東洋経済新報社,1999年.
19 中屋敷宏『中国イデオロギー論』勁草書房,1983年.
20 金観涛・劉青峰『解放中的変遷——再論中国封建社会超穏定結構』香港,中文大学出版社,1993年.
21 小島毅『中国近世における礼の言説』東京大学出版会,1996年.
22 坂元ひろ子「中国民族主義の神話——進化論・人種観・博覧会事件」思想,1995年第3号.坂元『中国民族主義の神話——人種・身体・ジェンダー』岩波書店,2004年.
さらに,以下をみよ.黄文雄『中華思想の嘘と罠——中国の正体を見る』PHP研究所,1997年,第2章自己中心の中華思想.
23 候外廬主編『中国歴代大同理想』北京,科学出版社,1959年.
近代儒学者のなかで大同思想を明確にしたのは戊戌維新の主役康有為であった.彼は,その「大同書」で,①国界を去って大地を合する,②級界を去って民族を平にする,③種界を去って人類を同じくする,④形界を去って独立を得る,⑤家界を去って天民となる,⑤産界を去って生業を公にする,⑦乱界を去って太平を治む,と論じた.康有為『康有為大同論二種』香港,三聯書店,1998年.
蕭公權,汪榮祖訳『近代中国与新世界——康有為変法与大同思想研究』南京,江蘇人民出版社,1997年.この大同思想は孫文思想に生かされ,毛沢東による政治モデル(人民公社)としても導入された.さらに,以下もみよ.姫田光義『中国革命史論——「大同の世」を求めて』櫻井書店,2000年.
24 孫文『孫中山全集』第5巻三民主義,1919年,北京,中華書局,1919年.
その同化による大中華意識は,1906年12月孫文が民報創刊1周年記念大会演説の漢族国家樹立発言に始まる.前掲『孫中山全集』第1巻,324-325頁.孫文は,保皇派の漢・満・蒙・回・藏の5族共和論に同調していたが,五族一家の大中華民族主義に変身した.
25 北朝鮮では,日本より古い,紀元前660年の檀君神話により,その建国年代は紀元前2300年で,日本の歴史は朝鮮よりも1600年以上も短く,それだけ日本の文化は朝鮮より劣る,と指摘している.「日帝の檀君抹殺策動」民主朝鮮,1993年8月31日.

229

26 横山宏章『中華思想と現代中国』集英社，2002 年，第 3 章自立について──弱者の戦略としての「以夷制夷」戦略．
27 安能務『八股と馬虎──中華思想の精髄』講談社文庫，講談社，1995 年．
28 小島眞『インド経済がアジアを変える』ＰＨＰ研究所，1995 年．伊藤正一・絵所秀紀『立ち上がるインド経済』日本経済新聞社，1995 年．Vijai Joshi & I. M. Kittle, *India's Economic Reform 1991-2001*, Dehli: Oxford U. P., 1996. 小島卓『やがてインドの時代がはじまる』朝日新聞社，2002 年．榊原英資・吉越哲雄『榊原英資 インド巨大市場を読みとく』東洋経済新報社，2005 年．
29 榊原英資『インド ＩＴ革命の驚異』文春新書，文藝春秋，2001 年．小島眞『インドのソフトウェア』東洋経済新報社，2004 年．
30 マイケル・Ｅ・ポーター，『国の競争優位』ダイヤモンド社，1992 年をみよ．
31 All India Management Association, *India's New Opportunity—2020*, New Dehli: All India Management Association, February 2003.
32 "India's Choice," *Business Times*, 7 October 2004.
さらに，以下をみよ．門倉貴史『インドが中国に勝つ』洋泉社，2006 年．
33 チベット問題がそれである．浦野起央『チベット・中国・ダライラマ──チベット国際関係史〔分析・資料・文献〕』三和書籍，2006 年．
さらに，以下をみよ．高木誠一郎「中国と南アジア──冷戦後の中印関係を中心として」，日本国際問題研究所編『南アジアの安全保障』日本評論社，2005 年．広瀬崇子「印中接近の要因と限界」海外事情，2005 年 10 月号．
34 前掲，榊原・吉越『榊原英資 インド巨大市場を読みとく』234 頁．
35 杉原薫「アジア太平洋経済圏の興隆とインド」，秋田茂・水島司編『現代南アジア 6 世界システムとネットワーク』東京大学出版会，2003 年，203-207 頁．
36 中国は，全方位協調外交に転換した．小島朋之「全包囲協調外交に回帰する中国」，小島・他編『東アジアの安全保障』南窓社，2000 年．
37 浦野起央『アジアの国際関係』南窓社，1997 年，163-168 頁．
38 この東アジア共同体構想は，1990 年代にＯＥＣＤで検討されていた．谷口誠『東アジア共同体──経済統合のゆくえと日本』岩波新書，岩波書店，2005 年．さらに，以下をみよ．寺田貴「東アジア共同体の可能性」外交フォーラム，2004 年 7 月号．天児慧「新国際秩序構想と東アジア共同体論──中国の視点と日本の役割」国際問題，2005 年 1 月号．吉野文雄「東アジア共同体──その意義と課題」海外事情，2005 年 4 月号．康根亨，中山雅司訳「北東アジア安全保障共同体──韓国の視点から」創大平和研究，東アジア共同体研究 特別号，2004 年．
39 経済産業省『通商白書 2005──我が国と東アジアの新次元の経済的繁栄に向けて』ぎょうせい，2005 年，第 3 章第 4 節東アジアの経済関係の進化と地域の制度的統合．
40 浦野起央『国際協調・レジーム・援助』南窓社，1997 年，第 2 章援助をめぐる政治経済学の視点と現在性，130，169 頁，他．
41 東南アジア各国の財政金融政策に関する研究会／大蔵省財政金融研究所編『ASEAN4 カ国の金融と財政の歩み──経済発展と通貨危機』大蔵省印刷局，1998 年．稲葉守満・他『危機の政治経済学──東西アジア通貨危機の構図』時潮社，1999 年．下民恭民・稲田十一編『アジア金融危

機の政治経済学』日本国際問題研究所，2001 年．
42 浦田秀次郎「なぜ東アジア FTA なのか——加盟で得る利益,非加盟で被る不利益」外交フォーラム，2003 年 3 月号．さらに，宗像直子「日本の FTA 戦略」，添谷芳秀・田所昌幸編『日本の東アジア構想』慶應義塾大学出版会，2004 年をみよ．
43 政策報告書『東アジア共同体構想の現状, 背景と日本の国家戦略』東アジア共同体評議会，2005 年 8 月．
44 吉田春樹「東アジアサミットは日米同盟を損なう」世界週報，2005 年 4 月 26 日号．吉田は ASEAN＋3 を構想しており，日本国際フォーラムの第 23 提言「東アジア経済共同体構想と日本の役割」(2003 年 6 月 20 日) で主査を務めた．
45 吉田春樹「暴力的反日デモと東アジア共同体構想」世界週報，2005 年 7 月 12 日号．
46 白石隆『帝国とその限界——アメリカ・東アジア・日本』NTT 出版，2004 年．白石「東アジア地域形成と『共通文化圏』」，前掲，添谷・田所編『日本の東アジア構想』．青木保「東アジア共同体の文化的基盤」国際問題，2005 年 1 月号．
47 里柳米司『アジア地域秩序と ASEAN の挑戦——「東アジア共同体」をめざして』明石書店，2005 年．
48 浦野起央『日・中・韓の歴史認識』南窓社，2002 年．
49 前掲書，17-14 頁．
50 靖国神社は，1869 年 6 月明治天皇が官軍側の戦没者の御霊を祀るために，東京九段北に東京招魂社を建立したのに始まり，10 年後に靖国神社と改称した．靖国とは春秋左氏伝の「靖国 (国を靖んずる)」である．日清戦争，日露戦争などを通じ，戦没者が分祀されている (但し，東郷平八郎元帥は祀られていない)．1946 年に一般の宗教法人となり，1956 年に未合祀の戦没者 200 万人が合祀され，1959 年昭和殉難者の BC 級戦犯が合祀され，1970 年に A 級戦犯も合祀の方針が決まり，1978 年それが神社側より実施された (1979 年 4 月判明)．この A 級戦犯合祀に対し，中国・韓国がその歴代首相の参拝に反対するところとなった．小泉首相は，「A 級戦犯のために参拝しているのではない．多くの戦没者に敬意と感謝の意を表したい」と，2005 年 6 月衆議院予算委員会で発言している．同 05 年 3 月 23 日盧武鉉韓国大統領は，小泉首相の参拝は「日本の指導者が行った反省と謝罪の意の真実性を偽ったものだ」と国民あて談話で表明した．
2006 年 7 月，昭和天皇が 1988 年当時の宮内庁長官故富田朝彦の残した日記の公表で，靖国神社の A 級戦犯合祀に不快感を示していたことが判明した．その合祀は天皇の意思にそわず宮司が一方的に進めたらしいという事実が判明し，さらに，A 級戦犯の一部関係者も存じていないことが明らかとなった．これにより，昭和天皇が 1975 年 11 月の参拝を最後に参拝しなくなった理由が初めて明らかとなった．このことは，日本人の国民感情としても，靖国神社参拝への理解が変わることになりかねない面がある．
靖国問題の議論は，以下をみよ．小林健三・照沼好文『招魂社成立史の研究』錦正社，1969 年．村上重良編『慰霊と招魂——靖国の思想』岩波書店，1974 年．国立国会図書館編『靖国神社問題資料集』国立国会図書館調査及び立法考査局，1976 年．野口恒樹『靖国神社閣僚公式参拝合憲論』古川書店，1983 年．江藤淳・小堀桂一郎編『靖国論集——日本の鎮魂の伝統のために』日本教文社，1986 年／近代出版社，2004 年．小堀桂一郎『靖国神社と日本人』ＰＨＰ研究所，1998 年．坪内祐三『靖国 Yasukuni』新潮社，1999 年／新潮文庫，新潮社，2001 年．板垣正『靖国公式参拝の総括』展転社，2000 年．所功『靖国の祈り遙かに』神社新報社，2002 年．板倉聖

231

宣・重弘忠晴『靖国神社——そこに祀られている人びと』仮説社，2002年．PHP研究所編『検証・靖国問題とは何か』PHP研究所，2002年．大原康男『「靖国神社への呪縛」を解く』小学館，2003年．高橋哲哉『靖国問題』ちくま新書，筑摩書房，2005年．

51 日中対立は，中国の中華思想より仕掛けられたという理解は一般的である．石平『「日中友好」は日本を滅ぼす！ 歴史が教える「脱・中国」の法則』講談社，2005年．

52 東アジア共同体を築くことが日中双方にとって絶好の歴史的機会であると指摘したのは，中国社会科学院日本研究所のグループである．金熙徳・林治波『日中「新思考」とは何か』日本僑報社，2003年．金，董宏・鄭成・須藤健太訳『21世紀の日中関係——戦争・友好から地域統合のパートナーへ』日本僑報社，2004年．馮昭奎，酒井誠監訳『中国の「対日新思考」は実現できるか——「対中新思考のすすめ」日本僑報社，2004年．

日本外交官の東アジア共同体論は，新しい展望を求めている．小原雅博『東アジア共同体——強化する中国と日本の戦略』日本経済新聞社，2005年．

さらに，以下をみよ．大城浩詩『次の選択——オキナワ発！東アジア共同体』閣文社，2005年．

53 例えば，1つの議論として以下をみよ．Victor Thonn, *The New World Order Exposed*, New York : Sisphus Press, 2003. 副島隆彦訳『次の超大国は中国だとロックフェラーが決めた』徳間書店，2006年，下，49-51頁．

54 徐焔『金門之戦——1949～1959年』北京，中国広播電視出版社，1992年．陳馳『金門血魂——金門大血戦』哈爾濱，黒龍江出版社，1992年．髙井三郎「金門・馬祖大砲撃戦」軍事研究，1995年10月号．髙井「台湾海峡の戦いと防空戦」軍事研究，1995年11月号．H. Gordon Chang, "To the Nuclear Brink: Eisenhower, Dulles, and the Quemoy-Matsu Crisis," *International Security*, Vol. 12 No. 4, 1988. 高松基之「第1次台湾海峡危機とアイゼンハワー・ダレス対立」アジア・クウォータリー，第10巻第2号，1978年．前掲，平松『台湾問題——中国と米国の軍事的確執』第2章第1次台湾海峡危機（1954～55年）．

55 中国人民外交学会編『台湾海峡地域でのアメリカの軍事的挑発に反対』北京，外文出版社，1958年．林正義『1958年台湾海峡危機期間美国対華政策』台北，台湾商務印書館，1985年．張ｊ法・他編『局部戦争概観 1945年9月—1987年12月』北京，解放軍出版社，1988年，186-189頁．浦野起央・劉甦朝訳『第二次世界大戦後 戦争全史』刀水書房，1996年，182-184頁．James R. Lilley & Chuck Downs, 張同瑩・他訳『台湾有没有明天？——台海危機美中台關係揭密』台北，崎覺出版社，1999年．前掲，平松『台湾問題——中国と米国の軍事的確執』第2章金門島砲撃（1958年）と毛沢東の戦略，特に87頁．平松茂雄『中国の核戦力』勁草書房，1996年，11-15頁．

56 国務院台湾弁公室・国務院新聞弁公室「台湾問題与中国的統一」人民日報，1993年9月1日．

57 江沢民「為促進祖国統一大業的完成而継続奮闘」人民日報 1995年1月31日．

58「中共提示の『台湾問題と中国の統一』白書に対する所見，『中国問題』があるのみで『台湾問題』は存在しない」中華週報，1993年10月10日．

両者の対決は，以下をみよ．楊中美『李登輝 vs 江澤民』台北，時報出版社，2000年．（抄訳）趙宏偉・青木まさ子編訳『一つの中国一つの台湾——江沢民 vs 李登輝』講談社，2000年，第7章．鄒景雯，金美齢訳『台湾よ——李登輝闘争実録』産經新聞社，2002年．第5章米中台に二国論の波紋拡がる．

59 秋元千明『アジア震撼 中台危機・黄書記亡命の真実』NTT出版，1998年．前掲，平松『台湾問題——中国と米国の軍事的確執』第5章李登輝総統選挙とミサイル危機（1995～96年）．

60 鄭浪平『一九九五・閏八月一日中共武力犯台白皮書』台北，商周文化事業股份有限公司，1994年．鈴木良明訳『中国台湾侵攻Xデー』サリュート，1995年．
61 前掲，平松『台湾問題——中国と米国の軍事的確執』第4章近代化を目指す台湾の軍事力．庫桂生主編『台湾軍事力量透析』北京，国防大学出版社，2000年．
62 台湾人の国民意識は以下をみよ．前掲，浦野『日・中・韓の歴史認識』265-278頁．施敏輝編『台灣意識論戦選集』台北，前進出版社，1988年．
　大陸の批判は，以下をみよ．全国台聯宣伝部編『"台湾論"批判』北京，九州出版社，2001年．
63 その陳水扁側の工作の一端は，楊富美『平反有理——2004台湾大選作票真相』台北，真誠文化出版，2004年7月，劉進慶訳『2004年台湾総統選挙の不正を告発する』日本僑報社，2004年12月をみよ．
64 黒田勝弘『韓国人の歴史観』文春新書，文藝春秋，1999年．黒田『韓国は不思議な隣人』産経新聞出版，2005年．黒田『"日本離れ"できない韓国』文春新書，文藝春秋，2006年．
65 沈駿・赵王南主編『台湾各党派与海峡両岸関係』武漢，華中師範大学出版社，1994年．張西中『両岸統合論』台北，生智文化事業有限公司，2000年．
　中国の台湾政策は2005年3月の胡錦涛国家主席の4項目意見（胡四点）で「早期統一」から「独立阻止」へ修正した．胡4点は，以下の通りである．「胡錦涛提出新形成下発展両岸関係4点意見」人民日報，2005年3月5日．
　　①「1つの中国」の原則を堅持し，決して揺るがない．
　　②平和統一を目指す努力を決して放棄しない．
　　③台湾人民に希望を託する方針を徹底して，決して変更しない．
　　④「台湾独立」という分裂活動への反対は，決して妥協しない．
66 安藤彦太郎『日本人の中国観』勁草書房，1971年．
　さらに，以下をみよ．津田左右吉『日本に於ける支那思想移植史』岩波書店，1933年．
67 Ralph Townsend, *Way that are Dark : The Truth about China*, New York: G P. Putnam,1933/ Washington. DC: Barnes Review, 1997. 田中秀雄・先田賢紀智訳『暗黒大陸中国の真実』芙蓉書房出版，2004年．
68 江金権編『江総書記党建　重要活動記略』北京，人民出版社，1998年，647-652頁．さらに，以下をみよ．中共中央文献研究室編『社会主義精神文明建設選編』北京，中央文権出版社，1996年．
69 1986年9月28日の社会主義文明建設指導方針の決議は，中共中央文献研究室編『十二大以来重要文献選編』北京，人民出版社，1988年，1173-1190頁に所収．
70 宋強・張藏藏・楊正宇・古清正『中国可以説不——冷戦后時代的政治与情感抉択』北京，中華工商聯合社，1996年．北京，中国文聯出版公司，修訂版1996年．莫邦富・鈴木かをり訳『ノーと言える中国』日本経済新聞社，1996年／新潮社，1999年．宋強・張藏藏・楊正宇・古清正『中国还是能説不——国際関係変数与我们的現実対応』北京，中国文聯出版公司，1996年．莫邦富・鈴木かをり訳『それでもノーと言える中国』日本経済新聞社，1997年，
　『ノーと言える中国』の指摘は，以下の通りである．
　「中国が羅針盤を発明しなかったら，米国という国家はない」（邦訳，279頁）．
　「英国はアヘン販売で成立した国家，米国は兵器密輸で成り立った国である」（邦訳，183頁）．
　「重大な罪を犯した国家（日本）に対しては，徹底的な懲罰と正義の要求を突きつけなければ，忽ち傲慢と尊大になる」（邦訳，79頁）．

両書は，米国の凋落を強調し，それに代わって中国の時代が到来する，中国は世界の中心となる，と論じた．さらに，以下をみよ．宋強・張藏藏・喬辺訳『二零三零中國第一』香港，明報出版社，1997年．
71 紫水・効時『警惕日本軍国主義』北京，金城出版社，1997年．肖季文・陳顕泗・尹明新『日本――個不肯服罪的国家』南京，江蘇人民出版社，1998年．殷雄『誰在威脅中国的安全』北京，新華出版社，1999年．尹協華『日本的秘密』北京，中国電影出版社，1999年．寧海『野心与密謀』北京，中国華僑出版社，2000年．
72 石平『なぜ中国人は日本人を憎むのか――憎根日本』PHP研究所，2002年．
73 祁景瀅『中国のインターネットにおける 対日言論分析――理論と実証との模索』日本僑報社，2004年．
74 鈴木孝昌『現代中国の禁書――民主，性，反日』講談社，2005年．
75 清水美和『中国はなぜ「反日」になったか』文藝春秋，2003年．
76 邱永漢『中華思想台風圏』新潮社，1999年，はしがき．

8章

石油と水の地政学

1. 石油帝国主義

　1926年，ルイス・フィッシャーによって『石油帝国主義』[1]が書かれ，以下の指摘がなされた．第1次世界大戦までの国際政局は鉄と石炭を中心に旋回しており，資本主義列強の帝国主義政策は一大製鉄トラストとその背後の金融資本勢力によって左右された．鉄は武器を製造することを優先課題としており，それは軍事拡張を煽った．船舶，自動車，そして航空機の製造に鉄は当てられた．この軍艦燃料の石炭に代わって石油が注目されたのは英国で，石油こそが資本主義世界の産業・交通・運輸・軍備の行方を制し，その国の運命を決する．実際，メキシコの油田開発とともに，英・米の2大トラスト（英国のロイタル・ダッチ／シェル・グループと米国のスタンダード石油会社財団）は，1911年メキシコの石油生産に介入してポルフィリオ・ディアス大統領の更迭工作を行い，被圧迫民族の政治反乱を工作し，ディアスは亡命を強いられた．この両トラストは自国政府を動かし，反動派分子までを動員して石油支配をめぐり華々しい闘争を繰り広げ，ソ連までをも巻き込んだ．メキシコ石油は1938年に国有化された[2]．

　想うに，アメリカ大陸の古代民族は瀝青の存在を知っており，アメリカ・イ

ンディアンは穴を掘って石油を採取し，必要な火を燃やして役立てた．アラビア人から石油の教えを受けたフランク人は，12世紀以来のギリシャ人の火を受け継ぎ，回転式の弩によって火矢を正確に命中させたが，コンスタンチヌス帝はその裏切り者をキリスト教徒でないと宣告した．16世紀には，都市は石油によって照明された．現在のように，石油産業が注目されるに至ったのは，1859年アメリカのセネカ石油会社のエドウィン・L・ドレークがペンシルバニア州タイタスビルで機械による石油採掘に成功して石油工業発達の基礎を築いたのに始まる．

その利用の歴史は極めて古い．旧約聖書にはアスファルト使用の記述が，日本書紀には燃える水の献上記録がある．その石油の用途が多様化したのは，1809年トーマス・エジソンの電灯の発明，1883年ゴッドローブ・ダイムラーによるガソリン機関自動車の発明，そして1893年ルドルフ・ディーゼルのディーゼル機関の発明により，その需要から石油の重要性が着目されたからである[3]．そこでの国際石油資本7社（メジャーズ）の支配は，1960年に結成の石油輸出国機構OPECがその石油利権に対決し原油価格の操作と石油供給の自主調整を確立するまで続き，その両者の対決のなか，1979年には石油価格が20倍以上に暴騰し，世界経済を左右した．そして現在は，1983年以降，石油消費の節制と非OPEC産油国の増産による調整で，石油価格は安定へと推移してきたが，それはすでに始まっていた石油生産の新しい地政的均衡に帰せられる．

この石油生産・流通の支配をめぐる国際政治力学は，国際政治の動向を左右し，それは生産基地の地政的要因が決定的に作用してきている（表8-1をみよ）[4]．

マルビン・A・コナントとファーン・R・ゴールドは，米上院報告「エネルギーの地政学」（1979年）で，エネルギーをめぐる問題点として，以下の諸点を指摘した．

1. エネルギー不足国は中東石油に依存し，この地域と特別な関係にある．
2. 今世紀末までに，この地域での石油供給が約束されれば，極めて幸運である．

3. ソ連及び中国は，中東石油を狙う競争国ではない．したがって，中東石油をめぐる対立は，NATO 諸国と日本の争奪である．
4. OPEC（石油輸出国機構）は OAPEC（アラブ石油輸出国機構）ほど重要でない．アラブ・イスラエル対立には，武器としての石油を使う OAPEC とアラブの連帯が存在する．
5. イラン及びサウジアラビアと米国との石油支配の特殊な関係は維持が難しくなる可能性がある．
6. OPEAC 諸国は，世界市場のほとんどの石油を支配している．
7. 産油国はシーレーンを抑え，それを閉鎖することが出来る．但し，輸送システムは，依然として工業国が支配している．
8. IEA（国際エネルギー機関）加盟国は，石油が中断された場合，入手可能な石油を分け合う計画があり，産油国の意図を挫くことができる．
9. 国際石油資本は，消費国・産油国にとり不可欠である．その鍵を握っているのは，産油国である．
10. 石油が工業国にとり不可欠の重要性をもつに至った時期に，産油国は，資源取得の管理を消費国の石油会社から挽ぎとった．しかも，信頼できる両者間の取決めはできていない．
11. 石油の実質価額が下がる見通しはない．石油輸出国の長期の狙いは，価格を代替エネルギーと競争的レベルにしておくことである．
12. 主要工業・石油輸入国は，総合的エネルギー政策・計画を有していない．石油輸入国が明確な目標・目的を設定できても，現下のエネルギー地政学の基本的設定を変更させることはできない．先進工業国の発展途上国の小集団が管理する石油資源への依存を変更するのには，多大な努力を集中するしかない[5]．

以上の条件は，石油地政学の基本的論点を構成している．この点で石油供給を仰いでいる先進工業国の戦略は依然，制約されている．この関連で，ソ連の石油不足とその影響が論じられたが，それはソ連が適切に埋蔵石油を採油する

表 8-1 石油開発の動向

年	事項
1077	十字軍のカイロ包囲でナフサ20,000樽（約200トン）炎上
1636	オランダ,スマトラのミニャ・タナ（石油）をヨーロッパ輸入
1723	ロシア,ピョートル大帝,バクー征服,石油入手
1859	米ペンシルバニア州で日産35バーレルの油井掘削成功
1862	米国産石油,ロシアへ輸出
1863	バクーに初の近代的精油所建設,1864石油生産開始
1867	米海軍砲艦パロス号,燃料として石油使用,ペンシルバニア州で機関車燃料使用
1873	バクー油田で噴油井成功
1879	バクーにノーベル兄弟石油生産会社成立
1881	スタンダード・オイル・トラスト成立、1911トラスト,解散
1883	ダイムラー（ドイツ）,自動車ガソリン機関発明
1898	バクー油田生産量,アメリカ生産量を凌駕
1901	ペルシャ,ダーシーに石油利権付与,1909アングロ・ペルシャ石油会社設立
1907	ダッチ／シェル・グループ誕生
1914	アングロ・ペルシャ石油会社増資,英海軍省52.55%占有
1918	第1次世界大戦でバクー油田にトルコ軍侵攻,のち英軍侵攻
	ソ連,石油産業の国有化
1920	サン・レモ石油協定で英国・オランダ・フランスがイラク石油利権を独占
1921	メキシコ,米国に次いで第2位産油国
1922	英国・米国・フランス・オランダ・ベルギー,ロシア石油を世界市場で封鎖
1925	イラク,トルコ石油会社へ利権付与
1926	モビルとシェル,インドで灯油戦争
1928	トルコ石油会社をめぐる利権紛争,赤線協定の密約で解決,アクナカリー協定成立
	スタンダード石油輸出会社設立
1930	ヨーロッパ市場覚書作成
1931	ソ連,原油生産で世界第2位
1932	ペルシャ,アングロ・ペルシャ石油会社利権取り消し
1933	カリフォルニア・スタンダード石油会社（1944アラムコと改称）,サウジアラビア石油利権取得
1937	ベネズエラ,米国に次いで世界第2位の産油国
1938	メキシコ,米系石油企業の国有化,1942米国・メキシコ紛争解決
1939	第2次世界大戦で米国が枢軸国向け石油輸出禁止
	アラビア石油の輸出開始
1948	米国,石油輸入国へ移行
1950	中東の世界原油生産量8,800万トン（世界比6.8%）
1951	イラン,石油国有化法成立
	イラク,イラク石油会社と利益折半協定成立,クウェートも同協定成立
1955	中国,大慶油田開発
1956	サハラ砂漠エジュレで石油試掘成功
1960	石油輸出国機構OPEC設立
1963	ソ連,西シベリア石油開発決定,1964生産開始
1964	イラン・コンソーシアム成立
1966	リビアで油田発見,1968リビア総合石油会社設立
1967	第3次中東戦争でアラブ産油国が英国・米国向け輸出停止,イランの増産で失敗,1968アラブ産油国,
	アラブ石油輸出国機構OAPEC設立
1970	北海で油田発見（1万バーレル／日）
	リビア,原油公示価格値上げで石油戦争開始,1972石油資産51%国有化
1972	イラク,イラク石油会社国有化
1973	ソ連,中東石油輸入
	第4次中東戦争で石油戦略発動,リビアは米系石油会社国有化
1974	石油消費国会議開催（ワシントン）
1984	ソ連,長期エネルギー計画基本法制定
1987	米国,イラン・イラク戦争でイランの封じ込め発動
1990	石油支配戦略として米国が湾岸戦争発動
1993	ロシア,カスピ海会議でカスピ海共同石油開発を提唱
2003	カザフスタン,カスピ海海底鉱区の国際入札,2004日米欧企業連合,カザフスタンと開発合意

（付記）　村上勝敏『世界石油史年表――国際石油産業の変遷』日本石油コンサルタント株式会社，1975年が参考になる．

ことが難しいという判断に帰せられていた．

　一方，ペルシャ湾及びホルムズ海峡など，チョークポイントは，海峡封鎖に連結するわけでないにしても，極めて大きい安全保障上の要件を構成している．さらに，新しい埋蔵石油の必要性が論じられるところであるが，その開発の可能性は大きいとはいえない．それが可能となれば，石油地政学の変更が展望づけられるであろう．冷戦以後の世界は，ソ連／ロシアの石油開発を通じてその変更が示唆される一方，中国の大国化は，現在，そのエネルギー需要から石油力学の修正という新しい問題を提起した．

2. 石油戦争

　石油戦争は，1914年から1918年にかけてパレスチナ，メソポタミア，コーカサス，北部ペルシャ，南部ペルシャの北緯35度域を軸として地中海からインドまでの遮断地帯を版域として始まった．第1次世界大戦でドイツ軍人が全力でメソポタミアに張り付き，それが失われると，コーカサスに目を向けたが，それはすべて石油のためであった．英国はボルシビキによって当時世界最大の生産量を占めていたバクーの石油支配を封じられた（それはマッキンダーの関心の1つであった）．トルコもパンイスラム主義と石油のために領土の拡張に走ったが，その戦争の敗北で国家の運命を制せられてしまった．この近東（Near East，英国はインドの支配からそれより近い近東の用語を使用した）から中東（Middle East，米国はこの石油地帯への関心から東の中心としてこの用語を使用した）への関心の移動はすべて，バクーの生産と黒海を経由して地中海へ運ばれるためのパイプラインの支配にあった．1920年7月ロイヤル・ダッチ／シェルはロシアの石油会社の買収に成功したが，これにボルシェビキが反撃し，石油の輸出先をロシアからヨーロッパに転換させる工作は，ソ連がアゼルバイジャンのカスピ海石油を国有化して挫折し，1922年4月のジェノバ会議も成功をみずに終わった．ここに，翌23年9月英国，フランス，オランダ，ベルギーは，ロシア石油を世界市場から排除するためのブロックを結成

した．しかし，スタンダードはソ連を承認し，ロシア石油を流通させた（表8-2をみよ）[6]．

表 8-2　ヨーロッパの石油生産量　　　　　　　　　　　　　　　　　　メートル・トン

産油国／生産年	1922	1923	1925
ロシア	3,973,510	5,435,006	6,653,000
ルーマニア	1,365.765	1,512,000	1,811,600
ポーランド	732,482	733,000	670,000
フランス	60,000	57,000	56,600
ドイツ	24,967	44,000	45,700

　英国はアングロ・ペルシャ石油会社（1909年設立）を通じて南部ペルシャ石油の支配を強化した．それは1901年以来の工作によるところで，これにスタンダードも介入したが，それは追い出された[7]．シェルは1899年以来，英海軍に対し燃料を石炭から石油に転換させるよう工作をしており，海軍相ウィンストン・チャーチルは1914年にアングロ・ペルシャ石油会社の株を52.55％占有した[8]．

3. 赤線協定と米国の石油市場分割戦略

　第1次世界大戦後の石油不足というパニック下の石油外交の直接主戦場は，崩壊途上にあるオスマン帝国に向けられた．トルコは敗戦の賠償としてすでに縮小した領土がさらに英・仏に分割されたが，この両国の関心はメソポタミア（イラク）のチグリス流域バグダッドとモスルにあった．コンチノープル大学出身の実業家カルースト・グルベキアンがこの地に着目し，1914年英国石油BP（アングロ・ペルシャ石油会社の後身），シェル，ドイツ銀行，そしてグルベキアンが共同所有したシンジケート，トルコ石油会社TPCを設立し

第 8 章　石油と水の地政学

凡　例
① Anglo-Iranian Oil Co., Ltd.
② Arabian-American Oil Co.
③ Bahrein Petroleum Co., Ltd.
④ Iraq Petroleum Co., Ltd. and affiliated companies
⑤ Kuwait Oil Co., Ltd.

図 8-1 中東の赤線協定地域

た．この会社は，さらに米国の圧力でBP所有の一部を米国に提供した．一方，1920年4月サン・レモ協定で[9]，英国・オランダ・フランスはイラクの石油利権を独占した．1928年7月31日イラク新政府は，英国などの圧力で2000年までのイラク石油会社IPC（旧トルコ石油会社）の利権に応じ，その地域をグルベキアンが赤線で囲んだ赤線地域をもって設定し（図8-1をみよ），さらにフランス石油会社CFPを参加させた[10]．同年9月17日エクソン，シェル，BPの3社が国際カルテルで共同管理（Pool Association）を設けて世界の石油市場を分割するアクナカリー協定（現状 As Is 協定）に合意し，仲間のあいだでの破壊競争を回避することに成功した（表8-3をみよ）．この秘密協定は1952年になってその全容が明らかとなった[11]．その狙いは，以下にあった．

1. 将来の国内石油資源の枯渇を予想した米国当局（当時は，米国は世界の原油生産量の65％を占めていた）としては，1920年代初頭にBPとシェルがベネズエラ，蘭領インド（インドネシア）など海外油田地帯の支配を終えた段階で，ヨーロッパ系メジャーの進出を封じる必要があった．そこで，米国としては，英国・オランダの植民地政策により自国の権益が排除される懸念に警戒していた．
2. 但し，米国はイラク利権への参加交渉が開始された1922年からそれが決着をみた1927年までに，自国での石油生産を回復していた．その隙間で，メジャーズは共同権益と相互防衛のため，このカルテル協定を成立させ，その共同所有会社をイラク石油会社IPCとして赤線協定が1928年7

表8-3 ビッグ・スリーの国際石油カルテル

成立	内容
1928	アクナキャリー協定（販売カルテル）
1928	中東原油の供給トラスト
1928	湾岸価格体制（独占供給体制）
1930	ガソリン供給体制（独占供給体制）
1930年代	パテント・ガソリン精製技術プール体制

表 8-4 イラク石油会社の株主構成, 1928 年

会社	占有株率
BP	23.75%
シェル	23.75
フランス石油会社	23.75
米系石油会社*	23.75
グルベキアン	5.0

(備考) *はエクソン, モビルなどが近東開発会社 NEDC を通じて参加.

月31日発効した．そのIPCの株主構成は表8-4の通りであった．
3. 競争の防止がこの協定の唯一の目的であった．これは米国が大義として固執してきた本来の門戸開放ドクトリンの原則とは明らかに相反していた．

とはいえ，この石油支配をめぐる世界分割が米国の戦略構想であった．

結局，これにより，利益獲得・生産・精製まですべてを含む制限条項で，メジャーズの共同支配が成立し行使され，世界の石油市場は分割支配となった．

4. 米国の資源支配戦略

1933年スタンダード（カリフォルニア・アラビア・スタンダード会社／アラムコ）はサウジアラビアで石油利権を獲得したが，それは赤線協定の抜け穴といえるもので，クウェートでの開発とともに成功した．この新しい生産地の開拓で，中東がメキシコ・カリブ石油支配に代って米国の石油支配の場となり，中東は世界の石油供給地となっていく．

第2次世界大戦後，世界最大の原油生産国たる米国はその輸出余力を決定的に低下させるとともに，ヨーロッパ産油国のソ連とルーマニアの供給停止で（表8-2をみよ），世界の石油生産・供給構造が激変した．ここに戦前には世界比5％を占めていたに過ぎなかった中東の原油生産量は著しい増加をみせており，それはサウジアラビアのイブン・サウド王の要請でもあった．そこで，サウジアラビアとクウェートの資源を押さえたソーカル，テキサコ，ガルフをいかにカルテル体制に組み込むかが，戦後におけるカルテル再構築の最大の課

題となった．こうしてサウジアラビアの生産をほぼ独占したアラムコ，そして赤線協定を回避して参加に成功したエクソン，モビルもこのカルテルに加わることになった[12]．こうして，中東に新たなメジャー合弁の共同所有支配が成立した（表8-5）[13]．一方，イランでは，1951年4月石油国有化措置がとられたが[14]，1954年10月イラン・コンソーシアムによるメジャー（セブン・シスターズ）の支配に戻った（表8-6）．

表8-5 世界のセブン・シスターズの石油支配，1950～1966年

会社名	原油生産量 1000バーレル/日				原油処理量 1000バーレル/日			
	1950年%	1960年%	1966年%	増加率	1950年%	1960年%	1966年%	増加率
スタンダード（ニュージャジー）	1,020(25)	1,920(17)	3,150(18)	209	750(19)	1,760(15)	3,000(18)	300
シェル	770(19)	1,600(14)	2,390(13)	210	870(22)	1,930(16)	2,750(16)	215
BP	800(20)	1,500(13)	2,500(14)	212	600(15)	900(8)	1,600(9)	167
ガルフ	300(7)	1,170(10)	1,780(10)	493	60(1)	370(3)	500(3)	733
テキサコ	240(6)	790(7)	1,440(8)	500	390(10)	650(5)	1,170(7)	200
スタンダード・カリフォルニア	180(4)	560(5)	1,480(8)	722	120(3)	320(3)	510(3)	317
モビル	140(3)	570(5)	950(5)	578	90(2)	430(4)	840(5)	833
メジャー 計	3,450(85)	8,110(72)	13,690(76)	268	2,880(72)	6,360(53)	10,370(61)	260
その他	620(15)	3,120(28)	4,230(24)	582	1,120(28)	5,540(47)	6,630(39)	492
総計	4,070(100)	11,230(100)	17,920(100)	340	4,000(100)	11,900(100)	17,000(100)	325

（注）米国，カナダ，ソ連，東欧，中国を除く．

表8-6 セブン・シスターズのイラン石油支配，1954年8月

参加会社	持株比率	累積持株比率	調達量 1000バーレル/日
インデペンデント*	5%	5%	2,030
BP	40	45	2,027
シェル	14	59	2,027
モビル	7	66	1,964
CFP	6	72	1,945
エクソン	7	79	1,890
テキサコ	7	86	1,712
ガルフ	7	93	1,700
ソーカル	7	100	1,644

（注）＊ インデペントはイリコンである．

第8章　石油と水の地政学

　このカルテル戦略は，以下の特質をもった．
(1) メジャー7社による共同所有体制の確立で，自由世界への原油供給源に対するカルテル支配は，これまで以上に強化された．その石油カルテルは，メジャーズ相互間で，あるいはメジャーズとアウトサイダー間で探鉱・生産・輸送・販売などすべての段階において確立された．石油需要の伸びの著しい増加とともに，その支配はより強力な調整力を発揮した．
(2) そのカルテルは，自由主義世界の防衛という米国の世界戦略のもとで遂行され，①石油の安定供給，②中東産油国の石油収入の安定的増大と親米派政権の政治的安定，③対外政策の手段としての米系メジャーの優位拡大の3つの役割をみせた（そのメジャーズの原油生産量は表8-5をみよ）．

　1965年以降，中東・アフリカを含めて，西欧及び日本に対する石油供給が設定され（表8-7をみよ）この地政的条件がエネルギー戦略の骨格となった．米国でも中東・アフリカへの供給依存が55％となった（図8-2）．

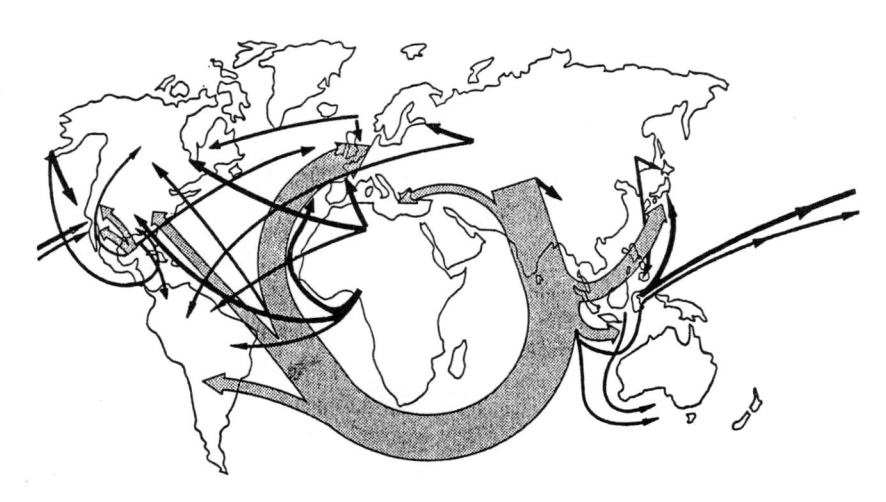

図8-2 石油の主要海上移動

表 8-7 エネルギー消費と石油供給，1965 〜 1978 年

	米国	西欧	日本	ソ連
エネルギー消費QBTU				
1965	53	34	6	34
1970	67	46	12	45
1975	73	50	14	60
1978	74	48	14	43
エネルギー消費に占める石油・天然ガスの割合%				
1965	74	–	60	80
1970	76	64	72	58
1975	75	71	78	77
1978	73	72	77	64
消費石油の輸入割合%（うち中東・アフリカ分%）				
1965	20(10)	100(83)	100(82)	–(–)
1970	23(8)	100(94)	100(92)	–(–)
1975	39(23)	100(95)	100(77)	–(–)
1978	46(55)	91(85)	100(76)	–(–)

5．ソ連の石油戦略

これに対し，ソ連対外貿易相で石油専門家のボリス・ラチコフは，『ソ連から見た石油問題』（1974 年）で，以下のように結論づけた．

「石油カルテルは，自らが搾取している諸国で，散発的に経済上の恐喝をかけることもできよう．しかし，このカルテルとて，世界の 2 大体制間の互恵的経済関係の発展をくいとめるには，あまにも無力である．[15]」

そこでは，ソ連のエネルギー資源はいまだ開発しつくされていないが，その後，経済利益を通じたソ連の供給が国際分業への参加をもって世界の石油市場の平和的発展を可能にするところとなる，と断言していた．

ソ連は超資源保有国であり，巨量のエネルギー生産国である．その石油及び

天然資源の生産量は世界第1位，石炭のそれは世界第3位である．石油の埋蔵量は570億バーレルとされ，世界全体の5.7%である（ソ連は数字を公表していない）．天然ガスの埋蔵量は1991年初の確認埋蔵量は1,600兆cfに達し，世界の埋蔵量4,208兆cfの38%を占め，それは米国の10倍である[16]．

　ロシアの坑井は1864年で，ロシアの石油を世界に冠たるものにしたのは，バクーの油田開発であった．バクー油田は1901年に1,156万トンに達し，世界全体の生産量の47%を占めた．その石油生産は専ら外国資本に依拠しており，ロスチャイルド家やノーベル一族が関与した．ロシアは内戦に直面したが，1932年の産油量は2,141万トンに達し，1934年にウラル・ウォルガ地域の開発が進められた．第2次世界大戦で依然第1位であったバクー油田は大幅な減産を余儀なくされるも，1950年までに戦前の生産水準に戻った．1960年代を通じて産油量は著しく増大し，1963年に西シベリアの石油開発が決定され，翌64年から生産に入った．1980年の西シベリアの産油量は3億〜3億1,000万トンと予定された．

　その石油政策の問題点は以下の点にある[17]．

1. 国内の完全自給体制を維持している．ソ連国内のエネルギー供給能力は西側から大きく懸念されているにもかかわらず，その石油輸出は1970年代以降，大きく伸びた．1980年代には，輸出も実績が低下し，消費も低下してきた．とはいえ，ソ連は，石油生産は世界第1位にあり，世界第2の工業国であった．一方，石油消費量は相対的に小さく（エネルギー消費の70%が工業部門で，民生部門は8.3%に過ぎなかった，1980年時），それは米国の消費量の6割に過ぎない．これは，自動車の普及度が低いこと，石油化学工業が遅れていること，及び熱源が主として熱併給発電所や地区蒸気工場からの供給に依存していることによる．
2. 西側に石油を輸出することにより重要な外貨を獲得しており，しかも最大の外貨獲得国となっている．1988年，ソ連は石油・天然ガスの西側先進国輸出で130億ドルの外貨を稼いだ．ソ連の西側先進国輸出総量は54.

6%を占めた（表8-8）．

3. コメコン加盟国，とりわけ東欧諸国への石油輸出によってコメコン国内体制の経済的結束を維持してきた．ルーマニアは，1975年までは1次エネルギーの国内自給が可能な唯一の国であったが，以来，輸入が増大した．他の東欧諸国はいうまでもなく1次エネルギーは自給できない（表8-8をみよ）．

4. 1988年以降，石油価格の下落による外貨獲得額の低下から，ソ連は石油・天然ガスの輸出を増大した．1984年以降における国内石油生産の落ち込みと国内石油消費の伸びから，ソ連は中東石油の輸入を増大させ，コメコン域内石油輸出を削減させる政策をとった（表8-9をみよ）．

5. ソ連の天然ガス生産は，1980年の27.1%から1984年には33%へと拡大し，1985年以降，これまでの石油生産を遙かに超えた．それは，1970年にロシア共和国の西シベリア・チュメニ州の占める割合が0.11%（31.4百万トン）から1984年の67.4%（378百万トン），1988年の77.9%（440百万トン）と生産が伸びたことによる（西シベリア・ガス田の3割は湖沼地帯にあり，ヤマル半島では平均気温がマイナス9.8度C，最低マイナス54度C，最高32度Cで，積雪日数が年間239～250日，毎日30～32メートル／秒の突風が吹き，インフラストラクチャーの整備が大きな課題である）（表8-10をみよ）．1990年に入り，カスピ海の海洋石油生産量が年産1,140万トンとなり，2005年にはソ連全体生産量で4,522万トンと4倍となるが，そのうちカスピ海の比率は67%，サハリン沖23%，北極海（バレンツ海及びカラ海）10%となっている．そして天然ガスは1990年の約10億cf／日から2005年までに約90億cf／日とほぼ9倍に増加し，その間に，カスピ海は85%から25%と低下し，代わってサハリン沖が15%から36%へ，北極海が0%から33%へ増加した[18]．

6. ソ連が石油輸出機構OPECと初めて接触をもったのは1983年3月で，アルジェリア石油相がソ連を訪問して石油価格の維持への協力を求めたが，

この際，ソ連は応じなかった．1986年1月価格が暴落すると，それはメジャーズや米国が意図的に行ったものであると，ソ連は非難声明を発した．1986年8月OPECは臨時総会で原油市況の建て直しを決定し，これにノルウェー，メキシコ，マレーシアとともに，独自にソ連も協調行動をとった．以後，ソ連は石油政策で産油国と連繋している[19]．

表8-8 ソ連の原油・石油製品の輸出，1970〜1984年　　　　　　　　　　　100万ルーブル

	1970	1975	1980	1982	1984
コメコン諸国計	708.8	2,418.1	6,604.8	10,557.0	13,955.8
東欧6カ国計	616.3	2,142.6	5,888.3	9,103.5	12,093.1
モンゴル	11.0	13.1	66.5	103.5	157.7
キューバ	69.2	248.2	611.8	850.0	1,324.8
ベトナム	12.3	14.2	38.2	263.3	380.2
その他社会主義国計	64.3	299.1	1,111.4	1,183.6	1,551.9
北朝鮮	27.2	26.6	81.5	101.4	103.9
ラオス	-	-	1.5	4.5	8.5
ユーゴスラビア	36.6	272.5	1,028.4	1,082.7	1,439.5
社会主義国計	773.1	2,717.2	7,716.2	11,745.6	15,507.7
西側先進国計*	490.8	2,867.6	9,223.1	12,004.0	13,573.1
イタリア	96.8	392.3	1,209.1	1,738.5	2,026.6
オランダ	23.5	201.0	697.4	1,283.1	1,494.4
フィンランド	107.9	542.5	1,476.7	1,769.2	1,817.5
フランス	30.2	192.6	1,557.0	1,546.6	1,752.7
西ドイツ	79.6	475.3	1,604.2	2,299.5	2,497.6
日本	30.1	67.6	108.6	112.7	137.7
米国	-	33.5	13.1	82.2*	9.5
発展途上国計	59.5	323.4	1,145.9	1,633.2	1,815.3
総計	1,323.4	5,908.2	18,085.2	25,382.8	30,896.1

(付記) *西側先進国は上位7カ国及び日本，米国のみを掲出した．米国の1982年統計は1983年統計．

表 8-9 ソ連の石油輸入，1973 ～ 1984 年

年	1973	1975	1980	1982	1984	1986	1988	1973	1975	1980	1982	1984	1986	1988
輸入先					10億ドル		1000ルーブル							100万トン
イラク	0.25	0.44	0.39	0.02	0.82	345,401	961,151	11.70	5.30	1.60	0.10	3.90	31,680	122,350
イラン	0.0	0.00	0.00	0.21	0.26	0	16,483	0.00	0.00	0.00	0.80	1.20	0	4,380
リビア	0.41	0.00	0.44	1.55	1.39	693,795	455,825	1.70	0.00	1.90	6.20	6.60	46,040	50,780
サウジアラビア	0.00	0.00	0.00	0.00	0.3	175,141	0	0.00	0.00	0.00	0.00	1.70	28,830	0
アルジェリア	0.00	0.00	0.00	0.00	0.00	237,849	144,104	0.00	0.00	0.00	0.00	0.00	34,050	15,950
計	0.37	0.69	1.41	2.77	3.89	1,452,186	1,596,388	14.70	7.60	5.70	11.00	20.00		

表 8-10 西シベリアの石油生産，1965 ～ 1990 年　　100 万トン

	ソ連全体	西シベリア（全体比）
1965	242.9	0.95 (0.4)
1970	353.0	31.3 (8.9)
1975	490.3	148.0 (30.2)
1980	603.2	312.6 (51.8)
1985	595.0	395.0 (66.4)
1990	565.0	440.0 (56.5)

6.OPEC 戦略と対抗カルテル

　1960 年 9 月イラクなど発展途上の産油 5 カ国で石油輸出国機構 OPEC が結成され，OPEC はその決議 14 でメジャーズとの対決を打ち出した（表 8-11 をみよ）[20]．まず，その公示価格の引き下げをもって，「カルテルに対抗するカルテル」戦略を提起した[21]．1967 年 6 月のイスラエル対決となった六日戦争（第 3 次中東戦争）において，最大のアラブ産油国サウジアラビアはパレスチナ問題の解決を国際社会に訴えるアラブの大義を掲げて石油戦略を発動したが，この時点では，米国の石油支配にはなんらの困難も及ばなかった．また，同じくして起きたスエズ運河の閉鎖も，西側世界には深刻な影響を与えなかった．直後のアラブ首脳会議はこの作戦の失敗を認めた．しかし，引き続く 1971 年 3 月リビアの最後通牒による石油価格引き上げと経営参加の要求

で，メジャーズは妥協を余儀なくされ，以後，産油国はメジャーズに対し51％までの事業参加を実現させた[22]．しかも，1973年10月の第4次中東戦争では，パレスチナ問題の解決を大義とした石油輸出停止のアラブ石油戦略が発動され[23]，その局面でのメジャーズとの交渉で，ファイサル・サウジアラビア国王は，これ以上米国に忠義立てはしない，との発言を繰り返した．このアラブ石油戦略は，石油産業文明の将来を危惧したローマ・クラブの報告[24]によって醸成されていた社会経済的危機の文脈において大きな衝撃であった[25]．ここに，メジャーズは主権国家群との対決回避を強いられ，その一方で，米国の政策は，依然，OPECカルテルとの対決，その解体にあった．そのこと自体，各国が石油会社のメジャーズを管理できなかったことの結果である一方，今度は，そのカルテル力学に代わって国家が石油会社と組んで石油を争奪し支配するという局面が登場した．状況は新しい混迷にあった．湾岸戦争はその一例であり，1980年の一般教書演説で打ち出されたカーター・ドクトリンに始まり，石油資源のための戦争に米国は突入した[26]．

表8-11 OPECの石油支配力

OPEC加盟国	輸出量 100万トン	対世界比
サウジアラビア	267.3	21.8%
イラン	177.7	14.5
クウェート	147.4	12.0
イラク	67.2	5.5
アブダビ	50.7	4.1
カタール	21.5	1.8
リビア	106.4	8.7
アルジェリア	50.1	4.1
ナイジェリア	86.4	7.1
ベネズエラ	104.6	8.5
インドネシア	40.7	3.3
OPEC計	1,200.0	91.4
世界計	1,224.6	100.0

表 8-12 世界の石油生産, 1960—1981 年　　　　　　　　　　　　　　　　　　　100万トン

	1960	1973	1981	1960-73 増加分	1973-81 増加分
北米	410.5	621.3	555.3	210.8	△66.0
中東	261.8	1,052.5	788.0	790.7	△264.5
ラ米	194.9	272.1	318.9	77.2	46.8
アフリカ	13.8	290.6	233.3	276.8	△57.3
共産圏	167.2	503.0	727.2	335.8	224.2
その他	42.4	132.2	267.6	89.8	135.4
計	1,090.6	2,871.2	2,890.3	1,781.1	18.6

表 8-13 上位原油生産 10 カ国

1991年 1000トン		1993年 1000トン		1997年 1000バレル		2000年 1000バレル		2002年 1000バレル	
サウジアラビア	34,555	サウジアラビア	33,948	サウジアラビア	8,277	サウジアラビア	7,995	サウジアラビア	7,630
米国	31,160	米国	28,740	独立国家共同体	7,107	ロシア	6,325	ロシア	7,410
イラン	13,772	イラン	15,384	米国	6,410	米国	5,822	米国	5,820
中国	11,616	中国	12,094	イラン	3,636	イラン	3,682	イラン	3,440
メキシコ	11,593	メキシコ	11,582	中国	3,210	中国	3,237	中国	3,390
ベネズエラ	10,384	ベネズエラ	10,648	ベネズエラ	3,185	ノルウェー	3,212	メキシコ	3,180
アラブ首長国連邦	9,564	アラブ首長国連邦	8,855	ノルウェー	3,151	ベネズエラ	3,028	ノルウェー	2,990
ナイジェリア	7,888	ナイジェリア	7,908	メキシコ	3,025	メキシコ	3,012	ベネズエラ	2,610
ノルウェー	7,615	ノルウェー	8,707	英国	2,541	イラク	2,567	英国	2,290
英国	7,403	英国	7,151	アラブ首長国連邦	2,253	英国	2,514	カナダ	2,170

(注) ノルウェーの 1993 年は 1992 年統計.

7. 現下の石油地政学

　いまやメジャーズの，そして OPEC の石油支配という局面は終わろうとしている．現下の石油をめぐる政治力学は，以下の諸点に提起されている．

1. 1960年に英国が開発に着手した北海油田は130億バーレルと推定され，1960年半ばを通じて生産が軌道に乗った．1970年代以降，ノルウェー，デンマークも領海内で開発を進めている．日本企業もこの開発に投資しており，その開発はまったく新しいパターンを形成した（表8-12をみよ）[27]．このことは，石油開発が中東から中央アジア，シベリア，そして極東へ移る先駆となった（表8-13をみよ）．
2. 中央アジアのカスピ海石油開発が，ソ連の解体以後，登場してきた（第3章5ユーラシア地政学をみよ）．
3. 1992年，米海兵隊の国連ソマリア活動は，1995年3月現地の混乱で撤退を余儀なくされたが，その作戦の目的の1つはソマリアの石油支配にあった[28]．
4. 2001年10月米国のアフガニスタン作戦は，当然にタリバン鎮圧作戦とアルカイダの封じ込めという目的にあったが，そこでは，カスピ海の石油パイプラインをアフガニスタンに通すという構想があった（第3章5ユーラシア地政学をみよ）．
5. 米国の2003年1月イラク戦争には，原油確認埋蔵量1150億バーレルへの関心にもあった[29]．その石油が中東の安定に寄与するとの構想がその基本にある．
6. シェル，三井物産，三菱商事の3社企業連合，サハリン・エナジー・インベストメントは，サハリンで1999年7月商業生産に入った．2003年5月同社は天然ガス開発の事業化を発表した．他方，エクソン，モビルなどの企業連合も，2003年7月サハリンで掘削に着手し，2004年11月天然ガスの供給に入った．サハリンIプロジェクトでは，1998年石油が発見され，サハリン北部オドプトゥ地区からサハリン南端コルサコへの輸出計画で，さらにサハリン島を横断した海底パイプラインで日本（中国も検討）へ天然ガスを2008年から送ることになっている．サハリンIIプロジェクトは，日本・英国・オランダの合弁企業により，1999年に生産が開始され，日本・中国・

韓国・米国へ出荷している．
7. シベリアの石油開発構想が軌道に乗り，ロシアは2005年2月中国と石油協力合意に調印し，12月シベリア石油を極東へ運ぶ中国向けパイプライン（スコボロジー－大慶間）の建設を進めることになった．2005年11月小泉日本首相とプーチン・ロシア大統領の会談では，シベリア・パイプラインは，ロシア内陸部パイプライン（イルツーク州タイシェト－アムール州スコボロジノ／中国東北国境間）とその先の太平洋ルート（スコボロジノ－ハバロフスク間）の2段階方式が合意された．なお，イルクーツク石油は，中国・大連を通り黄海を経て韓国平沢へ繋がる天然ガス・プロジェクトが2003年11月関係3カ国石油会社間で合意された[30]．
8. 中国は東シナ海の排他的経済水域の日中中間線の中国側大陸棚で1980年代から試掘調査を行い，1996年11月掘削に入った．この地帯の埋蔵石油は推定72億トンあるいは240億トンなど諸説があるが，2004年5月本格的な生産に入った．日本はその油田層が日本側にも拡がっているだけに，情報の提供を中国に求めているが，中国は応じていない．そこで，日本も2005年7月その開発に着手した[31]．これには，シベリア石油の中国輸送と並んで，中国がその増大する石油需要に窮迫しているという事情がある．中国の石油輸入は1993～1991年に伸び率が22.66％に達した（表8-14をみよ）．[32] なお，中国の西気東輸計画のパイプライン（タリム盆地－上海）は，2004年9月開通した．

表8-14 中国原油輸出入変化の趨勢　　　　　　　　　　　　　　　　　　万トン

		1993	1994	1995	1996	1997	1998	1999
輸入	原油	1567	1235	1709	2202	3547	2732	3661
	石油製品	1729	1289	1440	1582	2379	2174	2082
輸出	原油	1943	1849	1885	2033	1983	1560	717
	石油製品	372	379	414	418	559	436	645
純輸入	原油	-376	-614	-176	229	1564	1172	2945
	石油製品	1357	910	1026	1174	1820	1738	1437

（注）石油製品は，ガソリン・ナフサ・灯油・シーゼルオイル・永代パラフィンなど．

9. そこでは，世界の石油企業の新たな再編が展望される．中国の海外石油開発は 2003 年で 2009 万トン，輸入石油全体の 22％を占めた[33]．2005 年 6 月中国海洋石油 CNOOC が米メジャーのユノカルに対し 185 億ドルの買収提案をした．7 月米下院軍事委員会公聴会でジェームス・ウルジー元 CIA 長官は，「石油は戦争の道具であり，中国の強硬姿勢はそうした中国の脅威として考えるべきだ」と証言した．これに対し，米シンクタンクの研究員ジェリー・テーラーは，「ユノカルの石油生産量は世界全体の 0.23％に過ぎず，中国が石油の流通や価格を支配するには，中東全体を支配しなければならない」と述べたが，その見方は下院議員の強い反撥を招いた．ちなみに，ユノカルは石油鉱区の約 30％，ガス田の約 70％がアジアに集中している[34]．この買収工作は 8 月中国が断念した．中国は胡錦涛国家主席が主導して 2006 年 4 月サウジアラビア，モロッコ，ナイジェリア，ケニアとのあいだで石油資源確保に成功した[35]．

10. ロシアはウクライナの NATO・EU 接近で 2004 年 10 月プーチン大統領がウクライナを訪問し，大統領選挙における親米派の野党への米国の干渉に対抗して圧力をかけたが，選挙の不正を最高裁判所が認定し，再選挙で親米派のビクトル・ユーシェンコ大統領を受け入れた．今度は，2006 年 1 月ロシアへのウクライナ経由のヨーロッパへの天然ガス供給を，ロシアが停止した．一方，ロシアは 2005 年 12 月バルト海経由の北欧パイプライン建設でドイツと合意し着工に入った．そのルートはベルギー，オランダ経由で英国への延伸の予定である（図 8-3 をみよ）．これに成功すれば，かつて東欧支配の 1 つの政治手段であったウクライナ，バルト 3 国，ポーランドなど既存パイプラインによる供給停止などを通じた圧力行使が可能となる．いま 1 つの石油戦略の発動といえるものである．

以上，新しい意味での石油戦争に現在突入しており，その地域が北海からシベリア，そしてサハリン，さらに東シナ海という環状のリムランドであることは注目される．

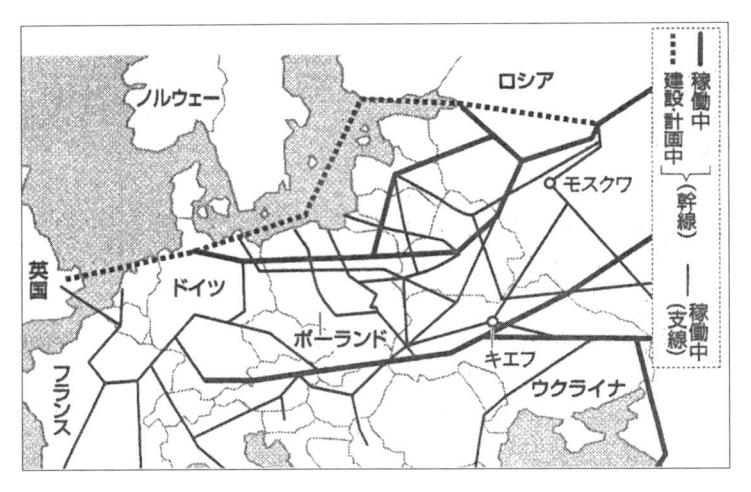

図8-3 ロシアからヨーロッパへの主要天然ガスパイプライン

にもかかわらず，石油地政学は，以下の3点で動いている．
1. 世界の石油問題は，米国を無視しては重要な決定が下されえない．世界の石油市場の関係者はすべて，米国の石油市場を見守っている．米国は，エネルギー危機・環境危機にもかかわらず，石油エネルギーへの依存を変えることはない．そのためには湾岸戦争もイラク戦争も辞さない（米国と英国は，サダム・フセインはクウェートに次いでサウジアラビアを狙うにちがいない，そうなれば，世界の石油埋蔵量の3分の1がサダムに握られてしまう強い危機感を懐いていた）．ここに，ブッシュ政権はサウジアラビアと強いコネクションを持って戦争に介入したことは否定できない[36]．
2. 石油枯渇問題も議論されるが，中東の石油は石油地政学の根幹をなしており，サウジアラビアの生産が依然，最大重視される．これはサウジアラビアの確認埋蔵量（現在の技術・経済条件で採掘可能なもの）は約2650億バレルで，世界比4分の1を占めるからである．メキシコやシベリア

の石油に比して，サウジアラビアのライト原油はその石油精製費用が15分の1である．サウジアラビアの安定性と行方は世界の関心事である．
3. 石油価格は市場の決定にあって，石油を政治的武器にしようという意図，価格を上昇させる工作は，産油国のみならずすべての国家，そして市場関係者の最大の関心事であり，価格が下がることはない．石油需要は依然増大し，石油供給減が産油国の内政を混乱させ，そして消費国の対立を増幅拡大していくことは確かである[37]．米国，そしてブッシュ政権は，2003年にOPEC支配下の石油を解放できれば，今後，50年から100年は米国の優位が保証できるとしている，とマイケル・クレアは発言した[38]．石油がなくなるまで，サウジアラビアとともにOPEC諸国が生き残れるかどうかは，石油地政学の1つの課題である．

石油資源が底を突くというシナリオは現実である．20010〜2015年には在来型の石油生産がピークを迎え，石油価格が上昇し，このために各国経済は勢いを失い，世界経済は不況に陥るとのシナリオもある．それまでに，米国を含めて，懸け橋経済（水素経済への移行）という新しい経済システムへの移行を可能にすることが課題となっている[39]．

8. 水戦争

水は，古来，聖なる天の恵みであった．水は文化の母体であり，生命の基礎である．水の供給は生命の維持する務めであり，水が生活秩序の原型であった．とりわけ，世界の代表的な河川は世界文明の発祥地で，それは河川を灌漑に利用し，あるいは定期的叛乱がもたらす沃土が生産力の基礎を形成してきたからであった．そして，古代エジプトにみるように，ナイル河は雄牛神で，娘を祭壇に捧げて神の恩寵を願い，川の恵みと恐ろしさに信仰をもって川と対面してきた．しかし，もう1つの水文化が登場した．それは水は商品であり，もって水の所有権とその売買は企業の基本的権利であると主張された．このいま1つの文化の挑戦は，人々の共有財産としての水の存在を剥奪し，展望される環

境の破壊のなかで世界の水戦争を大きく噴出させた．1998年には，世界の28カ国が渇水または水不足に見舞われた．この数字は，2025年までに56カ国に達すると議論されている[40]（図8-4をみよ）．

1995年8月イスマイル・セラゲルディン世界銀行副総裁は，「20世紀は石油をめぐる時代であった．しかし，21世紀は，水をめぐる戦争の時代となろう」と発言した（1955年のナイル河アスワン・ハイダム計画は，世界銀行が同意して始まっていたが，ソ連が介入し，世界銀行が手を引き，スエズ運河の国有化でエジプトが単独で建設した）．2002年4月コフィ・アナン国連事務総長は，ガーナ・アクラ演説で「世界は現在，水戦争の直中にある．犠牲者は貧困国の人間である．水なくしては，未来はない」と指摘した．CIAの調査報告『グローバル・トレンド2015』は，人口爆発，天然資源戦争，環境の悪化，国際テロとならんで水をめぐる紛争を指摘した．2015年までに人口増加が避けられず，水の供給が増えないとすれば，水不足が政治対立となるのは必定であろうとみている[41]．

ここに提起された水戦争は，これまでの水をめぐる生活の域を越えて，以下の問題が提起されてきた[42]（表8-15）．

1. これまで水戦争は，戦争の1つの手段であった．パレスチナの水戦争もその一部であるが，但し，それは自らの生活権の問題である．湾岸戦争での多国籍軍によるイラクの水源地攻撃は，敵の戦闘員の活動を封じるという政治目的にあった．
2. 水利戦争は，紀元前2500年，チグリス河の灌漑をめぐるルガシュとウンマの都市国家間の50年戦争に始まり，それが現在も続いているが，それは権力者の支配と住民の生活権の保持・抵抗に関連していた．
3. その水支配が勝敗を決める決定打という結論は，反政府分子によるテロ攻撃の論理にも通用しており，アルカイダも人口密集地域の水源地テロは最大の戦術的方策であるとみている．

そこでは，パレスチナの水利紛争にみるように，水の共有に根ざす社会秩

序が解体される一方，その土地と水の紛争が政治的イデオロギーの対立から宗教戦争に転化されてしまうところとなっている．
4. そして，経済のグローバル化とともに，この水をめぐる利権対立は，国際企業による水の独占的支配へと進んでいる．それは，水ビジネスの民営化という問題で，ヨーロッパ企業による民営化方策（水利権の取得と支配）は，ECにより72カ国に提案されている．つまり，水資源は民間企業にとってインフラストラクチャー整備の最後の手段とされる[43]．それこそ，巨大企業の世界戦略であり，フランス・エビアンの水も支配し，英国マルベルンの水も押さえたコカ・コーラの世界水戦略がその代表旗手である[44]．1990年に始まった世界の3大水企業，スエズ（フランス），ビベンディ（フランス），RWE（ドイツ）を支配するテームズ・ウォーター（英国）が15年以内に世界の水の75％を支配すると，国際調査ジャーナリスト協会の2003年報告は衝撃的指摘をした[45]．
5. そこでは，アラル海にみるように，治水の失敗による中央アジアにおける環境の破壊が住民による抵抗を生み出して共産主義支配の解体を決定的にしたとされる．治水の失策がもたらす水対立は，その地がイスラムの脅威となる素地を生み出してしまった[46]．

9. 水地政学

その水戦略の地政的条件は，以下にみるように，断絶地帯あるいは遮断地帯に集中している（図8-5をみよ）．

チグリス・ユーフラテス河　この河川は数千年にわたりトルコ，シリア，イラクの農業を支えてきた大流域で，アナトリア地方を源流とし，トルコが水の支配権を握った[47]．それは，「先に支配したものが支配する」との優先主義（カウボーイ理論）で，トルコはアタチュルク・ダムを1990年1月に建設し，この貯水により1カ月河川の流れが止まった．続く予定の2つのダム建設で，イラクはユーフラテス河のイラク水割当ての70〜80％を失う．さらに，シ

表 8-15 水戦争の主要事例

時期	場所	当事国	内容
Ⅰ 軍事作戦			
1915	南西アフリカ	ドイツ軍→南アフリカ軍	井戸に毒薬投下
1938	中国	国民党軍→日本軍	蒋介石が黄河の堤防を破壊し侵攻阻止
1943	ドイツ	ドイツ軍→英空軍	エルベ河ダム破壊で連合軍の進撃阻止
1944	ドイツ	ドイツ軍→連合軍	イリ河ダム破壊で連合軍の進撃阻止
1950-1952	中国・北朝鮮国境	米国連軍→北朝鮮・中国軍	朝鮮戦争で国境地帯鴨緑江ダム爆撃
1967	ヨルダン	イスラエル→シリア	ヨルダン川の分水計画阻止
1972	北ベトナム	米軍→北ベトナム	ベトナム戦争で堤防空爆
1980-1988	イラク	イラン→イラン	イラン軍がユーフラテス河洪水作戦
1988	南アフリカ	キューバ・アンゴラ→南アフリカ	カルーク・ダムを攻撃
1991	イラク	多国籍軍→イラク	湾岸戦争でバグダット水施設を破壊
1992	ユーゴスラビア	セルビア→サラエボ	サラエボの電力・水利停止
1993	ユーゴスラビア	ユーゴスラビア→セルビア	ペルカ・ダム破壊
1998	コンゴ	反政府分子→政府	インガ・ダムの破壊、水道・電力停止
1999	ユーゴスラビア	NATO軍→コソボ	ベオグラード水力発電所爆撃
1999	ユーゴスラビア	セルビア→NATO軍	水道施設破壊
Ⅱ 政治工作			
1948	パレスチナ	アラブ諸国→イスラエル	西エルサレムの水供給遮断
1963-1964	エチオピア	ソマリア→エチオピア	オガデン砂漠の水源・石油支配対立
1964	キューバ	キューバ→米国	グアンタナモ基地への水供給停止
1965	ローデシア	ザンビア→英国	カリバダム破壊工作阻止への介入要請
1974-1975	シリア	イラク→シリア	シリアにユーフラテス河減水で恫喝
1975	アンゴラ	南アフリカ→アンゴラ	クネネ河発電所防衛のため侵攻
1982	レバノン	イスラエル→レバノン	ベイルートの水供給停止
1986	レソト	南アフリカ→レソト	レソト干渉でレソト高原の水資源確保
1986	北朝鮮	北朝鮮→韓国	クムガンサン発電ダム建設で洪水作戦を企図
1997	マレーシア	マレーシア→シンガポール	水供給停止の恫喝
1999	米国プエルトリコ	地方政府→政府	米軍駐留反対で軍事基地水供給停止
2000	ウズベキスタン・キルギスタン	ウズベキスタン・キルギスタン	貿易対立で相互に水供給停止
2002	北朝鮮	北朝鮮→韓国	クムガンサン・ダムの大量放出
2002-2005	シンガポール	マレーシア→シンガポール	ジョホールからの水供給で対立
2006	スリランカ	政府→タミル人	水供給停止で圧力
Ⅲ 水利権対立			
1977-2003	米国	メーリランド州↔バージニア州	ポトマック川の領有権対立
1948 1960	インド	インド↔パキスタン	インダス河の水利対立
1951	ヨルダン	イスラエル↔シリア・ヨルダン	イスラエルのフレ湖支配対立
1953	ヨルダン	イスラエル↔シリア・ヨルダン	イスラエルのヨルダン河水利独占
1975	シリア	シリア→イラク	ユーフラテス河ダム建設で対立
1978-1999	エチオピア	エジプト→エチオピア	青ナイル河のダム建設
1989-1991	セネガル・モーリタニア国境	セネガル↔モーリタニア	セネガル河の水利対立
1990-1998	トルコ	トルコのユーフラテス河ダム建設で水流減少	
1991-2002	インド	カルナタカ州↔タミル・ナド州	コウベリ川の灌漑水利対立
1992	チェコスロバキア・ハンガリー国境	チェコスロバキア↔ハンガリー	ゴブチコフ運河建設で対立
1995	エクアドル・ベルー国境	エクアドル↔ペルー	水資源の帰属対立
1976-1977	インド	バングラデシュ→インド	インドのガンジス河ファラッカダム建設で対立
1999-2000	ナミビア・ボルワナ・ザンビア	ナミビア・ボルワナ・ザンビア	水資源対立
2002	パレスチナ	イスラエル→パレスチナ	パレスチナ人による取水制限
Ⅳ 開発対立			
1907-13	米国カリフォルニア州	住民→会社	水供給パイプライン建設に住民が抵抗
1962-67	ブラジル・パラグアイ国境	ブラジル↔パラグアイ	パラナ川開発
1980	インド		灌漑政策の失敗で抗議行動
2000	インド・グジャラート州	政府↔住民	政府の水政策失敗で騒動
2000	ボリビア	住民→会社・政府	水道の民営化で住民抗議、戒厳令
Ⅴ テロ			
1984	米国オレゴン州	カルト集団→住民	ラジニーシーが市営貯水池にサルモネラ菌投入
1990	南アフリカ	政府→住民	住民の抵抗闘争で水供給停止
1998	タジキスタン	ゲリラ→政府	カイラクムダム破壊の脅迫
1998	米国アリゾナ州	ハッカー→政府	ルーズベルトダム管理にハッカー侵入
1999	ザンビア	反政府分子→政府	ルサカの水道パイプライン破壊
1999	アンゴラ	反政府分子→政府	貯水池に有毒物質投入
2001	パレスチナ	パレスチナ→イスラエル	水道パイプライン爆破
2001	フィリピン	ゲリラ→政府	アブ・サヤフが水源地に有毒物質投入
2002	ネパール	ゲリラ→政府	毛沢東主義者が水パイプライン破壊
2002	イタリア	ゲリラ→政府	アル・カイダが米大使館狙い水道に有毒物質投入
2002	米国コロラド州	反政府分子→政府	地球解放同盟の水源地爆破の脅迫
2002	コロンビア	ゲリラ→政府	コロンビア革命軍がボゴタ水源地爆破
2003	イラク	ゲリラ→政府	水施設の破壊

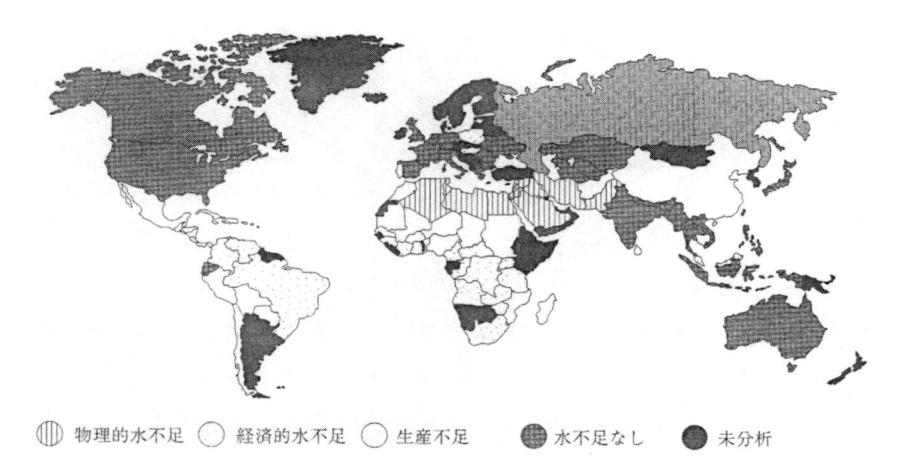

図 8-4 世界の水不足状態，2025 年

凡例: 物理的水不足　経済的水不足　生産不足　水不足なし　未分析

リアはユーフラテスの水を農業に廻しただけで，その割当ては 90％失ってしまう[48]．1989年10月トルグト・オザル・トルコ首相は，クルド労働者党 (KKK) 制圧の過程で，シリアに対し亡命を受け入れている KKK 分子を追放しなければ，反乱地域への水の供給を完全に絶つと恐喝した．1990年オザル大統領はイスラエルとチグリス・ユーフラテス河の水供給を保証する約束を成立させ，一方，国内のクルド人自治国家構想を水供給の圧力で断念させた．1993年のトルコ・シリア協議は決裂し，1998年10月トルコは臨戦態勢を発動し，結局，シリアは KKK の国内活動を封じることに応じた．一方，イラクのサダム・フセイン政権は，ユーフラテス河の流路変更を計画し，このために水を失うクルド人はイラクに対しジハードを布告した[49]．

西岸地区　イスラエル，ヨルダン，シリア，レバノン，及び西岸地区の対立はヨルダン川の水利にある．イスラエルがその 60％を利用しており，このイスラエルの全国土水利計画は 1948年に始まり，これにシリアが反対して米国

のエリック・ジョンストン調停となったが，シリアは拒否した[50]．1962年レビ・エシュコル・イスラエル首相は，1962年，「水はわれわれの血管を流れる血である」と発言し，その道を閉ざすことは戦争を意味する声明した[51]．そして，第3次中東戦争で，西岸地区の水をイスラエル軍は管理した．水問題はこの地域住民の生存と国家の安全保障の問題である[52]．

　ナイル河　ナイル河は世界最長の河川で，全水流量の86％がエチオピアから発し，残り14％がケニア，ウガンダ，タンザニア，ルワンダ，ザイール／コンゴ民主共和国，ブルンジから流れ出る．ブルンジに発する白ナイルとエチオピアから流れる青ナイルは，下流のエジプト，エチオピア，スーダン3国間で紛争を繰り返してきた[53]．スーダンを統治した英国はナイル河の水を堰き止めるとエジプトのサルタン（大守）に圧力をかけ，エチオピアに青ナイルの流れは操作しないと約束させ，エジプト・スーダン統合計画のもと1903年にナイル河協定を成立させた．1958年エジプトはアスワン・ダムを建設し，このためスーダン人10万人が立ち退きを余儀なくされ，スーダンはエジプトに水使用量の増加を強いられた（1959年ナイル水利協定）[54]．一方，ナイル河に権利を有するエチオピアは無視されてきたが，早速，上流にダム29カ所の建設に着手し，これによりナイルの水量は8.5％減少した．エチオピアは公平な利用原則に固執しており，1999年2月タンザニアで開催のナイル河流域10カ国水利問題外相会議でナイル河流域戦略行動計画が調印され，これによりスーダン・エジプト水利対立も解消された（現在，エリトリアを加えてナイル河流域開発・環境保全振興共同機関（TECCONILE）が発足している）[55]．それは，「ナイルに依存するエジプトの安全保障はアフリカ諸国が握っている」と，1990年にブトロス・ブトロス・ガリ・エジプト外相，後の国連事務総長が発言したことを証明した．ガリは，続いて，「われわれの地域で次の戦争が起こるとすれば，それはナイルの水をめぐってである」と述べていた[56]．

　リオグランデ川　米国・メキシコ国境をカリフォルニアに流れるリオグランデ川は，19世紀末のメキシコ・米国戦争に端を発し，1906年に暫定合意

し，1944年に合意文書が成立したが，メキシコには水の権利はないとされてきた．アリゾナの灌漑排水事業で，メキシコ国境上流のコロラド川が汚染し[57]，1961年11月メキシコは抗議し，一方，1963年グランドキャニオン・ダムの完成で，メキシコへの水供給は激減した．解決策はなく，依然，米国の水独占支配は続く[58]．

ガンジス河　バングラデシュの建国者ムジブル・ラーマンが1977年11月インドとの水利交渉で妥協したことが，彼の暗殺の原因とされる．インドによるファラッカ・ダムの建設は，バングラデシュの生存を制した．1996年のバングラデシュの経済・社会環境危機はその分水が原因であった．1977年ガンジス河水利分配条約では，インドが53％の水を押さえた．バングラデシュ記者は，これを「ファラッカの嘆き」と形容した[59]．

インダス河　世界最大の流水量，ナイル河の2倍を占めるインダス河は，1960年世界銀行の調停でインダス河条約が成立した[60]．世界銀行は水管理プロジェクトの資金を提供することで，この条約を成功させた[61]．シーク教徒はその水利を要求しているものの，その要求は拒否され，パンジャブ，ハリアナ，ラジャスタンの水分配を強行したインディラ・ガンジー首相は，1982年4月分配のための運河の起工式を挙行して直後にシーク教徒により暗殺された．そして，その運河建設の現場では，1993年までテロが続いた．

ヨーロッパでは，水紛争に伴う社会秩序の混乱・解体は起きていない（1993年7月上流スロバキアのガブチコーボ・ダム開発がダニューブ河下流域，ハンガリーの内陸湿地帯の環境を悪化させると国際司法裁判所で争われ，1998年9月結審したが，そのダムは建設され，運用されている）．

さらに，現下の問題で注目されなくてはならないのは，砂漠化の問題であり，また，水エネルギー資源第1位の中国では，新たな争点が登場した．中国の歴史で初めて1972年に世界第6位の黄河が枯渇するという事件が起こり，1997年には流水が海に届かなかった（2000年断流解消）[62]．人口密度が最高の長江（揚子江）では，上流の湿地帯での森林伐採で，下流域での氾濫となり，

住民は移住を余儀なくされた．米国で強行されてきた大型ダム建設プロジェクトとそれをめぐる水紛争の時代は過ぎ去った[63]．しかし，ヒマラヤ山脈域の森林伐採がバングラデシュでガンジス河氾濫を引き起こしている．2002年，中国はメコン上流域でのダム建設構想を打ち上げ，これに下流域のベトナム，タイ，ラオス，カンボジア，ミャンマーがこぞって反対を表明した．このことでは，いま1つの水利紛争が起きるかもしれない[64]．

この水戦争が発火点となった国際対立は，環境の悪化，水の企業支配とともに，水ストレス状態が強まって，新たな火種となっている（図8-5）．現実に，ジョホール水道でシンガポールが領土拡張に走ったことに起因して，2002年7月ジョホールからシンガポールへの水の供給をめぐりマレーシアが大幅値上げを要求して対立し，その水の供給はシンガポール国家の存立維持にあるという根源的な問題が浮上した（2005年4月解決した）．

新たに水地政学の課題として，バーチャル・ウォーター（仮想水）論が登場してきた．この議論は，1人当たり水資源消費量が小さい国は国家対立が少ないとして当初説明されてきたが，水資源量が少ない国でも，大量の食糧と水を輸入しており，そのことは，当該国では水節約であるかもしれないが，その輸

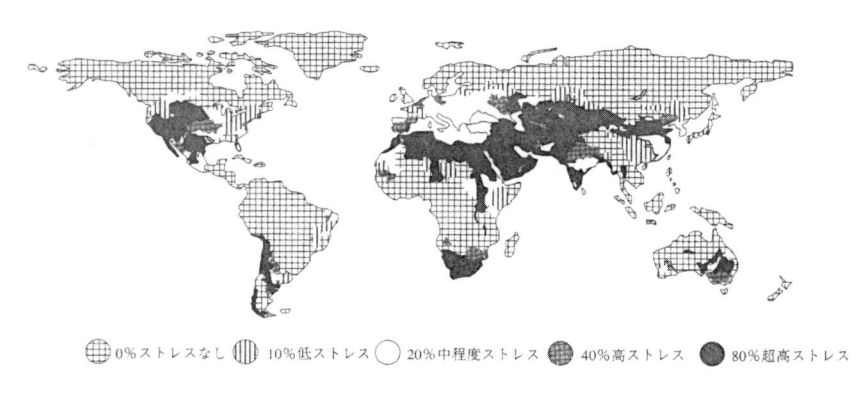

図8-5 世界の水のストレス状態，2025年

入される食糧の栽培に供給される水の使用量をバーチャル・ウォーターとして計算すると，食糧輸入国の水消費は大きいことになるというものである．検討すべき1つの課題となろう[65]．

現在，1992年の水と環境国際会議（ダブリン会議）で採択された水過剰消費・水汚染などの行動計画に続いて，水問題を通じて地球の将来を考え，行動に結び付けていこうという世界水フォーラムが開催され，新たな取り組みが始まっている(第1回1997年3月マラケシ開催，第2回2000年3月ハーグ開催，第3回2003年3月琵琶湖・淀川地域開催)[66]．第2回フォーラムでは，地球的課題として認識されつつある構造的な水資源（水不足）が人権の文脈で焦点となった．

[注]
1 Louis Fisher, *Oil Imperialism*: *The International Struggle for Petroleum*, New York: International Publisher, 1926. 荒畑寒村訳『石油帝国主義』改造社, 1927年／新泉社, 1974年．
2 Herlaw Person, *Mexican Oil: Symbol of Recent Trends in International Relations*, New York: Harper & Brothers Publications, 1942 .George W. Grayson, *Oil and Mexican Foreign Policy*, Pittsburg; Univ. of Pittburg Press, 1988. 土井修『米国石油産業再編成と対外進出（1899－1932年）——メキシコ・ベネズエラ進出を中心として』御茶の水書房, 2000年．
3 Jean-Jacques Berreby, *Hisoire Mondiale du Pétrole*, Paris: Pont Royal, 1961. 門田光博訳『石油の世界史』幸書房, 1966年．
4 Daniel Yergin, *The Prize*, London: Simon & Schuster, 1990. 日高義樹・持田直武訳『石油の世紀』上・下, 日本放送出版協会, 1991年．
5 Melvin A. Conant & Fern R. Gold, *Geopolitics of Energy*, *United States Senate's Report 1977*, Washington, DC: USGPO, 1979. 桃井真訳『新エネルギー地政学』電力新報社, 1979年, 41–45頁．
6 op. cit. Fisher, *Oil Imperialism: The International Struggle for Petroleum*. 前掲, 荒畑訳『石油帝国主義』．江夏千穂『国際石油カルテルの行動様式』中東経済研究所, 1975年．Louis Turner, *Oil Companies in the International System*, London: The Royal Institute of International Affairs/ George Alen & Unwin, 1978.
7 永渕三郎『イランを繞る石油争奪戦』天元社, 1941年．
8 マイケル・ブルックス『石油と外交』政治経済研究所, 1951年, 29頁以降．
9 サンレモ石油協定は，前掲，浦野『資料体系アジア・アフリカ国際関係政治社会史』第3巻中東

I 資料 9-2-1 に所収.
10 赤線協定は，前掲書，第 3 巻中東 I 資料 9-2-3 に所収.
11 Staff Report to Federal Trade Commission, *The International Petroleum Cartel*, 82nd Congress, 2nd Session, Committee Print No.6, 1952. 諏訪良二訳『米国連邦取引委員会報告書・国際石油カルテル』石油評論社，1949 年，89 頁.
　アクナカリー協定は，前掲，浦野『資料体系アジア・アフリカ国際関係政治社会史』第 3 巻中東 I 資料 9-2-1 に所収. 協定内容は，山田恒彦・他『メジャーズと米国の戦後政策──多国籍企業の研究（1）』木鐸社，1977 年，17 頁以降をみよ.
12 Leonard Moseley, *Power Play: Oil in the Middle East*, New York: Random House, 1973. 高田正純訳『〈中東の石油王国〉オイル・パワー』早川書房，1974 年.
13 Anthony Sampson, *The Seven Sisters: The Great Oil Companies and the World They Made*, London: Hodder & Stoughton, 1975. 大原進・青木榮一訳『セブン・シスターズ──不死身の国際石油資本』日本経済新聞社，1976 年. Melvin A. Conat, *Access to Oil: The United States Relationships with Saudi Arabia and Iran,* Committee on Energy and Natural Resources United States Senate's Reports 1977, No. 95-70, 1977. 木下博生訳『米国の中東石油政策──「特別な関係」自壊の構図』電力新報社，1980 年.
14 前掲，浦野『資料体系アジア・アフリカ国際関係政治社会史』第 3 巻中東 II 11 イラン石油紛争.
15 ボリス・ラチコフ，滝沢一郎訳『ソ連から見た石油問題』サイマル出版会，1976 年，272 頁. さらに，278-280 頁をみよ.
16 *Oil & Gas Journal*, 31 Dec. 1990.
17 『コメコンの石油需給（東欧産業基礎調査）』ソ連東欧貿易会，1986 年.
18 『ソ連の石油情勢』ソ連東欧貿易会ソ連東欧経済研究所，1990 年. 『国際石油市場におけるソ連のプレゼンス』ソ連東欧貿易会ソ連東欧研究所，1991 年. 『旧ソ連地域の石油内外需給動向』ロシア東欧貿易会ロシア東欧経済研究所，1996 年.
19 『国際石油市場におけるソ連のプレゼンス』ソ連東欧貿易会ソ連東欧経済研究所，1991 年，第 2 章ソ連の石油情勢と対 OPEC 政策.
20 OPEC 決議 14 は，前掲，浦野『資料体系アジア・アフリカ国際関係政治社会史』第 4 巻アジア・アフリカIV 資料 1-1-1 に所収.
　その活動は，以下をみよ. 牛島俊明『OPEC 新石油帝国の誕生──どうなる日本のエネルギー』日本経済新聞社，1972 年. 松村清二郎『OPEC と多国籍石油企業』アジア経済研究所，1974 年. Michael Field, *A Hudred Million*, London: Patrick Seale Books, 1975. 竹内一郎訳『1 日 1 億ドル──オイル／ダラーの実力』時事通信社，1976 年. アブドル・アミール・クバー，奥田英雄訳『OPEC──その歴史と現状』石油評論社，1975 年. Fariborz Ghadar, *The Evolution of OPEC Strategy*, Lexington: Lexington Books, 1977. Ali D. Johany, *The Myth of the OPEC Cartel: the Role of Saudi Arabia*, Dhahran: Univ. of Petroleum & Minerals Chichester/ New York: J. Wiley, 1980. Ragaei El Mallakh ed., *OPEC: Twenty Years and Beyond*, Boulder: Westview Press/ London: C. Helm, 1982. A. M. El-Mokadem, *OPEC and the World Oil Market, 1973-1983,* London: Eastlords Pub., 1983. Ian Skeet, *OPEC: Twenty-five Years of Prices and Politics*, Cambridge/ New York: Cambridge U. P., 1988. 奥田英雄訳『OPEC──

その価格と政治1960-1986』石油評論社，1990年
その中核はアラブ石油輸出国機構OPECであった．Mary Ann Tétreenlt,*The Organization of Arab Petroleum Exporting Countries: History, Politics, and Prospects*, Westport: Greenwood Press, 1981.
21 浦野起央「資源カルテルの政治力学」国際法外交雑誌，第76巻第6号，1978年．
22 前掲，浦野『資料体系アジア・アフリカ国際関係政治社会史』第3巻中東Ⅳ9石油の国有化．『産油国国営石油会社論——その機能についての理論的分析とパーティシペション後の企業動向についての検討』日本エネルギー経済研究所，1972年，第3章事業参加と産油国国営石油会社の機能．前掲，松村『OPECと多国籍石油企業』．
23 Jordan J. Paust & Albert P. Blastern, *The Arab Oil Weapon*, New York: Oceana Publications, 1977. 前掲，浦野『資料体系アジア・アフリカ国際関係政治社会史』第3巻中東Ⅴ3アラブの石油戦略とIEAの設立．
24 Donella H. Meadows et al., *Limited to Growth*, Chicago: Univ. of Chicago Press, 1972. 大来佐武郎監訳『成長の限界』ダイタモンド社，1972年．
ローマ・クラブの思想は，以下をみよ．Aurelio Pecci, *Chasm Ahead*, London: Pergamon, 1977. 大来佐武郎監訳『人類の使命』ダイタモンド社，1979年．Pecci, *100 pages l'avenir du President du Club de Rome*, Paris: Economica, 1981. 大来佐武郎監訳『未来のための100ページ』ダイタモンド社，1981年．
25 Jean-Marie Chevalier, *Le Nbavel Enjea Petrolier*, Paris: Calmann-Lévy, 1973. 青山保・友田錫訳『石油の新しい賭け』サイマル出版会，1975年．Abdel Majid Farid ed., *Oil and Security in the Arabian Gulf*, London: Croom Helm. 1981. James McGovern, *The Oil Game*, New York: Viking Press, 1981. 藤本直訳『石油謀略』ＴＢＳブリタニカ，1982年．
26 op cit. Yargin, *The Prize*. 前掲，日高・持田訳『石油の世紀』下，第5章．宮嶋信夫『石油資源の支配と抗争——オイルショックから湾岸戦争』緑風出版，1991年．
米国の石油エコノミスト，エドワード・N・クレイペスは，『石油の支配高地』で，余剰生産力，資金力，垂直的統合事業，及び需給に適切なシステムの4点で，石油価格の支配は可能である，と論じた．クレイペス，松宮丞二訳『90年代の石油支配——OPECは復権するか』三省堂，1990年．
27 山田健治『北海油田の開発政策』成文堂，1983年．
28 Mark Fireman, 'After the Marines: 4 U. S. Majors Await Somalia Season,' *International Herald Tribune*, 19 January 1993.
29 「イラク戦争の目的は明らかに，中東の安定を回復し，欧米諸国に対する安定的な石油供給を維持することだった．」Paul Roberts, *The End of Oil*, Boston: Houghton Mifflin, 2004. 久保恵美子訳『石油の終焉』光文社，2005年，25頁．
30 朝鮮日報，2003年11月7日．
2006年4月28日シベリア・パイプラインの工事が着工され，中国側は，スコボロジノ・ロシア側国境から中国大陸へのパイプラインを建設し，他方，ハバロフスク－ナホトカ間はロシアが工事を進めることになった．朝日新聞，2006年4月29日．
31 前掲，浦野『尖閣諸島・琉球・中国——日中国際関係史』増補版，217-222頁．
32 International Energy Agency, *OECD, World Energy Outlook*, 1994. 外務省経済局国際エネル

ギー課・資源エネルギー庁長官官房国際資源課訳『最新のエネルギー需要予測と太平洋地域，東アジア，中国，中・東欧の地域研究』世界の動き社，1994年．中国国家発展計画委員会能源研究所，総合研究開発機構訳『北東アジアのエネルギーと安全保障の研究——中国のエネルギー需要の展望と課題』総合研究開発機構，2000年．総合開発研究機構・中国国家発展計画委員会能源研究所編『中国のエネルギー・環境戦略——北東アジア国際協力へ向けて』総合研究開発機構，2001年．国際協力銀行開発金融研究所編『中国・日本2010年のエネルギーバランスシュミレーション』国際協力銀行開発金融研究所，2000年．中井毅『エネルギーリスク時代の中国——海と陸のエネルギーロード』ジェトロ，2001年．日本ネルギー経済研究所計量分析部『アセアン4ケ国および中国，韓国の長期マクロ経済・エネルギー需給モデルによる計量分析』日本エネルギー研究所，2001年．

33 范小晨「石油価格の高騰と中国」三菱信託銀行・調査月報，2004年11月号．萩原陽子「世界に影響を及ぼす中国のエネルギー問題」東京三菱レビュー，2005年1月19日号．

34 産経新聞，2005年7月22日．

35 毎日新聞，2006年4月30日．

36 Janet Craig Unger, *House of Bush, House of Saud: The Secret Relationship between the World's Two Most Powful Dynamics*, New York: Schibner, 2004. 秋岡史訳『ブッシュの野望 サウジの陰謀——石油・権力テロリズム』柏書房，2004年．

37 Toby Shelley, *Oili Politics, Poverty and the Planet*, London: Zed Books, 2005. 酒井泰介訳『石油をめぐる世界紛争地図』東洋経済新報社，2005年．

38 op. cit. Roberts, *The End of Oil*. 前掲，久保訳『石油の終焉』25頁，187頁．クレアの石油戦争の分析は，Michael T. Klar, *Resource Wars: The New Landscape of Global Conflict*, New York: Metropolitan Books/ Henry, 2001. 斉藤祐一訳『世界資源戦争』廣済堂出版，2002年，第1〜5章をみよ．

39 op. cit. Roberts, *The End of Oil*. 前掲，久保訳『石油の終焉』，第13章．

40 Vandana Shiva, *Water Wars: Privatization, Pollution and Profit*, Cambridg; South End Press, 2002. 神尾賢二訳『ウォーター・ウォーズ——水の私有化，汚染そして利益をめぐって』緑風書房，2003年，22頁．

41 CIA, *Global Trenda 2015*, Washington, DC: CIA, Dec. 2000.

42 John K. Cloaley, "The War over Water," *Foreign Policy*, No.53, Spring 1984. Ashok Swain, "Conflicts over Water: The Ganges Water Dispute," *Security Dialogue*, Vol.24 No.4, 1993. サンドラ・ポステル，環境文化創造研究所訳『水不足が世界を脅かす』家の光協会，2000年．

43 モード・バーロウ，市民フォーラム2001訳『Blue gold——独占される水資源』市民フォーラム2001事務局／現代企画室，2000年．Maude Barlow & Tony Clark, *Blue Gold, The Battle against Corporate theft of the World's Water*, London: Tomy Clark, 2002. 鈴木主税訳『「水」戦争の世紀』集英社，2003年，第7章．村上雅博『水の世紀——貧困と紛争の平和的解決にむけて』日本経済評論社，2003年，第2章．

44 浜田和幸『ウォーター・マネー　石油から水へ世界覇権戦争』光文社，2003年，78頁．

45 International Consortium of Investigative Journalists, *The Water Barons: How a few powerful companies are privatizing water*, Washington, DC: The Center for Public Integrity,

2003. 佐久間智子訳『世界の〈水〉が支配される！――グローバル水企業の恐るべき実態』作品社，2004年．
46 Marq de Villiers, *Water,* Tronto: Westwood Creative Artists, 1999. 鈴木主税・他訳『ウォーター　世界水戦争』共同通信社，2002年，第7章アラル海．
47 新井素子『チグリスとユーフラテス』集英社，1999年．
48 op. cit. de Villiers, *Water.* 前掲，鈴木・他訳『ウォーター　世界水戦争』第14章チグリス・ユーフラテス水系．
49 Jeffrey Rothfeder, *Every Drop for Sale: Our Desperate Battle over Water in a World about to run out,* New York: Jeremy P Tarcher/ Putnam, 2001. 古草秀子訳『水をめぐる危険な話し――世界の水危機と水戦略』河出書房新社，2002年，: 82–84頁．
50 Christiaan F. Giechiler, *Water Resources in the Arab Middle East and North Africa,* Cambridge: Middle East & North African Studies Press, 1979. Thomas Naff & Ruth C. Matson eds., *Water in the Middle East: Conflict or Cooperation?,* Boulder: Westvicw Press, 1984. Joyce F. Starr & Daniel C.Stall eds., *The Politics of Scarcity: Water in the Middle East,* Boulder: Westview Press, 1988. Natasha Beschorner, *Water and Instability in the Middle East,* London: Brassey IISS, 1992. John Sulloch & Adel Darwish, *Water Wars: Coming Conflicts in the Middle East,* London: Viuvr Gvllancz, 1993. Nurit Kliot, *Water Resources and Conflict in the Middle East,* London: Routledge, 1994. Jeremy Serkoff, *A Strategy for Managing Water in the Middle East and North Africa,* Washington, DC: World Bank, 1994. Daniel Hillel, *Rivers of Eden: The Struggle for Water and Quest of Peace in the Middle Fast,* New York: Oxford U.P., 1994. Aaron T. Wolf, *Hydropolitics along the Jordan River: Scarce Water and its Impact n the Arab-Israeli Conflict,* Tokyo: United Nations U. P., 1995. Miriam F. Lowi, *Water and Power: The Politics of A Scarce Resource in the Jordan River Basin,* New York: Cambridge U. P., 1995. J. Allan ed., *Water, Peace, and the Middle East: Negotiating Resources in the Jordan Basin,* London: Tauris Academic Studies, 1996. Randy Deshazo & John W. Suthelin, *Building Bridges: Diplomacy and Regime Formation in the Jordan River Valley,* Lanham: Univ. Press of America, 1996. Greg Shapland, *Rivers of Discord: International Water Disputes in the Middle East,* New York: St. Martin's Press, 1997. Elisha Kally, *Water and Peace: Water Resources and the Arab-Israeli Peace Process,* Westport: Praeger, 1998.Arnan Safer, Murray Rasovsky & Nina Copaken, *Rivers of Fire: The Conflict over Water in the Middle East,* Lanham: Rowman & Littlefieid Pub., 1999. Martin Sherman, *The Politics of Water in the Middle East: An lsraeli Perspective on the Hydra-Political Aspects of the Conflict,* New York: St. Martin's Press, 1999. Mastafa Dolatyar & Tim S. Gray, *Water Politics in the Middle East: A Context for Conflict or Cooperation?,* New York: St. Martin's Press, 2000. Hussein A. Amery & Aaron T. Wolf eds., *Water in the Middle East: A Geography of Peace,* Austin: Univ. of Texsas Press, 2000. 前掲，浦野『資料体系アジア・アフリカ国際関係史』第3巻中東Ⅲヨルダン河水利計画．前掲，村上『水の世紀』第2章，第3章．
51 Helena Lindholm, 'Water and the Arab-Israel Conflict,' Leif Ohlsson ed., Hgdropolitics:

Conflicts over Water as a Development Constraint, Dhaka: University Press/ London: Zed Books, 1995, p. 69.
52 浦野起央「中東紛争と水利問題」日本中東学会年報，第1号，1986年.
53 Alan Moorehead, *The While Nile,* London: Hamilton, 1960. 篠田一士訳『白ナイル』筑摩書房，1963年．Moorehead, *The Blue Nile,* New York: Harper, 1962. 篠田訳『青ナイル』筑摩書房，1963年.
54 1903年協定及び1959年協定は，前掲，浦野『資料体系アジア・アフリカ国際関係政治社会史』第4巻アフリカⅠ資料2-1-14及び2-3-11に所収.
55 op. cit. de Villiers, *Water.* 前掲，鈴木・他訳『ウォーター　世界水戦争』第13章ナイル川.
56 マイケル・クレアは，2000年10月エジプトはスーダン侵攻可能性を指摘したと述べた．彼は，こうした事態を避ける唯一の方法は，各国がマードック・マクドナルドが1920年に提案した「世紀の貯水計画」——関係すべてが取水量を最大化すること——である，と述べた．op.cit. Klare, *Resource Wars: The New Landscape of Global Conflict.* 前掲，斉藤訳『世界資源戦争』第6章．しかし，これが実行可能な解決策とは思えない．その合意の達成が不可能であるからである.
57 小塩和人『水の環境史——南カリフォルニアの20世紀』玉川大学出版部，2003年．前掲，村上『水の世紀』96-111頁.
58 中澤弌仁『カリフォルニアの水資源史——ニューデルからカーター水管理政策への展開』鹿島出版会，1999年.
59 M. Rafique Islam, *The Ganges Water Disputes: International Legal Aspects,* Dhaka: University Press, 1987.
60 インダス水利条約及びインダス河流域開発基金協定は，前掲，浦野『資料体系アジア・アフリカ国際関係政治社会史』第2巻アジアⅢ，資料14-9-1及び14-9-2に所収.
61 第10章注44をみよ.
62 水力電力部黄河水利委員会治研究組『黄河的治理与開発』上海，上海教育出版社，1984年．水利部黄河水利委員会《黄河水利史述要》編写組『黄河水利史述要』北京，水利電力出版社，1984年．席家治主編『黄河水資源』鄭州，黄河水利出版社，1996年．水利部南京水文水資源研究所・中国水電科学研究院水資源研究所『21世紀中国水供求』北京，中国水利水電出版社，1999年.
63 Marc Reisner, *Cadillac Desert: the American West and its Disappearing Water,* New York: Penguin Books, 1993. 片岡夏実訳『砂漠のキャデラック——アメリカの水資源開発』築地書館，1999年.
64 Asit K. Biswars & Tsuyoshi Hashimoto eds., *Asian International Waters from Ganges-Brahmaputra to Mekong,* New York: Oxford U. P., 1966. レックス・インターナショナル訳『21世紀のアジア国際河川開発』勁草書房，1999年.
65 嘉田由起子編『水をめぐる人と自然——日本と世界の現場から』有斐閣，2003年，第6章地球をめぐる水と水をめぐる人々（沖大幹）.
66 ［第2回会議報告］世界水ビジョン　川と水委員会編『世界水ビジョン』山海堂，2001年．『第3回世界水フォーラム——最終報告書』第3回世界水フォーラム事務局，2003年.

9章

核戦略と
北極地政学

1. 核戦略地政学

　マッキンダーは，一貫して交通手段を意味するコミュニケーションの発達がいかに歴史を変えてきたかに関心があった．当時の社会では，交通・運輸手段，とりわけ鉄道の発達は重大な課題であった．別言すれば，一方では，大陸内部における鉄道交通網の発達，そして他方では，英国の海洋権力の衰退に対する悲観的理解があった（表2-1）．マッキンダーも，マハンの英海軍と海上貿易の発展モデルを了知していた．

　このコミュニケーション条件は大きく変革した．それは，「地域の喪失」として論じられる．その先駆は，空権力の登場である．実際，核兵器が登場し，大陸間弾道弾ミサルの発達で前進基地の支援を必要としないで運搬できるようになると，これまでの地政的概念のもつ確実性が崩れていくと見做された．この兵器システムの発展により，大戦争の成果が決定できるようになれば，空間概念及び地政学理論の構築は完全に違ったものになってしまう．にもかかわらず，地政的条件は大陸権力にあるユーラシアと，そのユーラシアと対峙する海洋権力である米国は，依然として，核戦略上の諸問題を提供し続けるであろう．古典的な地政学がもっていた概念は，今日でもそうであるように，現実の国際

政治に一定の示唆をみせたにすぎない．にもかかわらず，その思考は生きてきた．コリン・グレイのいう戦略文化の形成に負っている[1]．別言すれば，その地政戦略の形成は，核の空権力が出現する以前の思考がその基本にあった．事実，この地政戦略は西側の安全保障の検討において大きな役割を占めてきた．とりわけ，マッキンダーとスパイクマンの視点は，世界島とリムランドにおける政治力学の解明に有用であった．国際関係は長期継続闘争（帝国主義勢力の打倒のためのソ連の心理的・政治的戦略）[2]であった限りにおいて，その視角は極めて有効であった．その地政的視点の基本は，地域的活動をグローバルな枠組みのなかで見極めるところにある．つまり，核戦略との関連では第1撃，これに反撃する第2撃の作戦舞台が地政的に極めて重要となる．

2. 北極地政学

冷戦下の超大国をめぐる対立は，この地政戦略の対決であった（図6-8，図6-9をみよ）．これを論じたハンス・W・ワイガードは『政治地理学の諸原則』（1957年）で，以下の3点を指摘した[3]．

1. ハートランドの潜在力は増加しつつある．
2. 北極の重要性の向上により，米・ソ間で全面戦闘となれば，主要な作戦は北緯50度以北で遂行され，決定的な作戦は北極圏内で行われることになる．
3. 米・ソ大陸は狭い北極地中海を隔てて向かい合っており，戦略弾道兵器の発達により，米・ソ両国は，相互に隔離性を喪失した（図9-2をみよ）．
   実際，長距離爆撃機や大陸間弾道弾の発達によって，以前は天然の防塞であった北極海も地中海と化してしまった．ここに，極中心構想が生まれた．

そこでは，乾燥ベルト地帯という発想も生まれた[4]．北極を中心にして，北半球を取り巻いている乾燥ベルト地帯の北部は，将来の工業社会にとり有利であろうという見解である（新ハートランド）．あるいは，モンゴル砂漠が河北省の渤海湾に接しているところから，黄海，東シナ海，太平洋，メキシコ・テキサス乾燥地まで線を引けば，その北部は，日本，韓国，東北3省を含めて新々

ハートランドであると，倉前盛通は指摘した．それもマッキンダーの修正（北極を中心としたヨーロッパ，ロシア，シベリア，米国東部を指したもの）の再修正ということになる（図9-1をみよ）[5]．

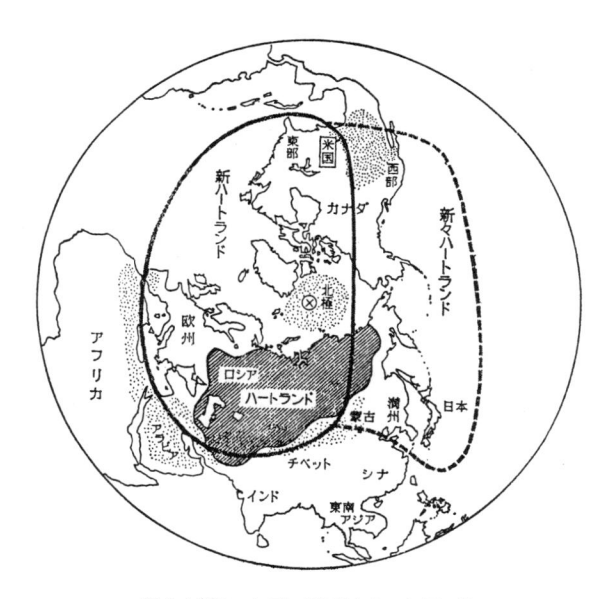

図9-1 新ハートランドと新々ハートランド

　北極への関心は探検史に始まった[6]．そしてヨーロッパ人，ノルウェーのバイキングらが白海やバレンツ海に8世紀以降，姿をみせた．彼らバイキングは，北緯80度のスバルバール諸島（スピツベルゲン）に達した．このウクライナやロシアの河川要地に砦を築いたのが，ロシアの誕生であった．ロシア人はこの河川バイキングの伝統に支えられて，国家支配を進めた．当初，北氷洋航路の開拓はノルウェー人，スウェーデン人，デンマーク人が先駆であった．そして，ロシアの河川沿いにシベリア東進が試みられ，それとともにベーリング海峡(北

極海のチュクチ海との接水は幅100キロメートル，水深50メートルで，停滞海域である）がデンマーク人探検家ピタス・ベーリングによる1725〜30年，1741年の二次にわたる探検で発見され，ここでの難破で，ベーリングは死去した（1648年ロシア人航海者セムヨン・イバノビチ・デージネフが発見との説がある）．さらに，ソ連の開発と支配が拡がり，ロシアは北氷洋の北極の内海化を進めた（図9-2）[7]．第2次世界大戦では，約50%の資材が北極海航路で戦略拠点ヤクティアへ海上輸送された．1950年代半ばに，ソ連は，コラ半島のムルマンスクに潜水艦主力の北方艦隊基地を設け，シベリア北岸沿いに北氷洋航路を開拓し，1978年以降，通年ベースで海上輸送が始まった（図9-3をみよ）．一方，NATOは1951年グリーンランドに最大の基地，チューレ空軍基地を建設した．そして，1958年8月米原子力潜水艦ノーチラスが極点潜行横断に成功した[8]．

こうして，北極は米ソ対決の焦点となったが，1987年10月ゴルバチョ

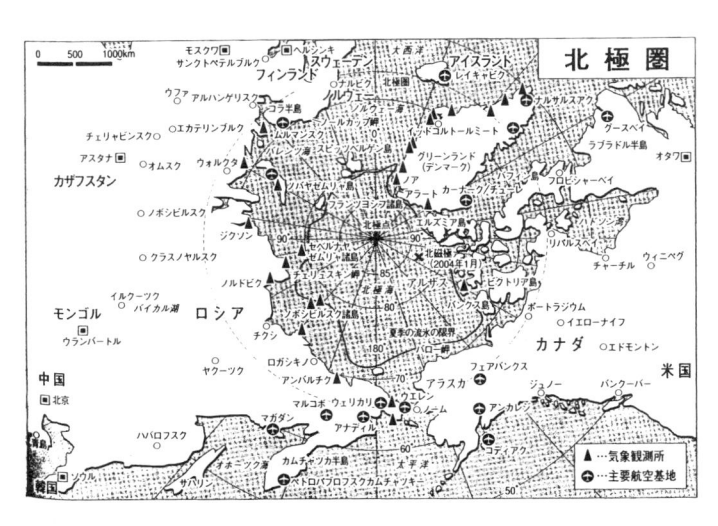

図9-2 北極圏

フ・ソ連共産党書記長が北極海航路の国際商業航路としての開放宣言を行い，1990年以降，北極海は平和の海としての平和協力へ移り，1991年7月ロシアにより国際通商航路が決定され，翌92年以降，実施に移された．この北氷洋航路は，東アジアとヨーロッパを結ぶ最短のルートとされており（図9-3），また2000年7月北極圏上空を飛行する民間定期航空ルートが同様に最短のルートとして開放された（表9-2）[9]．

なお，南極は，対決の焦点にあった北極とは対照的に国際協力にある．1957～58年の国際地球観測年の調査協力を経て，1979年12月南極条約が調印され，領土主権は凍結された[10]．これは，まったく地政的要件における戦略性の低さにある（図6-8）．

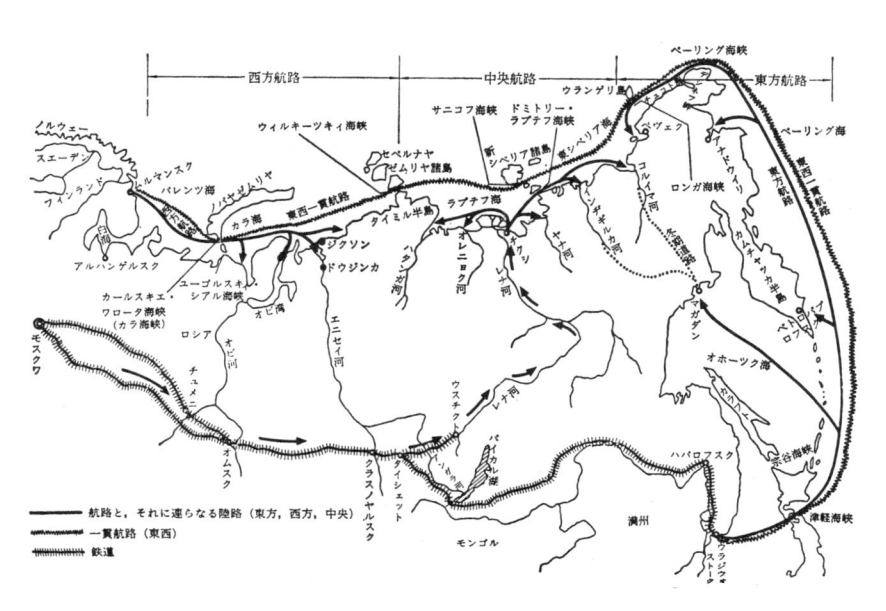

図9-3 北氷洋航路

表 9-1 北極の動向

年　月	事　項
10世紀	グリーンランドの北極探検
1725〜30	デンマーク人ビタス・ベーリング,ロシア海軍の要請で第1次北極探検
1733〜34	ベーリング隊,第2次北極探検,ロシアの境界を地図記入,1941海峡突破
1878〜79	スウェーデン人ノルデンシエリト,ウェガ号(375トン)で2年の夏かけてノルウェーからチュコト半島までの北氷洋航海成功
1904	ロシア,日露戦争で北氷洋経由の艦隊の極東回航を計画,技術上の難点で中止
1907	カナダ,セクター理論で北極の主権を主張
1908. 4	米クック,北極点到達
1904. 4	米ベアリー,北極点到達
1920	ソ連,北氷洋航路委員会設置
1926. 4	ソ連,セクター理論で北極の主権を主張
4	米ハード,航空機で北極点到達
1932.7〜10	ソ連砕氷船シビルヤコフ号(1383トン),西から東へ1年の夏で北氷洋通過成功
1934. 2	ソ連砕氷貨物船チェリュースキン号,氷の圧力で沈没,砕氷船シビリャコフ号の航行成功
1935	年間100隻の貨物船は北氷洋航行,20万トン運搬
1942	米国の対ソ援助物資,ソ連駆逐艦など3隻でウラジオストックからベーリング海峡を経てレナ河口チクシ泊地へ輸送,そこからレナ河を遡ってシベリア鉄道で運行
1951	NATO,グリーンランドにチューレ空軍基地建設
1955	ソ連,北氷洋航路が恒常化,1956巡洋艦2隻,駆逐艦13隻,潜水艦12隻,護衛艦12隻,補助艦など40数隻,北氷洋経由で極東へ回航
1956	ソ連砕氷貨物船レナ号(12000トン),ナホトカ・ロンドン間を39日で航行
	米国・カナダ,遠距離早期警戒組織(DEWライン)設定
1958. 8	米原子力潜水艦ノーチラス(1954.1進水),北極横断成功
1962	ソ連原子力潜水艦レーニンスキー・コムソモール,北極点の氷面下の潜行成功
1967. 4	タス通信,北氷洋を通航する航路を夏以降すべての国に開放と発表、1967.10中東戦争で停止
1987. 10	ゴルバチョフ・ソ連共産党書記長が北極海航路の国際商業航路としての開放宣言
1990	北極共同研究のための国際北極科学委員会設立
1991. 6	北極環境問題閣僚会議,環境汚染の北極モニタリング・アセスメントAMAP制定
1992. 7	ロシア,国際通商航路決定
1993. 8	北欧審議会北極圏会議開催
1994	国際北極科学委員会参加の日本,グリーンランド沖の北極海に無人観測所設置
1999. 5	AMAP総合調査結果発表,北極海でセシウム137検出
2000. 4	米航空宇宙局NASA,1999.1・3オゾン量最悪の60%削減と発表
7	カナダ・ロシア,北極圏航空ルート開放,2000.7民間定期路線の開始
2001. 6	国連環境計画,北極圏開発でトナカイの絶滅を警告
2002. 12	米国,デンマークに対しチューレ基地への早期警戒レーダー設置を要請
2004. 8	ロシア,ノバヤゼムリャ島で核実験
11	北極評議会,北極の氷の厚さが過去30年間で半減,分布面積は10%減と発表

【注】

1. op. cit. Gray, *The Geopolitics of the Nuclear Era*. 前掲，小島訳『核時代の地政学』33-37頁. Gray, *The Geopolitics of Super Power*, Lexington: The Univ. Press of Kentucky, 1988, pp. 39-52. Gray, *The Second Nuclear Age*, Boulder: Lynne Rienner Publishers, 1999.

2. 久住忠男は，『核戦略入門』原書房，1983年で，「核兵器の政治的用法としてもっとも頻繁に使われるのは，一般大衆に対する恐怖心をあおる手口である．……日本に向けられた核を使った宣伝工作は，第1に世論の分裂，第2に反米感情の激化を狙う」と述べた（174頁）．
   長期継続闘争は，以下をみよ．Robert Stausz-Hupe et al., *International Relations: In the Age of the Conflict between Democracy and Dictatorship*, New York: McGraw Hill, 1954. Stausz-Hupeet, *Communist Strategy of Protracted Conflict*, Washinton, DC: Foreign Policy Institute/ USGPO, 1958. 大井篤訳『長期継続闘争』時事新書，時事通信社，1960年．Stausz-Hupe et al., *A Ford Strategy for America*, Foreign Policy Research Institute/ New York: Happer, 1961.

3. Hans W. Weigert, *Principles of Political Geography*, New York: Appleton-Century-Crofts, 1957.

4. この発想は，松田壽男・小林元によるアジア遊牧民の「乾燥アジア」論の位置づけがあり，『乾燥アジア文化史論』の付図では，トルコ，シリア，パレスチナ，イラン，アフガニスタン，イラク，ソ連領中央アジア，アラビア半島，サウジアラビア，モンゴル，内蒙古，新疆，チベットを内包し，その名称は西トルキスタン，東トルキスタン，イラン，アラビア，チベットと記されている．松田・小林『乾燥アジア文化史論——支那を越えて』四海書房，1938年．松田『漠北と南海——アジア史における沙漠と海洋』四海書房，1942年．

5. 倉前盛通『ゲオポリティク入門』春秋社，1982年，43-44頁．

6. Helen S. Wright, *The Great White North: The Story of Polar Exploration from the Earliest Times to the Discovery of the Pole*, New York: The Macmillan, 1910. 大日本文明協會編『北極』日本文明協會，1914年．加納一郎『極地の探検』時事通信社，1960年．谷口善也・木村義昌『帆船と極地探検——北極と南極』白瀬南極探検隊記念館，1991年．

7. T. A. Taracouzio, *Soviet in Arctic: an Historical, Economic and Political Study of the Soviet Advance into Arctic*, New York: Macmillan, 1938. 東亜研究所編『極北ソ連の現勢／北極地方に於けるソヴィエト勢力——歴史的・經濟的・政治的方面より觀たるソヴィエト北極地方躍進の研究』東亜研究所，1943年．

8. William R. Anderson with Caly Blair, Jr., *Nautilus 90 North*, Cleveland: World Publishing, 1959. 今井幸彦訳『北極潜行——潜水艦ノーチラス，極点にあり』光文社，1959年．Robert N. Webb, *Challenge of Ice: Real Life Stories of Polar Explorers*, Racine, Wis.: Whitman Pub. Co., 1963. 崎川範行訳『ノーチラス号北極横断記』あかね書房，1963年．前掲，倉前『新・悪の論理——日本のゲオポリティクはこれだ』第6章北氷洋の地政学．

9 石渡利康『北極圏地域研究』高文堂出版社，1995 年．『北極海航路——東アジアとヨーロッパを結ぶ最短の海の道』シップ・アンド・オーシャン財団，2000 年．*The Nothern Sea Route: The shortest searoute linking East Asia and Europe*, Tokyo: Ship & Ocean Foundation, 2000.
10 池島大策『南極条約体制と国際法——領土，資源，環境をめぐる利害の調整』慶應義塾大学出版会，2000 年．

$10_章$

危機の弧・断続地帯と世界の地中海

1. インド亜大陸地政学

　マッキンダーがハートランドと大洋圏との境界にあるベルト地帯に対して「危機の弧」（arc of crisis）して指摘した地域は，インド洋に面したアフリカの角，紅海からマンデブ海峡を経てインド亜大陸まで広がっている．この弧に属する半乾燥の高原地帯は，世界でも有数の麻薬生産地帯であり，その生産は国際テロ組織や政府の不可欠の財源となっている．麻薬生産の必要条件は，気候風土の適性のほか，完全に外界から隔絶されていることにより一種の無法地帯を形成していることである．

　そればかりか，この危機の弧は，冷戦下にあって西側とソ連との情報戦の最前線の１つであった一方，西側の情報・技術がソ連に流出するフィルターの機能を果たしていたことである．パキスタン国家情報部はその主役であったし，現下の国際テロ組織アルカイダの活動もそこにおいて可能であった[1]．実際，イラク，イラン，及びトルコはその接点に位置し，トルコ，イラン，及びパキスタンは中東条約機構（METO）の形成をもって「危機の弧」に与ってきた[2]．

　その危機の弧にある中央アジアは，スターリン時代を通じていわゆるロシア化政策が推進されてきたが，それは成功しなかったばかりか，そのソ連の中央

アジア統治の失敗で，1979年ソ連はアフガニスタンに介入し，究極的にこれが遠因となってソ連の解体を招いてしまった．ソ連領内のイスラム教徒人口の爆発的な増加がソ連の枠組みを崩してしまったのである[3]．これまでソ連が少数民族に対してとってきた抑圧的な政策は収拾のつかない逆流現象を引き起こし，その逆流のエネルギーはイスラム原理主義の温床として，今もとまっていない．

その南辺にあるインド亜大陸は，地政学的には「断絶地帯／漸移地帯」(chatter belt) として位置づけられてきた．それを説明する視点として，危機の弧を通じインドには統一的な政治勢力が存在しなかったこと，モンゴル・マレー勢力とアーリアン勢力の対立がその政治状態に振子運動をもたらしてきたことが指摘された．さらに，インド亜大陸におけるベーダ文化（バラモン教の賛歌集「リゲ・ベーダ」で成立）のインド・アーリアン人種の支配，ペルシャ人の進出，アラブ人の侵攻，モンゴルの侵入，そしてイスラムのムガール帝国の建設となったが，一方，インドを囲む山脈壁は，そうした政治勢力の統一の欠如において分裂を決定的なものとしてきた．以後，ここに進出したヨーロッパのインド会社の争奪に1769年英国が勝利して（フランスの東インド会社の特権剥奪），英国はその勢力を扶植し，インド洋はインドでの阿片生産と貿易拠点シンガポールが抑えられて「英国の湖水」となった．そのインドの地政的特性として，さらにアジアの米作，ヨーロッパの小麦作に照らして，この地は，最古の米作地であるとともに，世界の小麦の穀倉の1つである．それに加え，輸出用植物の栽培が導入され，それが土着の米作を圧迫してきた．その二重性はインド人移民の進出をもたらす一方,それはインド亜大陸の二重性,その「断絶地帯」としての特色を顕著にした，と指摘される[4]．

井口一郎は，これを「断続地帯」と表現している（図10-1をみよ）が[5]，この断続地帯の地政的条件に起因するインド亜大陸の特異性を列記すれば，以下の9点である．

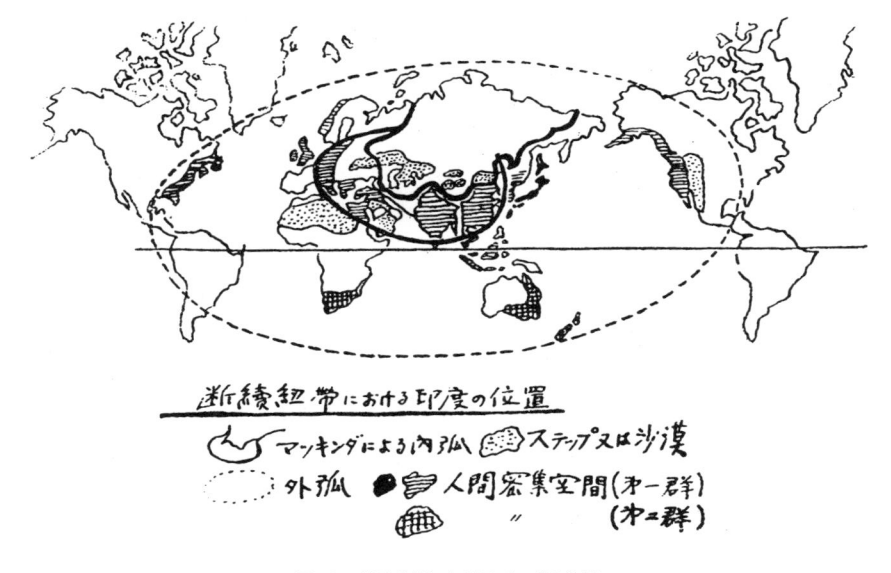

図 10-1 断続地帯におけるインドの位置

1. ユーラシア大陸のハートランドの外に存在するリムランドの第1の弧（中央アジア）の外にある第2の弧（インド亜大陸）によって断続地帯が形成される．
2. この断続地帯は，内面的にはハートランドの核心の直接的な影響下にあった空間（第1の弧）に限定づけられ，外面的にはインド洋（第2の弧）に限界づけられる．
3. この断絶地帯は，モンゴル砂漠，中国東北，シベリア東部にまでいたるモンスーン地帯で，それは東南アジアとオーストラリア大陸にまで拡がる．そのモンスーン性はガンジス河とヒマラヤ山脈をもって成立しており，それは第1の弧における砂漠及び草原の風土と区別される．

4. この断続地帯には，地球上最大の密集集団が存在している．それはアジア大陸東海岸部，ヨーロッパ半島部に次ぐ第3の人口密集集団である．その面積は，地表の6分の1を占めるに過ぎないが，人口数では，世界人口の12分の1である．この人口の圧力がこの地に人口の密集地と膨張をもたらしてきた．それは，北方草原への進出とともに，1837年移住規則の制定で，インド洋を越えて世界各地にインド人集団を移住させた．フィージー（人口比44%），ガイアナ（人口比49%），さらに，マレー半島，南アフリカ，東アフリカなどがそれである．このインド移民は，中国移民（華僑）が東南アジアに集中していたのに比べ，南アジアの周辺国には約30%が居住しているもの，世界各地に分散しており，その地でディアスポラの存在，つまり現地に土着化しても同化せず，母国への帰還は考えず，母国の文化的要素を選択的に維持している[6]．このインド人移民の特性はディアスポラにおいて断絶地帯性を反映したものであろう[7]．そして，この世界各地への進出は，世界の経済勢力をインドの経済空間へ接合させ，英国経済勢力の優位を低下し，もってインド人の経済空間を高め，英本国とインドとの政治的結合性を弛緩させ，英国の貿易独占を打破しようとするインド人の智慧が働いた（英国は1932年オッタワ協定による特別関税政策の実施にもかかわらず，インド貿易は1937／38年で英国32%，英国以外67.9%で，英国経済勢力の退嬰化を意味した．これは，英国のインド洋支配にもかかわらず，大西洋―インド洋結合の弛緩性をみせた）．なお，ペルシャ人の大陸民族に対して，インド人は航海民族である．

以下の人口数は，井口の1943年の記述からの引用である．

ユーラシア大陸の内陸的区域	1億6000万人．
断続地帯	10億9000万ないし11億人．
断続地帯の外圏	6億5000万人．
計	19億ないし20億人．

そのディアスポラのインド移民は市民として生活している．そのなかで，

フィジーでインド人の政治的影響力が大きくなり，1987年にフィジー先住民のクーデタを招いた．再び1999年総選挙で再びインド人政権が誕生し，その政権樹立から1年後の2000年5月に先住民のクーデタで再びインド人政権は倒れた．この事件は，インド移民が市民として存在を確認したものであったが，インド・コミュナリズムは先住民のそれと拮抗した．結局，そこでは，両者が1つの政治共同体をイメージすることができない市民（国民）化を帰結している[8]．

5. この断続地帯には，豊穣な空間として強力な自然的結合性が存在した．これによって，人口密度が高いにもかかわらず，インド人は土地空間に束縛されている．そこへは，対外勢力，英国，その他が侵攻し支配した．それは，インド人の自主性に動揺と不安を与え，英国の圧力はインド人のアイデンティティを喪失させんとした強硬策であった．その動揺と不安は1757年のプラッシーの戦いに始まり，かくして第1の弧に通じた中央アジアから出てきたムガル帝国の自主権を喪失させてしまい（1600年英東インド会社設立，セポイの反乱を経て1858年直接統治確立）．それは，断絶地帯における大きな転換を形成した．これを可能にしたのは，英国のシンガポール支配であり，英国は第2の弧の外枠を形成したインド洋空間を支配することにより，ここに断続地帯インドの支配が実現した．

しかし，「英人は之をパックス・ブリタニカ（「英國統治の和平」Pax Britanica）と云ひ，之を齎した「英國統治（British Raj）」は世界無比だと誇称した」が，それは「死水の静寂の如きものであり，而も其の底には不安（unrest）の気が血泥の様に漂ふて居た[9]」と衣斐鈇吉は1924年に指摘している．そのスローガンは「印度の不安」であった．

6. このインド支配は，16世紀初めに北インドに成立したムガル王朝に始まり，それは皇帝を中心とするムスリム支配集団が軍役と貢納を通じて在地社会の諸王，ヒンドゥー，特にラージプートの大領主・大家族を個別にかつ人格的に傘下に組み込み，同時に彼らを束ねて全体の上に君臨すること

で構成された．とはいっても，皇帝は，帝国各地に蟠踞し，それぞれの地域に政治的，軍事的，社会的，及び政治的支配権を行使する諸王の在地性の政治的・経済的独立性を剥奪することはできず，彼らに帝国統治の一翼を担わさせざるを得なかった．いいかえれば，その個別的かつ人格的支配というのは，軍役と貢納の徴収という関係を通じて搾取される余剰生産物は帝国支配の下で商品化される共同体内社会経済分業（貢租流通経済）[10]による政治支配にあった．この意味において，断続地帯における帝国の構成はあくまで所領支配にあり，その支配は限定的であり，その特異性こそインドの特色であった[11]．

7. こうしたインド支配にあって，その断続地帯を形成してきた宗教的分布が継承された．井口の1943年の記述を引用しよう．ここに掲げるヒンドゥーにはシクも入っていて，現在のインドでは，ヒンドゥー82.7％に対してシクは1.9％，さらにジャイナは0.5％に過ぎない．

宗教別	総人口	断続地帯内の人口	（割合）
キリスト教	5億7000万人	3億1000万人	（2／5）
イスラム	3億4000万人	1億4000万人	（3／5）
ヒンドゥー	2億4000万人	2億4000万人	（全部）
仏教	5億7000万人	5億人	（5／6）
計	16億2000万人	10億9000万人	
以上に含まれない宗教	1億2000万人		
無宗教	1億6000万人		
総計	19億人		

8. 断続地帯に残った文化的・宗教的遺産は，英国の徹底した旧ムガル体制の解体支配にもかかわらず，その不安を通じてインド人の自決運動を激しく高揚させた．海洋から浸透し大陸内部に入ってきた異質性に対する対内的勢力の抵抗・対決は極めて著しかった．そのための方策の1つは農耕性に対する移動性，あるいは伝統作物に対する輸入作物の導入による社会

の解体であり，あるいは土着イデオロギーに対する共産主義のイデオロギーといった外来性に対する伝統的な宗教的帰属性の問題であり，これら要素が，究極的には，英国支配に対するインドの自決闘争を激しいものにした．このため，英国は，インドからビルマを分離し，あるいはセイロン島のインド亜大陸との内的連関を切断し，インドにおけるヒンドゥーとイスラムの対決を引き起こしまった．インドは宿命的なインド・パキスタン分割とともに印パ戦争（カシミール紛争）を余儀なくされ，そして東・西パキスタンの分離と，さらに2つの印パ戦争を引き起こすことになった．

9. この英国のインド支配は，その断続地帯性において極めて特異な統治が維持された．その基本はインド人の自決要求に対する分割政策に尽きるが．その第1は，祖国・民族・種族意識においてインドを統一する要素を取り入れることを除外したことである．1859年ピール委員会の提議によるインド防衛軍の編成はカーストと宗教籍を分離して編成された．カーストを防衛に参加させることはインド支配の危機を醸成すると判断したからであった．さらに，1861年の防衛部隊編成はイスラム教徒とヒンドゥー教徒の対立を前提にして分離編成とされた．1902〜1904年のインド人部隊の徴募では，ネパール地方のグルカ人やパンジャブ人で歩兵・騎兵を編成し，ラジャプト人，シク人，ヤット人らは徴用されなかった．第2に，直轄州と藩王国のあいだの防衛組織の統一を考慮しなかった．これは，インドにおける協力的組織のインド的生成を封じるためであった．それで，州の軍隊はあくまで州の帰属とした．第3に，イギリス人士官の服務が難しい地域にのみインド人部隊を配置した．1921年にインド人兵士の近衛連隊への25％参加が可能となったが，彼らの幹部士官への登用はなかった．第4に，ステップ地帯の南下に対抗するという戦略方針が最大の防衛政策であった．そのために，スーダン作戦，南阿戦争に参加したキッチナー元帥が1902〜1909年にインド軍総司令官として指揮に当たった．キッチナー元帥は，西北境界方面の防衛を単なる防衛機能の充実に

とどめず，そこに積極的前進機能を発現するべく努力した．キッチナー元帥のインド国境前進政策のために，アフガニスタンは緩衝国としての機能を喪失し，その前進政策のために前哨線を構成した．このことは，インドの民衆にとっては生存の脅威を深化させてしまい，それは断続地帯に起因するところで，キッチナー元帥の地政戦略認識の賜物である．しかも，この国境前進政策は，現在も依然として，インド国防軍の基本方針となっており，インドは1959年と1962年の中印紛争で前進政策をもって展開した．インド・パキスタン戦線でも同様であった．第5に，インド人部隊は第1次世界大戦では英国を支援して参戦し，インドは英国に対し100億ルピーの財政的貢献をしたが，これらインド人部隊はインド防衛に与らないよう措置されていた．このために，インド人義勇軍が編成され，国内秩序・インフラストラクチャーの防衛に当たった．そのインド人部隊の一部は，インド外部から大東亜戦争による日本の工作でインド臨時政府を組織し，日本側に立って参戦した[12]．

10. この英国のインド支配は，その地政的流動性において，以下の諸事件を引き起こした．ヒマラヤ山岳の中国チベットに干渉し[13]，チベット仏教のシッキム，高原国家ネパールの領土を侵食し[14]，そこではアフガニスタンへのロシアの脅威，さらにモンゴルから浸透してきたロシアとの対立も引き起こした[15]．

その経過は，以下の通りである．

1814～1816年　グルカ戦争——ネパール軍が英東インド会社の進出で発砲し，英国がネパールに侵攻し，ネパール首都カトマンズを占領し，ネパールはテライ北西部の割譲を余儀なくされ，ネパールは英駐在官の支配を受けた．

1824，1826年　第1次英国・ビルマ戦争．

1839年　東インド会社がシッキムのダージリン地区を獲得．

1838～1842年　第1次英国・アフガニスタン戦争——ロシアの浸透を

恐れた英国はアフガニスタンに侵攻した．

1849 年　英東インド会社がシッキムのテライ平野とティスタ川流域を領有．

1852 年　第 2 次英国・ビルマ戦争．

1860 年　ネパール，西テライを英国から回復．

1876 年　芝罘協定調印——清国は英国探検隊のチベット入域を認めたが，チベットはこれを拒否した．

1879〜1881 年　第 2 次英国・アフガニスタン戦争——カブール駐在英官吏の殺害で戦争となった．

1884 年　英ベンガル州知事トーマス・マコーリーがチベット国境を視察．

1885 年　第 3 次英国・ビルマ戦争——英国はビルマをインドに併合し，中国とビルマ・チベット条約を調印した．

1890 年　英国・シッキム条約調印——シッキム全土をインドに併合した．

1904 年　英軍のチベット侵攻——ラサ条約でチベットは英国の許可なしに外国人の内政干渉をさせないと約束した．

1907 年　チベットに関する英国・ロシア協定調印——チベットに対する内政不干渉が約束された．

1910 年　ブナカ条約で英国がブータンの外交権を掌握．

1910 年　チベットのダライ・ラマのインド亡命——インド政府は 13 世ダライ・ラマの政治工作を支援し，ダライ・ラマは 1913 年 1 月帰国した．この事件の再現が 1959 年起きたが，この 14 世ダライ・ラマのインド亡命は帰国が未だ実現していない．その流動性は現在成立していない．

1914 年　シムラ会議で英国がチベットに干渉．

1919 年　第 3 次英国・アフガニスタン戦争——これによってアフガニスタンの独立が承認された．しかし，アフガニスタンの辺境バルチスタンは，以後も，部族混乱が残った．

11. その宿命的な事件はインド・パキスタン分割におけるカシミール対立で

ある．カシミールはインドからチベット，中央アジアへ至る要衝にあり，インド，パキスタン，アフガニスタン，中国と国境を接し，タジキスタンにも隣接していることから，国境をめぐって混乱・紛争が続いた．住民の大半はイスラム教徒で，農業に従事し，灌漑のクル水路が発達していることから，水稲の集約的栽培が行われ，丘陵・山岳地帯では玉蜀黍と小麦の二毛作が行われている．この地はヒンドゥー文化の一大中心地として栄えてきたが，14世紀にイスラム圏に入り，1587～1752年はムガル帝国の版図であった．1752年カシミールはアフガニスタンのドウラニ王朝の支配となったが，1819年にシク王国のランジット・シングがカシミール渓谷を支配し，シク王国が1845～1846年のシク戦争で英国に敗北するとともに，カシミールは英国に帰属した．同46年ジャム地方の藩王グラブ・シングがカシミールを英東インド会社から購入し，この地は再びヒンドゥーの支配となった[16]．したがって，インド・パキスタン分割で，グラーブ・シングがインド併合を宣言し，イスラム教徒が自決を求めるところの現在のカシミール問題が発生した．インド独立直後の1948年のカシミール戦争で，インドは全土の47.6％に当たるジャム・カシミールを支配し，35.5％はパキスタンのアザード・カシミール（自由カシミール）となり，残りのアクサイチンは中国領カシミール（旧チベット）である．なお，1941年の英領インド国勢調査では，カシミールの人口は400万人，うちイスラム教徒76.4％，ヒンドゥー教徒0.1％であった（1990年人口は980万人）．

このカシミール問題[17]は，インド・パキスタンの自決運動における未決地域として残っているが，その中央アジア及び中国に接するカシミールの戦略的重要性は，インドとパキスタンの認識以上に，米国によって十分認識されてきた[18]（カシミールに連なり，カシミール自体がチベットの支配にあったが，その米国のチベット干渉も，そのヒマラヤ山岳におけるその戦略的重要性に起因している）．このため，米国は，パキスタンの強硬

対決策を陰に陽に支持してきた．1949年設定の停戦線が事実上の国境線（実効支配線）をとなっており，インド支配地域では，1957年のインド第2回総選挙がこの地でも実施され，インドの1州を構成している．これに対し，パキスタン地域では，中央政府の弾圧政治もあって，1989年以降，イスラム過激派による独立闘争が激化し，1999年5月にはパキスタン系民兵が停戦線を越えてインド側のジャム・カシミールのカルギルに侵攻し，インド・パキスタン間の戦闘は2カ月半続き，パキスタン側の敗退で終結した．直後，9月に実施されたインドの総選挙では4月不信任で辞職したアタル・ビハリ・バジパイが信任され，一方，パキスタンでは10月ベルベズ・ムシャラフ参謀総長によるクーデタとなり，ナワズ・シャリフ首相は解任された．これは対決の選択を意味しており，2001年12月ニューデリーのインド国会議事堂でパキスタンのイスラム過激派が関与した発砲事件が起こり，両国は実効支配線をめぐり100万人の兵力を展開した．さらに，翌02年5月にもジャム・カシミールで武装グループによる襲撃事件が起きた．2002年9～10月ジャム・カシミールでの州議会選挙でインド国民会議派政権が成立したのに続いて，翌03年4月バジパイ首相の対話による解決の呼びかけで，10～11月インドとパキスタンの和平推進合意が成立した（2005年4月両カシミール支配線を跨ぐ直通バス（パキスタン・ムザファラバード―インド・スリナガル間）が開通した）．

12. 最後に，いま1つ指摘すべきは，インドにとりインド洋は沿岸国自らの支配とならないという断続地帯の二重性にある．インドは沿岸国との協力を通じてインド洋平和地帯構想を追求したが，それは存在し得ないものであった．その平和地帯構想に向けてのスリランカ（セイロン）を含むその地政的条件において，インド亜大陸諸国の努力にもかかわらず，その構想は実現していない（後述）．

　この断続地帯性にあるインド亜大陸は，さらに，現代史において以下の諸問

題を生起してきた．その問題点を，いま一度，3つ摘記してみよう．

　第1，インド地方は，紀元前2000年頃，波状的にインダス河流域に進出したアーリア人が，この地方を「シンドゥー Sindhu」と呼び，イラン地方では「ヒンドゥー Hindu」と呼び，のちギリシャ人がインドス河流域を「インドス indos」と呼んだところに発すること自体，断絶地帯に象徴的である．北はヒマラヤ山脈，東はベンガル湾，西はアラビア海を抱え，1947年にインドとパキスタンが分離独立した．現在も多言語・多民族の社会で（図10-2，図10-3をみよ），「多様性の中の統一」と特徴づけられるが，ヒンドゥースタン平野は人口が集中し，肥沃な穀倉地帯を形成する．その内陸性気候の多様性がヒンドゥー教，仏教，ジャイナ教，シク教などの宗教信仰をこの平野に生み出した．セポイの反乱（1857~58年）も，インド・パキスタン分離独立（1947年）も，そして，以後の印パ戦争も，この平野で生じた．残りのデカン高原は北と南で文化圏を二分する一方，先住民族ドラビダ人を含め，アーリア文化，タミル文化などがその社会構成を，いっそう複雑にしている．加えて，浄と不浄の価値接近に従うヒンドゥーの身分制4バルナ（皮膚の色ないし身分の意，バラモン＝祭司階層－クシャトリヤ＝王族・戦士階層－バイシャ＝商・農民階層－シュードラ＝手工業・隷民階層／下僕ないし無産者とその外にある不可触民のヒエラルヒー／分節化の職業分業/生活秩序の権力構造）に発するカースト制[19]は，征服民と被征服民の種族的相違を区分する尺度として今も残り，その上位にある血統の純粋性が社会的差別秩序を維持し，このジャーティ（出生身分に基づく社会集団）がさらに社会経済的能力・職業の分化階層秩序を保持してきており，現在，その秩序を確認し基盤としたヒンドゥー至上主義勢力の台頭が著しい．このヒンドゥーは国民生活様式を代弁しており，1つの生物有機体としての社会形態を意味し，各人が社会の維持・発展への貢献を運動の課題としている．そこでは，バルナに基づく有機体論的役割原理が重視され，したがってアヨーディヤ問題（1990年9月ヒンドゥー至上主義のインド人民党BJPがヒンドゥー寺院建設をめぐりアヨーディヤに向けてデモを決行し，イスラム教

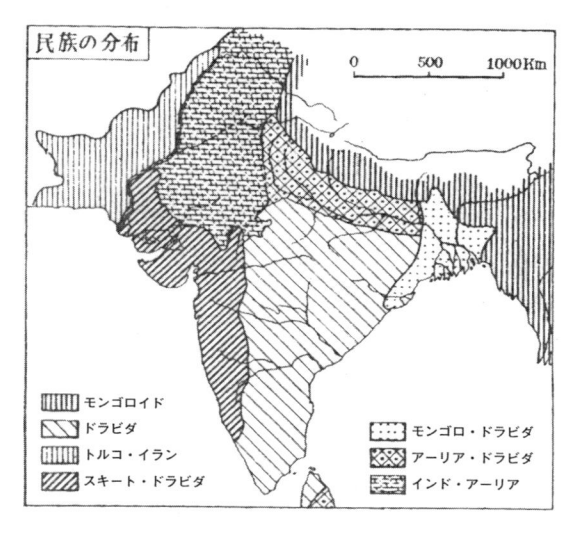

第10章　危機の弧・断続地帯と世界の地中海

図10-2　インドの民族分布

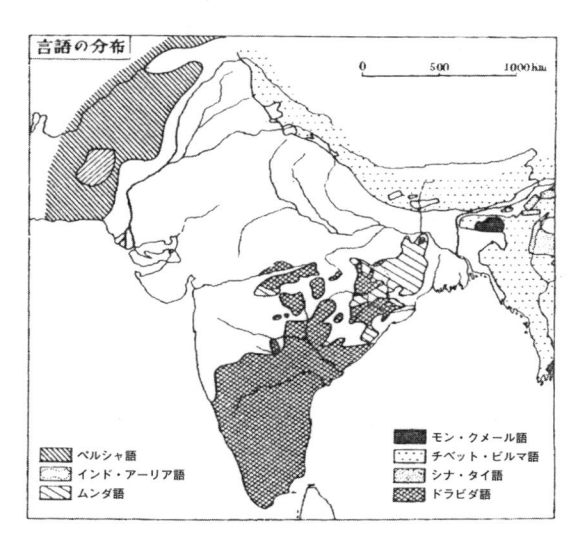

図10-3　インドの言語分布

徒のモスク護持で衝突し，軍が動員された事件）[20] にみるように，宗教的正統性をもって定礎された政治動員が図られる[21]．その支配は，事実上の領土的枠組み（土地の権利と支配，村落共同体の支配，党派形成など）を形成していた．そして，この通時連関が安定と変化を形成していた．民族・宗教も多様ななか，一般公用語はヒンドゥー語で，各州はそれぞれ公用語を有し，主要言語は，地方言語は844を数える．そこでは，政治勢力も多様で，これまで9人の大統領はイスラム教徒2人，シク教徒1人，ヒンドゥー教徒6人（4人が南部出身，2人が北部出身），12人の首相はいずれもヒンドゥー教（2人を除きいずれも北部出身）という政治力学的配置をみせており，とりわけ首相権限は極めて強く，連邦中央の財政権限は特に強い．こうした多様な文化類型に対して，外からの異文化摂取は十分可能で，そこでは，善悪・光陰・正邪といった明確な二元論は避けられている．そこに，インドが世界最大の民主主義国家として評価され，インドの強さをみせる[22] 一方，ガンジー家の支配，さらにはインディラ・ガンジーの独裁も容認された[23]．

このインドのカースト制は，その断続社会独特の社会的構造を維持する安全弁を形成している一方，中央政府・州政府は指定カーストないし指定部族に対する枠を設定して，その社会参加と移住などによる平等政策を進めており，その成果を指摘する向きがある[24]．インド国民会議派のウッタル・プタデシュ州にみるカースト支配構造では，不可触民は中農を支持する母体となる社会主義政党の支持はありえず，会議派を支持するしかなく，依然，カースト基盤は残っている．ジャナタ党（人民党）などの，インドでの政党状況を決める州レベルでの政党支持は，依然，カースト基盤が固いとされる．現在，このカースト制は，システム側面を衰退させ，各カースト集団は利益集団的性格をもつようになり，政治的利益を求める統合的状況が生じてきている[24]．

これに対し，イスラム教徒のパキスタンの名称は，パンジャブ州（P），ノース・ウェスト・フロンティア（北西辺境州）（A），カシミール（K），シンド州（S）の頭文字で，TANはバルチスタン州[26] の語尾からのものである．このパキス

タンの建国運動は最後のムガル朝に代わって英国が支配した時期に始まっており，そのために，英国はヒンドゥー教徒とイスラム教徒の分割統治を余儀なくされてきた（1940年3月パキスタン独立要求決議が採択された）[27]．

第2，人口の多いインドの食糧生産は作付け面積の4分の3を占める．新品種の導入，これに伴う肥料の多投入による米国モデルの〈緑の革命〉で生産性が上昇したが（この緑の革命は自然を破壊したことで，反地政学の問題を提起した）[28]，その一方，土地改革はなかなか進まず，そのために州政府での共産党の進出は著しい（〈赤の革命〉）[29]．加えて，地域間所得や生活水準の格差が存在し，窮乏化した経済を英国から引き継いだが，現在，食糧の自給が達成されるレベルに達していることは注目される[30]．

一方，パキスタンは，英国統治時代に，ジュート・綿花の工業作物に特化した農業地帯で[31]，かつ分割時に大量に流入した人口（パキスタンへの流入720万人，パキスタンからの流出750万人），及びカシミールの帰属をめぐって不安定要素を抱えた．加えて，工業建設が植民地枠組みを継承した西パキスタンに集中したことで，インドを挟んで1600キロも離れたいま1つの西パキスタンとは宗教的絆以外の何物でもない東パキスタンは，1971年にバングラデシュとして分離独立した[32]．このバングラデシュは，インドの西ベンガル州及びアッサム州の平野とともに，同じベンガル人の居住地帯にあった（西ベンガルでは，1905年に行政が既に分離されていた）．この分離独立で，それまで東ベンガルはイスラム教徒6対ヒンドゥー教徒4の割合であったのが，分離によりその比はかえって7対3と拡大してしまった．

バングラデシュはジュート栽培が主要産業で，経済的自立の難点を抱え，河川が網の目のように拡がっており，陸上交通は未だ発達をみせず，自立条件を欠く[33]．

第3，さらに気候的・風土的多様性は，文化の単一性をよりいっそう認めがたいものとしているが，一方，「母なるインド」（バーラト・マター）の意識は古くからあって，文化の混淆のまま，外見上は1つの生活文化をみせてきた．

また，パキスタンは「民族」国家として建設されたことで（イスラムは人口の96.7％），国家求心力はイスラム紐帯にあるが，独自の国民文化創出の要素を欠く．バングラデシュはベンガル人が人口の98％を占めるが，国民統合は対内的文化対立の前に一元的な求心力が働かない．これらは，地政学でいう断続地帯といえるものであろう．

　そして，1953年イースタン・エコノミスト編『新しいインド』は，「インドは平和のみならず，安全保障を見出していない．……軍事的条件においては，長期の安全保障を設定できていない．国防省における以外には，中国軍の攻撃という危険は理解されていない．国防省は，独力でこれらの攻撃に対する備えを有していない」[34]と指摘していた[35]．その中印対立はインド軍が前進政策をとり（285-286頁をみよ）[36]，一方的に走ってしまった．その一方，インド亜大陸の内部対立は，1947年の第1次カシミール戦争，1965年の第2次印パ戦争，そして1971年の第3次印パ戦争といった消耗戦争のゲームを展開するしかなかったが，その対立はインドとパキスタンの核兵器競争で重大化した（表10-1をみよ）．

　このインドの核武装は，インドにとっての2つの内在的危機，①経済発展における危機，②国内統合における危機に忙殺されてきたことが，転機を迎えたことによる．その第1は，1962年の中国との国境紛争であり，1964年に中国がロプノール実験場で初の核実験に成功して以後，インドは中国との正面衝突を避けることになった．第2は，1971年の第3次印パ戦争で，東パキスタンからの難民流入を被ったが，西パキスタン国境ではインド軍が勝利した．以後，インドは東・西パキスタンの両面の軍事脅威が取り除かれた一方，パキスタンはインドの軍事攻撃による崩壊という窮地に立たされた．このため，ソ連のインド洋進出に対抗して，米第7艦隊核兵器搭載空母エンタープライズの機動部隊がベンガル湾に派遣され，インドに圧力をかけた．インドは停戦を受け入れたが，そこでの屈辱感がインドをして核大国ソ連への接近を深めることになり，そこで，1974年5月，インドは核実験を成功させ，地域大国化を

表10-1 インド・パキスタン核兵器開発をめぐる動き

年	事　項
1968. 7	核拡散防止条約発効、インドは不参加
1972. 4	インド、核燃料製造開始
8	ガンジー・インド首相、議会で地下核爆発の検討の声明
1974. 5	インド、地下核実験成功
1986.10	パキスタン、核兵器起爆装置の実験(1987.3.7ジェーン・デフェンス・ウィークリ報道)
1987. 3	パキスタン、カーン博士、兵器級のウラニウムを生産し、核兵器を完成と発言(1987.3.1オブザーバー)、パキスタン政府は否定。1987.3ハク大統領は「いつでも核爆弾を製造できる」と発言
1989. 1	パキスタン、国家核管理本部がウラン濃縮を制限し核開発を凍結
5	インド、核兵器搭載可能な中距離弾道ミサイル、アグニⅠ(射程2500キロ)発射成功
1990.10	米国、プレスラー条項(核開発しないと確証されない限り援助停止)で人道援助以外のパキスタン援助停止
1994. 8	パキスタン、ナワース・シャリフ首相がジャム・カシミールの遊説先で核兵器の所有を確認
1995. 1	インド、核弾頭搭載可能な地対地ミサイル、プリトビ発射成功
1998. 5	インドの核実験、これに対抗して、パキスタンも核実験成功
1999. 4	パキスタン、インドのアグニⅡの発射に対抗して中距離弾道ミサイル、ガウリ2(射程2000キロ以上)、続いて短距離ミサイル、シャーヒンの発射成功
2002. 1	インド、アグニⅡ発射成功
2003. 2	インド、超音速巡航ミサイル、ブラモス、ロシアとの共同開発でベンガル湾向け発射成功
3	パキスタン、核弾頭搭載可能な短距離地対地ミサイル、アブダリ発射成功
5	パキスタン、地対地弾道ミサイル、ハトフ3発射成功
10	インド・イスラエル・ロシア、イスラエル製の早期警戒管制レーダーシステム、ファルコン搭載のロシア機をインド売却契約成立
2004. 3	パキスタン、中距離ミサイル、シャーヒン2号発射成功
2005. 8	パキスタン、巡航ミサイル、バーブル発射成功

目指すところとなった．この米国のパキスタンへの関与は，ソ連とインド洋に向けた地政政治の展開のためであるが，インドは第一正面戦略をパキスタンに向けている．1986年インド国防省は『インド陸軍2000年構想』を策定した．すなわち，それは，以下の5点を骨子としている．①パキスタン及び中国の

戦線に向けて同時に攻撃できる体制をとる，②中国に対する抑止力及び反撃力を維持する，③パキスタンに対して軍事的優位を維持する，④パキスタン・シンド州への縦深電撃作戦を固める，⑤中国に対する限定的核抑止に失敗した場合において山岳師団による縦深電撃作戦での対応を固める[37]．

　これに対するパキスタンの対処は，次の通りであった．①核兵器開発，通常戦力の充実による自衛力を強化する，②米国を初めとする自由主義陣営との友好関係を維持する，③インドの仮想敵国たる中国との友好関係を維持し同盟関係を固める．実際，パキスタンと中国は，ともに国境を接しているインドを「共通の脅威」と見做しており，両国間には国境問題の対立はなく，独立以来，友好関係にある．1971年のキッシンジャー工作による米中国交交渉はパキスタンが仲介した．中国新疆ウィグル自治区とパキスタンのタコトを結ぶカラコルム・ハイウェー（700キロ）はパキスタン陸軍と中国人民解放軍の共同作業によって1978年6月完成をみ，そのハイウエーはイスラマバードに達する．これにより，中国はパキスタン経由でインド洋への出口を確保した．この両国関係は，1979年ソ連のアフガニスタン侵攻でさらに強化された．パキスタンは，中国にとり中東イスラム諸国への窓口となっている．そして，インドの攻勢に対して，パキスタンは1989年12月のザルボ・モミン演習作戦で，攻撃的防御を確立し，防衛的均衡態勢を固めた．しかし，パキスタンの対中国関係の強化は，1990年10月米国によるパキスタンの核開発への締め付けとなった．これに対して，パキスタンは自国の国防を損なうと米国に対して反発したが，パキスタンは，1991年以降，核開発を凍結してきた[38]．1998年5月インドの核実験が実施され，これに対抗して，同5月パキスタンも核実験を行った．

　セイロン（／スリランカ，獅子国）は，このインド亜大陸から隔離した存在にあるが，そこに栄えたシンハラ仏教王国は南インドのタミル人とは文化的に人種的に交流があり，シンハラの王はお后をタミル人から迎える慣習があった．11世紀にタミル人がセイロン島に侵攻し，ためにシンハラ人は南部に移り，ここにシンハラ王国を築いた．しかし，タミルの侵攻とインドから持ち込

まれた灌漑施設の建設・保守が行き詰まったことで，ここにシンハラ王朝は衰退した．英国がシンハラのキャンディ王国の内紛に乗じて植民地化を進め，タミル人労働者によるプランテーションを進め，成功した．その耕地の3分の2が茶と天然ゴムとココヤシである植民地経済構造は現在，その経済的自立を難しくしており[39]，こうした二重性は自治の優等生であったにもかかわらず，スリランカがそのシンハラ民族的覚醒から国内の民族的分裂へと向かわせるところとなった[40]．

こうした断続地帯という地政的条件にある国家の建設課題は，以下の通り5つ指摘される．

1. 内政が外政に左右される．インドは非同盟主義を選択したが，それは内政的条件の帰結であった[41]．その一方，パキスタンは冷戦の一方当事者，西側に就いた．パキスタンは国内条件の解決を対外政策に求めた．
2. 内政的条件を解決する自律的な能力が難しい．ために，インドは強権政治をとり，パキスタンも軍部政権の支配に終始した[42]．

インドでは，1948年1月マハトマ・ガンジーが暗殺され，1991年5月ラジブ・ガンジー首相が暗殺された．パキスタンでは，軍事クーデタ，東パキスタンの分離独立，あるいは1979年4月アリ・ブット前首相の処刑，1988年8月これを執行したジアウル・ハク大統領搭乗機の墜落，引き続く首相解任と軍事政権の成立，2003年12月同政権のムシャラフ大統領の暗殺未遂などが続いた．バングラデシュでも，1971年3月の独立を主導したムジブル・ラーマン大統領は1981年5月殺害され，後継のフセイン・モハマド・エルシャド大統領は1990年12月に辞任に追い込まれ（1997年1月釈放），以後も政権の維持が混乱した．スリランカでは，1959年9月にソロモン・バンダラナイケ首相が暗殺され，1993年5月ラナシンパ・プレマサダ大統領が民族抗争の爆弾テロで死亡した．2003年11月そのタミル解放勢力，タミル・イーラムのトラ（LTTE）と和平交渉を進めたラニル・ウィクラマシンハ首相が強硬派のチャンドリカ・バンダラナイケ・クマラトゥンガ大統領に解任された．そして，2005年8月

ラクシュマン・カディルガマル外相はタミルに殺害された．断続地帯の政治的不安定性を物語るに余りあるパターンである．

　インドの影響を被ってきたアフガニスタンの政治的不安定性と経済矛盾も目立つ．その流れを摘記する．この国は，パシュトゥン人，タジク人，ハザラ人，ウズベク人，トルクメン人などの多人種構成で，国土の統一も欠き，中央アジア，パキスタンの干渉も著しい[43]．

　その経過は以下の通りである．

1973年	7月	王族サルダム・モハメド・ダウド元首相の共和制クーデタ．
1978年	4月	クーデタでダウド一族殺害，革命評議会（ヌール・モハマド・タラキ議長）成立．
1979年	9月	タラキ革命評議会議長殺害．
	12月	中央アジアの混乱によるソ連介入のクーデタで後任のハフィズラ・アミン革命評議会議長処刑，ソ連軍の支配．
1989年	2月	イスラム勢力の蜂起でソ連軍10万人引き揚げ．
1992年	4月	反政府勢力の攻勢でナジブラ大統領殺害，以後，混乱続く．
1998年	9月	パキスタンを基盤としたイスラム神学生武装集団タリバンが全土を支配．
2001年	9月	タリバン政権が北部で反タリバン指導者アハマド・シャー・マスード元国防相殺害．
	12月	タリバン政権崩壊，ハミド・キルザイ政権成立．
	12月	国際テロ組織指導者ウサマ・ビンラディンら消息不明，パキスタンに潜伏の可能性，テロ活動の指示は続行．
2002年	7月	カブールでアブドル・カディル副大統領の暗殺．
2003年	1月	ラムズフェルド米国防長官がカブールでアフガニスタンの対テロ戦争の終結宣言．
	10月	北部で軍閥武装解除に着手．

3.大国インドの経済社会矛盾は依然，解消されていない．2002年4月世界

食糧計画（EFP）は，世界の飢餓人口の半数近くをインドが占めると発表した．パキスタンあるいはアフガニスタンの社会経済矛盾も未解決である．
4. インド・パキスタン共存の基礎はインダス河にある[44]．

民族の共存が核兵器開発をめぐる競争にまで進んでしまった民族対立をどのように乗り越えることができるか．そのインド亜大陸の安定はどう評価すればよいか．今後の展望として，大国としてのインドの評価と役割が注目される．

① インド・パキスタン対立．2004年1月インド・パキスタン両国首脳は南アジア地域協力連合（SAAR，1985年12月ダッカ首脳会議で発足）首脳会議で，本格的な対話に入ることに合意した．これは，両国の核均衡が成立したからである．2003年11月カシミールの停戦合意で，2005年4月カシミールを往来する直行バスが運行された．人の往来は両国民の対外意識を大きく変えるであろう．

② インド・中国対立．双方は依然，潜在的な敵対国としての警戒感が払拭されていない．しかし，2003年6月パジパイ・インド首相が訪中し，ほぼ半世紀にわたる相互不信の歴史に切りを付けた．これは，インドがテコとしてきたチベット亡命政府及び難民問題での中国に対する切り札が働かなくなったためであり，核の均衡が成立しているためである．

5. テロ問題[44]．2003年1月ハタミ・イラン大統領はインドを訪問し，いかなる国際テロにも反対するとのデリー宣言に調印した．アリエル・シャロン・イスラエル首相は9月インドを訪問して，テロ対策で協議した．

インド亜大陸は，新しい局面へ移行しつつある（第7章3 日・印・中3軸構想をみよ）．

2. インド洋地政学

そのインド亜大陸は山岳・高原を通じてハートランドの圧力にあるが，他方，インド洋の戦略性はどうか（図10-4）．

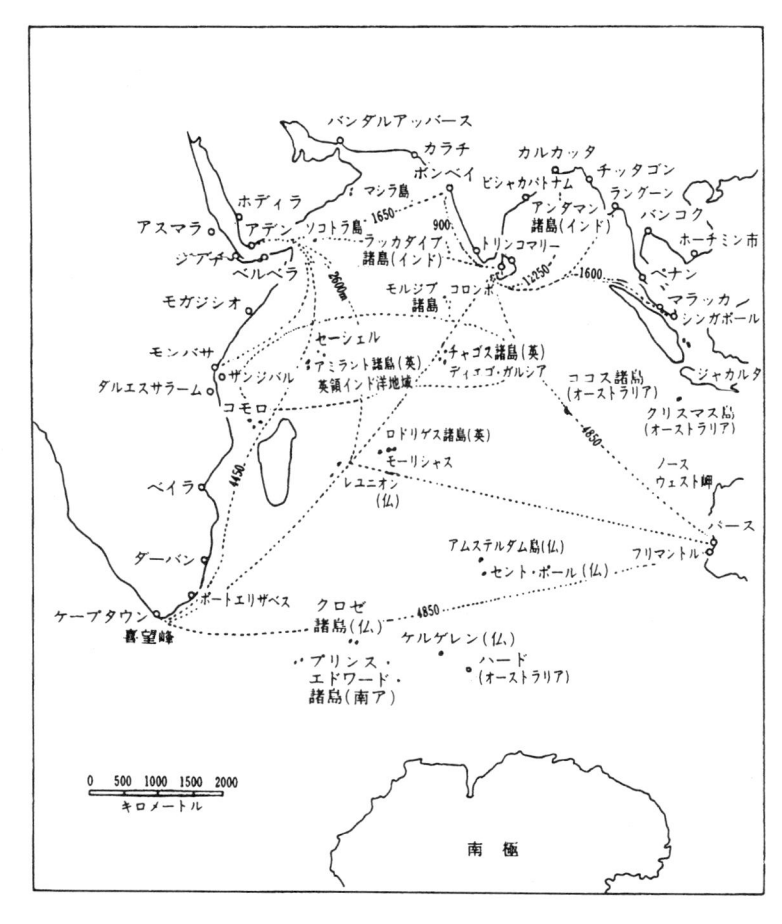

図10-4 インド洋

　インド洋は，これまで3つの大事件に遭遇してきた．第1は，日露戦争における日本の勝利であり，このことがソ連の南下政策と共にロシア帝国の太平洋進出を止めてしまった．第2は，太平洋戦争で，これによって東南アジア

第10章　危機の弧・断続地帯と世界の地中海

表10-2 インド洋地域の主要海峡

海　峡	位　置	最狭距離カイリ
バス海峡	オーストラリア大陸・タスマニア間	80
トレス海峡	オーストラリア大陸・パプアニューギニア間	100
ウエタル海峡	チモール・ウエタル（インドネシア）間	50
オンバイ海峡	チモール・アロル（インドネシア）間	16
サベ海峡	コモヂ・スンバワ（インドネシア）間	8
アラス海峡	ロンボク・スンバワ（インドネシア）間	5
ロンボク海峡	バリ・ロンボク（インドネシア）間	11
バリ海峡	バリ・ジャワ（インドネシア）間	2
マンダ海峡	ジャワ・スマトラ（インドネシア）間	12
シンガポール海峡	シンガポール・リオウ（インドネシア）間	8
マラッカ海峡	マレーシア・スマトラ（インドネシア）間	20
ポーク海峡	インド・スリランカ間	3
ホルムズ海峡	イラン・オーマン間	21
バブエルマンデル海峡	南イエメン・ジブチ間	14
チラン海峡	シナイ（エジプト）・サウジアラビア間	950ヤード
ザンジバル海峡	ザンジバル・タンザニア本土間	16
モザンビーク海峡	モザンビーク・マダガスカル間	250

におけるヨーロッパの植民地体制はほぼ完全に崩壊した．第3に，これに対して，ソ連は再びアジア集団安全保障構想をもって対決した（表10-4）．それは，フルシチョフが企図した中国大陸を包囲する戦略の発動ばかりか，インド洋における米国のソ連封じ込めを切り崩す狙いの戦略であった．

インド洋の地政的条件は，17の海峡を擁していることである．このことは，インド洋が広域であっても，その封鎖，いいかえれば支配，つまり内海化が可能であることを意味する（表10-2）．

インド洋は永らく「イギリスの海」であった．つまり，英海軍がそのシー

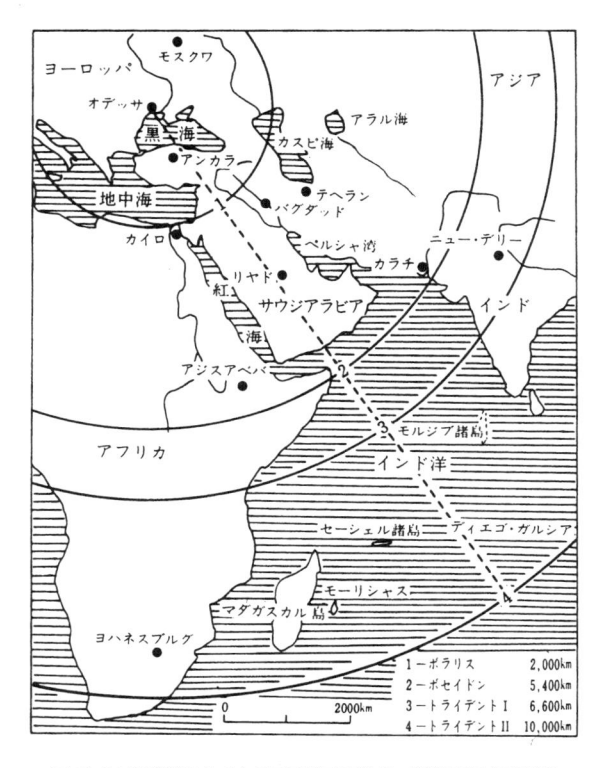

図10-5 ソ連弾道ミサイルのアラビア及びインド洋地域の射程距離

レーンを維持してきた．しかし，1967年2月の国防白書で，英国はスエズ以東からの撤退を打ち出し，1971年末には，インド洋は戦略的空白状態となった[46]．一方，1968年にソ連海軍インド洋分隊が発足し，翌69年にはソ連海軍のインド洋常駐が実現した．これはソ連のハートランドを狙うマーブ（MIRV）装備のポセイドンが陸上の大陸間弾道ミサイル（ICBN）に代わってインド洋海域に展開されたことへの対処からであった．いいかえれば，戦略

核ミサイルの射程が約 4,000 カイリまで広がったからであり，これによって，インド洋がその作戦区域となるのが可能となったことにある（図 10-5）．インド洋のディエゴ・ガルシアにある米軍基地は，1975 年英国・米国間の貸与協定で，同環礁の貸与期限が 2025 年までとなっている[47]．日本では，このインド洋問題は，1981 年のインド洋問題取材班報告『パワー・プロジェクション——戦略の海からの報告』[48]で注目された．

冷戦期におけるインド洋におけるソ連及び米国の海軍力は 1969 年以降，米第 7 艦隊とのバランスを逆転せんとしてソ連艦隊がインド洋に展開し（表 10

表 10-3 ソ連・米国のインド洋海軍力展開，1968～1980 年　　　　　　　　　　シップ・ディズ

年	1968	1969	1970	1971	1972	1973	1974	1975	1976	1979	1980
ソ連	1,760	3,668	3,779	3,779	8,007	8,534	10,500	8,549	7,300	3,367	4,980
米国	1,688	1,315	1,246	1,246	1,435	2,154	2,500	1,520	1,400	–	–

表 10-4 ソ連のアジア安全保障構想の展開

年　月	事　項
1968. 3	ソ連艦隊インド洋分隊発足,インド洋7カ国歴訪
1969. 6	ソ連,アジア集団安保構想を提唱
1971. 5	ソ連・エジプト友好・協力条約締結（1976.3エジプトが破棄）
8	ソ連・インド友好・協力条約締結
1972. 3	バングラデシュ,ソ連との共同宣言でアジア集団安保構想支持
4	ソ連・イラク友好・協力条約締結
1973. 5	イラン,ソ連との共同声明でアジア集団安保構想支持
1974. 7	ソ連・ソマリア友好・協力条約締結（1977.11ソマリアが破棄）
1976. 6	ソ連・アンゴラ友好・協力条約締結
1977. 3	ソ連・モザンビーク友好・協力条約締結
1978.11	ソ連・ベトナム友好・協力条約締結
11	ソ連・エチオピア友好・協力条約締結
12	ソ連・アフガニスタン友好・協力条約締結
1979.10	ソ連・南イエメン友好・協力条約締結
1980.10	ソ連・シリア友好・協力条約締結
1981. 5	ソ連・コンゴ友好・協力条約締結
2003. 5	ロシア黒海艦隊とインド西部艦隊の合同軍事演習

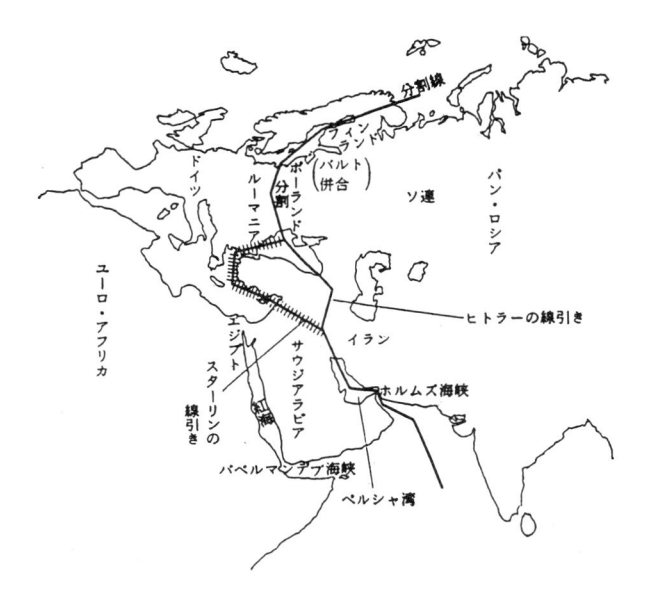

図10-6 スターリンとヒトラーのインド亜大陸分割対立

−3をみよ)，このため米・ソは秘密接触もした．そして，ソ連は，アジア集団安全保障条約を締結し（表10-4）[49]，その適用地域は，ソ連から1万キロの弾道ミサイル，トライデントの射程距離内にあった（図10-5）．それは，米国の封じ込めを解除するためであった．

　そればかりか，ソ連は，インド洋への関与をテコに，アフリカ諸国をアジア集団安全保障構想のなかに組み入れた．ソ連は，その南下政策から，かつて1940年1月のナチス・ドイツがソ連に提出した秘密議定書において「ソ連はその領土的要求においてインド洋に向けてソ連国家領土南部の中心を設定することを宣言する」との確認があった[50]．独ソ不可侵条約秘密議定書で，両国間に，ソ連のバルト併合，両国のポーランド分割，そしてイランをソ連の支配と

する了解が成立していた．そこでのヒトラーの真意は，トルコ・イラン国境及びペルシャ湾をめぐる分割にあった[51]．その限り，当然に，アフガニスタンと英領インド（パキスタンとインド），さらにインド洋をソ連圏とするものであった．このナチス・ドイツとスターリンの秘密交渉は，ペルシャ湾北部，アフガニスタン，パキスタン，インドはソ連の支配圏とし，アラビア半島はドイツの支配圏とした．しかし，ドイツのトルコ支配要求に対し，スターリンもそのトルコ支配を要求し（図10-6），1940年1月モロトフ・ソ連外相のベルリン交渉でも成功せず，結局，独ソ開戦となった[52]．

このソ連のインド洋進出の意図は，次の点にあった．①アジア集団安全保障構想に従うソ連海洋政策への梃入れ（それはソ連の中国封じ込め戦略の一環でもあった），②スエズ・紅海ルート及びペルシャ湾ルートへの影響力行使（それはシーレーンへの圧力行使でもあった），③米国のミサイルによるソ連向け核攻撃の防御（ソ連インド洋艦隊の任務はそこにあった），④パキスタン，タンザニアなどの親中国派インド洋沿岸国及び中国に対する心理的圧力の行使（それは同時にソ連の影響力行使であった）．

中国は，1978年5月ICBMのCSS-5のタンザニア沖への発射実験に成功した．この中国の示威的戦略は，タンザン鉄道の建設に着手した中国としてのインド洋に対する中国の存在，及びインドと対決していた中国の示威行動であった．

このインド洋をめぐる米国とソ連の角逐，さらに中国の覇権的対立で，沿岸国による安定が追求された．すでに，ネルー・インド首相は，1953年2月の演説「外交の明確化」で「戦争の危険を孕まない」ものとして平和地帯構想に言及していた[53]．その文脈には，対外的平和による対内的平和の追求があった．これに対し，フルシチョフ・ソ連共産党中央委員会第一書記は，1959年の第21回党大会で，アジア・アフリカ諸国と社会主義ブロックとの連合手段として「平和地帯」を取り上げた．シリマボ・バンダラナイケ・セイロン首相は1970年5月の総選挙で，関係国による軍事力及び関連行動の制限を呼びか

け，インド洋平和地帯（IOPZ）構想を提起した．そこには，シンハラ左派の抵抗闘争と反乱という内在矛盾があった[54]．これも継続地帯の一特質であった．そこには，さらに，関係国のあいだで以下の安全保障の追求があった．

1962年12月　憲法改正（1980年12月発効）によるネパールの平和地帯とした外交目標の確認——それは，インドの優位に対するネパールの拒否であった[55]．

1971年11月27日　ASEAN（東南アジア諸国連合）諸国の平和・自由・中立地帯宣言——インド洋でのその対応が迫られる一方，この中立宣言を1976年2月ASEAN第1回バリ首脳会議は再確認した．

1977年3月タイツの紅海会議（南イエメン・イエメン・エジプト，サウジアラビア参加）で域外勢力の排除という中立地帯構想に合意——これに対し，1981年8月アデンで開催の南イエメン・リビア・エチオピア参加の紅海共産圏会議は，ソ連の使嗾で3国間の友好・協力条約を締結し，沿岸国は混迷を来たした．

1978年6月13日ベトナム外務次官がニューヨークでASEAN諸国代表と会談して，ASEAN提案への代替として平和・独立・中立地帯提案——一方，ベトナムは1978年11月3日ソ連と平和・協力条約を締結した．これに対し1980年8月ラジャトナム・シンガポール副首相は，ベトナムの態度は東南アジア全体の社会主義を意図しているものであれば，それは平和地帯でないと釘を刺した．

1980年1月イスラマバードで開催の緊急イスラム外相会議で，GCC（ガルフ協力会議）がガルフの安全保障を確認．

こうした流れのなかで，インド洋当事国による戦略的追求が急務となされた[56]．その経過は以下の通りである．

1970年9月第3回非同盟諸国首脳会議（ルサカ）でインド洋平和地帯IOZP構想採択．その骨子は以下の通りである．

①この地域は，超大国の軍事対決に巻き込まれるべきでない．この地域は軍

事危機，海軍のプレゼンス，及び核兵器から解放されるべきである．

②沿岸国は，超大国との軍事協約に入らない．

③沿岸国は，自らの政治体制を維持し，かつ集団的自決の考え方と自由航行及び対外列国によるインド洋の軍事使用を制限する決定をもって，自らのために力を確立すべきである．

1971年1月第18回英連邦首脳会議（シンガポール）でIOZP構想支持．

同年12月IOZP構想のインド洋平和地帯宣言国連決議2831(XXVI)成立(47対0，棄権46)[57]．

1972年12月インド洋における大国の軍事プレゼンスを明らかにするよう求める国連決議2992 (XXVII) 成立 (77対0，棄権29)．

1974年6月インド洋における大国の軍事プレゼンスに関する国連事務総長報告A／AC. 159／L／1, Rev. 1提出，これにより12月インド洋国際会議の開催を要請した国連決議3259（XXIX）成立——しかし，その報告については議論百出で混乱した．

1979年7月インド洋会議開催（ニューヨーク）——会議は，62カ国が参加し，先進国と第三世界の沿岸国・後背国対立で，成果がなかった[58]．

1980年12月インド洋平和地帯決議35／250は成立したが，インド洋の平和と安定に対する脅威は，海軍力のプレゼンスではなく，域内での対立が増長した結果であると，域外国によって主張された．この点は，域外秩序をもって域内秩序を形成するという断続地帯という地政的条件の矛盾から混乱を招いただけであった．実際，ソ連によるIOZP問題に対する1981年第26回共産党大会におけるブレジネフ書記長の支持演説は，インド外交への連繋強化を生むだけであった．他方，EC諸国は，これに対決してアフガニスタンからのソ連の引揚げこそがこの問題を議論できる前提としており，中国も，中ソ対立の文脈で，この西側諸国の立場を支持した．そして，このIOZP問題は，以後の非同盟諸国会議，アフリカ統一機構会議で支持され，1982年のIOZP国連総会決議37／96がコンセンサスで成立し，1984年前半におけるイン

ド洋会議の開催が決まったものの，その会議は開催されないで終わった．再び1987年の国連決議でその開催が確認されたが，関係国間の調整は成功せず，結局，開催されなかった．

3. マラッカ・シンガポール海峡地政学

　このインド洋をめぐる冷戦対立，原子力潜水艦の配備，ソ連艦隊の常駐という局面は，現在，解消している．しかし，代わってシーレーンに対する新たな脅威が出現してきた（図10-7）．1994年1月マラッカ海峡での海賊事件に始まり，海洋の安全が現在，大きな課題となっている（表10-5をみよ）．

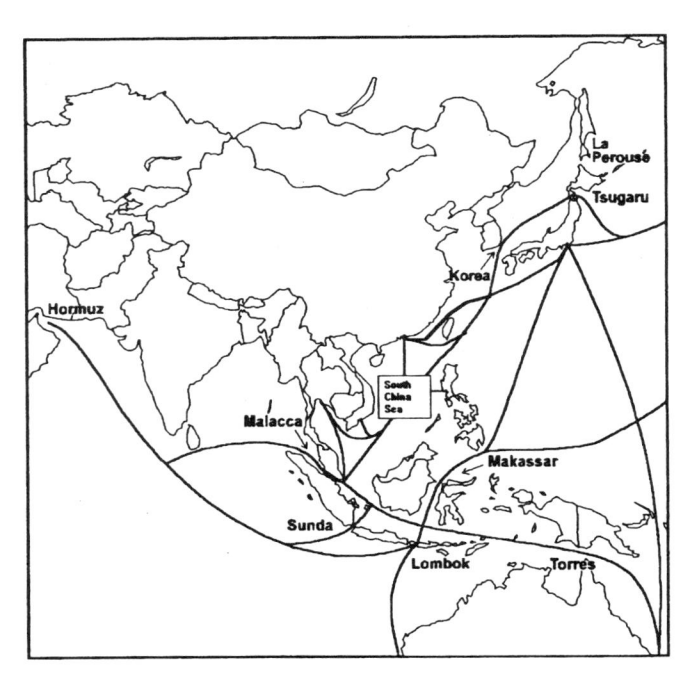

図10-7 インド洋からの東南アジアへの航路

表 10-5 南シナ海海域の海賊被害発生件数，1995～2003 年

地域　　　　　　年	1995	1996	1997	1998	1999	2000	2001	2002	2003
インドネシア	33	57	47	60	115	119	91	103	103
マラッカ・シンガポール海峡	4	5	5	2	16	80	24	21	21
マレーシア	5	5	4	10	18	21	18	14	14
フィリピン	24	39	16	15	6	9	8	10	10
タイ	4	16	17	2	5	8	8	5	4
中国（香港を含む）	38	13	6	2	-	2	-	-	1
東シナ海	-	1	1	-	-	1	2	1	1
南シナ海	3	2	6	5	3	9	4	-	1
世界　　　　　計	188	228	247	202	300	469	335	370	343

（注）データは IBM 報告．

表 10-6 シーレーン通航貨物量，1993 年　　　　　　　　　　　　　　　　　　　　　100 万トン

	南海諸島／南沙群島	マラッカ海峡	ロンボク海峡	スンダ海峡
貨物量	575.7	534.8	139.8	21.5

　この海賊事件の1つは，1999年10月18日パナマ船籍，日本人船長池野功の大型貨物船アロンドラ・レインボー号の襲撃事件で，同船に積み込まれていた7,000トンのアルミ塊が奪取された．12月同船がインド洋で発見され拿捕された際には，すでに3,000トンのアルミ塊はなくなっており，そのアルミ塊は2000年5月フィリピンのマニラで発見された[59]．このシーレーンの安全保障は，南海諸島，さらに，インドネシアのロンボク海峡，あるいはスンダ海峡に比し，航行量が最大であるインドネシアとマラッカ・シンガポール海峡海域の襲撃事件が圧倒的に多い（表10-5）．

表 10-7 マラッカ・シンガポール海峡の通航量，1999 年

船主国籍	通航隻数	割合
日本	13,764	18.2%
シンガポール	9,849	13.0
中国（香港を含む）	5,695	7.5
ギリシャ	5,428	7.2
ドイツ	4,845	6.4
マレーシア	3,188	4.7
タイ	3,091	4.2
台湾	3,077	4.1
英国	2,192	2.9
韓国	2,146	2.9

　実際，マラッカ・シンガポール海峡の通航量は最大で（表 10-6），その船主国籍別通航量は表 10-7 の通りで，データは 1,000 トン以上の船舶が対象で，総隻数は年間 75,510 隻である．

　シーレーンは新しい安全保障の課題である．そして，南海諸島をめぐる関係国間の対立は，2000 年 11 月の中国・ASEAN（東南アジア諸国連合）南シナ海各行動宣言が成立したが，完全に解消したわけではない[60]．

　以上，インド亜大陸の地政学的条件を検討してきたが，その条件はユーラシアの高原地帯にあるイラン，トルコの遮断地帯の延長線上にあることが指摘されなければならない．そして，このシーレーンは日本だけでなく，石油輸入国として新たに登場してきた中国にとっても関心事である（表 10-7）．

[注]

1　John K Cooley, *Unholy Wars,* New York: Pluto Press, 1999. 平山健太郎監訳『非聖戦　CIA に育てられた反ソ連ゲリラはいかにしてアメリカに牙をむいたか』筑摩書房，2001 年，72 頁．Jason Burke, *Al-Qaeda:Casting a Shadow of Terror*, London/ New York: Tauris, 2003. 坂井

定雄、伊藤力司訳『アルカイダービンラディンと国際テロ・ネットワーク』講談社，2004，205頁以降．
2 Galla Golan, *Soviet Politics in the Middle East*, Cambridge: Cambridge U. P., 1990. 木村申二・他訳『冷戦下・ソ連の対中東戦略』第三書館，2001年．
3 Vincent Monteil, *Muslmans Sovietiques*, Paris: Seuil, 1982. 森安達也訳『ソ連ガイスラム化する日』中央公論社，1983年．Amir Tahri, *Crescent in an Red Sky: The Future of Islam in Soviet Union*, London: Hunchinson, 1989. グレース・マルセル，越智道雄訳『ソ連のイスラム教徒』朝日新聞社，1991年．
4 前掲，江澤『地政學研究』の印度地政學．
小牧實繁は，満州，パンジャブ，及び西アジアを「漸移地帯」と解している．前掲，小牧『日本地政學』第17章西方アジアの地政学的考察，247-249頁．
5 前掲，井口『地政動態論——現代地政學の諸問題』第4章印度洋の地政学的考察．
6 古賀正則・内藤雅雄・浜口恒夫編『移民から市民へ——世界のインド系コミュニティ』東京大学出版会，2000年．
7 橋本和也『ディアスポラと先住民——民主主義・多文化主義とナショナリズム』世界試走車，2005年．
8 前掲書，第3～4章．
9 衣斐鉱吉『印度（インヂアン）の不安（アンレスト）の眞相』報知新聞社出版部，1924年，自序3頁．本書はインド政治研究の先駆を印している．
10 松井透「ムガル支配の土地制度と権力構造」，松井・山崎利男編『インド史における土地制度と権力構造』東京大学出版会，1969年，167-195頁．
11 佐藤正哲『ムガル期インドの国家と社会』春秋社，1982年．
12 長崎暢子「インド国民軍の形成——バンコク決議まで」，長崎編『南アジア民族運動と日本』アジア経済研究所，1980年．長崎「東南アジアとインド国民軍——ディアスポラ（離散）・ナショナリズムの崩壊」『岩波講座・近代日本と植民地5膨張する帝国の人流』岩波書店，1993年．丸山静雄『インド国民軍——もう1つの太平洋戦争』岩波書店，1985年．T.R. Sareen, *Japan and The Indian National Army*, Delhi: Agann Prakashan, 1986. Peter Ward Fay. *The Forgotten Army: India's Armed Struggle for Independence 1942-1945*, Michigan: The Univ. of Michigan Press, 1993. Sarren edi, *Indian National Army: A Documentary Study*, 5 Vols., New Delhi: Gyan Publishing House, 2004.
13 前掲，浦野『チベット・中国・ダライラマ——チベット国際関係史』．
14 V. H. Coelho, *Sikkim and Bhutan,* New Delhi: Indian Council for Cultural Relations, 1967. 三田幸夫・内山正熊訳『シッキムとブータン』集英社，1973年．B. S. K. Ghover, *Sikkim and India: Strom and Consolidation,* New Delhi: Jain Brothers, 1974. Lal Bahadur Basnet, *Sikkim: A Short Political History,* New Delhi: S.Chand & Co., 1974. Leo E. Rose, *Nepal Strategy for Survival*, Berkly: Univ. of California Press, 1991. 佐伯和彦『ネパール全史』明石書店，2003年．
15 村田昌三『アフガニスタンニ於ケル大戦後の國際關係』東亜研究所，1940年．村田『印度・アフガニスタン國境——その紛争と民族』東亜研究所，1941年．M. Hasan Kokai, *Afganistan:*

A Study in International Political Developments 1880-1896, Kabul/ Lahore: Panjab Educational Press, 1971.
16　R. K. Parmu, *A History of Muslim Rule in Kashmir, 1320-1819*, Delhi: People's Pub. House, 1969. 鷲見東観『カシミールの歴史と文化』アポロン社，1970年．K. Warikoo, *Central Asia and Kashmir: A Study in the Context of Anglo-Russian Rivalry*, New Delhi: Gian Pub. House, 1989. Alastair Lamb, *Kashmir: A Disputed Legacy, 1846-1990*, Hertingfordbury: Roxfood Book, 1991.
17　Alastair Lamb, *Crisis in Kashmir, 1947-1966*, London: Routledge & K. Paul, 1966. Sisir Gupta, *Kashmir: A Study in India-Pakistan Relations*, New Delhi: Asia Publishing House, 1967. 落合淳隆『インド・パキスタン・カシミール紛争』外務省アジア局南西アジア課，1972年．落合『カシミール問題の研究』拓殖大学海外事情研究所，1975年．V. D. Chopra, *Genesis of Indo-Pakistan Conflict on Kashmir*, New Delhi: Patriot Publishers, 1990. M. S. Deora & R. Grover eds., *Documents on Kashmir Problem*, New Delhi: Discovery Pub. House, 1991.
18　CIAの関与で，カシミールはテロ地帯と化した．Kalim Siddiqui, 'Political Economy of Terrorism.' op. cit. Chopra, *Genesis of Indo-Pakistan Conflict on Kashmir*, pp. 212-224.
19　16世紀にバスコ・ダ・ガマがインド西海岸に到着し，そこで目撃した氏族制階層秩序をポルトガル語カースト（casta，血統）と呼んだ．これはバラモンの血統至上主義とそれに基づく浄－不浄観念が強く影響しており，これが断続地帯の秩序の一翼を形成した．改革運動によるカーストの根絶の取り組みが続いたが，秩序維持においてそのサブカーストは現在2000種にも及んでいる．Abbe Jean Antoine Dabois, *Hindu Manners, Custom and Ceremontes*, Oxford: Clarendon Press, 1906.［第1部］重松伸司訳『カーストの民――ヒンドゥーの習俗と儀礼』東洋文庫，平凡社，1988年．Celestin Chales Alfred Bougle, *Essai sur le regime des castes*, Paris: Alcon, 1908/ Paris: Univ. de France, 1967 藪中静雄訳『印度のカスト制度』大鵬社，1943年．Louis Dumont, *Homo Hierarchicus: Essai sur le systeme des castes*, Paris: Gaiiimard, 1966. translated by Mark Sainsbury, *Homo Hierarchicus: An Essay on the Caste System*, Chicago: Univ. of Chicago Press/ London: Weidenfeld & Nicolson, 1970. 田中雅一・渡辺公三訳『ホモ・ヒエラルキクス――カースト体系とその意味』みすず書房，2001年．木村雅昭『インド史の社会構造――カースト制度をめぐる歴史社会学』創文社，1981年．小谷汪之『不可触民とカースト制度の歴史』明石書店，1996年．小谷編『インドの不可触民――その歴史と現在』明石書店，1997年．
20　広瀬崇子『アヨーディヤ問題――その政治的分析』外務省アジア局南西アジア課，1993年．U. B. Siugh, *Hindu Nationalist in India: The Rise of the Bhanatiya Party*, Baulder: Westview Press, 1994.
21　スルガ・ナラヤン・ラオは，ヒンドゥー・ラシュトラは，「歴史的に指摘されてきたインド人ヒンドゥー・ネーション意識となって存在し続けるものである」としている．Surga Narayan Rao, *Why Hindu Rashtra?*, New Delhi: Suruchi Prakashan, 1990, 'The Concept of Hindu Rashtra.' 中島岳志『ナショナリズムと宗教――現代インドのヒンドゥー・ナショナリズム運動』春風社，2005年をみよ．
22　広瀬崇子編『10億人の民主主義――インド全州，全政党の解剖と第13回連邦下院選挙』御茶ノ

水書房，2001年．広瀬・南埜猛・井上恭子編『インド民主主義の変容』明石書店，2006年．
23 B. D. Purohit, *Janata Government in Trial,* Jodhpur: A Jainsons Publication, 1977. D. R. Mankekar & Kamla Mankekar, *Delcine and Fall of Indira Gandhi: 19 Months of Emergency,* New Delhi: Vision Books, 1977. Kuldip Natar, *The Judgement: Inside Story of the Emergency in India,* New Delhi: Vikas Publishing House, 1977. 黒沢一晃訳『インド政治の解剖——独裁政治への審判』サイマル出版会，1979年．大石悠二『権力の女神——インド・ガンディー政権の崩壊』泰流社，1976年．K. P. Karunakaran, *Democracy in India,* New Delhi: International Book Coener, 1978. 大内穂編『インド憲法の基本問題』アジア経済研究所，1978年．大内編『危機管理国家体制——非常事態下のインド』アジア経済研究所，1980年．
24 Rajni Kothari ed., *Caste in Indian Politics,* Hyderabad: Orient Longman, 1970. 押川文子編『インドの社会経済発展とカースト』アジア経済研究所，1990年．
25 堀本功「インド革命党の台頭——ウッタル・プラデシュ州の政治経済変化とカースト」アジア経済，第30巻第3号，1989年．堀本「1960年代のウッタル・プラデシュ州における会議派都政党状況」，前掲，押川編『インドの社会経済発展とカースト』．三輪博樹「インドにおけるカースト政治——『利益集団』としてのカースト」，堀本功・広瀬崇子編『現代南アジア3民主主義のいくえ』東京大学出版会，2002年．
26 バルチスタンは，古代，チベットとして知られ，ラダク地域を含めていた．現在は，東部はラダク，南部はインド支配のカシミール，西部はギルギット，北部は中国新疆に接する2〜2.5万フィートの高原地帯である．Banat Gul Afridi, *Baltistan in History,* Peshewar: Emjay Books International, 1988.
バルチスタン州は北西辺境州とともに，パキスタン統合においてその十分な条件を満たしていない．それは，隔離し，中央支配も十分でない．Mushtaq Ahmad, *Pakistan: At the Crossroads,* Karachi: Royal Book Company, 1985, pp. 52, 60, 90-91.
27 浦野起央「パキスタン運動の展開と国家形成のジレンマ——土着イデオロギーと国家形成の視点から」東洋研究，第105号，1992年12月．
28 緑の革命に代表されるモノカルチャーがいかに人間と自然の共生を可能にする生産基盤を破壊したかを明らかにし，生物多様性の原理を回復すべきだとしたのは，インドの理論物理学者・哲学者バンダナ・シバであった．Vandana Shiva, *The Violence of the Green Revolution: Ecological Degradation and Political Conflict in Punjab,* Dehra Dun: Research Foundation for Science and Ecology/ Natraj Publishers, 1989. Siva, *The Violence of the Green Revolution: Third World Agriculture, Ecology, and Politics,* London: Atlantic Highlands/ New York: Zed Books/ Penang: Third World Network, 1991. 浜谷喜美子訳『緑の革命とその暴力』日本経済評論社，1997年．Shiva, *Monocultures of the Mind: Perspective on Biodiversity and Biotechnology,* London: Zed Books/ Penang: Third World Network, 1993. 戸田清訳『生物多様性の危機——精神のモノカルチャー』三一書房，1997年．戸田清・鶴田由起訳『生物多様性の危機——精神のモノカルチャー』明石書店，2002年．
29 ラッセ・ベルグ，リサ・ベルグ，森谷文昭訳『インド——「緑の革命」と「赤い革命」』朝日新聞社，1973年．
30 V. N. Ralasubrameyan, *The Economy of India,* London: Gerge Weidenfeld & Nicolson,

1984. 古賀正則監訳『インド経済概論——途上国開発戦略の再検討』東京大学出版会，1988 年，第 1 章序論．
31 R. K. Dasgupta, *Revolt in East Bengal*, Culcutta: A. Dasgupta, 1971. Yatindre Bhatnagar, *Bangla Desh: Birth of A Nation*, Delhi: ISSD, 1971. Sheikh Mujibur Rahman, *Bangladesh: My Bangladesh*, New Delhi: Orient Longman, 1972. 桐生稔『バングラデシュ——インド亜大陸の夜明け』時事通信社，1972 年．鶴嶋雪嶺『戦火と飢えを超えて——バングラデシュ独立』風媒社，1972 年．Mushtaq Ahmad, *Politics of Crisis*, Karachi: Royal Book Co., 1987　加藤順美「東パキスタンにおける自治権拡大運動の変遷——1949 年から 1971 年のアワミ連盟を中心に」，国際政治 111『グローバル・システムの変容』1996 年．Board: Sheelendra Kumar Singh et al. ed., *Bangla Desh Documents*, 2 Vols., New Delhi: Affairs/ Madras: B. N. K. Press, 1971-1972.
32 パキスタンの経済的条件は以下をみよ．山中一郎編『現代パキスタンの研究　1947 ～ 1971』アジア経済研究所，1973 年，第 4 章パキスタン経済と農業セクター．op. cit. Ahmad, *Pakistan: At the Crossroads*, Part II Economic Pattern.
33 V. K. R. V. Rao ed., *Bangla Desh Economy: Problems and Prospect,* Delhi: Vikas Publications, 1972. A. M. A. Rahim ed., *Bangladesh Economy: Problem and Issues,* Dacca: University Press, 1977.
34 イースタン・エコノミスト編，森川哲郎訳『新しいインド』経済批判社，1953 年，52 頁．
35 K・M・パニッカルは，その防衛は地理的要因に依存し，そして基本的には国境，特に中国及びソ連［中央アジア］の国境防衛がその課題であるとした．K. M. Panikar, *Problems of Indian Defence*, Bombay: Asia Publishing House, 1960, pp. 61-62.
36 「インドは攻撃されない」という幻想のもと，1960 年初めに中国も前進させないよう潜在的な前進ルートを封鎖すること，及び中国と領土対立のあるアクサイチンにインドの存在を確立することで，前進政策が確立した．それは，かつての英領インドのアフガニスタンへの拡大という発想に従っていた．そこでは，戦争の不可避性が無視され，中印紛争ともなった．Neville Maxwell, *India's China War*, London: Jonathan Cape, 1970. 前田寿夫訳『中印紛争——その背景と今後』時事通信社，1972 年，第 2 部前進政策．
37 春名幹男『核地政学入門——第三世界の核開発戦争』日刊工業新聞社，1979 年，36-88 頁．西脇文昭『インド対パキスタン——核戦略で読む国際関係』講談社現代新書，講談社，1998 年，第 2 章．肖敬尾・呉鵬・他『南亜核風雲——印巴核試験拍描』北京，長虹出版公司，1998 年．
38 パキスタンは 1980 年代後半以降，実際には核開発に着手してきた．Steve Weissman & Hebert Krosney, *The Islamic Bomb*, New Delhi: Vision Books, 1983. 大原進訳『イスラムの核爆弾——中東に迫る大破局』日本経済新聞社，1981 年．
39 藤井正夫編『セイロン経済と投資環境』アジア経済研究所，1970 年，86 頁以降．
40 前掲，浦野『現代紛争論』第 4 章タミル暴動とエスニシティ紛争の構図．
41 対外的中立をもって対内的安定を堅持し，もってネルーは政権を維持でき，対外関与を差し控えた．この認識は当時の駐インド米大使チェスター・ボールズにもあった．Chester Bowles, *Ambassador's Report*, London: Collines, 1954. アジア協会訳『インド駐在記』一橋書房，1956 年，291 頁．

42 Triq Ali, *Pakistan: Military Rule of People's Power?*, London: Jonathan Cape, 1970.
43 浦野起央『現代における革命と自決』パピルス出版，1987年，上巻，第8章アフガニスタン革命と部族秩序，その国際連関．
44 インド・パキスタン分割は，チベット高原に発するインダス河放流と5つの支流上流域をインドに，下流域をパキスタンに帰属させることになり，両国は水利紛争と巻き込まれた．インドは1948年3月パキスタン側へ通じる運河の水を堰き止め，パキスタンを窮地に陥れた．世界銀行が調停に乗り出し，1960年9月インダス水利条約が調印された．同条約は，東の3支流の水をインドに与え，西の2支流とインダス本流をパキスタンに利用させるものであった．パキスタンは，以後，インドとの戦争もあったが，このインダス河は生命の河としてパキスタンの農業開発と水力発電を可能にした．インドのインダス河の便宜については，いうまでもない．同条約は，浦野起央『資料体系アジア・アフリカ国際関係政治社会史』パピルス出版，第2巻アジアⅢ資料14-9-1に所収．Aloys A. Michel, *The Indus Rivers: A Study of the Effects of Partition*, New Haven: Yale U. P., 1967. Niranjan Gulhati, *Indus Waters Treaty: An Exercise in International Mediation*, Bombay: Allied Publishers, 1974. Jean Fairley, *The Lion River: The Indus*, London: Allen Lane, 1975. 小林英治『インダス河の開発——パキスタンの水と農業』アジア経済研究所，1979年．
45 インドは2005年4月採択の国際テロ国連条約の起草者である．
46 浦野起央「ペルシャ湾の安全保障とイギリス撤退の意味」中東通報，1970年12月号．浦野「インド洋ガルフ地帯における軍事バランス」国際問題，第181号，1975年4月．
47 前掲，浦野『南アジア・中東の国際関係』第1章3インド洋をめぐるヘゲモニー抗争と沿岸国・後背国の安全観．
48 インド洋問題取材班報告『パワー・プロジェクション——戦略の海からの報告』潮出版社，1981年．
49 イワン・イワノビチ・コワレンコ，ソビエト外交研究会訳『ソ連とアジアの集団安全保障』恒文社，1977年．資料は以下をみよ．前掲，浦野『資料体系アジア・アフリカ国際関係政治社会史』第5巻アジア・アフリカ，V4アジア集団安全保障構想．
50 それは，ドイツのバルカン半島工作に始まっていた．Henry Morgenthau, *The Secret of Bosphorus*, 1918. 石川清訳『土耳古に於ける独逸外交史』水交社，1919年．
51 1939年8月23日独ソ不可侵条約及びその秘密議定書は，両国が共通の利害があるトルコ問題に触れられていなかった．同年10月トルコのモスクワ交渉は成功しなかった．
　一方，ナチス・ドイツによるイラン工作もあった．ダーゴベルト・フォン・ミクシュ，村松正俊・常木實訳『獨英イラン争奪記——獨逸のロレンス・ヴァスムスの闘争』泰山書房，1940年．
52 1941年1月31日対ソ戦争〈バルバロッサ〉の件に関するドイツ陸軍総司令部開進指令には，「ロシアがドイツに対する従来の態度を変更せざる場合のために……予防措置としてあらゆる準備に当たるべきものとする」とあった．Werne Maser, *Der Wortbuch*, München/ Landesberg: Verlag Olzog, 1994. 守屋純訳『独ソ開戦——盟約から破約へ』学習研究社，2000年，資料5．
53 1953年2月17日ネルー演説は，浦野起央『資料体系アジア・アフリカ国際関係政治社会史』第5巻アジア・アフリカⅢ2資料8-1-6に所収．
54 Robin Blackburn ed., *Experience in a Sub-continental: India, Pakistan, Bangladesh and Ceylon*, London: Penguin Books/ New York: The New Left Review, 1975. 藤井聡・都築方明訳『インド亜大陸の階級闘争』拓植書房，1957年，139頁以降．

55 浦野起央『国際政治における小国』南窓社，1992 年，第 4 章小国ネパールの外交政策——中国とインドの狭間で．
56 前掲，浦野『南アジア・中東の国際関係』65-79 頁．
57 棄権国は NATO 諸国とワルシャワ条約諸国の他，オーストラリア，南アフリカ，マダガスカル，南イエメン，タイ，シンガポールの沿岸国も棄権した．
58 *Report of the Meeting of the Littoral and Hinterland States of the Indian Ocean,* Official Records, 34th Session, Supplement No.45, A/34/45, 1979.
59 読売新聞社会部『マラッカ海峡』ワック出版，2000 年．
60 浦野起央『南海諸島国際紛争史』刀水書房，1997 年．楊翠柏訳『南海諸島国際紛争史』成都，四川大学法学院南海法律問題研究中心，2004 年．浦野『南シナ海をめぐる安全保障と問題点』シップ・アンド・オーシャン財団，2004 年．

11章

地政的不安定な弧・中東の遮断地帯

1. 中東地政学

　危機の弧は南アジアにおける以上に中東の遮断地帯において著しい．この不安定状況を遮断地帯／危険地帯（shatter belt）として論じたのはサウル・バートランド・コーヘンである．コーヘンは，『分断世界の地理学と歴史』（1963年）において遮断地帯の概念を提起し，『世界システムの地政学』（2003年）で，その概念をさらに整理した．この概念は1900年にマハンがアジアにおいて英国とロシアによって生じた第3級，第4級の不安定地帯として提起されたのに始まり，海洋権力とハートランドの緩衝地帯，別言すれば粉砕地帯（crush zone）と言及されていた[1]．その適用は，バルカン，トルコ，ペルシャ（イラン），アフガニスタンに拡大し，第2次世界大戦期には，ヨーロッパのバルト海からアドリア海にまで拡大した[2]．以来，遮断地帯は，地政的空間における大国対立から生じた，また内政的に深く分裂している戦略的地域を指しており，コーヘンも，この定義を確認している[3]．

　さて，この遮断地帯（crush belt）は，南アジアの紛争地域には適用されない．というのは，そこでは，インドの支配と優位にあっても，米国，ロシア，あるいは中国の脅威が決定的ではなかったからである．同様に，キューバ，ニ

カラグア，及びグアテマラのカリブ・中米地域での共産政権をめぐる対立にもかかわらず，ソ連は，キューバ危機を除いて，米国にとり脅威ではなかった．1970年代から80年代にかけて，ソ連，キューバ，及び中国がサハラ以南のアフリカに浸透したが，それは戦略的に西欧世界を脅かすものではなかった．東アジアあるいは東南アジアにおいても，冷戦期にあってその地政空間が分割されることはなかった．現在，ハートランド内に位置する東欧・バルカン地帯，中央アジアのトランス・コーカサス地帯から新疆に至る地域，そしてパキスタン，アフガニスタン，イランからパレスチナ・東アラブ・アラビア半島に至る地域，そしてエジプト・スーダン・リビアの北アフリカ地域がその対象地域である．この地域は，ブレジンスキーも，『壮大なチェス盤』においてユーラシア大陸中部の紛争多発地域として取り上げている（第3章4米国のハートランド地政戦略をみよ）．さらに，不安定な弧が現在，指摘されている（第6章5「不安定な弧」をみよ）．

　さて，この地域は，地政的条件が厳しい．スンナとシーアのイスラム教徒，キリスト教徒，ユダヤ教徒，またアラブ人，トルコ人，ペルシャ人，アゼルバイジャン人，ウィグル人，クルド人，トルクメン人，及びドルーズ人，さらにナイロ系黒人及びスーダン系アラブ人，ベドウィン遊牧民と農耕民族，そして原始宗教，原理主義宗教，世俗宗教――これらの複雑さが，ここでいう一部北アフリカを含む中東・中央アジアの遮断地帯の人種的・文化的背景である（表11-1をみよ）．加えて，中東は3つの旧世界（キリスト教世界，ビザンツ世界，及びアフリカ世界）の接合点にあり，かつ水利・陸上運輸ルートの地球的戦略要衝である．加えて石油資源の世界への供給地帯でもある．こうしたその内部構成の複雑さと内部分裂，及び石油資源・海峡・運河の戦略的価値が域外権力の関与を著しくし，オスマン・トルコ帝国の後退とともに域外大国の干渉するところとなり，第1次世界大戦の終結で分裂状態となった．そして冷戦期においては，ハートランドのソ連支配に組み込まれるかあるいはその射程内に入り[5]，一方，リムランドを通じた封じ込めの焦点にあった．そのソ連のペルシ

ャ湾進出は石油支配にあるが，その方針はツァリー時代からの一環した政策にあった．1879年ペルシャでのコサック旅団創設（ペテルブルグの国防省直属），1924年イスラム教徒対策のためのヘジャズとの国交樹立，1931年ソ連・サウジアラビア石油輸出協定調印，1928年イエメン・ソ連友好・通商条約調印，第2次世界大戦でソ連がイラン縦断鉄道（1938年完成）ルートによる支援を要求しそれが実現しているが，そのイラン鉄道ルートはロシアのペルシャ湾・インド洋出口として計画していたものであった[6]．

その民族・宗教構成は，表11-1の通りで，その地域は3つに区分される．

表11-1 遮断地帯諸国の民族・宗教構成

国名	民族・宗教構成
アフガニスタン	パシュトゥン人44%,タジク人25%,ハザラ人10%,ウズベク人8%,トルクメン人,スンナ派84%
グルジア	グルジア人69%,アルメニア人9%,アゼルバイジャン人,グルジア正教,スンナ派
アルメニア	アルメニア人93%,アゼルバイジャン人,クルド人,アルメニア正教
アゼルバイジャン	アゼルバイジャン人90%,アルメニア人,シーア派70%
カザフスタン	カザフ人53%,ロシア人30%,ウクライナ人4%,ウズベク人3%,スンナ派,ロシア正教
ウズベキスタン	ウズベク人77%,ロシア人5%,タジク人5%,カザフ人4%,スンナ派
タジキスタン	タジク人80%,ウズベク人15%,スンナ派
キルギス	キルギス人65%,ウズベク人14%,ロシア人13%,スンナ派75%,ロシア正教20%
トルクメスタン	トルクメン人85%,ロシア人7%,ウズベク人5%,スンナ派,ロシア正教
トルコ	トルコ人90%,クルド人9%,スンナ派
キプロス	ギリシャ系81%,トルコ系11%,ギリシャ正教,スンナ派,キリスト教と
イスラエル	ユダヤ人81%,パレスチナ・アラブ人19%,ユダヤ教,スンナ派,キリスト教徒
イラン	ペルシャ51%,アゼルバイジャン人25%,クルド人9%,シーア派95%
エジプト	アラブ人92%,スンナ派,キリスト教系コプト
シリア	アラブ人90%,アルメニア人5%,クルド人3%,パレスチナ難民,スンナ派70%,アラウイ派11%,ドルーズ派,イスマイル派,キリスト教徒13%,ユダヤ教徒
レバノン	アラブ人,シーア派,スンナ派,ドルーズ派,マロン派,ギリシャ正教,カトリック,プロテスタント
ヨルダン	ベドウィン系アラブ人,パレスチナ難民50%,スンナ派96%
パレスチナ	パレスチナ・アラブ人,スンナ派9%,キリスト教徒3%
イラク	アラブ人75〜80%,クルド人15〜20%,トルクメン人,アッシリア人,シーア派65%,スンナ派35%
サウジアラビア	アラブ人,スンナ・ワハーブ派
クウェート	土着アラブ人37%,移住アラブ人,スンナ派70%,シーア派30%
イエメン	アラブ人,シーア・サイド派,スンナ・シャフィー派
オマーン	アラブ人,イラン人,インド人,イバーディ派85%,スンナ派25%
バーレーン	アラブ人62%,インド人,パキスタン人,イラン人,シーア派73%,スンナ派24%
カタール	アラブ40%,インド人18%,パキスタン人18%,イラン人10%,スンナ・ワハーブ派
アラブ首長国連邦	土着アラブ人20%,移住アラブ人,スンナ派
リビア	アラブ人,ベルベル人,スンナ派97%
スーダン	アラブ人75%,アフリカ黒人25%,スンナ派70%,キリスト教徒5%,伝統宗教25%

北部高原地帯——ハートランドソ連の支配ないし直接的脅威に曝された地域で，冷戦の争点に立った．トルコはヨーロッパ世界への参加を堅持しているが，他の地域では，米国の攻撃を受け，米国の支配を受け入れるか，国内の分裂と不安定のままである．

　中間仲介地帯——北部の高原地帯ないし南部の砂漠地帯から隔離された地帯で，レバント（イスラエル，レバノン，シリア，及びパレスチナ）及びペルシャ湾を含むメソポタミア（古代の「豊壌の三日月地帯」）がそれである．構造的には，トルコやイランの北部高原平野と区別されるアラビア地殻プレートを形成している．経済発展の可能性があるものの，アラブ内部の，イスラム内部の紛争のみか，アラブ・イスラエル紛争の震源地で，安定が成立していない．そこでは，テロが絶えない．

　南部砂漠地帯——リビアからエジプト・スーダン（ナイル河地域）へと拡がり，アラビア半島のアラブ平原にいたる．中東の中枢に位置する大国で，領土が地域の4％を占めるエジプトでも，自立条件は十分でない．エジプトは自立のために対外的選択を余儀なくされる（アブデル・ナセルの中立主義もそこに生まれた[7]）一方，地中海世界との関係を必要とし，また同時に，サウジアラビア及びガルフ諸国との同盟を不可欠としているが，その両極の関係維持にも成功せず[8]，エジプトは，その安定均衡それ自体が難しい．

　中東世界では，アラブの統一が追求されたにもかかわらず，内部の地域的統一がない（1958年，エジプトとシリアによるアラブ連合には，イエメンがアラブ国家連邦として参加したものの，ヨルダンとイラクがアラブ連邦を成立させて対立し，そのアラブ連邦もイラクの共和革命で解体し，そしてシリアもアラブ連合から脱退した）[9]．このため，効果的な領土管理が存在せず，分裂国家にあるか砂漠地帯による隔離にある．ヨルダンは東アラブの主導権取得に失敗して砂漠の国家として1923年に成立した（独立は1946年）[10]が，その存立と維持はすべて，域外大国英国の工作，そしてフランスの関与に従っていた．したがって，アラブ連盟あるいはアラブ首脳会議でアラブの統一行動が追求さ

れているにもかかわらず（表11-3），ないしは一連のアラブ統合協定が存在してきているにもかかわらず，合弁事業も発展せず，その地域ネットワークも生かされない．砂漠が国境を形成していることで，統合条件を欠く一方，空白地帯を国境としていないところでは，常に紛争を生むところとなる．同時に，国家形成における国境画定も十分でなかった（表11-2）．

表11-2 中東における最近の国境紛争

当事国	国境対立	紛争地域	備考
イラク－イラン	シャットル・アラブ	河川の支配	
サウジアラビア－イラク	陸上境界		
サウジアラビア－クウェート	陸上境界	マダリム諸島	
サウジアラビア－カタール	海上境界	ホル・アル・ウティド島	
サウジアラビア－南イエメン	陸上境界		
サウジアラビア－オマーン	陸上境界	ブレイミ・オアシス油田	
サウジアラビア－アブダビ	海上境界		
	陸上境界		
サウジアラビア－イエメン	陸上境界	アシール油田	
イエメン－南イエメン	陸上境界		
	海上境界		
オマーン－南イエメン	陸上境界		
オマーン－アラブ首長国連邦	海上境界	沖合い油田	対立
イラク－クウェート			イランのバーレーン関与
イラン－バーレーン		クウェート侵攻	
イラン－アラブ首長国連邦			
バーレーン－カタール		大・小トンブ島	イランの占領
イスラエル－パレスチナ	陸上境界	アブ・ムーサ島	イランの占領
イスラエル－シリア	ガリレー湖北東沿岸	ハワール島	領土帰属
レバノン－シリア	陸上境界	ガザ・西岸	民族対立
イスラエル－エジプト	タバ		水利対立
キプロス	ギリシャ系・トルコ系境界		シリアのレバノン関与
トルコ－ギリシャ	海上境界	エーゲ海対立	人権対立
リビア－チュニジア	陸上境界		国境線無視
リビア－アルジェリア	陸上境界		リビアのアルジェリア南東部要求
リビア－ニジェール	陸上境界		リビアのニジェール北部要求
リビア－チャド	陸上境界		リビアのチャド北部要求
エジプト－スーダン	紅海沿岸		ナイル河水利対立
カスピ海	海上境界	アゼルバイジャン，イラン，カザフスタン，ロシア，トルクメニスタン	石油支配対立

アラブ諸国は，アラブ連帯の絆においてアラブ連盟（AL, 1945年3月設立）を発足させてきており，アラブ首脳会議を開催してきているが，それはなによりもまずはイスラエル対決のためであり（このため，国家形成・維持を優先してイスラエルとの和平の立場をとったチュニジアは度々ALを追放され，エジプトも1979年にALを除名された（1989年復帰））．それら諸国は，アラブ連帯利益を優先させることで，国益の保持を確保する政治スタイルをとっており，対内利益と対外利益の調整に成功していない．それというのも，対外干渉が対内条件を左右する遮断地帯にあるためである．その対外的インパクトに共同対処するアラブ体制の存在としてアラブ首脳会議がアラブの連帯の大義で，1964年に始まり，2001年以降，毎年の開催となった．にもかかわらず，同会議自体が十分な問題解決への対内的合意とその成就を達成してきたとはいい難い（表11–3）．
　そして，中東地域には，領土回復運動が現在も残る（表11–4をみよ）．そこでは，自決が達成されていない．
　まず，600万人以上と推計されるクルド人地域は，近隣諸国に分割され，民族統合も許されていない．彼らは，イラン語系であるが，彼らが居住するトルコではキュルト，アラブではクルド，イランではコルドと呼ばれる．紀元前2000年のシャール碑文に，バン湖東方の民族としてカルダカの名がある．彼らの多くはスンナで，当初，アラブ系，ペルシャ系王朝のもとで部族軍として従事していたが，10世紀にディヤールバクルを中心としたマルマーン朝（983-1085年），アゼルバイジャンのラッワード朝（10世紀初葉-1071年）が創設された．アイユブ朝のサララディンもクルドであるが，17世紀にオスマン朝とペルシャのサファビ朝のあいだの国境画定でクルド地域が分断され，以来，封建領主の分立が19世紀まで続いた．
　オスマン帝国の末期，スウェーデン大使を勤めたクルド知識人シャリフ・パシャが第1次世界大戦終結のパリ講和会議に民族自決を持ち出し，この原則に従い1920年8月セーブル条約が調印され，クルド国家の樹立が明記され

表11-3 アラブ首脳会議とその成果

時　期	成　果	備　考
1964. 1第 1回	イスラエルのヨルダン川開発の拒否	
9第 2回	PLOをパレスチナ人代表として承認 友好連帯協定調印	モロッコとチュニジア不参加
1965. 9第 3回	西ドイツとの断交確認	イラク・リビア、ボイコット
1966. 8第 4回		開催できず
1968. 1第 5回		開催できず
1973.11第 6回		シリア欠席
1974.10第 7回	イスラエルとの和平拒否	イラク・リビア欠席
1976.10第 8回	パレスチナ国家樹立確認、アラブ銀行設立	エジプト欠席
1978.11第 9回	レバノン平和維持軍成立、編成で混乱 エジプトのイスラエルとの和平拒否	シリア・南イエメン・アルジェリア・リビア・レバノン・ PLO欠席 (以後、エジプト除名欠席)
1979.　第10回		開催できず
1980.11第11回	対イスラエル共同計画決定、 アラブ経済統一戦略合意	リビア・シリア・アルジェリア・イラク・スーダン・ チュニジア・オマーン欠席
1981.11第12回	サウジアラビアのパレスチナ8項目 和平提案をめぐり流会	シリア・リビア・イラク・アルジェリア・南イエメン欠席
1982. 9第12回	8項目修正和平案(フエズ憲章)採択	エジプト欠席
1985. 8緊急	エジプト除名解除で混乱	
1987.11緊急	エジプト除名解除	エジプト欠席
1988. 6緊急	パレスチナ人蜂起支持	エジプト欠席
1989. 5緊急	パレスチナ和平協議	エジプト復帰
1990. 5緊急	イラク政策で米国非難	
8緊急	アラブ合同軍のサウジアラビア派兵、 イラク制裁決定	以後、開催中断
1996. 6	イスラエルに対し「土地と平和の交換」 原則による中東和平方針確認	イラク欠席
2003. 3	米国のイラク攻撃拒否とイラクの平和解 決支持	
2004. 3	レバノンのシリア軍撤退問題は審議回避	レバノン、ヨルダン、イエメン、ペルシャ湾諸国欠席
2005. 3	「土地と平和の交換」の中東包括和平方針を再確認	
2006. 3	中東包括和平方針を確認	イラク問題解決を回避

表 11-4 中東の領土回復運動

国　名	領土回復運動及び地域
トルコ	クルド人,南東部
イラク	クルド人,北部
イラン	クルド人,南西部
	アゼルバイジャン人,同居住地区
イスラエル	パレスチナ・アラブ人,西岸・ガザ
スーダン	アフリカ黒人,南部
アフガニスタン／パキスタン	パシュトゥン人,パシュトニスタン

た．しかし，トルコの英雄ケマル・アタチュルクがこの条約を破棄し代わって 1923 年 7 月ローザンヌ条約が締結され，パン・クルド主義構想の実現はここに幻に終わった．これに対して，ナクシュバンディー教団の教主シェイフ・シェヒート（シェイフ・サイード）は反トルコのクルド反乱を起こし，イランでは 1918〜22 年にシャッカク族のシムコの反乱となった．第 2 次世界大戦後，ソ連が関与してイランに 1946 年 1 月クルディスタン人民共和国が樹立されたが，12 月ソ連軍のイラン引き揚げで同人民共和国は解体した．イラクで，1958 年共和革命でクルドの自治要求が高まり，バルザーニの反乱が続いたが，弾圧された．トルコのクルドを含めて，これらクルド民族運動のあいだの連繋はない[11]．

1949 年 9〜10 月アフガニスタンとパキスタンのパシュトゥニスタン国家樹立事件は，1955 年 3〜4 月の弾圧で最終的に流れた．

アラブ支配スーダンの南部におけるアフリカ系黒人の自決要求は，1972 年に自治の合意をみたものの成果なく，2003 年 9 月の内戦終結協定にもかかわらず，対立が続いた（2004 年 12 月包括的和平合意成立）[12]．

その最大の自決の課題は，地中海東岸レバノン，シリア，ヨルダン，エジプトに囲まれたパレスチナ地域（現イスラエル領土，ヨルダン川西岸，地中海沿岸ガザ）の自決問題である．[13] その背景は古いが，現代史は 1917 年ユダヤ人

のバルフォア宣言に従うユダヤ人の入植とアラブ人の抵抗のなか，同英領委任統治地域パレスチナに関する1947年11月の国連分割（自決）決議で，一方のユダヤ部分のイスラエル国は1948年5月樹立されたものの，他方のアラブ部分のパレスチナ西岸地区はヨルダンに併合され，パレスチナ・アラブ人の自決は流れた．1967年の第3次中東戦争（六日戦争）で，この西岸地区は，イスラエルの軍政下に入った．1988年11月ヤセル・アラファトPLO（パレスチナ解放機構）議長は西岸及びガザを領域とするパレスチナ国家の「独立」を宣言し，第三世界を中心に96カ国が承認した．1994年5月パレスチナ先行自治区に対するパレスチナ人の自治が成立したが，実質上の自決は十分達成されていない．このパレスチナ闘争自体がアラブの大義で遂行されたのは遮断地帯の特性で，そこでは対内的自決・自治が対外的独立・承認を引き出す状況になく（それは，アラブの視点では，大国との取引をもって自決を追求する中東体制と，大国の関与を封じてアラブの連帯を優先させるアラブ体制のあいだの力学の枠組みで解されるが，そこには対内的自決と対外的自決を接合させて自決の達成を図る追求にはなかった）[14]，結局は，対外的シナリオに従うところとなるが，それも対内的自決とのあいだで依然，ジレンマを生み出すという状況論理にある．かつて，対外的支援でパレスチナ臨時政府のシナリオが検討されたが，それは同様の状況論理において成立しなかった[15]．その解決の視点は，彼らの妥協をいっさい認めない絶対的敵対関係を交渉できる現実的敵対関係に移して交渉の場とするべく，1977年11月アンワール・サダト・エジプト大統領がイスラエルに劇的訪問をしたが，その敵対関係の転換はサダトの暗殺で生かされなかった．

　その主なパレスチナをめぐる1世紀以上にわたる動向は，次の通りである．
　1897年 8月　スイスのバーゼルで第1回シオニスト会議開催．
　1917年10月　英国，アラブ国家樹立を約束してアラブの反乱．
　1920年12月　パレスチナ委任統治領成立．
　1947年11月　国連パレスチナ分割決議成立．

1948年 5月 イスラエル国独立宣言.
         5月 アラブ諸国のイスラエル侵攻で第1次中東戦争,ヨルダンが東エルサレム・西岸占領.
1962年 1月～1972年9月 パレスチナ解放人民戦線(PFLP)のテロ続発.
1964年 5月 パレスチナ解放機構(PLO)成立,イスラエルの生存権を否認.
1967年 6月 イスラエルの先制攻撃で第3次中東戦争(6日戦争),イスラエルはゴラン高原・西岸・ガザ地区・東エルサレム占領.
1968～1970年,1973年,1980年 パレスチナ解放人民戦線(PFLP)のエルアル機ハイジャック続発.
1973年 10月 エジプト・シリアのイスラエル攻撃で第4次中東戦争.
1977年 11月 サダト・エジプト大統領のエルサレム訪問.
1978年 9月 パレスチナ自決に向けたキャンプ・デービッド合意成立.
1979年 3月 エジプト・イスラエル平和条約調印.
1981年 12月 イスラエル,ゴラン高原併合宣言.
1982年 8月 パレスチナ・ゲリラ,レバノン退去.
1985年 6月 イスラエル,レバノン南部に安全保障地帯樹立.
1987年 12月 パレスチナ住民がイスラエル占領軍に対し抵抗闘争インティファーダ.
1988年 11月 パレスチナ国家「独立」宣言,イスラエルの生存権承認.
1989年 4月 ヤセル・アラファトPLO議長,パレスチナ大統領に選出.
1993年 9月 イスラエル,PLOと暫定自治宣言調印.
1994年 5月 パレスチナ先行自治協定調印.
        11月 イスラエル・ヨルダン平和条約調印.
1996年 1月 ガザ・西岸自治地区(元来のガザ・自治区の41%)でパレスチナ評議会選挙,他はイスラエル支配地域.
2003年 4月 パレスチナ自治政府マハムード・アッバス内閣成立,11月アハメド・クレイ内閣成立.

　　　　　5月　中東和平のロード・マップ作成（2005年末までのパレスチナ独立国樹立）．
2004年　3月　イスラエル軍，パレスチナ闘争ハマス指導者アハメド・ヤシン暗殺，代わって指導者に就任のアブドルアジス・ランティシは4月暗殺．
　　　　10月　アラファトPLO議長逝去．
　　　　12月　2005年1月,5月,9月,12月　28年ぶりの地方選挙，アラファトのファタハ勢力に代わりハマス過半数獲得．
2005年　1月　パレスチナ自治政府議長選挙，アッバス当選．
　　　　8月　イスラエル，ガザ入植地をパレスチナに返還．
2006年　1月　評議会選挙．ハマスが大勝．
　　　　3月　ハマス政治部門幹部のイスマイル・ハニヤ内閣成立．イスラエルとの対話中断．

　パレスチナ和平はイスラム原理主義組織ハマス内閣の成立で対話が中断し，国際支援も停止された．

2. イスラム地政学

　こうした遮断地帯の地政学として注目されなくてはならないのが，イスラムの地政学である．そこで指摘される論点は，以下のようである．それは，影響圏と解される地域性をもつ[17]．

　――イスラム世界は，人類人口の5分の1を占め，イスラム金融は世界の金融資産の1％に過ぎないが，それはロシアのGDPに相当し，発展途上国経済としては，無視できない存在である．その存在，そして穏健的中道派による世論の掌握と市民社会の健全化（イスラムの民主化）は無視できない課題である[18]．しかも，一般的には，イスラム主義はその実践でイスラム主義を乗り越えていくしかなく，その挫折で，テロと衝突を目撃すると，従順な活動から偏った教義と命令によって動かされる人間形成に終始してしまう．別言すれば，

民主主義や対話を目指す者とジハード（聖戦）や対決を強める者とのあいだで，引き裂かれているというのが現実である[19]．

――アズハル大学の役割[20]．ムスリム同胞団の伝統[21]．アラブ諸国におけるイスラム原理主義の支持（パレスチナ，エジプト，アルジェリア，スーダンなど）[22]．ここでは，政教一致の原則が争点として追求された．

――1979年，イランのイスラム革命の影響[23]．この革命はガルフ諸国に大きなインパクトを与えた．

――1971年5月発足のイスラム諸国会議機構（OIC）のイスラム連帯レベルでの活動[24]．北アフリカ，中東，南アジア，及び東南アジアに参加国が拡がっている（加盟国は56カ国とパレスチナ解放機構PLO，1991年ナイジェリアは脱退を表明，未脱退）．米国のイスラエル寄りの政策に対し2004年4月の外相特別会議はこれを非難した．

――アルカイダの影響．パレスチナ，スーダン，イラクのアラブ地域だけでなく，ヨルダン，パキスタン，フィリピン，インドネシア，マレーシアでの拠点活動がみられる[25]．

――ハートランドに編入された中央アジアの危険な三日月地帯のイスラム原理主義運動．ロシア革命を通じて，その先史として，ボルシェビキは，イスラム教徒に対し以下の措置をとった[26]．

1917年11月23日　イズベスチャのイスラム教徒の民族解放自治に関する宣言．
12月7日　人民委員会議のロシア及び東洋の全勤労者イスラム教徒に対する宣言．
1918年12月　東方解放連盟の結成．
1920年9月　バクーで東方諸民族大会開催．民族自決権の承認と圧政からの解放，信教と慣行及び民族的・文化的制度の使用不可侵を約束した決議採択[27]．

以上の方針に従い，ソ連はロシア人による中央アジアのイスラム教徒に対する指導を行い，それはマルクス主義イデオロギーで武装されたから精神的優位

表11-5 スエズ運河の動向

	事 項
紀元前2000	古代エジプト第2王朝センウスト1世の運河開削
600	第6王朝ネコ2世の運河建設,中途放棄,第27王朝ダウリス1世完成
15世紀	喜望峰周りの航路発見
1798. 4	フランス政府のエジプト遠征命令書,ナポレオンがスエズ地峡掘削を指示
12	ナポレオンのスエズ地区視察隊,ナイル河と紅海を結ぶ古代運河跡発見
1832	フランス人フェルナン・ド・レセップス,エジプト領事代理として着任
1847	技師リナン・ベイ,2つの海の水位差はないと報告
1854.11	サイド・パシャ,エジプト副王就任,早速,レセップスに対し運河建設を許可
1858.12	英国の圧力でオスマン・トルコ皇帝の逡巡のなかスエズ運河会社設立
1859. 4	スエズ運河建設工事着手(ポート・サイド),トルコ皇帝とスエズ運河会社が対立
1864 2	ナポレオン3世の仲裁,1866年新協定調印
1869.11	スエズ運河開通,パーマストン英内閣支持
1875.11	エジプト副王イスマイル・パシャの運河会社の持株を英国が買入れ
1876.11	英国・フランス,エジプトの財政管理
1879. 6	英国・フランス,イスマイル副王退位
1882. 1	アレキサンドリアのヨーロッパ人暴動でトルコ軍介入
7	英国,運河の通航確保を名目にエジプト出兵
1888.10	スエズ自由航行条約調印,1888.12英国批准
1936 8	英国・エジプト条約で英国のスエズ運河駐留を適法化
1953. 6	エジプト,72年ぶりにスエズ運河・主権回復
1956. 7	ナセル・エジプト大統領,スエズ運河の国有化宣言(運河条約は1968年まで有効であった)
10	英・フランス軍,スエズ運河進駐(スエズ戦争,1956.12撤退)
1957. 3	閉鎖のスエズ運河再開
1967. 6	第3次中東戦争でスエズ運河閉鎖
1975. 6	閉鎖のスエズ運河再開

にある,とクレムリンは解していた[28]. しかし,この論証は崩れ,イランのイスラム革命以後, 旧ソ連の中央アジアでは, イスラム原理主義の急速な台頭となった.

表 11-6 トルコ海峡をめぐる対立

年	事　項
1356	トルコ,海峡を支配
1453	トルコ,黒海全域を領海と主張
1774. 7	クチュク・カイナルジ条約(露土戦争の敗北でロシアは黒海での艦隊建造と自由航行を確保)
1779. 3	ロシア・トルコ間のカイナル・カバック条約(トルコが戦争回避でロシアの黒海自由航行を容認)
1798.12	ロシア・トルコ同盟条約(イスタンブール秘密議定書)(ナポレオンのエジプト遠征に対処できず,トルコはロシア以外の軍艦の通過禁止を約束)
1805. 9	イスタンブール議定書の改定(ロシア艦隊の海峡通過と海峡の共同防衛・外国艦隊封鎖合意)
1809. 1	英国・トルコのチャナッカレ秘密同盟条約(ナポレオンのロシアとの和解で孤立したトルコはオーストリア・フランス・ロシアのトルコ分割政策に抵抗し,英国とともに海峡封鎖)
1826.10	ロシア・トルコ間アッケルマン条約(ロシア商船のみ海峡の自由航行)
1829. 3	ロシア・トルコ間アドリアノーブル条約ロンドン議定書(英国にも海峡航行同意)
9	ロシア・トルコ間エディルネ／アドリアノーブル条約(ロシア商船の海峡航行確認)
1833. 6/7	ロシア・トルコ防衛同盟条約(ヒュンキャル・イスケレジ秘密条約)(ロシアが海峡を支配して外国船の海峡封鎖)
1840. 7/9	トルコ保全ロンドン条約(1838年のトルコ・エジプト戦争で,エジプト軍の侵入に備えトルコ以外の軍艦に対する海峡閉鎖)
1841. 7	海峡制度ロンドン条約(海峡の非軍事化,トルコ支配から国際化へ移行)
1856. 3	パリ条約(黒海の中立化)
1871. 3	補足条約(同上)
4	パリ条約黒海条項修正(トルコ・ロシアの黒海での艦隊保有容認)
1878. 2/13	ロシア・トルコ間のサン・ステファノ条約(黒海の開放と海峡の航行自由)
7	ベルリン条約(1856年パリ条約・1871年ロンドン条約の原則確認)
1915. 3～4	英国・フランス・ロシアのコンスタンチノープル密約(イスタンブール及び海峡のロシア領有)(ロシア革命で流産)
1918.10	ムードロス休戦条約(海峡地帯の連合軍占領)
1920. 8	セーブル条約(海峡の開放),1921.3トルコ・ソ連友好条約で確認
1923. 7	ローザンヌ海峡条約(海峡の中立化と通過の自由)
1936. 7	モントルー海峡制度条約(トルコ及び黒海沿岸国の安全が害されない限り航行の自由)
1944.10	ソ連指導者スターリン,海峡問題に干渉
1945. 3	ソ連,トルコに対し1925年トルコ・ソ連友好・中立条約の破棄を通告
8	トルコ,米国に対しモントルー条約の改定要求
8	米国,トルコに対し1936年条約改訂を表明,1946.10再確認
1946. 8	ソ連,海峡のトルコ・ソ連防衛提案,1946.8トルコ,拒否,1950.9拒否を再確認
1953. 5	ソ連,トルコに領土野心がないとの海峡問題声明
1960. 6	フルシチョフ・ソ連首相,トルコに対し善隣書簡,1960,6トルコ,返書

3. 中東の焦点——スエズ運河とトルコ海峡

　地中海とインド洋を結ぶスエズ運河（全長 195 キロ）の支配をめぐり，1956 年 7 月ナセル・エジプト大統領がソ連に使嗾されて国有化宣言を発し，10 月それを許さないとした英国・フランスのスエズ戦争となった．そしてアラブ・イスラエル紛争／中東戦争の余波を受けたスエズ運河の閉鎖，あるいはアラブ・イスラエル対立におけるイスラエル封鎖を目標としたイスラエル船舶のスエズ運河の通航禁止措置もとられた（表 11-5 をみよ）．

　この運河は地中海・ヨーロッパ世界とインド洋・アジア世界を結ぶ大動脈であるだけに，その閉鎖が世界経済に及ぼす影響は極めて大きかった．1869 年の通航は年間 10 隻であったが，1873 年に 1000 隻を超え，1982 年には 2 万 2811 隻，1 日 62.5 隻という通航量となり，1979 年の通航料金収入は 5 億 8700 万ドル，1994 年のそれは 19 億ドルに達した[29]．

　いま 1 つ，黒海から地中海に通ずるいわゆるトルコ海峡，すなわちボスポラス（カラデニズ）海峡（延長 29 キロ，最小幅員 550 メートル）及びダーダネルス（チャナッカレ）海峡（延長 62 キロ，最小幅員 1224 メートル）は，ロシアの南下政策にとっての念願であった（表 11-6 をみよ）．膨張政策を続けていたロシアにとって，1699 年カルロビッツ条約（オーストリア・ポーランド・ベネチアとトルコ間の平和条約）で黒海の要衝アゾフ海（古くはエオティス海）への支配を可能としたことで，地中海への進出が課題となった．ここに，海峡問題としての東方問題が外交史上の課題となり，トルコは独立と安全保障の立場で，ロシアの関与，そして地中海を支配する英国の介入に抵抗した．その海峡問題の意義は，(1) 海峡がトルコの心臓部であること，(2) 海峡はヨーロッパとアジアの両大陸の懸け橋にあって，黒海と地中海（エーゲ海）を結ぶ唯一の水路で，黒海沿岸国（ソ連），ダニューブ河沿岸国（オーストリア，下流にブルガリア，ルーマニア），さらに地中海利用国（英国，フランス，米国，日本など）の利害が絡むこと，(3) この海峡は，1947 年以降，海軍力の技術向上で非黒海国の安全保障にとっても重要な要件となったことである．第

2次世界大戦後，1945年ソ連がトルコに対する海峡支配の要求とそれへの米国の抵抗でトルコは窮地に立った．トルコは1960年，ソ連との善隣・友好関係に転換し，ソ連はトルコとの善隣関係に入った（表11-6をみよ）[30]．

4. ブッシュ・ドクトリン（破産したブッシュの中東構想）

　冷戦以後の世界にあって，ハートランドの支配者としての米国が遮断地帯に対する構想として打ち出したのが，W・ブッシュの中東構想である．そこには，3つの前提があった．第1は，中東の現状をこのままにとどめおくことは容認しがたい．2001年9月11日以前には，米国とアラブ世界抑圧政権とのあいだには，1つの了解があった．それは，アラブは適正な価格で西側に石油を売却し，米国の戦略的同盟国として行動し，中東地域秩序を脅かさない限り，思いのままに統治させる，というものであった．しかし，9・11事件で，この暗黙の了解に疑問が投げかけられた．加えて9・11のハイジャッカーは，遮断地帯の優等国，サウジアラビアとエジプト出身者であった．両国は，米国支持の政権のもとで疎外感，とりわけ米国に対する嫌悪感が醸成されていた．イスラムのレトリックに身を隠して自らの正統性を守り，他に捌け口を持たない国民に反米・反イスラエルの声を挙げるのを，両国は許してきた．こうしたジレンマに対し，サダム・フセインの大量破壊兵器の脅威を取り除いたブッシュにとって，そこで生まれた脅威は無視できないものとなった．第2に，これまで幾多の米国政権の支援によるイスラエル・パレスチナ和平交渉にもかかわらず，それはほとんど成果をあげてこなかった．結局，米国としては，「土地と平和の交換」取引ができる指導者がパレスチナに生まれない限り，それは不可能であると理解し，そうした風土を育成すべきであるとの使命感を強くした．第3に，地域諸国の民主化による平和と安定の実現をもって，その課題は成就され，テロも解消が可能であるとの理解が米国にある．

　そこで，ブッシュ政権は，以下の措置をとった．①サダム・フセインの排除（米国は2003年3月イラク戦争を発動した），これにより米軍のサウジアラビ

ア駐留を解消し，かつ米国に敵対することは，その代償は大きいことをアラブ世界に示すことである（それは反面，米国の支配を許すことになる）．②アラブ・イスラエル和平を推進し，暴力では何も解決できないことを，パレスチナ人に納得させることである（2003年5月いわゆるロード・マップを発表し，こうして，2005年2月ヤセル・アラファト以後におけるパレスチナ人のイスラエルとの交渉の方向性を引き出した）．③ブッシュは，2002年1月の一般教書演説で，イラクとイランを含む「悪の枢軸」を非難し，同時にアラブの抜本的な政治改革を求めた．地域の民主化と自由の促進の課題というのがそれで，2002年9月，ブッシュは中東民主主義・自由構想を提起した[31]．これはブッシュ・ドクトリンといえるもので，今後の遮断地帯に向けた米国の地政戦略である．もっとも，イスラムの民主化はキリスト教的理念のそれと違うものであって，近代化におけるイスラム主義の克服は課題とされるものの，それはイスラム主義の超克という文脈にはない（前述）．

　しかし，このブッシュの構想も，アルカイダも関与したイラク復興の長引く混乱で，実質上，流れたに等しい．2006年6月イスラエルが新しく成立したハマスの自治パレスチナ政権を封じ込め，さらに，その封じ込めに連動して7月，レバノンにおけるヒズボラ（シーア派の神の党）のイスラエルとの対決で，パレスチナとレバノンの事態は悪化した．

[注]

1　Alfred T. Mahan, *The Problem of Asia and its Effects upon International Policy*, Boston: Little, Brown, 1900/ New Brunswick: Transaction Publications, 2003, pp. 21-26.
2　Richard Hartshorne, 'The United States and the "Shatter Zone" in Europe,' H. Weigett & V. Stefannson eds., *Compass of the World*, New York: Macmillan, 1944, pp. 203-214.
3　Saul Bernard Cohen, *Geopolitics of the World System*, Lanham: Rowman & Littlefield Publishers, 2002, p. 43.
4　op. cit. Brezinski, *The Grand Chessboard: American Primacy and its Geostrategic Imperative*. 前掲，山岡訳『ブレジンスキーの世界はこう動く――21世紀の地政戦略ゲーム』76-77頁．

5 A. Yodfat & M. Abir, *In the Direction of the Gulf: The Soviet Union and the Persian Gulf*, London: Cass, 1977. エネルギー問題調査会訳『中東に延びるソ連戦略——石油と革命勢力への支配』時事通信社, 1981年.

6 op. cit. Cohen, *Geopolitics of the World System*, pp. 327-357.

7 浦野起央「ナセル」, 大東文化大学戦後史研究会編『戦後世界の政治指導者50人』自由国民社, 2002年.

8 エジプトのEC接近とも, サウジアラビア接近とも成功しなかった. サウジアラビアのサウド王は, ナセル革命を敵視し, 反国王分子はエジプトへ亡命し, 双方の治安当局は相手国の指導者の暗殺工作に関与した. 牟田口義郎『石油戦略と暗殺の政治学』新潮社, 1982年.

9 前掲, 浦野『南アジア・中東の国際関係』第2章アラブの国家形成と統一の枠組み.

10 Hassan bin Talal, *Search for Peace: The Politics of the Middle East Ground in Arab East*, London: Quartet Books, 1984. 浦野起央訳「平和の探求——東アラブ中心部の政治」①〜④, 政経研究, 第28巻第3号, 1991年, 第28巻第4号, 第29巻第1号, 1992年, 第29巻第3号, 1993年.

11 Stephen C. Pelletiere, *The Kurds: an Unstable Element in the Gulf*, Boulder: Westview, 1984. 前田耕一訳『クルド民族——中東問題の動因』亜紀書房, 1991年. Ismail Besici, *Deuleterasi Sömürge Kürdistan*, Ankara: Alam Yayiunlik, 1990. 中川喜代志・高田郁子編訳『クルディスタン——多国間植民地』柘植書房, 1994年. Philip G. Kreyenbroek & Stefan Sperl eds., *The Kurds: a Contemporary Overview*, London: Routledge, 1992. Gerard Chaliand ed., *A People without a Country: The Kurds and Kurdistan*, New York: Olive Branch Press, 1993. David McDowall, *A Modern History of the Kurds*, London: Tauris, 1996. 中川喜与志『クルドとクルディスタン——拒絶される民族・クルド学序説』南方新社, 2001年. Farideh Koohi-Kamali, *The Political Development of the Kurds in Iran: Pastoral Nationalism*, New York: Palgrave Macmillan, 2003.

12 前掲, 浦野『資料体系アジア・アフリカ国際関係政治社会史』第4巻アフリカⅣ1スーダン南部問題の解決.

13 浦野起央『パレスチナをめぐる国際政治』南窓社, 1985年. Hassan bin Talal, *Palestinian Self-Determination: A Study of the West Bank and Gaza Strip*, London: Quartet Books, 1981. 浦野起央訳『パレスチナの自決——西岸及びガザ地区の歴史的・法的研究』刀水書房, 1988年.

14 アラブ体制と中東体制は, 以下をみよ. 前掲, 浦野『南アジア・中東の国際関係』第2章アラブ・中東世界の国際関係, 152-153頁.

15 前掲, 浦野『現代世界における中東・アフリカ』3付論PLOと臨時政府, 110-113頁.

16 絶対的関係の認識図式は, 以下をみよ. 前掲, 浦野『南アジア・中東の国際関係』第2章アラブ・中東世界の国際関係, 160頁.

17 Bernard Boutiveau & Jocelyne Cesari, *Géopolitique des islams*, Paris: Economica, 1997.

18 概して, 悲観論の分析が多い Eatima Merniss, *La peur modernite : le conflict islam democratie*, Paris: Albin Michel, 1992. 私市正市・ラトクリフ川政祥子訳『イスラームと民主主義——近代性への怖れ』平凡社, 2000年. Jphn L. Esposito & John Obert Voll, *Islam and*

Democracy, New York: Oxford U. P., 1996. 宮原辰夫・大和隆介訳『イスラームと民主主義』成文堂, 2000年. 小杉泰は楽観的である. 小杉『現代イスラーム世界論』名古屋大学出版会, 2006年.

19 モハンマド・ハタミ前イラン大統領の対話は環境が受け入れなかった. ハタミ, 平野次郎訳『文明の対話』共同通信社, 2001年. ジル・ケペルは, イスラム主義の挫折を是認している. Gilles Kepel, *Jihard: Expansion et declin de islame*, Paris: Gallinard, 2000. 丸岡高弘訳『ジハード――イスラム主義の発展と衰退』産業図書, 2006年. ケペルの視点は, Kepel, *La reuanche de Dieu: chretins, juifs et musulmans a la revonquete du monde*. Paris: Seuil, 1991. 牛島ひかる訳『宗教の復讐』晶文社, 1992年をみよ. さらに, 以下をみよ. Kepel, *Le Prophete et Pharaon: aux sources des mourements islamistes*, Paris: Seuil, 1993. Kepel, *Al'oust d'Allah*, Paris: Seuil, 1996. Kepel, *Fitua: qurre au coeur del'islam*, Paris: Gallimard, 2004. 早良哲夫訳『ジハードとフィトナ――イスラム精神の戦い』NTT出版, 2004年.

20 アズハル大学は, 970年カイロにアズハル・モスクとともに創設され, 1961年エジプトの国立大学となったアラブ世界におけるイスラム研究のメッカで, イスラム神学部は独自の自治組織を維持し, イスラムの再興に大きな力を発揮している. 大学は教員6000人, 学生数15万5500人を数え, イスラム諸国からの留学生が極めて多い.

21 エジプトのイスマイリアでハサン・バンナーが1919年以後の政治論争の世界のなかで, ケマル共和派の攻撃に対してエジプトの道徳的・社会的改革を訴え, 若者クラブとしてムスリム同胞団が組織された. 運動は急速に発展し, 1933年以降, カイロが活動拠点となり, 1942年2月リビアからのドイツ軍のエジプト侵攻をみるなか, 集団礼拝を守り, 反英闘争に突入し, さらに, 1948年のアラブ・イスラエル戦争では志願兵として戦い, アズハル大学の既成体制を混乱を作り出すフィトナ（煽動行為）と見做してテロと破壊活動に走り, 1948年12月その活動は非合法化され, 弾圧されたが, 1949年1月マフムード・ファーミ・ヌクラシ・パシャ首相が同胞団分子によって暗殺された. バンナーは, このため秘密警察によって同年2月殺害されたが, その思想と活動は残った. 同胞団は1951年10月英国・エジプト条約を破棄した政府を支持し, 英国に対するジハードを宣言し, 1952年1月カイロの暴動で, その6カ月後に起きるクーデタと革命の道を開いた. 1954年10月革命の指導者ガマル・アブドル・ナセルの暗殺は未遂に終わり, この事件で4000人の活動家が拘留され, 数千人の団員がシリア, サウジアラビア, ヨルダン, レバノンに亡命し, この亡命によりアラブ全域に彼らの活動基盤が拡がった. サウジアラビアは, 彼らを通じて当時, 革命の扇動者と見做されたナセルの暗殺工作を進めた. ナセルを後継したムハンマド・アンワール・サダト大統領は, 彼のエルサレム訪問で, 1981年10月同胞砲団分子の手で暗殺された. サダトを後継したムハンマド・ホスニ・ムバラクの, 1982年4月イスラム原理主義者による暗殺は未遂に終わった. Dilip Hiro, *Holy Wars: Islamic Fundamentalism*, London: Routledge, Cahapman & Hall, 1989. 奥田暁子訳『イスラム原理主義』三一書房, 1994年, 第4章.

22 John L. Esposit, *The Islamic Threat: Myth or Reality?*, New York: Oxford U. P., 1992. 内藤正典・宇佐美久美子監訳『イスラームの脅威――神話か現実か』明石書店, 1997年.

23 浦野起央「ペルシャ湾政治の構造」東亜, 第205号, 1984年7月.

24 前掲, 浦野『資料体系アジア・アフリカ国際関係政治社会史』第3巻中東V 10イスラム会議.

25 ジョン・K・クーリー，平山健太郎訳『非聖戦——CIA に育てられた反ソ連ゲリラはいかにしてアメリカに牙をむいた』筑摩書房，2001 年．
さらに，浦野起央『安全保障の新秩序——国家安全保障再考，テロ・環境・人間の安全保障』南窓社，2003 年，第 2 章をみよ．
26 前掲『ロシア革命とロ領内回教徒——ロシヤ領回教徒諸國のソヴェト組織』．
27 村田陽一訳『コミンテルン資料集』第 1 巻．大月書店，1978 年．303-324 頁に関係文書所収．
28 富士辰馬訳『帝政露國及ソ聯邦の對回教徒政策（飜譯）』東亜研究所，1941 年．
さらに，以下をみよ．レーニン『東方諸民族の民族解放運動について』モスクワ，プログレス出版所，1967 年．刀江書院編集部訳『レーニンと東方諸民族の革命闘争』刀江書院，1969 年．
29 H・J・ションフィールド，福岡誠一訳『スエズ運河』岩波新書，岩波書店，1940 年．ジャン・デルベ，青柳瑞穂訳『スエズ運河——スエズの開拓者レセップス』第一書房，1940 年／「スエズ運河」『世界ノンフィクション全集』2，筑摩書房，1960 年 / 清水武雄訳『叡智の征服者——スエズ，パナマ運河開鑿記』輝文堂書店，1943 年．今尾登『スエズ運河の研究』有斐閣，1957 年．ジョン・パドニー，弓削喜治訳『スエズ——レセップスの運河』フジ出版社，1987 年．酒井傳六『スエズ運河』新潮社，1976 年／朝日文庫，朝日新聞社，1992 年．
30 前掲，浦野『資料体系アジア・アフリカ国際関係政治社会史』第 3 巻中東Ⅰ 8 海峡問題．James T. Stotwell & Francis Deak, *Turky at the Straits*, New York: Macmillan, 1940. 綜合インド研究室訳『トルコ，その海峡政策』綜合インド研究室，1943 年．Ference A. Váli, *The Turkish Straites and NATO*, Stanford: Hoover Institution Press, 1972. 高橋昭一『トルコ・ロシア史』シルクロード，1987 年．
31 フィリップ・H・ゴードン「ブッシュ大統領の中東構想」外交フォーラム，2003 年 7 月号，26-31 頁．

12章

「第4辺境空間」
南部世界の展望

1.「第4辺境空間」地政学

　コーヘンは，南部の2つの大陸，サハラ以南のアフリカと，アマゾン流域と南部に連なるコロンビア・コルディアラ（大山脈帯）を，「第4辺境空間（The Quarter-Sphere of Marginality）」と呼んで，南大西洋，インド洋，及び大西洋に置き去られた地帯としているが，この地域は，クラインの地政戦略図（図6-8 をみよ）でも分かるように，その地政戦略の条件はまったく低い[1]．
　その条件としては，以下の3点が指摘される．
(1) 植民地主義／帝国主義の遺産．それぞれの国家形成がその影響を受け，自律的条件で形成されていない．そして，それぞれがユーロアフリカ地域，米州地域に属する（図5-2 をみよ）．
(2) 域内の対立は依然残る．いいかえれば，求心的作用が弱く，分離主義の力学が働き，自然の条件や民族関係を無視して帝国主義列強が設定した国境をめぐる対立が残る．
(3) にもかかわらず，地域協力の志向は強いものがあり，その展望は明るい．いいかえれば，地域権力の中心が作用しており，圧搾地帯（compression zones）は，アフリカでは，中部アフリカとアフリカの角の2地域のみで

ある．前者の中部アフリカでは，1960年代を通しコンゴ紛争に米国，ソ連，さらに中国が介入した．チャド紛争では，フランス，リビア，及びスーダンが介入した．後者のアフリカの角では，大国対立の遮断地帯で，米国，ソ連が介入し，混乱を深めた．また，カリブ海のキューバでは，米国の干渉が長く続き，フィデル・カストロのキューバ革命（1953年7月）によってその米国の干渉は封じられたものの，ソ連がキューバに干渉して米・ソのキューバ危機（1962年10月）を招いた．これと対照的に，共産化革命が封じられたハイチでは，1986年2月ジャンクロード・デュバリエ独裁体制崩壊後の政治混乱が続いた．

2. アフリカ地政学

　ここでサハラ以南アフリカというとき，それは，アフリカ大陸がサハラ砂漠・リビア砂漠以北の地中海性気候帯の北アフリカ（アラビア語で地の果てのマグレブ）と対照的に熱帯気候帯にあるからである．同じ指摘は，南部のナミブ砂漠・カラハリ砂漠以南の南部アフリカは温帯気候帯であり，マグレブがアラブ世界を構成し，フランス人・イタリア人生活圏と一体化していたのと同様に，ヨーロッパ入植・定住が進捗し，白人アフリカにあった．その間の赤道付近が黒人アフリカで，熱帯性気候帯にあり，このアフリカ地域に，15世紀末からヨーロッパ列強の進出をみ，16世紀から4世紀にわたる大西洋奴隷貿易の犠牲となり[2]，19世紀から20世紀にかけヨーロッパの植民地分割と支配が続いた[3]．

　その植民地支配の影響は大きく，植民地時代以降，独立期を経た現在でも，マグレブのアラビア語圏を除けば，英語，フランス語，ポルトガル語など旧宗主国の言語が公用語となっている．但し，インド洋アラブ世界を生活圏とした東アフリカでは，交易語としてタンザニア・ケニアのスワヒリ語，ソマリアのソマリー語の民族語が広域に通用し公用語となっており，アラビア語も通用する．南部アフリカの南アフリカ共和国では，アパルトヘイト政策（1949年混淆結婚禁止法，1953年諸施設分離法などの施行を通じて実施された白人優位

の人種差別政策で，アフリカ黒人の権利は剥奪された）[4]の1994年の廃止後，アフリカーンズ語，英語と並んでアフリカ黒人が使用しているズールー語，コザ語，ツワナ語など11言語が公用語となった．アフリカ大陸で使用する言語は約800種類で，アジア世界と対照的なのは，サハラ以南アフリカではスクリプト（文字文書）を欠いているということである[5]．このことのため，それぞれの民族集団は民族形成において完全でない植民地支配枠を継承し（このため，独立後，国境紛争が続いた．表12-1をみよ），そこでのアフリカ人意識としてはアフリカ黒人の肌色に従うネグリチュード（négritude，黒人性）[6]をテコとしてパン・アフリカニズムが高揚し，パンアフリカ行動パターンとともに，あるいはその枠内で，アフリカ・ナショナリズムが醸成され定立された．[7]そこでは，国民形成と並んで，自らの国民行動の大義が，白人支配の人種主義（南アフリカ）との対決を通じて植民地解放闘争とともに優先課題として提起された．その2つの闘争目標の解決とともに，アフリカはその連帯においてアフリカ諸国による本格的な地域協力に入ることになる．

サハラ以南のアフリカの条件としては，以下の3点が指摘される．
(1) 植民地主義／帝国主義の遺産．国家形成は影響を被り，自律的条件の形成を欠いた．
(2) 域内の対立は，依然残った．いいかえれば，求心的作用がなく，分離主義の力学が働き，自然条件や民族関係を無視して帝国主義列強が設定した国境をめぐる対立が残った（表12-1をみよ）．最近の対立（表12-2をみよ）は，残滓の対立とは様相が変わった．
(3) にもかかわらず，地域協力の志向は強いものがあり，その展望は明るい（表12-5及び表12-6をみよ）．いいかえれば，圧搾地域の中部アフリカとアフリカの角を除いて，地域権力の中心が作用している．中部アフリカでは，コンゴ紛争[8]，チャド紛争[9]を通じて域外列国が介入した．アフリカの角は，大国対立の遮断地帯で，米国とソ連が介入し[10]，あるいは石油戦略に従うソマリア作戦で米国が関与した[11]．

表 12-1 サハラ以南アフリカにおける独立時以降の国境・領土紛争

国　名	紛　争
ベナン・ナイジェリア	国境対立,国境画定成立
カメルーン・ナイジェリア	石油生産からバカッシ半島で対立,分割合意
チャド・リビア	北部チャドのアオゾウ地帯に対するリビアの要求,リビアが撤回
ガーナ・トーゴ	南部トーゴのパン・エベ運動の統一要求,後退
ケニア・ソマリア	ケニア北部州に対するソマリアの要求,ソマリアが撤回
レソト・南アフリカ	トランスカイに対するレソトの要求,南アフリカが併合
ナミビア・ボツワナ	ボツワナの領土要求,国際司法裁判所の支持判決
ナミビア・南アフリカ	ナミビアのウォルビスベイに対する要求,ナミビア独立で解決
ジンバブエ・南アフリカ	南アフリカの干渉,モザンビーク・アンゴラの独立で解決
モザンビーク・南アフリカ	南アフリカの干渉,モザンビーク内戦の終結で解決
アンゴラ・南アフリカ	南アフリカの干渉,アンゴラ内戦の終結で解決
セネガル・モーリタニア	セネガルの南部モーリタニア干渉,撤回
タンザニア・マラウイ	マラウイ湖の対立,合意成立

表 12-2 サハラ以南アフリカにおける最近の国境・領土紛争

国　名	国境紛争	領土紛争
カメルーン(ニジェール,ナイジェリアも含む)	チャド湖の画定	
コモロ		マヨットの分離要求
コンゴ民主・コンゴ	スタンレー池地域	
エチオピア・エリトリア	領土境界	
エチオピア・ソマリア	海洋境界(石油地帯)	ソマリアのエチオピア・オガデン地方への要求
ガボン・赤道ギニア	海洋境界(石油地帯)	
ガボン・ナイジェリア	領土境界(石油地帯)	
ガンビア・セネガル		セネガルのガンビア支配要求
マダガスカル		フランスに対する領土要求
ニジェール		リビアに対する領土要求
ソマリア		プンタランド紛争
スワジランド		南アフリカに対する領土要求

そのアフリカの変動は，1990年代を通じて大きく進展した．世界銀行アフリカ地域総局は『転換期にあるアフリカ大陸——1990年代中期のサハラ以南のアフリカの現状』(1995年)で，現在，過去5年間の動向から，アフリカは，以下の4つの特徴がみられると指摘した．
(1) 政治的自由化の進展（表12-4をみよ）．部分的には，まだ脆弱性があるが，その拡がりと深まりは1980年代の展望を大きく上回った．
(2) 為替レートなどマクロ経済改革の進展．但し，財政収支ではいまだ不安が残る．
(3) 人材育成や機構・制度改革，民間セクターの開発は伸び悩み．ただ，成功の可能性がみられる．
(4) アフリカ諸国間の多様性の拡大[12]．

そこでは，対外債務危機が指摘され，1988〜1993年に新規融資200億ドルのうち約90％が譲許的条件の援助資金の流れであった．この対外債務は，ようやく2005年7月英国グレシィーゲルズ・サミットでアフリカ債務免除が決まった（表12-3をみよ）．

表12-3 サハラ以南アフリカの対外債務構造，1980-1993年

	1980	1988	1993
サハラ以南のアフリカ			
対外債務残高総額　10億ドル	84.3	166.0	200.4
長期対外債務延滞額　10億ドル	1.4	20.1	49.3
うち利息延滞分	0.2	6.4	18.1
実際の支払い額　100万ドル	9,024	14,227	12,007
対外債務残高の対GNP比　％	30.7	70.2	73.2
実際の対外元利支払い額の対GNP比　％	4.4	9.3	4.6
対外債務残高の対輸出比　％	91.5	242.8	253.6
実際の対外元利支払い額の対輸出額比　％	9.8	20.8	15.2
南アフリカ共和国			
対外債務残高総額　10億ドル	26.2	21.2	15.5

表12-4 政治的不安定（内戦・社会不安）のアフリカ諸国

国　名	一党制	時　期	事　由
ソマリア	1969-91	1974-91	社会主義独裁
		1991-02	内戦
ジブチ	1977-92		
エチオピア	1974-91	1974-91	革命、独裁、内戦
ケニア	1982-91	1991-92	独裁
タンザニア	1977-95		
ウガンダ	1986-2006	1971-92	独裁
		1985, 86-96	軍政
マリ	1960-92	1968-92	軍政
ガンビア		1994-96	軍政
ギニア	1958-84	1984-91	軍政
シエラレオネ	1961-91	1967, 68, 92	軍政
		1996-99	内戦
コートジボアール	1960-90	1996, 99	軍政
		2002-03	内戦
ニジェール		1974-90, 96	軍政
ガーナ	1957-66	1966, 72, 79	軍政
トーゴ	1969-91	1991-93	軍政
ベナン	1974-89	1980-89	社会主義独裁
ブルキナファソ	1983-90	1982-91	軍政
ナイジェリア		1966-70	内戦
		1985-87	軍政
コンゴ	1969-90	1993-94	内戦
チャド		1982	軍政
			内戦
赤道ギニア	1968-92	1968-	独裁
中央アフリカ	1981-91	1965-79	皇帝独裁
ギニアビサオ	1974-90	1998-99	内戦
カボベルデ	1975-90		
サントメ・プリンシペ	1975-91		
ザイール／コンゴ民主共和国	1965-90	1960-64	内戦
		1965	軍政
ルワンダ	1976-91	1997-02	内戦
		1973-78	軍政
ブルンジ	1966-87	1994	内戦
		1966-72, 76, 87	軍政
アンゴラ	1975-91	1993-03	内戦
モザンビーク	1975-90	1975-91	内戦
ザンビア	1964-90	1981-93	内戦
ジンバブエ	1980-94		
レソト	1966-86	1986, 91	軍政
スワジランド	1980-94	1994	国王独裁
南アフリカ		1973-93	アパルトヘイト体制
マダガスカル	1975-91	1960-94	革命独裁
コモロ	1975-92	1975-90	混乱
セーシェル	1979-91	1975, 78, 89	軍政

そのアフリカ諸国は，1990年代初めに一党独裁あるいはマルクス・レーニン主義独裁を解消し[13]，民主化が大きく進展した．こうした状況下に，アフリカ諸国は，3つのパターンに分類される[14]．
①内戦と社会不安で苦しむ諸国．これら諸国では，和平の達成と維持，内戦からの復興が優先課題となった（表12-4をみよ）．
②マクロ経済の失敗から立ち直りつつある諸国．東部アフリカと南部アフリカに多く，現実的な為替レートを生み出すメカニズムが確立され，価格統制も漸次撤廃されつつあり，脆弱性があるものの，「静かな革命」[15]により過去との訣別が進行中である．
③マクロ経済価格に着手した諸国．CFAフラン圏諸国が対象で，ナイジェリアはマクロ経済の安定化が当面の課題となっている．

そこでは，多くの援助諸国はアフリカ諸国援助の改善，プログラム援助への積極的取り組みと支援増大，技術援助の質的向上とその削減，援助のアンタイド化と見通し資金の使用制限の撤廃などがみられる[16]．

その21世紀に向けたアフリカの変革は，以下の点が指摘できる．
1. 独立期における国家形成枠組みの変容．それは表12-5にみるように，独立期における地域協力の枠組みを大きく脱皮し，植民地遺制ないしイデオロギーから脱却した地政的条件に立脚した地域協力の局面へ移行してきたことである（表12-6をみよ）[17]．
2. 独立期の政治パターンは，クーデタ再生産の力学ないし国民形成における人種抗争の力学に従っていたが，その局面を脱皮して独自の民主的参加の政治力学が定着してきたことである．それは，国民会議の招集による民主化移行という共通パターンをみせており，人権運動ないし政党の役割が注目され，グローバル市民社会論のインパクトが大きかった[18]．
3. したがって，アフリカの統一及びアフリカ解放闘争の達成とアフリカ域内の処理を課題としてきたアフリカ統一機構OAUも，2002年7月にEU型のアフリカ連合AUへ転換した[19]．

表12-5 サハラ以南アフリカの独立後の地域協力

地域組織・会議（発足年／解体／活動停止年）	主要参加国	特記事項
アフリカ諸国首脳会議(1961/1963)	モロッコ,ガーナ,ギニア,コンゴ(レオポルドビル)などカサブランカ派諸国	植民地主義との対決を主張
アフリカ諸国連合UAS(1961/1963)	ガーナ,ギニア,マリのカサブランカ派の中核諸国	アフリカ合衆国への足がかりを示したアフリカ統合の先駆
アフリカ・マダガスカル連合UAM(1960/1964)	旧仏領のブラザビル派諸国	フランスとの協力堅持
アフリカ・マダガスカル経済協力連合UAMCE(1964/1966)	同上	UAMを継承
アフリカ・マダガスカル共同機構／アフリカ／モーリシャス共同機構OCAM(1965/1985)	同上	UAMCEを継承,フランス版コモンウェルスを目指した
アフリカ・マダガスカル機構(1961/1963)	リベリアなどモンロビア派諸国	急進的統合のカサブランカ派に対し穏健的
協商会議CE(1959/?)	コートジボアール,ブルキナファソ(旧オートボルタ),ニジェール,トーゴ	共同市場を目標,コートジボアール内戦で機能不全
西アフリカ関税同盟UDEAO(1959/1974)	コートジボアールなど旧仏領西アフリカ諸国	
西アフリカ経済共同体(1974/1975)	旧仏領西アフリカ諸国,ナイジェリアなど旧英領諸国	UDEAOを継承,初の西アフリカの結集
セネガンビア連邦(1982/1989)	セネガル,ガンビア	利害対立で解消
セネガル河流域国家間委員会CIERFS(1963/1968)	モーリタニア,セネガル,ギニア,マリ	セネガル河設備委員会を継承,OERSへ移行
セネガル河流国機構OERS(1968/1971)	同上	ギニアとセネガルの対立で解体
セネガル河開発機構OMVS(1972/1989)	モーリタニア,セネガル,マリ,1982ギニア復帰	セネガルとモーリタニアの対立で機能不全
マノ河連合MRU(1973/?)	リベリア,シエラレオネ,ギニア参加	関税同盟を目標,国内混乱に直面している
赤道アフリカ首脳会議(1959/?)	ガボン,チャド,中央アフリカなど旧仏領赤道アフリカ諸国	コンゴの離反で解体
赤道関税同盟UDE(1959/1966)	同上	域内対立で機能不全
中部アフリカ関税経済同盟UDEAC(1966/1985)	同上	UDEを継承
中部アフリカ共和国連合URAC(1960/1960)	同上	フランスとの独立交渉で結成
中部アフリカ諸国連合UEAC(1968/1970)	中央アフリカ,ザイール,チャド	ザイール工作で結成,内部対立で解体
中部アフリカ諸国経済同盟(1985)	旧仏領赤道アフリカ諸国,赤道ギニアなど	中部アフリカの結集
ルワンダ・ブルンジ委員会(1960/1962)	ルワンダ,ブルンジ	旧ベルギーの一括統治
ルワンダ・ブルンジ経済同盟(1962/1964)	同上	ルワンダ・ブルンジ委員会を継承
大湖諸国共同体CEPGL(1975/?)	ザイール,ルワンダ,ブルンジ	ルワンダ内戦で機能不全
チャド湖流域委員会CBCT(1963/?)	チャド,カメルーン,中央アフリカ,ナイジェリア	チャド内戦で機能不全
東アフリカ共同役務機構EACSO(1962/1967)	ケニア,ウガンダ,タンガニーカ(タンザニア)の旧英領東アフリカ諸国	EACへ移行
東アフリカ共同体EAC(1967/1977,1999)	同上	ケニアと他2国の対立で解消,1999再設立,2001発足
東・中部アフリカ首脳会議(1966/1974)	ザイール,ルワンダ,ブルンジ,コンゴ,ガボン,中央アフリカ,赤道ギニア,エチオピア,ケニア,ウガンダ,タンザニアなどザンビアを含む東・中部アフリカ諸国	パン・アフリカ東・中部アフリカ自由運動PAFMECSA(1958~)の活動を継承
東・中部アフリカ地域首脳会議(1986)	同上	東・中部アフリカ首脳会議を継承
南部アフリカ前線諸国会議(1974/1979)	タンザニアが主導	南部アフリカ解放闘争を支援,南部アフリカ諸国の独立達成で解消,SADCCへ移行
南アフリカ関税同盟SACU(1910/1970)	南アフリカとバストランド(現レソト),ベチュアナランド(現ボツワナ),スワジランドの旧南アフリカ高等弁務官領諸国	喜望峰植民地・オレンジ自由国関税同盟(1889),喜望峰植民地・ナタール植民地・オレンジ自由国関税同盟(1898)を継承
南部アフリカ関税同盟SACU(1970/1979)	同上	SACUを継承
東・南部特恵貿易地帯PTA/ZEP(1982/?)	ケニアなど東アフリカ諸国,ザンビア,マラウイ,ジンバブエ,アンゴラ,レソトなど南部アフリカ諸国	東部・南部アフリカの広域経済共同体を目標

(注) 1963年発足のアフリカ統一機構（OAU）は，その取り組みが域内協力とともに解放闘争の達成にあった．2002年7月EUをモデルとしたアフリカ連合（AU）へ移行し，域内紛争の解決に取り組むことになった．

3. 新パートナーシップ戦略

　この地域の地域協力はその成果が高く評価される．アフリカでは，旧植民地枠組みの地域協力（表12-5をみよ）から，新しい地域的枠組みへの追求と転換が1970～80年代を通じてなされ，そして1990年代以降，その地位的枠組みの転換を克服して新たな地域協力組織が生まれてきた（表12-6をみよ）．1963年のパン・アフリカニズムの成就を体現したアフリカ統一機構（OAU）は，2002年7月アフリカ連合（AU）へ移行し，アフリカ全域にわたるEUモデルに従う地域機構として安全保障をも含む課題に取り組むことになった．その機構改革を主導したのはリビアのムアマル・カザフィ大佐と南アフリカのターボ・ムベキ大統領であった．ムベキ大統領は，1994年5月アフリカ大陸に唯一残存した白人優位のアパルトヘイト（人種隔離）政策政権を打倒し，人種融和の新国家建設を打ち出し，全人種平等体制を樹立したネルソン・マンデラ政権を継承しており，南アフリカは，マンデラ政権のもとでOAU加盟，南部アフリカ開発共同体（SADC）加盟を達成した．南アフリカのアパルトヘイト政権が維持できたのは，同国が西欧世界にとり不可欠なダイヤモンド，またクロム，バナジウムなどの稀少戦略資源の世界有数の埋蔵国であり，かつ喜望峰を有するアフリカ最南端の西欧シーレーンの戦略的要衝としての存在であることから，西欧世界の関与をもって支援されてきたからであった．米国は一貫して南アフリカの維持にかかわってきたが，2003年7月ブッシュ米大統領が新生南アフリカを訪問してアフリカ全般の問題について会談した（その際，ブッシュは人種闘争を闘って白人支配体制を倒したネルソン・マンデラ前大統領とは会談しなかった）．そのムベキ大統領は，アフリカ・ルネッサンス（アフリカの再生）を訴え，これにナイジェリア，セネガル，アルジェリアが支持してOAUの経済指針「アフリカ開発のための新パートナーシップ（NEPAD）」が打ち出された．それはアフリカの自力更生努力を重視し，彼らが開発の青写真を自ら描いていた[20]．これによりアフリカ各国が相互に政策を監視する相互監視制度が導入されたことは大きな特色である．このアフリカ開発計画は，ムベ

表12-6 サハラ以南アフリカの最近の地域協力

地域組織	主要参加国 ゴチは中心国	特記事項
西アフリカ諸国経済共同体ECOWAS	**ナイジェリア**,セネガル,カボベルデ,ガーナ,コートジボアールなど15カ国	1975年に設立,1993年新条約調印。経済統合と政治的安定の確保（ECOWAS監視グループ,紛争予防・管理・解決・平和維持・安全保障メカニズム,小型武器製造輸出入モラトリアム）の2本柱を実施。
政府間開発機構IGAD	スーダン,エチオピア,ソマリア,ウガンダ,ケニア,ジブチ,エリトリアなど7カ国	東部アフリカの旱魃・砂漠化に対してUNDPが地域機構構想を提起し,1986年1月首脳会議で政府間旱魃機構IGADDとして発足、1996年3月改称。食糧安全保障,インフラストラクチャー,紛争管理が目標
南部アフリカ開発共同体SADCC	ボツワナ,**南アフリカ**,モーリシャス,コンゴ民主,タンザニア,ザンビアなど14カ国	1980年4月アパルトヘイト経済支配の脱却を目ざして南部アフリカ開発調整会議SADCCで発足,1992年に改称,1994年南アフリカ参加

(注) 全域的なアフリカ統一機構／アフリカ連合は掲げない.
　　マグレブ／北アフリカには1989年設立のアラブ・マグレブ連合（AMU）があり，西アフリカのモーリタニアは参加しているが，エジプト及びスーダンは参加していない．前身はマグレブ会議／マグレブ常設委員会CPCMである．
　　1973年4月サヘル諸国会議が発足したが，1982年の第6回首脳会議以降，アルジェリアとモーリタニアの協力合意は成立したものの，チャドとリビアの対立で会議は開催されていない．

キらが提唱したアフリカ再生計画ミレニアム・パートナーシップ（MAP）とセネガルのアブドゥラエ・ワッド大統領が提唱したオメガ計画とを統合して，2001年10月ナイジェリアのアブジャで新アフリカ構想（NAI）としてまとめ，のちNEPADと名称が変更された．なお，2003年6月のエビアン・サミット（主要先進国首脳会議）には，ムベキ大統領がアルジェリア，ナイジェリア，セネガルの各首脳とともに参加した．

　NAPAD文書は，アフリカにおける貧困撲滅，持続可能な成長と開発，及び世界の政治経済への統合を目ざしたアフリカ指導者の誓約で[21]，アフリカのさ

らなる周縁化と孤立は世界の安定に深刻な脅威を与えており，人材育成と貧困撲滅に向けた真の指導性と共同責任及び相互利益に基づく新しいグローバル・パートナーシップが必要であるとしており，国際社会に対し協力を求めるというものである．その「行動計画——21世紀において持続的開発を達成するための戦略」[22]は，以下の点を骨子としている．

A 持続的開発の前提条件
(1) 平和・安全・政治ガバナンス・イニシアチブ
　　①平和・安全イニシアチブ——a 紛争予防・管理・解決，b 平和創造・平和維持・平和強制，c 紛争後の再生・復興，d 小型武器・地雷の除去を重視．
　　②民主主義とガバナンス・イニシアチブ——a 行政改革，b 議会の監視機能強化，c 参加型意思決定過程の促進，d 汚職対策，e 司法改革の重視．
(2) 経済ガバナンス及びコーポレート・ガバナンス・イニシアチブ——参加国の経済・財政運営及び組織運営の質的向上．財政相及び中央銀行によるタスク・チームの経済政策及びコーポレート・ガバナンスの調査と望ましい経済運営及び組織運営の基準の提言．
(3) 地域統合——既存の地域機関の効率性向上．

B 優先分野
(1) インフラストラクチャー整備
　　①すべてのインフラストラクチャー部門——無償資金や譲許的借款の確保．民間投資の誘致．
　　②情報技術——2005年までに電話接続率100人中2人へ向上．
　　③商業用エネルギー人口を10％から35％へ向上．バイオマス・エネルギーの保全．
　　④流通——ヒロ・モノ・サービスの国境を超えた流通の円滑化．
　　⑤水・保健衛生——安全な水と衛生環境の持続的提供．

(2) 人材開発
　①貧困削減——「貧困削減戦略」の加速化．
　②教育環境の格差是正．
　③人材流出の防止．
　④保険——感染症対策の強化．
(3) 農業——農業生産力の向上．
(4) 環境イニシアチブ——健全かつ生産的な環境は NEPAD の前提条件であり，雇用・貧困削減にも資する．a 砂漠化対策，b 湿地保全，c 外来種による被害の防止，d 海岸地帯の資源保全・利用，e 温暖化対策，f 国境を越えた資源保護区の取り組み，g 環境ガバナンス，h 資金調達の問題．
(5) 文化——固有の知識の保護・育成．
(6) 科学・技術——既存技術の活用による生産の多角化．

C 資源動員
(1) 資本の流れイニシアチブ
　①国内資源の国内利用（海外逃避の防止）——外国からの資本の流れはアフリカのガバナンス改善に伴い増大するとの基本原則を確認．
　②債務救済——既存の枠組みを越えた債務救済の追求．各国の経験を共有するフォーラムの設置．
　③ ODA 改革—— ODA 絶対量の増額と効果的活用の追求．
(2) 市場アクセス・イニシアチブ
　①生産の多角化——関連施設の整備．アフリカ農産物へのアクセス促進，多国間貿易交渉の高める協力．
　②鉱業——ビジネス機会のための情報ルートの統合．
　③製造業——産業の新規開拓と既存産業の競争力強化．市場アクセス促進のための規格当局設立．
　④観光業——観光プロジェクト参画者の能力育成．観光客の安全確保．
　⑤サービス業——多面的な全面拡充．

⑥民間セクターの育成——起業能力育成プログラムの支援.
⑦輸出の増大——域内貿易自由化の促進,アフリカ産品の世界市場へのアクセス改善.
⑧非関税障壁の撤廃——アフリカが比較優位の商品への先進工業国のアクセス.

さらに,同文書は,NEPAD 実施のための 3 つの計画の早期実施を取り上げた.
(1) プロジェクト
　①農業——資源の保全と状況改善のための土地・水の管理に関する行動計画.
　②民間セクターの育成——企業におけるビジネス問合せ部門設置.
　③インフラストラクチャー整備と地域統合——エネルギ-・運輸・通信・水の分野における計画の重要性.
(2) ニーズ評価——上述の優先分野における組織構造と要因のニーズ評価.
(3) NEPAD の統括機構(アフリカ首脳実施委員会の役割)——同委員会の役割は, a 戦略的領域の認定, b レビュー・メカニズムの設定, c 問題や遅延が認められる場合の対応にある[23].

このアフリカ開発計画に対し,アナン国連事務総長は 2005 年 3 月の報告「より大きな自由の中で」で,アフリカ連合の 10 年開発計画を策定すべきであるとした.これに対する国連決議は成立していない.

4. ラテンアメリカ地政学

ラテンアメリカは,16 世紀から 19 世紀初めまでの植民地時期はインディアス又はアメリカと呼ばれていたが,独立の指導者は,米国の膨張を前に祖国の危機を憂慮し,アングロ・サクソン列強に対して自らがフランスの文明と一体であることを確認すべくアメリカ・ラティーナ(ラテンアメリカ)と呼んだ(パリ在住のコロンビア人ホセ・マリア・トレス・カイセードの詩『2 つのアメリカ』1856 年).その用語の普及には,メキシコに帝国拡大を図ったナポレオ

ン3世側近の知識人の寄与があった．一方，1864年ナポレオン3世のメキシコ帝国工作で，皇帝に就任したフェルディナンド・マクシミリアン大帝（在位1684-67）は，米国のモンロー・ドクトリンによるフランス軍の撤退要求を受け入れ，フランスの支配を停止したことで，帝国は互解し，共和派によって彼は1867年軍事裁判で処刑された．こうして，ラテンアメリカは，ヨーロッパ世界に対する反逆とヨーロッパ文明の拡大という2つの側面を抱えることになった．そして，その独立は，ヨーロッパ中心の時代でなくなる時代状況下に，周辺からの巻き返しであったといえる．この過程は，ラテンアメリカにおける資源の開発と国際市場の拡大に発しており，そこでの新しい移民の到来が閉鎖的階層社会から開放的競争社会を生み出すところとなり，進歩の哲学が信奉され，その移民は先住民の統合政策に成功した．そして，現在，それは，人種主義支配のクリオーリョ主義から白人とインディオの混血によるメスティーソ主義，そして土着文化を意識する先住インディオのイレディンティスモの抬頭というナショナリズムの形成史にある[24]．これら先住民の政治参加とともに，彼らの発言力も向上してきた[25]．その最たる闘争は，メキシコのサパティスタ民族解放闘争である[26]．

　なお，ラテンアメリカの範囲は，1960年頃までは，ラテン文化の伝統を引き継いだ20の諸国に限定されていた（スペイン系18カ国とブラジル及びハイチで，その先駆はフランス革命の影響下の1791年8月ハイチ市民革命で[27]，いずれも19世紀末葉に共和国の独立を達成していた）．1962年にイギリス領から12，旧オランダ領から1の新生独立国が誕生し，国際連合ではラテンアメリカのグループとして扱われた．そこでの島嶼国は，かつてスペインやフランスの支配を受けていた時期もあって，民族文化においてその影響をとどめているものの，その言語・文化・制度は非ラテン系で，独自のカリブ体制とその協力が維持されている（表12-10をみよ）[28]．

　この過程で，ラテンアメリカでは，国境紛争もいくつかあったが，その対立は一体性のもとほぼ解消されている（表12-7をみよ）．元来，ラテンアメリ

カでは，国家独立当時の旧植民地の行政区画を国境線に採用したウティ・ポッシデティス（uti possidetis）の原則が採用されていたため，混乱は少なかった．実際，南アメリカでは25カ所に国境が集中し，アルゼンチン・チリ国境は世界最長国境の1つである．その国境は，大部分が1850年以後画定されたもので，一方，旧スペイン領でないブラジルは9カ国と国境を接し，その版図を拡大しているが，これも平和的手段で解決してきた（図12-1, 12-2）[29]．したがって，国境紛争は，旧世界の大国スペインとかポルトガルが強制力によって国境を設定したために生じた事例が多い．いいかえれば，住民の多くは集団的に居住してきたために無人の土地で隔てられていたので，特に問題はなかった．そうしたなかで国境紛争が生じたのは，3国の国境が集中し，二重の領土要求があったことによる．ボリビアの海への出口を占める係争地とか，ボリビア－ブラジル－ペルーの境界設定においても，2国の合意に第3国が反撥することがあった．

中米は，グアテマラ，ベリーズ（旧英領ホンジュラス），ホンジュラス，エルサルバドル，ニカラグア，コスタリカ，及びパナマで構成される（その地政的条件は図12-3をみよ）．以上いずれの旧スペイン領諸国は，地峡にあるパナマを除き（パナマはコロンビア共和国の一部であったが，1841年のパナマ州宣言を経て，米国の工作で1903年正式独立した[30]），グアテマラにおけるスペイン統治機構アウディエンシシアの解体で，1823年までに5カ国が中米連合州を構成し，1838年その解体で現在のように独立した．ホンジュラスは1539年にグアテマラに編入され，そのグアテマラは1821〜1838年メキシコに編入された．ベリーズは1862年英領ホンジュラスとなり，スペインとの係争を経て，1862年に英国の支配となった．ベリーズでは，中米諸国の独立時にスペインからの継承をめぐってメキシコとグアテマラが対立しており，英国がイギリス人入植者を支持して1897年英国・メキシコ条約で，グアテマラのベリーズ要求を確認して，事実上，支配を行った．ベリーズは1821年当時，スペインの統治下にあり，その継承権を主張した．これに対し，英国は，中米

独立当時,スペインがベリーズを完全に支配しておらず,グアテマラに領土権はない,とした[31].グアテマラは,ベリーゼに対する領土要求を1981年ベリーズの独立をめぐって持ち出し,1890年グアテマラはベリーズとの国境を認めたが,1991年両国の国交樹立による決着後も,グアテマラ国民の不満から,その要求による対立は続いた.また,コスタリカもかつてグアテマラの一部であったが,インディオの奴隷化をみず自立入植にあって,ジャマイカからの黒人入植もあって,連邦反対を堅持した.1885年グアテマラ,エルサルバドル,ホンジュラス3国は中米同盟に合意したが,1922年グアテマラが中米諸国連合から脱落し,実態を欠いた.1960年ニカラグアを加えた4カ国で中米統合条約に調印し,中米共同市場が発足した(1963年コスタリカも参加).以上の通り,中米諸国はその生活圏が連接しており,ために,その対外関係は内政

表12-7 ラテンアメリカにおける独立以後の国境・領土紛争

対立国		紛争
ホンジュラス・エルサルバドル	1844-45	エルサルバドル戦争
	1969	サッカー試合から戦争となり、国境画定
グアテマラ・ベリーズ	1848,75,77	ベリーズ(英領ホンジュラス)に対する領土要求
ホンジュラス・ニカラグア	1902-07,18,47,57- 61,85,95	国境紛争
ペルー・コロンビア	1932-34	アマゾンに接するレチシアなどの回廊地帯対立
パラグアイ・ボリビア	1894-1935	チャコ地域の帰属対立
チリ・ペルー	1979-	チリが占領したアリカ地域の国境紛争
チリ・ボリビア	1879-1904,	太平洋戦争
	1939,62-63	ラウカ河帰属対立
エクアドル・ペルー	1930	河川の共同利用対立
スリナム・ガイアナ	(1962-)69	ガイアナの新河川地帯の領土要求
ベネズエラ・ガイアナ	1966-70	エセキーボ地方の領土対立
チリ・アルゼンチン	1899-1902	国境対立
	1940-41	プアグル運河の利用対立
	1964-66,68	アンデス対立
チリ・アルゼンチン・英国	1977-78	ビーグル海峡3島の帰属で対立、国際司法裁判所で解決
アルゼンチン・英国	(1816-)1982	フォークランド/マルビナス紛争

第 12 章 「第 4 辺境空間」南部世界の展望

矛盾に連動して混乱することが多く[32]，そうした脆弱性から大国の干渉を受けた（表 12-8 をみよ）[33]．また，ラテンアメリカ諸国はキューバ革命の影響で混乱した（表 12-9 をみよ）．こうした内政干渉の矛盾を克服した現在，その共同市場など連邦協力が進んでいる（表 12-10 をみよ）[34]．

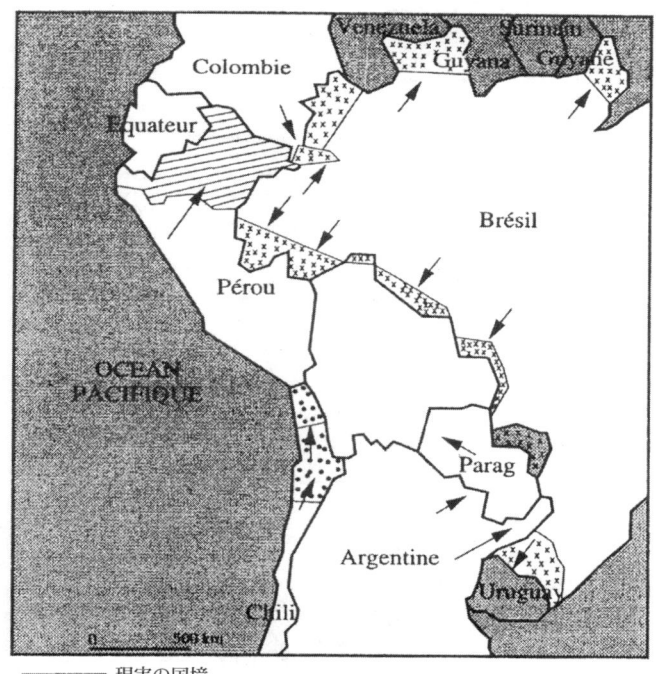

図 12-1 アンデス・アマゾン地帯の国境変更

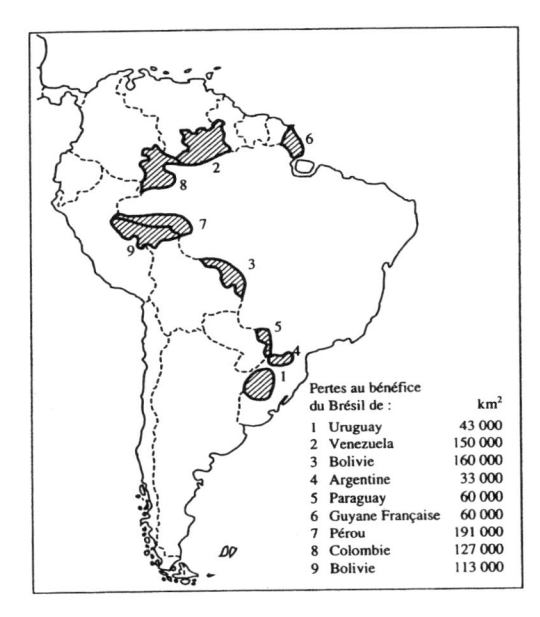

Pertes au bénéfice du Brésil de :	km²
1 Uruguay	43 000
2 Venezuela	150 000
3 Bolivie	160 000
4 Argentine	33 000
5 Paraguay	60 000
6 Guyane Française	60 000
7 Pérou	191 000
8 Colombie	127 000
9 Bolivie	113 000

図 12-2 ブラジルの領土拡張，1850 ～ 1909 年

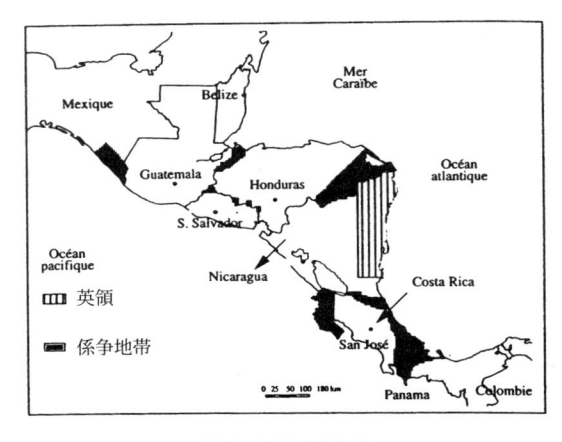

図 12-3 中米の地政図

第12章 「第4辺境空間」南部世界の展望

表12-8 中米諸国の不安定性

国 名	時 期	事 項
グアテマラ	1950-96	共産内戦
	1982-93	軍政
ホンジュラス	1956-57, 63-65, 72-82	軍政
エルサルバドル	1970	テロ（左派・右翼）
	1980-92	共産内戦
ニカラグア	1936-79	独裁
	1978-79	共産革命
	1980-90	共産内戦

(付記) 共産内戦は，キューバ革命の影響が大きかった．表12-9をみよ．

表12-9 キューバ革命のラテンアメリカ諸国への影響

国 名	時 期	事 項
グアテマラ	1959.1-2	スト・ゼネスト
	1960.11-63.3	反乱
	1968.1-86.5	反米人民武装闘争
ホンジュラス	1980.10-91.10	人民革命軍テロ
ニカラグア	1960.11	国家宮殿占拠
	1978.8	カストロ主義者の上陸
	1980-87.11	キューバ軍派遣
エルサルバドル	1961.10	クーデタ
	1977.1-87.11	左派テロ
パナマ	1959.4	カストロ主義者の上陸
グレナダ	1979.3-4	キューバ軍の革命支援
	1972.10	人民革命政府樹立
ジャマイカ	1980.10	キューバの干渉で同大使追放
ベネズエラ	1961.11	カストロ主義者の工作
コロンビア	1962	反乱
キューバ	1968.2-74.12	ハバナ着のハイジャック続発
	1980.4-81.7	ハバナ着のハイジャック続発
	1983.6-84.4	ハバナ着のハイジャック続発

ラテンアメリカにおける変革と地域協力の契機となったのは，米国主導の米国も参加した統合構想であった．これは，1958年6月ロックフェラー財団の報告で，共産主義諸国に対抗するためには資本主義諸国を統合することによりその新世界秩序を確立するという課題がそれで，その枠内で関税障壁を除去し，通貨・経済政策の統一を進めるというものであった．この統合によって米国はラテンアメリカの経済的地位を回復し，ラテンアメリカ諸国と社会主義諸国と貿易関係を阻止し，さらにEEC（欧州経済共同体）に対抗できるアメリカ共同市場を設立してヨーロッパ資本のラテンアメリカへの進出を抑えることがその基本目標とされた．この構想は1961年3月ジョン・F・ケネディ米大統領がラテンアメリカ20カ国の代表を招待し，進歩のための同盟構想を打ち出して実現に向かった．この同盟の目的は，直面している貧困・飢餓・無知・低開発に対して南・北アメリカが共同責任で取り組むというもので，同年8月ウルグアイの東岬，プンタ・デル・エステで米州機構会議が開催され，それを定めたプンタ・デル・エステ憲章が採択された[35]．

これに対して，ラテンアメリカ諸国は，米国を除外して構成される共同市場を企図した．ロックフェラー報告は，米国とラテンアメリカ諸国の経済的・政治的力の開きと米国のラテンアメリカ支配の狙いへの懸念から，1959年5月のパナマ会議でその受け入れが拒否された．一方，国連ラテンアメリカ委員会（ECLA）は1958年2月サンチアゴで，ラテンアメリカ共同市場問題についての検討に入り，アルゼンチン，ブラジル，メキシコ，チリ，コロンビア，エクアドルが，共同市場は米州共同市場ではなくラテンアメリカ共同市場であるべきとの結論を出した．もっとも，このラテンアメリカ統合には，中米諸国は，明白にメキシコ，ブラジル，あるいはアルゼンチンへの従属から，特に共同市場における工業化面で，強く反対した．この米国主導とラテンアメリカ主導の2つの路線の対立は，1959年1月フルヘンシオ・バチスタ親米政権がフィデル・カストロによって倒されたことで，米国はキューバ革命潰しへと走った．そこで，進歩のための同盟が打ち出され，ラテンアメリカ19カ国がこれに参加す

ることになったが，その狙いはキューバ型革命の発生阻止にあった．この流れのなかで，1960年2月独自の協力にある中米諸国を除いて，ラテンアメリカ自由貿易連合（LAFTA）が設立された．しかし，このLAFTAはラテンアメリカ諸国内部の経済発展の相異から解体し，1969年アンデス共同体を形成した．一方，アンデス諸国を除く諸国は，1980年6月ラテンアメリカ統合連合（ALADI）へ移行した．それは，ラテンアメリカ共同市場の実現を念願としてきたメキシコの指導性にあった．そうしたなかにも，アルゼンチン，ブラジル，ウルグアイ，パラグアイは1991年3月南部共同市場（メルコスル）を設立した．このメルコスルは2003年12月アンデス共同体と自由貿易協定を締結し，チリも参加し，南米10カ国に拡大した（2006年7月ベネズエラが加盟して11カ国）[36]．

英語圏のカリブ地域は，独自の地域協力にある（表12-10をみよ）[37]．

なお，キューバはモンロー・ドクトリンの下で，米国の干渉と支配が続いた（表6-1）．1959年フィデル・カストロの革命政権が成立し，共産主義への転換でそのインパクトは大きいものがあった（表12-11）[38]．キューバは米国と対立してソ連に接近し，1962年米国とのあいだで戦争の危機（キューバ危機）を招いた[39]．現在，そのインパクトは後退している．国連総会では，米国のキューバ制裁解除決議が採択されているものの，米国は依然，キューバの制裁封じ込めを解除していない[40]．

5. 米州自由貿易地域構想

現在，米国は，キューバを除くカリブを含めたラテンアメリカ34カ国と自由貿易圏を形成する米州自由貿易地域（FTAA）構想をもっており，これが実現すれば，域内人口約8億5000万人，域内総生産GDP約13兆ドルの世界最大の経済ブロックが形成される．カストロ・キューバ首相はこの構想に断固反対し，2004年2月ブラジルは農業補助金の撤廃・削減を米国に求めて対立した．このため，2003年11月マイアミ貿易相会議で農業補助金・市場アク

表12-10 ラテンアメリカの地域協力

地域組織	主要参加国 ゴチは中心国	特記事項
ラテンアメリカ自由貿易連合（LAFTA）	**アルゼンチン，ブラジル，メキシコ（先進国）**，ペルー，チリなど（中進国），ボリビアなど（比較的低開発国）など主要11カ国	1961年11カ国で発足，貿易自由化と産業補完の促進が目的で，加盟国の産品輸入の撤廃を目指した。1967年の自由化計画は頓挫し，その枠内でアンデス共同市場が生まれた
南部共同市場（メルコスル）（MERCOSUR）	**アルゼンチン，ブラジル，ウルグアイ，パラグアイ**，ベネズエラなど11カ国	1991年4国で発足，チリ，ボリビア，ペルーは準加盟国，1995年関税同盟へ移行，CACMとも自由貿易協定，2006年ベネズエラ加盟
アンデス共同体（ANCOM，カルタヘナ協定）	ボリビア，コロンビア，エクアドル，ベネズエラ，ペルー（1992-97年脱退）	1969年チリを加えたLAFTA内中進6カ国が域内格差の拡大で経済共同体アンデス・グループとして発足（チリは1976年脱退）
カリブ共同体・共同市場（カリコム／CARICOM）	ガイアナ，**ジャマイカ**と非英語圏スリナム，ハイチなど14カ国・1地域	1968年のカリブ自由貿易連合（CARIFTA）を継承，1973年旧英領諸国で結成，域内市場の発展と域内諸国の問題解決に当たる，2001年新協定調印，カリブ司法裁判所設置
東カリブ諸国機構（OECS）	グレナダ，バハマ，**セントルシア**，バルバドス，ベリーゼなど9カ国	CARICOMの関連機構，1983年東カリブ・ドルを導入
カリブ諸国連合（ACS）	**メキシコ，ベネズエラ**，コロンビア及び中米諸国，カリコム諸国など25カ国	1995年設立，政治・経済・社会・文化政策の協議機関
中米統合機構（SICA）	**エルサルバドル**，グアテマラ，コスタリカなど7カ国	1951年結成の中米機構（ODECA）が1991年解体，パナマを加え緩やかな連合として1992年発足
ラテンアメリカ統合連合（ALADI）	アルゼンチン，ブラジル，**メキシコ**，エクアドル，ベネズエラ，キューバなど12カ国，オブザーバー14カ国	メキシコの主導でラテンアメリカ貿易自由連合（LAFTA）を改組し1981年発足
中米共同市場（CACM）	エルサルバドル，ニカラグア，ホンジュラス，グアテマラ，コスタリカ	1961年関税同盟を設立を目的として設立，1965年までに統一関税表97.5%，1969年までに自由化率95%達成
リオ・グループ	**メキシコ，アルゼンチン**の他，ドミニカ共和国とカリブ代表	1986年中米和平を進めるコンタドーラ・グループ（メキシコなど4カ国）とアルゼンチンなど4カ国の支援グループ*が合流して発足，1990年チリなど4カ国参加
南米国家共同体（CSN）	**アルゼンチン，ブラジル**などメスコル4カ国，コロンビアなどアンデス共同体5カ国，チリ，ガイアナ，スリナム	2004年12月EU型の国家連邦として発足

（注）米州機構（OAS），ラテンアメリカ経済機構（SELA）といった全域的組織は取り上げない．前者ではキューバが不参加で，後者にはキューバが参加している．

358

セスなどの分野で最低のルールが合意されたものの，2005年末のFTA協定の発効という目標は実現は難しい．それで，米国は個別のFTAA締結交渉に作戦を転じ，2004年5月まず中米5カ国（エルサルバドル，グアテマラ，ニカラグア，コスタリカ，ホンジュラス）とFTA協定に調印した．

他方，メルコスルとアンデス共同体の9カ国は2004年12月FTA文書に調印し，これにチリ，ガイアナ，スリナムが加わって12カ国で南米国家共同体（CSN）の発足を決めた．

[注]
1　op. cit. Cohen, *Geopotics of the World system*, 第4章．
2　W. マタヒエソン，梅原隼太郎訳『植民地奴隷売買史』民族科学社，1943年．Orland Patterson, *Slavery and Social Death: A Comparative Study*, Cambridge: Harvard U. P., 1982. 奥田暁子訳『世界の奴隷制の歴史』明石書店，2001年．さらに，第13章注55をみよ．
3　植民地アフリカの条件は，以下をみよ．Walter Rodney, *How Europe underdeveloped Africa*, London: Bogle-L'Ouverture Publicaions/ Dar es Salaam: Tanzania Pub. House, 1972. 北沢正雄訳『世界資本主義とアメリカ——ヨーロッパはいかにアフリカを低開発したか』柘植書房，1978年／大村書店，1979年．
4　前掲，浦野『資料体系アジア・アフリカ国際関係政治社会史』第4巻アフリカ，Ⅱ 8 南アフリカの人種問題．
　その国際批判と審議は，前掲書，第4巻アフリカⅢ 17 アパルトヘイト政策の国際審議をみよ．
5　川田順造『無文字社会の歴史——西アフリカ・モシ族を事例として』岩波書店，1976年．
6　ネグリチュードは，1934年に機関紙「黒人学生」を創刊したレオン・ダマ，エメ・セゼール，レオポルド・ゼダール・サンゴールらによる「黒人を黒人性（ネグリチュード）の尊厳に目覚めさせ，フランスの植民地同化政策を拒否する」文化運動として提起された．その黒人のエネルギーが第2次世界大戦後にアフリカ人自覚の起爆剤となった．そこには，第1次世界大戦後における荒廃したヨーロッパ文化状況下の白人の自信喪失があり，白人もそのネグリチュードの認識を受け入れた背景があった．1947年に黒人社会の存在とその精髄を顕示し，黒人の尊厳とその生活様式の独創性を擁護するべく，サンゴールの支援でA・ディオプが創刊した文化雑誌「プレザンス・アフリケーヌ」がそのネグリチュード運動を支え，黒人文明のルネッサンスが提唱され，新植民地主義対決の事態において，また非文字文化のアフリカ世界においてアフリカ人固有の文化的アイデンティティの再構築に大きく寄与した．その影響下に，1970年代に南部アフリカで黒人意識運動が台頭した．Lépold Sedar Senghor, *Nation et voice africaine du socialisme*,

Paris: Présence Africaine, 1961.
7 浦野起央「アフリカの政治思想」,宍戸寛編『アフリカの指導者』アジア経済研究所,1963年. George W. Shephed, Jr., *The Politics of African Nationalism*, New York: Frederick A. Prager, 1962. 小田英郎訳『アフリカ民族主義の政治構造』慶応通信,1966年.
8 前掲,浦野『資料体系アジア・アフリカ国際関係政治社会史』第4巻アフリカⅡ第2章コンゴ紛争.
9 前掲,浦野『現代における革命と自決』下巻,第13章チャドの統一と自決.
10 前掲,浦野『現代世界における中東・アフリカ』223-230頁.
11 United Nations of Public Information, *The United Nations and the Situation in Somalia*, Reference Paper, New York: United Nations, 30 April 1993. 梅津和郎「ソマリア派兵の政治経済学」世界経済評論,1998年3月号.
12 世界銀行アフリカ地域総局『転換期にあるアフリカ大陸——1990年代中期のサハラ以南のアフリカの現状』世界銀行,1995年,ix頁.
13 一党独裁は,以下をみよ. 前掲,浦野『資料体系アジア・アフリカ国際関係政治社会史』第4巻アフリカ,Ⅳ2アフリカの新政治・経済体制.
14 前掲,世界銀行アフリカ地域総局『転換期にあるアフリカ大陸——1990年代中期のサハラ以南のアフリカの現状』vii頁.
15 静かな革命は,以下の6点を骨子としている. ①マクロ経済政策の運用,②男女差別のない人材育成,③農業の振興(農産物の生産価格の確保),④環境保全費用を市場価格に反映した価格体系も改革に基づく国家環境計画,⑤民間セクターの育成,⑥インフラストラクチャー業務の充実,⑦能力構築・人材育成の充実.
16 前掲,世界銀行アフリカ地域総局『転換期にあるアフリカ大陸——1990年代中期のサハラ以南のアフリカの現状』第8章開発パートナーにとっての教訓.
17 浦野起央『アフリカの国際関係』南窓社,1992年,第1章4アフリカの地域協力,94-161頁. 浦野,前掲『資料体系アジア・アフリカ国際関係政治社会史』第4巻アフリカ,Ⅲ13西アフリカの地域協力,Ⅲ14中部アフリカの地域協力,Ⅲ15東アフリカ共同体と東部アフリカの地域協力,Ⅲ16南部アフリカの地域協力.
18 Michel Bratton & Nicolas van de Walle, *Democratic Experiments in Africa: Regime Transition in Comparative Perspective*, Cambridge: Cambridge U. P., 1997. Earl Contek-Morgan, *Democratization in Africa: The Theory and Dynamics of Political Transition*, Westport: Prager, 1997. Larry Diamond & Marc F. Platter eds., *Democratization in Africa*, Baltimore: Johns Hopkins U. P., 1999. 岩田拓夫『アフリカの民主化と市民社会論——国民会議研究を通して』国際書院,2004年. 竹内進一「冷戦後アフリカにおける政治変動」国際政治145『国際政治研究の先端2』2005年.
19 前掲,浦野『アフリカの国際関係』第1章1アフリカ統一機構の役割,20-50頁. Henning Melber, *The New African Initiative and the African Union: A Preliminary Assessment and Documentation*, Uppsala: Nordiska Afrika Institut, 2001.
20 大林稔『アフリカの挑戦——NEPAD(アフリカ開発のための新パートナーシップ)』昭和堂,2003年.
21 Africa Union, *The New Partnership for Africa's Development (NEPAD)*, Abujya, October

2001, pp. 10-13.
22 Ibid., pp. 14-53.
23 Ibid., pp. 54-57.
24 山崎眞次『メキシコ民族の誇りと闘い――多民族共存社会のナショナリズム形成史』新評論，2004年．
25 Elisabath Burgos-Debray, *Moi, Rigoberta Menchu*, Paris: Gallimand, 1983. 高橋早代訳『私の名はロゴベルタ・メンチュウ――マヤ＝キチェ族インディオ女性の記録』新潮社，1987年．Rigoberta Menchu y Comité de United Campesina, *El Clamor de la Terra: Luchas Campesinas en la Historia Reciente de Guatemala*, San Sebastian: Donostia, 1992. 神代修訳『大地の叫び――グアテマラ先住民族の闘争』青木書店，1994年．
26 山本純一『インターネットを武器にした〈ゲリラ〉――反グローバリズムとしてのサパティスタ運動』慶応義塾出版会，2003年．その主張は，以下をみよ．サパティスタ民族解放軍，太田昌国・小林致宏編訳『メキシコ先住民蜂起の記録』現代企画室，1995年．
27 浜忠雄『ハイチ革命とフランス革命』北海道大学図書刊行会，1998年．浜『カリブからの問い――ハイチ革命と近代世界』岩波書店，2003年．
28 石塚道子編『カリブ海世界』世界思想社，1991年．遠藤泰生・木村秀雄編『クレオールのかたち――カリブ地域文化研究』東京大学出版会，2002年．
29 François Thual, *Géopolitique de l'Amérique latine*, Paris: Economica, 1996, pp. 20-22.
30 John Nollady Latane, *A Historey of American Foreign Policy*, Garden City: Doubleday, page,1927の部分訳『米國，「ニカラガ」干渉問題――「パナマ」共和國獨立と米国の關興』陸軍省調査班、1932年．William D. McCain,*The United States and the Republic of Panama*, Durham: Duke U. P., 1937/ New York: Russell & Russell,1965. op. cit. Hawarth, *The Golden Isthmus*. 前掲，塩野崎訳『パナマ地峡秘史――夢と残虐の四百年』
31 H. J. Bloomfield, *The British Honduras-Guatemala Disputes*, Tronto: Westview Press, 1953. ベリーズ発展の特質は，以下をみよ．稲葉安勇『ベリーズ社会と現代』慶応通信，1992年．
32 松本八重子「中米における介入パターン――亡命者と受け入れ国とのトランスナショナルな同盟形成の論理」国際政治86『地域紛争と国際理論』1987年．
32 Thomas Anderson, *Politics in Central America: Guatemala, El Salvador, Hondulas, and Nicalagua*, New York: Praeger, 1988. 島崎博『中米の世界史』古今書院，2000年．
33 加茂雄三・細野昭雄・原田金一郎編『転換期の中米地域――危機の分析と展望』大村書店，1990年．寿里順平『中米――干渉と分断の奇跡』東洋書店，1991年．石井章編『冷戦後の中米――紛争から和平へ』アジア経済研究所，1996年．
34 Issac Cohen Orantes, *Regional Integration in Central America*, London: D. C. Heath, 1972. ホルヘ・ラモン・エルナンデス・アルセロ，狐崎知己訳『中米地域主義の起源と現状』ラテン・アメリカ協会，1986年．原田金一郎「中米共同市場の理念と現実――途上国経済統合論から集団的自力依存論へ」，前掲，加茂・細野・原田編『転換期の中米地域――危機の分析と展望』．
35 John Scott, *How Much Progress?*, New York: Time, 1963. 井沢実訳『進歩のための同盟――ラテン米州報告』上・下，時事新書，時事通信社，1965年．John C. Dreier ed., *The Alliance for Pregress: Problems and Perspectives*, Baltimore: Johns Hopkins Press, 鹿島守之助訳『進

歩のための同盟——問題点と展望』鹿島研究所出版会，1963 年．ラテン・アメリカ協会編『進歩のための同盟』ラテン・アメリカ協会，1968 年．
プンタ・デル・エステ憲章は ,op.cit.Dreier ed.,*The Alliance for Progress: Problems and Perspectives,* 前掲 , 鹿島訳『進歩のための同盟』184-214 頁に所収．

36 細野昭雄『中南米の経済統合の現状と展望』世界経済情報サービス，1976 年．西向嘉昭『ラテンアメリカ経済統合論』有斐閣，1981 年．遅野井茂雄編『冷戦後ラテンアメリカの再編成』アジア経済研究所，1993 年．浜口伸明『ラテンアメリカの国際化と地域統合』アジア経済研究所，1998 年．

37 A. J. Axline, *Caribbean Integration in the Politics and Regionalism*, London: Francis Pinter, 1979. A. J. Payne, *The Politics of Caribbean Community 1881-79: Integration amongst New States*, Manchster: Manchester U. P., 1981. Ivelaw L. Griffith, 'Security for Development Caribbean Area Regional Mecanism,' Jacqueline A. Braveboy-Wagner et al., *The Caribbean in the Pacific Century: Prospects for Caribbean-Pacific Cooperation*, Boulder: L. Rienner Publisher, 1993. 松本八重子『地域経済統合と重層的ガバナンス——ラテンアメリカ，カリブの事例を中心に』中央公論事業出版，2005 年．

38 ジェームス・モナハン，ケンネス・ギルモア，直井武夫訳『カリブ海の悲劇　カストロのキューバ』自由アジア社，1964 年．さらに，第 6 章注 17 をみよ．

39 ロバート・F. ケネディ 毎日新聞社外信部訳『ロバート・ケネディ 13 日間』毎日新聞社，1968 年．Graham T. Allison, *Essence of Decision: Explaining the Cuba Missile Crisis*, Boston: Little, Brown, 1971. 宮里政玄訳『決定の本質——キューバ・ミサイル危機の分析』中央公論社，1977 年．NHK 取材班・阿南東也『十月の悪夢　1962 年キューバ危機・戦慄の恐怖』日本放送出版協会，1992 年．阿南東也「キューバ・ミサイル危機研究の新展開」国際政治 98『ラテンアメリカ——980 年代の国際関係と政治』1991 年．Michael R. Beschioss, *The Crisis Years: Kennedy and Khrushchev, 1960-63*, New York: Edward Durlingame Books, 1991. 筑紫哲也訳『危機の年　ケネディとフルシチョフの闘い 1960-63』上・下，飛鳥新社，1992 年．

40 浦野起央『冷戦・国際連合・市民社会——国連 60 年の成果と展望』三和書籍，2005 年，19 頁．

13章 新しい地政空間

1. 地政的条件の変容

　コーヘンは，地政的条件の変容に触れ，以下の点を指摘した[1].

　第1，ソ連邦の解体である．これにより，米国が唯一の超大国となった．このことは，世界における地政的構造の決定的な変容をもたらした．

1. 欧州連合のユーラシア拡大，ユーラシアにおける海洋権力と米国の関係，及びハートランド空間における陸地権力と海洋権力の関係．これにより，ヨーロッパの自立がみられ，中央アジアにおける旧ソ連構成国と米国の協力関係が生まれた．但し，そこでの当該国の平和的変容が不可能な地政的条件の国家では，政治的対立となった．例えば，ユーゴスラビア内戦，チェコスロバキアの解体などがそれであった．

2. サハラ以南のアフリカとカリブを含む南米による海洋権力の形成．この結果，中部アフリカではルワンダ，コンゴなどの諸国が新たな海洋権力のインパクトで圧搾地帯 (compression area) となり，近隣諸国ないし南部諸国の介入を受けた．

3. 中東アラブ世界への米国の関与．米国によるイラク戦争の発動ばかりでなく，国際戦略の文脈においてブッシュ・ドクトリンによる中東民主主義・

自由構想を，米国は進めた（→第11章4ブッシュ・ドクトリンをみよ）．
4. ソマリアでは，米国の介入にもかかわらず，部族対立で国家が破産した．これは，遮断地帯の拡大を意味した．ここでは，対外干渉が激しい対内対決と内戦を引き起こした．

第2，パックス・アメリカーナにより保障された米国の地球的経済・軍事・情報覇権の形成．それに従う基本的構造変革が進捗している．

第3，冷戦の解消とともに噴出した紛争の地域的な限定．遮断地帯ないし圧搾地帯として，それが残る．

第4，グローバル化，及び地域化の進展．国境が開放され，冷戦の代償であったものが解消されつつある．

それは空間の変容に帰せられる．

そこでは，新しい地政空間が登場してきている．

2. テロの地政学

現在，注目すべきは，グローバル・テロリズムといわれるものである（表13-1,及び表13-2）[2]．国際テロリズムと解され，そのテロ・ネットワークが指摘されたのは1981年であった[3]．その背景には，ハイジャックがテロの手段として一般化してきた事情があった[4]．そのテロは国家ないし国家間地域において生起しているものの（表10-3），現在，以下の点においてそのテロはグローバル現象であるといえる．

(1) テロは，国内的・国際的に旧い現象であった．しかし，2001年9月11日以後の現象（表12-2をみよ）は世界各地で同時的に発生し，国際ネットワークのもとで活動している．

(2) そのテロは，米国主導のグローバルな国際秩序の解体を意図し，その秩序に対決していることである．

(3) そのテロは，遮断地帯におけるイスラム原理主義による攻撃可能性が極めて大きいことである（第11章地政的不安定な弧・中東の遮断地帯をみよ）．

(4) そのテロ組織は，地理的空間において機能せず，トランスナショナル空間における特定拠点のネットワークに立脚して生起し，そのネットワークを通じグローバルに展開されている．その一例がアルカイダのネットワークである（図13-1）[5]．アルカイダの挑戦は「文明の対決」に対する回答であると証明したのは，『偽りの始まり』（邦訳『グローバリズムという妄想』）[6]を書いたジョン・グレイである．グレイは，アルカイダが2001年9月11日ワシントンとニューヨークでテロを仕掛けたのは，「西欧社会に深く根付いた神話を打ち砕いた」ことにあり，その神話とは近代性という「たった1つのだけの状況を意味するという信念がそれだ」と指摘した．同時に，「アルカイダが夢見る新しい世界が実現すれば，そこでは，権力も闘争も消滅するという．だが，そんなものは革命の幻想が生み出す絵空事であり，現実に可能な近代社会の姿などではありえない」と，彼は指摘する[7]．

(5) このテロは反専門家主義の反乱で，それはインターネットで自由に書き込みできるブログのページを使い，勝手に自由に出来る行動であるということである．現下のシステムと秩序は，その管理専門家によって統御され維持しているが，そのなかに自由に入り込み，攪乱し，情報の信頼性を揺るがし，その一役を担っているのが，反専門家集団である．テロをめぐる最大の危機は，現下のシステムの正統性に挑戦し，しかもその挑戦者が非専門家の集団だということである．

　この同時多発テロ以後，マドリードの列車テロ，英同時多発テロと続いた（表13-2）．その世界の大都市を大混乱に陥れた装置は，新開発の小型原爆でもレーザー誘導ミサイルでもなく，旧来型の一連の爆破装置であった．核爆破装置は冷戦という大国間のゲームでは使用されなかったが，今や，そこでの，一方が核兵器を使用すれば，他方も同様の手段で反撃するという相互破壊の合理的蓋然性に従う自制なるものはテロでは通用しない．自爆テロは，一面では，「自由戦士」の偽装をみせているが，その無差別テロは手段を選ばないし，彼らが

核兵器（ないしは細菌兵器）で大都市を攻撃すれば，核弾道搭載ミサイルで反撃できるとでもいえるだろうか．迎撃ミサイルで対抗せんとしているのが北朝鮮への回答である．しかも，そうしたテロの可能性はないわけではない．それが起きてこそ，われわれは，その形を知るしかない．この点が現時点でのテロとテロ防御における現下の教訓である．ということは，テロリズムは，行使する側と行使される側によって別々の意味をもつからである．これに対しては，秩序を維持する側から強い明確な姿勢をみせることでしかない[8]．これがテロ封じ込めの要件といえるもので，グローバリズム活動機構の中枢にある都市拠点空間——そこでは，同時に，反グローバリズム運動の活動ネットワーク拠点となっている（図13-5をみよ）——に立脚した国際的封じ込め行動戦略しかない．その国際戦略の合意と対決姿勢は，次のものが形成されてきている．

1995年11月　テロ対策オタワ閣僚会議の8項目協力方針．
1997年12月　爆弾テロ防止条約．
1999年10月　ウサマ・ビンラディン引き渡しとタリバン資金凍結の国連決議1267（1999）．
　　　　10月　テロを国際の平和と安全に対する脅威と認めた国連決議1269（1999）．
　　　　12月　テロ資金供与防止条約．
2000年 7月　沖縄サミットのテロ宣言．
　　　　12月　タリバン制裁強化の国連決議1333（2000）．
2001年 9月　同時多発テロでのブッシュ米大統領の敵への報復宣言．
　　　　 9月　テロ行動に起因する国際の平和と安全に関する国連決議1373（2001）．
　　　　10月　上海協力機構の上海テロ声明．
2003年10月　反テロ協力の国連決議1516（2003）．
2005年 4月　国連国際テロ条約．

表 13-1 米同時多発テロ以前の主要なテロ，1980 年以降

時　期	事　件
1980. 8	イタリア・ボローニャ国鉄中央駅の爆破テロ
1981. 8	テヘランのイラン首相府爆弾テロ
10	サダト・エジプト大統領の暗殺テロ
1983. 4	ベイルートの米国大使館爆弾破テロ
10	ビルマ・ラングーン国立墓地の韓国首脳爆弾テロ
10	ベイルートのレバノン国連監視軍（米海兵隊司令部・フランス軍本部）爆弾テロ
12	クウェートの米国大使館・フランス大使館連続爆弾テロ
1984. 9	レバノンの米国大使館別館爆弾テロ
10	サッチャー英首相暗殺未遂事件
10	インディラ・ガンジー・インド首相の暗殺テロ
1985. 2	アテネ郊外の爆弾テロ
4	スペイン・トレホン空軍基地爆弾テロ
6	インド航空機爆破テロ，新東京国際空港爆弾テロ
10	地中海上のイタリア客船アキレ・ラウロ号の人質テロ
11	コロンビア・ボゴタの最高裁判所占拠事件
1986. 4	西ドイツ駐留米軍兵士の爆弾テロ
1987.11	大韓航空機爆破テロ
1988. 8	ハク・パキスタン大統領搭乗機爆破テロ
12	パン・アメリカン航空機爆破テロ
1991. 5	ラジブ・ガンジー・インド首相の暗殺テロ
1992. 3	アルゼンチンのイスラエル大使館爆弾テロ
4	ロンドンシティの爆弾テロ
9	ドイツ亡命クルド人指導者暗殺テロ
1993. 2	ニューヨークの世界貿易センタービル地下駐車場爆弾テロ
3	インド・ボンベイの連続爆弾テロ
1994. 2	パレスチナ・ヘブロンのイスラム教徒礼拝所銃乱射テロ
6	日本・松本のサリン事件
10	イスラエル・エルサレムの爆弾テロ
12	沖縄上空のフィリピン航空機爆破テロ
1995. 3	日本・東京の地下鉄サリン事件
4	米国オクラホマシティー連邦庁舎ビル爆弾テロ
6	アジスアベバのムバラク・エジプト大統領の暗殺未遂テロ
7	パリの地下鉄爆弾テロ
11	ラビン・イスラエル首相暗殺テロ
11	サウジアラビア駐留米軍訓練センター爆弾テロ
1996. 1	スリランカの中央銀行爆弾テロ
2	イスラエルの連続爆弾テロ
4	エジプト・ギザの観光客襲撃テロ
6	サウジアラビア・ダーラン郊外の米軍居住施設爆弾テロ
12	リマのペルー日本大使公邸占拠テロ
1997.10	スリランカ・コロンボの世界貿易センター爆弾テロ
11	エジプト・ルクソールの観光客襲撃テロ
1998. 8	ナイロビとダル・エス・サラームのケニア・タンザニア米国大使館同時爆弾テロ
1999. 8	キルギスのJAICA鉱山技師誘拐テロ
12	クマーラトゥンガ・スリランカ大統領の暗殺未遂事件
2000. 2	フィリピン・ミンダナオ島のフェリー爆破テロ
10	イエメン・アデン港の米イージス艦コール号爆破テロ
2001. 4	トルコ・イスタンブールの人質テロ
6	イスラエル・テルアビブの爆弾テロ
7	スリランカ・コロンボ国際空港襲撃テロ

（注）詳しいデータは，浦野起央『世界テロ事典』三和書籍，2001 年を参照．

表13-2 米同時多発テロ以後の主要なテロ

時　期	事　件
2001. 9.11	米国でアルカイダ同時多発テロ,約3000人死亡
2002.10	イエメン・ハドラマウト州ムカッラー,アデン港沖でフランス船籍タンカー爆発,1人死亡
10	インドネシア・バリ島レギアン地区のディスコ爆弾テロ,202人死亡
10	モスクワでチェチェン武装勢力の劇場占拠,特殊部隊の強行突入,人質ら128人死亡
11	ケニアのモンバサで同時テロ,16人死亡
2003. 5	サウジアラビアのリヤドで連続自爆テロ,34人死亡
5	モロッコのカサブランカで連続自爆テロ,45人死亡
8	ジャカルタのホテルで爆弾テロ,死者12人
8	バグダッドのヨルダン大使館前爆弾テロ,19人死亡
8	バグダッドの国連事務所爆弾テロ,デメロ国連事務総長特別代表ら23人死亡
8	イラクのナジャフのモスク前爆弾テロ,100人以上死亡
11	リヤドのアル・ムハイヤ住宅で爆弾テロ,17人以上死亡
11	イスタンブールのユダヤ礼拝所前爆弾テロ,50人以上死亡
2004. 1	オランダのアムステルダムでイスラム過激派を批判した映画監督テオ・ゴッホの暗殺テロ
2	イスタンブールの英総領事館・英系銀行爆弾テロ,30人以上死亡
3	バグダッドとカルバラで同時爆破テロ,171人死亡
3	マドリードで列車同時爆破テロ,200人以上死亡
5	タシュケントで同時テロ・銃撃戦,42人以上死亡
8	サウジアラビアのアルボバル外国人居住施設襲撃テロ,22人死亡
8	モスクワ発航空機2機の同時爆破テロ,80人死亡
8	モスクワの地下鉄爆破テロ,10人死亡
9	北オセチア・ベスランの学校占拠テロ,336人死亡
9	シナイ半島タバとヌエバの連続爆破テロ,34人死亡
9	カルザイ・アフガニスタン大統領搭乗米軍ヘリコプターのロケット攻撃,命中せず
10	イラク中部ナジャフとカルバラの自動車爆弾テロ,62人以上死亡
12	サウジアラビアの米総領事館テロ襲撃,9人死亡
2005. 2	カタール・ドーハの劇場自爆テロ,1人死亡
2	ベイルートで爆弾テロ,ハリリ元首相ら13人死亡
2	タクシン・タイ首相の南部訪問で爆弾テロ,6人死亡
2	マニラ周辺で連続テロ,150人以上死亡
3	イラク中部ヒッラの病院前自動車爆弾テロ,125人以上死亡
3	マニラ拘置所のイスラム過激派組織アブサヤフ銃撃事件,17人死亡
4	タイのパジャイ国際空港などの同時多発テロ,2人死亡
5	インドネシア東部スラウェシの市場爆弾テロ,21人死亡
5	ウズベキスタンでイスラム過激派勢力の刑務所・軍襲撃,暴動と鎮圧で831人死亡
6	パキスタン・バロチスタン州のシーア派聖廟付近爆弾テロ,39人死亡
6	バグダッド北方ティクリートの自爆テロ,71人以上死亡
7	イラク北部モスル・周辺の自爆連続テロ,33人以上死亡
7	ロンドンで同時爆破テロ,55人以上死亡
7	イラク各地の自動車爆弾テロ,140人以上死亡
7	シナイ半島南部シャルム・エル・シェイクの爆弾テロ,88人死亡
7	南部タイ,イスラム過激派テロで非常事態布告,2004.1～2005.12の死者110人以上
8	バングラデシュ全土で連続爆発テロ
8	カディルガマル・スリランカ外相の暗殺テロ
9	バグダッドのシーア派聖地自爆テロ,816人死亡
10	ニューデリーで連続爆破テロ,60人以上死亡
2006. 5	バグダッドで2003年以来最大のテロ,月間死者1400人
7	インド・ムンバイで連続爆破テロ,190人以上死亡
7	アフガニスタンでタリバンが警察署2カ所攻撃
7	ヒズボラ,レバノンからイスラエルへロケット連続攻撃
8	南部タイ,100カ所で連続テロ

368

表 13-3 テロ行動が目標となった国家

地　域	国
北米	米国
中米	エルサルバドル, グアテマラ, ニカラグア
海洋ヨーロッパ・マグレブ	アルジェリア, オーストリア, フランス, ドイツ, ギリシャ, イタリア, モロッコ, スペイン, 英国
東欧	アルバニア, クロアチア, キプロス, コソボ, マケドニア
ハートランドと周辺国	アルメニア, アゼルバイジャン, グルジア, カザフスタン, キルギスタン, ロシア, タジキスタン, ウズベキスタン
中東・アフリカの角*	アフガニスタン, バハーレーン, ジブチ, エジプト, エリトリア, エチオピア, イラン, イラク, イスラエル, ヨルダン, クウェート, レバノン, パレスチナ(西岸・ガザ), サウジアラビア, スーダン, シリア, チュニジア, トルコ, イエメン
南アジア**	バングラデシュ, ミャンマー, インド, パキスタン, スリランカ
東アジア☆	カンボジア, ラオス, 中国, ベトナム
アジア太平洋空間☆☆	東チモール, インドネシア, 日本, 韓国, マレーシア, フィリピン, タイ
サハラ以南アフリカ***	アンゴラ, ブルンジ, コンゴ, ギニア, ケニア, リベリア, モザンビーク, ナミビア, ナイジェリア, シエラレオネ, 南アフリカ, タンザニア, ジンバブエ

(注) ＊遮断地帯に当たる．　＊＊漸移地帯に当たる．　＊＊＊多くが圧搾地帯に当たる．☆コーヘンの地政パタンによる．
☆☆海洋国家の空間である．

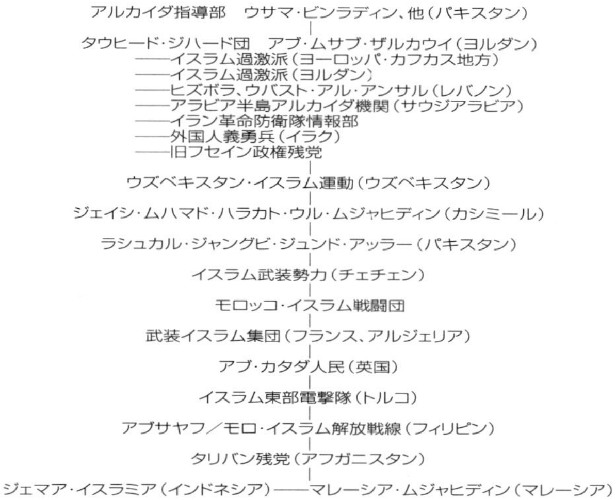

```
                    アルカイダ指導部　ウサマ・ビンラディン、他(パキスタン)
                              │
          タウヒード・ジハード団　アブ・ムサブ・ザルカウイ(ヨルダン)
                     ├──イスラム過激派(ヨーロッパ・カフカス地方)
                     ├──イスラム過激派(ヨルダン)
                     ├──ヒズボラ、ウバスト・アル・アンサル(レバノン)
                     ├──アラビア半島アルカイダ機関(サウジアラビア)
                     ├──イラン革命防衛隊情報部
                     ├──外国人義勇兵(イラク)
                     └──旧フセイン政権残党
                    ウズベキスタン・イスラム運動(ウズベキスタン)
                              │
               ジェイシ・ムハマド・ハラカト・ウル・ムジャヒディン(カシミール)
                              │
                   ラシュカル・ジャングビ・ジュンド・アッラー(パキスタン)
                              │
                         イスラム武装勢力(チェチェン)
                              │
                         モロッコ・イスラム戦闘団
                              │
                     武装イスラム集団(フランス、アルジェリア)
                              │
                           アブ・カタダ人民(英国)
                              │
                         イスラム東部電撃隊(トルコ)
                              │
                  アブサヤフ／モロ・イスラム解放戦線(フィリピン)
                              │
                         タリバン残党(アフガニスタン)
                              │
       ジェマア・イスラミア(インドネシア)──マレーシア・ムジャヒディン(マレーシア)
```

図 13-1 アルカイダのネットワーク

3. 麻薬戦略地政学

　確かに，麻薬戦略地政学もまた，大きな課題となってきている．かつて，英国は，かつて国家事業として中国から輸入される茶の代金を補填するべく，インドでコカを栽培し，アヘンを中国に持ち込んだが，中国の拒否に遭い，英国による阿片戦争の発動となった[9]．現在，北朝鮮は，国家事業としてアヘンを生産し輸出しており，その収益は武装防衛を助けている[10]．

　その麻薬戦略ネットワークはマフィアが支配している[11]．

　アラン・ラブルースとミッシェル・タトゥジスは，フランス地政学叢書の1冊として，『麻薬の地政学・地政戦略』(1996年)[12]を書いた．ラブルースは，世界の麻薬ネットワークに対する対抗ネットワークの麻薬地政監視機関(OGD)の創設者で，物理的・人的意味における地理的環境下の戦争資源として，麻薬をめぐる武装集団の土地支配が形成され，これが紛争の争点となっていることを指摘して，麻薬地政学を提唱した．かつて南米ラパスでスペイン軍を包囲したのは，コカを吸飲したインディオ反乱軍であった．あるいは，現下のペルー地下ゲリラ，センデロ・ルミノソも革命遂行のため，コカの生産地を麻薬地帯として支配し，それが生み出す金で「解放」基地を維持し，革命闘争を掲げ遂行してきている．そして，この反体制運動の制圧のために介入したペルー軍も，結果として麻薬利益の独占に走ってしまった．

　元来，こうした麻薬戦略地政学上の拠点は，地中海のシチリアとその周辺，中央アジアの拠点トルコで[13]，あるいは南米の拠点コロンビアで確認されており，さらに，バルカン半島のアルバニア北部，コソボ南部，及びマケドニア北西部——この地はバルカン三日月地帯ルートといわれる——に拡がり，マフィアの新しい拠点となっている[15]．そして，その麻薬をめぐる支配は新しい空間を構築し，米国で，ロシアで，そして日本を含む世界の各地においてレイブ・パーティ（麻薬を引用しテクノ音楽を聴くパーティ）の流行を目撃することができる．この現実からラブルースは麻薬戦略地政学を体系づけた．

　1989年12月米国は，国民の不満のなか，1987年6月パナマ国軍司令官に

就任した麻薬密売人マヌエル・アントニオ・ノリエガ将軍の摘発を口実にパナマに侵攻したが，それは同時に米国の海洋権力としてのパナマ運河地帯の利権保護のためであった[16]．最近では，ロシアが分離と自決を求めるチェチェン自治共和国への介入・弾圧を強行しているが，それはチェチェン人の麻薬取引を押さえ国家離反を封じるという目的で国家が介入しているところであって（表13-4をみよ），それは麻薬マフィアの戦略地政学に一致したパターンである．インドシナ戦争ではフランス情報部が麻薬の流通に関与し，またベトナム戦争では米軍がCIA（中央情報局）の麻薬ルートを認めていたし[17]，1980年の反サンディーノ作戦も同様であった．

麻薬戦略地政学は，次の4点を指摘している．

1. 麻薬の文献が登場したのは1972年で，マッコイ・アルフレッドがその著作『東南アジアのヘロイン政策』[18]で，19世紀末のヘロインの政治的利用という経緯から，米国がマフィアを「民主主義の戦士」と称え，あるいはフランス社会党と米CIAが，前者は植民地権力の維持のため，後者は反共キャンペーン資金のためそれぞれヘロインの密売工作のため協力してヘロインに与ったという事実を公表した．実際，1972年にトルコでケシ栽培が中止され，流通が停まるまでは，アフガニスタンとパキスタンのパシュトニスタン国境地域は，アヘンの生産地・貯蔵庫であった[19]．麻薬地政学でいう黄金の三日月地帯諸国，イラン・アフガニスタン・パキスタンは，リムランドにあって，それら諸国がその生産・流通の基地として果たした役割は大きかった[20]．

    さらに，ジョナサン・ウィットニーの『愛国者の犯罪』（1987年）[21]は，オーストラリアの灰色銀行ニューガン・ハンドがCIAと協力してベトナム秘密作戦の資金調達のため巨大なマネー・ロンダリング（資金洗浄）で中心的な役割を果たした事実を明らかにした[22]．

2. 1980年代以降，麻薬取引にラテンアメリカ勢力が台頭し，コロンビアのメデジンで，前資本主義的農民地域が農村マフィアの進入で商業地となり，さらにその生産地はゲリラの支配拠点となり，そして軍事対決地へと様相を

表13-4 麻薬の動向

年　月	事　項
729	中国,インドからアヘン200箱輸入,阿片禁止令制定
1773	インドから中国へのアヘン輸入激増,1834.4までに21885箱
1809	ペルーの独立戦争でコカが争点化
1810	ドイツ人科学者W・A・シェルティルナー,アヘン分離成功
1839. 1	中国,アヘン吸飲を禁止
1840. 6	中国・英国,アヘン戦争突入
1843.10	英国,中国に対するアヘン輸出合法化
1856.10	第2次アヘン戦争(～1858.10)
1897. 3	日本,阿片法制定
1907	イタリア,シチリアの麻薬組織カモッラ弾圧
1911.12	国際阿片会議開催(ハーグ),1913.7第2回会議(北京)
1917. 1	英国,1907.1中国・英国禁烟条約で中国へのアヘン輸出停止
1921	国際連盟阿片諮問委員会設置
1924.11	国際阿片会議開催(～1925.2,ジュネーブ),阿片条約採択
1927	中国全土でアヘン生産激増,東南アジアへ輸出
1933. 2	日本関東軍,アヘン基地の熱河省へ侵攻,アヘン栽培に着手
1946	フランス,ラオスでモン人のアヘン生産に関与
2	国連麻薬委員会創設
1947	タイ,北部でアヘン生産奨励
1948	フランス情報部,南ベトナムでビエンスエン教団との間でアヘン流通の関与
5	フランス,マルセイユでヘロイン秘密工場摘発
1955. 5	南ベトナム,ビエンスエン教団のアヘン流通を政府軍が掌握,1970.6終了
1961	米国,ラオスのロンチェン基地でアヘンに関与,1971.6停止
3	麻薬単一国連条約採択
1968	ペルーで農民がコカ栽培に着手
1976.10	コペンハーゲンの北朝鮮デンマーク大使館全員,麻薬取引で国外追放
1980. 6	ガルシア・ボリビア大統領就任,ガルシアの麻薬関与で米大使引き揚げ
1981. 5	ソフィアで麻薬マフィア関与のローマ教皇狙撃事件
1982. 1	米FBI,麻薬取締まりに着手
1	タイ軍,三角地帯のクン・サ軍に大規模攻撃,麻薬鎮圧作戦(～1982.5)
1984	ペルー反政府ゲリラ,センデロ・ルミソノ,麻薬生産に着手
	パナマのノリエガ将軍とメデジン・カルテルが対立,キューバが調停
4	ララ・コロンビア法相,メデジン・カルテルが殺害
1985. 2	メキシコの米グアダハラ駐在麻薬取締官,誘拐・殺害
6	ボリビアで麻薬制圧作戦(～1986.11),コカイン精製工場摘発
1986.12	パキスタン・カラチでパシュトゥン人とムハジール人,麻薬支配をめぐり衝突
1987. 2	コロンビア,米国手配の麻薬王カルロス・レデル逮捕,米国へ引き渡し
1988. 1	パレルモでシチリア・マフィアへの抗議集会
2	米国,ノリエガ・パナマ軍支配者を麻薬密輸で告訴,米国はパナマに対し経済制裁
1989. 2	アフガニスタン,内戦への米国干渉停止でケシ栽培促進
8	メデジン・カルテル,コロンビア政府に対し全面政争宣言(麻薬戦争,～1990)
12	米軍,パナマに軍事侵攻,ノリエガ将軍逮捕
1990	麻薬地政学監視機関発足
1	米空母,コロンビア領海へ出動,麻薬対策で圧力行使
2	国連麻薬特別総会開催,1991-2000年麻薬絶滅の政治宣言・地球行動計画採択
1991. 2	コロンビア・ボリビア・ペルー・米国,4カ国麻薬問題首脳会議開催(カルタヘナ)
3	国連薬物統制計画成立

年　月	事　項
1992. 5	シチリアでマフィア告発の検事殺害、パレルモ市民が抗議行動、1992.7イタリア軍の介入
9	中国でアヘン鎮圧軍事作戦(～1992.11)
1993.12	コロンビアの麻薬制圧作戦でメデジンの麻薬密売組織摘発(～1997)、1995.12メデジン幹部銃殺
12	エクアドル北部で麻薬撲滅作戦
1995.12	中国でアヘン鎮圧作戦(～1996.1)
1996.	米国、オランダ自治領アルバを麻薬生産地・密輸地域と指摘
4	パナマで米軍が麻薬掃討作戦
11	国連アヘン会議開催(上海)
1997. 4	日本官憲、北朝鮮貨物船ジ・ソン2号の麻薬摘発
1998. 8	ボリビア、米国の支援で200年までのコカは耕作面積全廃作戦に着手
2002.10	スリナム、麻薬生産地として登場
2003. 2	タイ、麻薬撲滅作戦(～2003.12)

変えた[23]．この問題は，麻薬がコロンビア経済に一定の効果を生み出す一方，対米関係が重大化し，米国は，麻薬問題でコロンビアに圧力を行使するべく戦艦外交を展開した．ボリビアにも，米軍は介入し，ペルーも同様であった．

3. 1980年代になって，初めてビルマのアヘン王クン・サ（中国名張寄夫）の活動が明らかとなった[24]．当然に，アフガニスタン・パキスタンの三日月地帯リムランドでの生産・流通が注目され，鎮圧作戦が遂行され，麻薬の先進国への浸透が調査され，それにより中国マフィアのネットワーク[25]，そして麻薬帝国ロシアの姿がはっきりしてきた[26]．

4. かくて，1990年OGDが創設され，1992年パリで麻薬地政学会議が開催された．そして麻薬の生産・流通ルート，及び麻薬をめぐる地政的紛争について「麻薬の世界地図」が作成された[27]．この地図は麻薬の戦略空間を提示しており，麻薬取引地域がアルバニア，ブルガリア，トルコ，スペイン，エジプト，ウクライナ，あるいは中央アジアであることが立証され，麻薬カルテルの編成と彼らのあいだでの政治力学の抗争を抱えつつも，いずれは麻薬ネットワークによる麻薬世界帝国の出現が展望されるところとなる（図13-2，図13-3，図13-4，表13-5をみよ）．皮肉にも，2大ブロック対立の軍事・

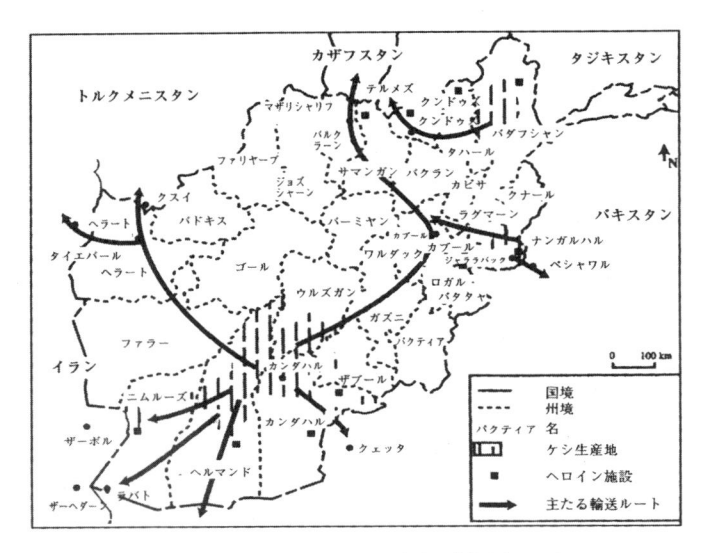

図 13-2 アフガニスタンのアヘン生産と麻薬密売ルート

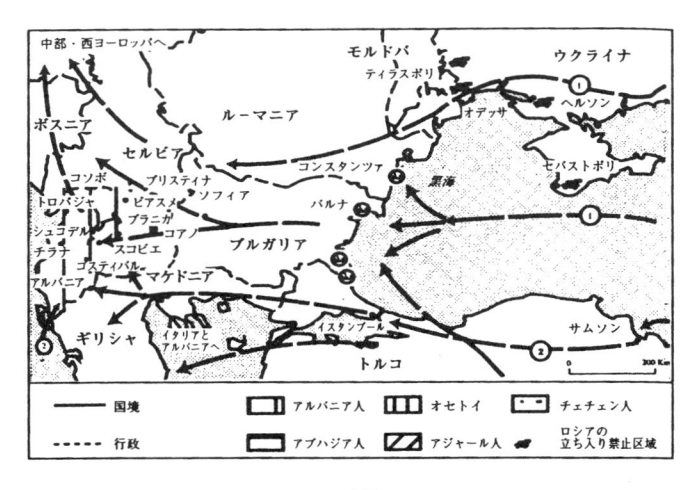

図 13-3 麻薬ルート

第13章　新しい地政空間

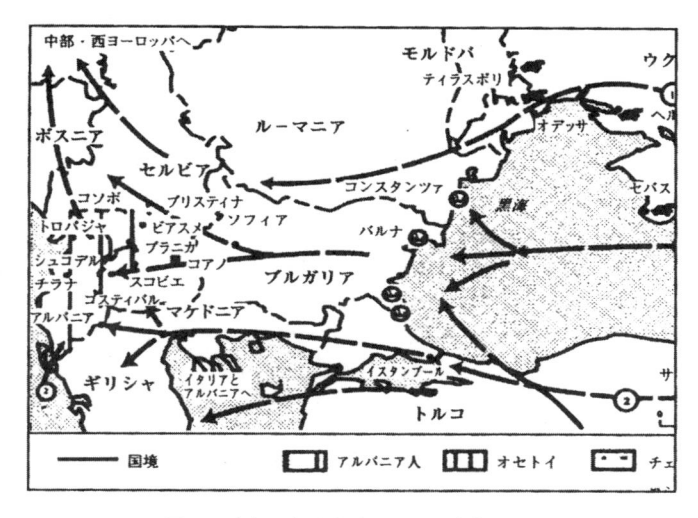

図13-4 中央アジアからバルカンへの麻薬ルート

表13-5 国家と麻薬

国家の範疇	密売関与の内容	国名
麻薬国家	密売に関与するか,その利益を受けている国	コロンビア, ペルー, メキシコ, スリナム, ミャンマー, タイ, パキスタン, トルコ, モロッコ, ナイジェリア, 赤道ギニア, 北朝鮮＊
密売国家	密売に関与している国	パラグアイ, アルバニア, ロシア, ウクライナ, オーランド, アゼルバイジャン, ウズベキスタン, シリア, ガンビア, カンボジア
密売地	政府が密売の拡がる地域を管理していない国	リベリア, シエラレオネ, ソマリア, グルジア, アフガニスタン, レバノン, ボスニア・ヘルツェゴビナ
密売関与国	国家機関の成員が密売に個人的に関与している国	ベリゼ, グアテマラ, エルサルバドル, ホンジュラス, ニカラグア, コスタリカ, パナマ, ベネズエラ, エクアドル, エストニア, ラトビア, リトアニア, ルーマニア, ブルガリア, マケドニア, アルメニア, トルクメニスタン, カザフスタン, タジキスタン, キルギス, ラオス, ベトナム
密売容認国	密売を容認しているか,密売に接していて,危険性がある国	ボリビア, アルゼンチン, ブラジル, オランダ, スペイン, ポルトガル, イタリア, ギリシャ, スロベニア, エジプト, スーダン, チャド, 南アフリカ, イラン, 中国, インド

(注)　＊筆者が北朝鮮を追加した.

外交同盟の弛みで生じた亀裂を麻薬ネットワークがとって代わり取り繕うという事態となった．つまり，麻薬ネットワークは，世界政治の介在的対象者である一方，経済の供給者でもあり，就中，大衆への日常的な友人としての提供者となっている．これをアラン・ジョクスは「麻薬戦略——亀の島から世界空間へ」と表現した[28]．

国際連合は2004年3月，国際麻薬統制委員会（INCB）2003年度報告を発表し，以下の点を指摘した．

1. 麻薬密売を行う越境犯罪組織シンジケートがマクロ・レベルに及ぼす政治・安全保障への影響についての関心ととともに，ミクロの密売，共同体レベルの薬物乱用，及び関連犯罪への留意を求める．薬物乱用関連犯罪が地域レベルで起これば，社会組織それ自体が挑戦を受け，市民社会が混乱を招くことになる．

2. 薬物に関連した暴力問題に効果的に対処するために，薬物乱用の予防を重視した包括的な薬物需要削減策の実施を，各国政府に呼びかける．この問題への対処には，包括的な需要削減プログラム以外にはない．

3. 地域密着型の取り組みこそが青少年ギャング活動の取り締まりにとり最大有効であって，そのためには，関係機関間の情報の共有，共同体各層人民による地域密着型の修復的司法活動，及びジェンダー・若者・少数民族を考慮した対策が必要である．

4. 東アジア及び東南アジアでは，全世界の押収量の3分の2を超えるメタンフェタンが押収されており，その非合法製造は中国とミャンマーである．メタフェタミンは日本，韓国，及びタイで乱用の拡大をみている．第1位のケシ生産国アフガニスタン，さらに第2位の生産国ミャンマーでは，1996年以来，その栽培は3分の2になった．ラオスでは，1998年のピーク時に比し栽培面積は55％減少した．

5. アフガニスタンのアヘンは近隣諸国を通じてヨーロッパに出荷されており，いわゆるバルカン・ルート（イラン－トルコ－バルカン諸国経由）

が引続き活用されている（図 13-4）．最近では，中央アジアとロシアを経由するいま 1 つのルートが頻繁に活用されるようになった（図 13-3）．2003 年には，パキスタン，トルコ，及び中央アジア諸国でアヘンの押収量が増大した．
6. 薬物密売，組織犯罪，及びテロの犯罪が近年，いっそう顕著になってきている．南アジア諸国では，薬物密売がテロ集団にとって重要な資金源となっている[29]．

4. 核密輸の地政学

　これと並んで，核の闇市場とそれに与るロシア・マフィアの実態も，いま 1 つの地政学的課題である．

　2004 年 3 月オーストラリア ABC テレビは，国際テロ組織アルカイダのアイマン・アル・ザワヒリ（エジプトのジハード団出身）副官がスーツケース型の核兵器を中央アジアの闇市場で買っていた，と報じた．その報道によると，ザワヒリは，「われわれは，モスクワと中央アジアのタシュケントに人を送り，スーツケース爆弾を幾つか購入した．3000 万ドルあれば，旧ソ連の科学者と連絡をとり，高性能のスーツケース爆弾を手に入れることができる」と証言した．

　核の拡散は，米ソ冷戦の解消とソ連邦の解体に始まった．レンセラー・リー 3 世の『ハルガメドンを輸出する——旧ソ連とヨーロッパにおける核の闇市場』(1998 年)[30] が刊行され，その実態が明らかとなった．但し，非合法薬物は大衆市場で売買され，その末端価格は驚くべき金額となる（ある推定では，年間，数千億ドルとなる）のに対して，核物質は盗品か流出品で，その市場はごく限定されたもので，簡単に商売人が手を出せない．西側政府もロシア政府も，核物資が第三者の手に渡ったことの確証を得ていない．このため，核物資の闇取引が西側諸国や国際社会に与える脅威については，意見が分かれている．しかし，核爆発や核兵器がテロに結び付いている以上，リスクがいかに低くても，絶対無視できない．核兵器あるいは核爆弾の製造それ自体は，リビア，パキス

表13-6 ドイツの核物資関連犯罪件数，1992～1996年

内容／年	1992	1993	1994	1995	1996	合計
違法売り込み	59	118	85	40	28	330
違法取引	99	123	182	123	39	578
押収件数	18	214	194	194	74	84

表13-7 世界における核物資不法取引件数

情報源／年	1992	1993	1994	1995	1996	合計
ドイツ情報部	52	56	124	177	112	521
国際原子力機関	―	432	452	27	17	132

タン，北朝鮮，またイランにみるように，厳しい国際社会の批判に曝されており，米国の単独阻止介入の選択肢も議論に上っている．

　ところで，米国が主導権をとって南米で実施した麻薬撲滅作戦は完全な失敗に終わった．しかし，旧ソ連諸国からの核兵器の密輸出防止作戦は成功をみせた．国外に持ち出された核物資は，中欧の闇市場で売りさばかれるが，その取引の規模は小さい．ドイツは西欧最大の核物資移送の中継基地である（表13-6をみよ）．ポーランドはその通過国である．ドイツ警察が摘発した1992～96年の件数は84件で，ポーランドの密輸事件は2045件と報告されている．しかし闇市場の構造やその担い手などの実態は分かっていない．そこで，世界的脅威としては，とるに足らないこととされてしまう（表13-7をみよ）．だが，米国防大学の報告（1996年12月）は，以下の通り述べていた．

　「現在，われわれが把握している核物資の窃盗や密貿易は，放射性物質や武器の大がかりな秘密取引といった最大重要性のある事件となる前兆に過ぎないかも知れない．新しい犯罪ルートが開かれ，大量破壊兵器が世界中に拡散

していく恐れがある.[31]」

1994年ミュンヘンで起きたプルトニウムの大量押収事件で，ロシアも核密貿易で西側諸国と連繋するようになった．そして，米国の支援で，税関体制が強化され，核物資防護管理システムが機能するに至った[29].

1995年5月クリントン米大統領とエリツィン・ロシア大統領は，核拡散防止に関する共同声明で，「核物資の管理及び保護，及び非合法取引のための態勢強化を確認した[32]．そして，1996年6月リヨンで開催のG8サミット（先進国首脳会議）では，核物資の非合法取引防止のための共同計画が合意された[33].

5. グローバリズムの地政学

こうした国際環境の変容を適格に指摘したのは，イタリアの哲学者ポール・ビリリオであった．彼は『速度と政治』（1997年）[34]で，技術と速度の時代である現代は，「地政学から時政学へ」と速度の政治学が転換している，と指摘した．これは，急迫する電子時間のなかで，思考と実践の速度が転換してきていることを意味した．技術と文明は，輸送機関の組織化，その技術的高度化，そして現在進行中の情報化を生み出してきており，それ自体は経験の域を踏み出すことはなかったが，今やその展望を政治が切り拓くべきところにきている．重要なのは，ミサイルや原爆・水爆は破壊することができても，速度術は拒否することができないということである．つまり，速度術が生み出したものの破壊は，この速度の認識をもって，旧来の思考と組織を乗り越えるしかないからである．われわれは，陸から海へ，そして空を征服することで走行圏（dromefer）を出現させたが，そのために地殻の変容が必然となり，地理性は無意味になった[35]．代わって出現したのは，速度体制の情報革命で，電脳世界では，現下の局面は速度という時間の中に移行しており，その情報・その他の速度は同時性という新たな次元を刻むことになった．[36]それは，複数の地理的空間を瞬時に結ぶ新しい情報技術を介して，人びとが遠近法に代わる知覚空間を受け入れる

ところとなっている．それは知覚の政治学といえるものであると，ビリリオは『瞬間の君臨』（1996年）[37]で述べた．その結果，現実空間が解体し，速度が造り出す空間に代わって，それは仮想現実（バーチャル）の現実化であると，彼は『モーター技術』（1993年）[38]で論じた．

　皮肉にも，その指摘から学ぶことになったのは，テロの国際ネットワークとそのグローバル行動であった．グローバル・テロは直接，地域を越えてテロ空間に挑戦しており，それを可能にしたのは市場主義と地域的拠点で，その拠点が遮断地帯にあるのは地政的要因に帰せられる．この市場主義が招くことになる恐るべき世界を予言したのはジャック・アタリで，そのテロの新世紀は，反グローバリズムを原型としている[39]．この反グローバル運動は，冷戦以後，資本のネットワーク形成とともに，主要都市間のネットワークを形成しており，それが反覇権的な地政的秩序の形成をもたらしている，とジョン・アグニューは指摘している（図13-5をみよ）[40]．

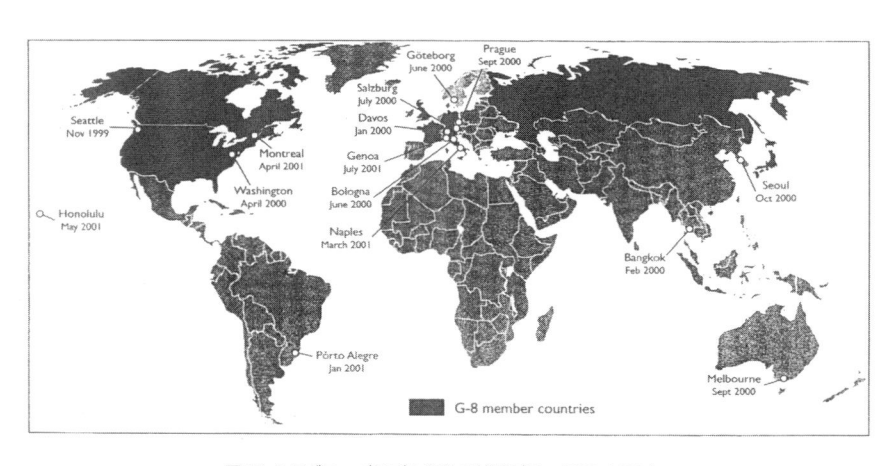

図13-5 反グローバリズム運動の抗議デモ，1999-2001年

380

この空間は，ゲームの参加者全員が直接対峙して価値を劇的に高めることもできるし，逆にそれを激減する可能性もある状況を指している．いいかえれば，それは，ゼロサム・ゲームではないということである．そこでの競争ないし対決優位の基本パターンが変化することは，脅威であると同時に好機でもある．つまり，戦略を自由に選択できるからである[41]．この点を一番確かに理解したのは，テロ組織であり，同時に情報革命における企業構造と企業戦略である．そこでは，区別なしに勝利の対価が増大し，同時に敗北の犠牲が増大するということである．その成功・失敗は地域空間を欠く以上，時間を譲り渡してしまうことで敗北となる．これがネット資本主義の企業戦略といえるものである[42]．

　テロ空間も同じ論理にある．そこでは，遠人の観念が作用していると，文明史家野島芳明は指摘する．キリスト教的な隣人や隣人愛の思想と区別される社会主義イデオロギーの特性を的確に指摘したのは，ロシアの作家フヨドル・ドストエフスキーであった[43]．いいかえれば，社会主義のイデオロギーを目指した遠人思想は，その遠人の理想に到着するためには「隣人」を殺してもよい，つまり，「遠人」の理想のためには革命的正義と革命的良心において殺人行為も粛清も許される[44]というのが，金日成の思想であり，それはレーニンにあるいはフランス革命期のテロリストに発しており，チェ・ゲバラもそれを是認し，ウサマ・ビンラディンの思想の根源でもある．以上に従う現代テロリズムの特徴は，以下にある．

　(1) 非国家行為体の秘密工作員としての組織的特性．

　(2) テロ戦争では戦略的な核戦争はありえない．その態度は政治的ショーに過ぎない．

　(3) それは政治的謀略性を本質とする．ここに，国家規模の非合法活動（麻薬，偽札作りなど）が正統性をみせ，ヤセル・アラファトＰＬＯ議長の政治政策はその謀略にあった．ウサマ・ビンラディンはその資金を代価として不安定なサウジアラビアに求めていた[45]．

　(4) 国際的テロのグローバル・リンケージこそ，その工作を可能にする．

　(5) 宗教の普遍性が原理主義にみるように世俗的政治イデオロギーに変質したこ

とで，初めて機能できている．

(6) その担い手たる一般市民とテロリストとが区別できない．テロ支援国家の指摘があるが，その悪者としての実態的要件を欠いているところにその特徴がある．

(7) その行動パターンは，主に以下にある．

——核テロリズム——核の奪取，原発を含む核製造施設の破壊など．

——バイオ（細菌）テロリズム——1980年代のイラン・イラク戦争で化学兵器による4万人殺害を，イラクは決行した．これは「貧者の核兵器」と称され，金日成が開発し，生産を奨励した．

——サイバー・テロリズム——情報戦争で，2001年2月中国のハッカー集団HUC，中国紅客連盟の日本攻略が続いたが、それは歴史認識ギャップに連関して

表13-8 潜在的な連邦化

地 域	潜在的な連邦化
米州	コロンビア,ベネズエラ,西インド
海洋ヨーロッパ	キプロス(北部・南部)
ハートランド	スラブ圏(ロシア,ベラルーシ,ウクライナ,モルドバ,カザフスタン)＊
	大トルキスタン(ウズベキスタン,タジキスタン,キルギス,トルクメニスタン)＊＊
中国	中国,台湾,又は
	大陸中国,黄金地帯(中国),台湾＊＊＊
中東	サウジアラビア,ガルフ諸国,シリア,レバノン,イラク＊＊＊＊
中欧・東欧	バルト諸国(エストニア,ラトビア,リトアニア)＊＊＊＊＊
	旧ユーゴスラビア連邦(セルビア,モンテネグロ,クロアチア,イスラム教徒ボスニア)

(注) 以下のコメントは筆者による．
　＊モルドバを除き，2003年9月統一経済圏を形成した．
　＊＊1992年2月トルコが黒海経済協力機構を発足させ，イランがカスピ海経済協力機構を組織した．1993年4月トルコ大統領オルグド・オザールが中央アジア5カ国を訪問した．
　なお，グルジア，ウクライナ，ウズベキスタン，アゼルバイジャン，モルドバは米国とのGUUAM会合を1996年以降，維持している．但し，ウズベキスタンは，2002年6月離脱を表明した．
　カザフスタン，キルギス，タジキスタン，ウズベキスタンは中国，ロシアと上海協力機構を設立した．
　カザフスタン，キルギス，タジキスタンは，ロシア，ベラルーシと関税同盟を維持していたが，2001年10月ユーラシア経済共同体を結成した．ロシア・ベラルーシ連合は共通経済空間の創設を目ざしている．1991年12月ロシア，ウクライナ，ベラルーシが独立国家共同体(CIS)を創設し，カザフスタン，ウズベキスタン，タジキスタン，トルクメニスタン，キルギス(現キルギス)，モルドバ，アゼルバイジャン，アルメニアをこれに参加した．2001年11月CIS創設10周年首脳会議でロシアは自由貿易地域創設協定議定書に調印した．
　＊＊＊大中華圏構想がそれである．大前研一，*The End of the Nation State*, New York: The Free Press, 1995. 山岡洋一・仁平和夫訳『地域国家論——新しい繁栄を求めて』講談社，1995年．大前『チャイナ・インパクト』講談社，2002年．楊文魁『グレイト・チャイナ——21世紀台湾の新戦略』PHP研究所，2000年は，その展望にある．
　＊＊＊＊条件は成り立っているが，遮断地帯であるため，成功の展望を欠く．
　＊＊＊＊＊18世紀のポーランド分割でロシア領となって以後，3国は1934年のバルト協商を含め，共通の歴史的経験を維持してきた．

いた．これは，ネットワークの相互依存性における逆テロの発動である．

　いいかえれば，これは，国家の拡散現象といえるものである．そこでの議論は，従属地域の独立志向と現存する主権国家の分裂の両側面において生じている．そして現に，表13-8にみるように，潜在的な連邦化の動きが進展している[46]．これはそれに代わる新しい地政拠点の出現といえるものであるが，いまのところその実現可能性はいまだ遠い．

6. 国際労働力移動の地政学

　これに関連して考察すべきは，国際労働力移動の地政学である．その主題が，それ以前におけるヒトの移動と異なるのは，地縁・血縁のネットワークに従う巡礼スタイルにおけるアイデンティティの確認と区別されるからである[47]．この巡礼としては，キリスト教徒のエルサレム巡礼，イスラム世界におけるメッカ巡礼がある[48]．それは文明世界の中心にむかっての往復運動で，一神教にとり相応しい行動パターンであった．こうした行動が巡礼者世界において他の社会に対する独自の認識図式を形成するところとなり，そのイメージを固定化してしまうことになったのは注目される[49]．これは歴史認識の現下の主題である．その巡礼行動は，インドや日本のような多神教の文化風土では，円運動となっており，その巡礼を通じてその異なった世界との接触が成立し，その接触を通じて文明圏が再設定されることになる．この接触は，インドでカーストを超えた巡礼団が結成され，その巡礼が民族融合の手段となったように，文化統合を促し，閉鎖的領域性の解消と国民的ネッワーク形成となった[50]．しかし，その民族移動は，他世界へのヒトの移動ではなく，資本・モノの国際移動とは無関係で労働力の国際移動ではなかった．

　同じ民族移動でも，難民の流出は国民統合のジレンマないし国際対立に起因しており，いま1つの強制的移動ではあるが，この範疇にない[51]．1949年から1961年8月ベルリンの壁建設までに約370万人が東ドイツから西ドイツへ移動した．さらに，ソ連・東欧圏からイスラエル・その他の自由主義諸国に

ユダヤ人が流出した[52]．これは第2次世界大戦後における国際移動の始まりで，国内の周辺から先進国の中心に移動が始まった．ドイツの思想家ハンス・マグナス・エンツェンスベルガーは，この現実を『国際大移動』(1992年)で「人は移動する存在である」と述べた[53]．それは1989年夏に始まった西ドイツへのドイツ人流出が，分割された東ドイツの統治を激変させ，11月東・西ドイツを分割していたベルリンの壁が開放され，ここに冷戦で分割されていた念願のドイツ統一が1990年7月までに実現したという現実があった．事実，この統一の問題は，ヨーロッパ地政学上の大きな課題であった．

ここでいう国際労働力移動の局面は，以下の5つの局面を辿ってきている[54]．
1. 世界市場商品（貴金属・砂糖・綿花・コーヒーなど）の生産に投入するため，

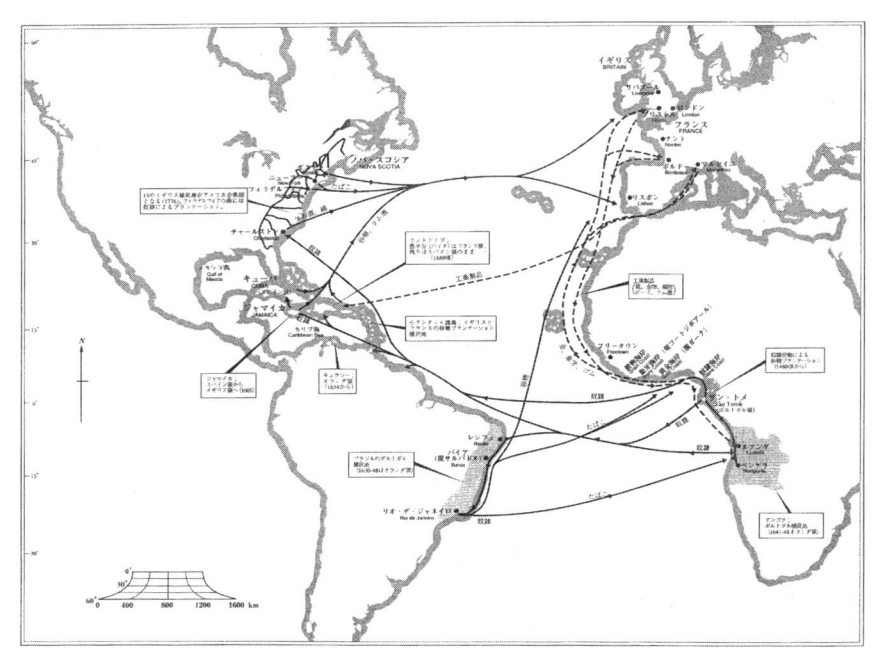

図13-6 奴隷貿易ルート（1808年以前）

16世紀よりほぼ4世紀にわたり南欧，南・北アメリカへ奴隷貿易による強制移住がとられた（図13-6をみよ）[55]．これは，アメリカ植民地建設の本源的蓄積におけるアフリカから新大陸への強制移住の主流を形成しており，それは，非資本主義地域から新大陸への移動で，近代移民の先駆をなした[56]．

2. この労働力の空間移動は，東南アジア，東アフリカ，その他への華僑の進出[57]，インドから東南アジア，南アフリカ，その他太平洋・カリブ世界へのインド人の進出[58]，さらに西アフリカへのレバント人の進出がみられた．これら移住地域は，移住者が独自の生活空間を形成し，資本主義のグローバル展開の中で植民地権力と連繋して一定の権力を担うことで，帝国主義進出に与った[59]．

3. 奴隷移動に対し，19世紀から20世紀初葉にかけて新大陸への主要移民を形成したのは，西欧，北欧からの旧移住，次いで南欧，東欧からの新移住で，それは資本主義移民として把握され，帝国主義の段階にあった[60]．

4. 20世紀における移動の民族問題として注目されたのは，亡命の問題であった．1910年代のロシア革命に始まって，1930年代から40年代にかけヨーロッパでの非寛容と圧迫を逃れて，ユダヤ人を中心に多くの知識人が米国へ移住した．秀でた専門知識や能力を有する2万5000人の科学者移住は，米国のみが受け入れ可能であった．避難所を証明した米国は，その代価を要求しなかったにせよ，その代価は彼らの貢献で十分返済された[61]．加えて，1940年末における東欧からの難民も，米国社会に大きく貢献した．また，この亡命難民の米国への受け入れは，1956年のハンガリー動乱においてもみられた．

5. この新大陸への移民は，産業労働力として資本主義発展に大きく与ったが，20世紀，特に1960年代以降，米国へのメキシコなどのラテンアメリカ移民，日本へのアジア移民，そしてヨーロッパへのアフリカ移民に代表されるように，周辺部から中心部への労働力移動が生じており（表13-9），その国際移民は現代国際投資の展開の一側面をみせている[62]．それは，中心部に対する

表 13-9 国際労働力移動, 1988年　単位 1000人

送り出し／受け入れ	欧州	アジア	中東	北米	中南米	アフリカ	日本
欧州	2698			740			5
アジア	678	262	3156	1685			21
中東	771		960	135			
北米				81			
中南米				2839	2870		
アフリカ	634		805	97		1280	
その他	841		237	113			1

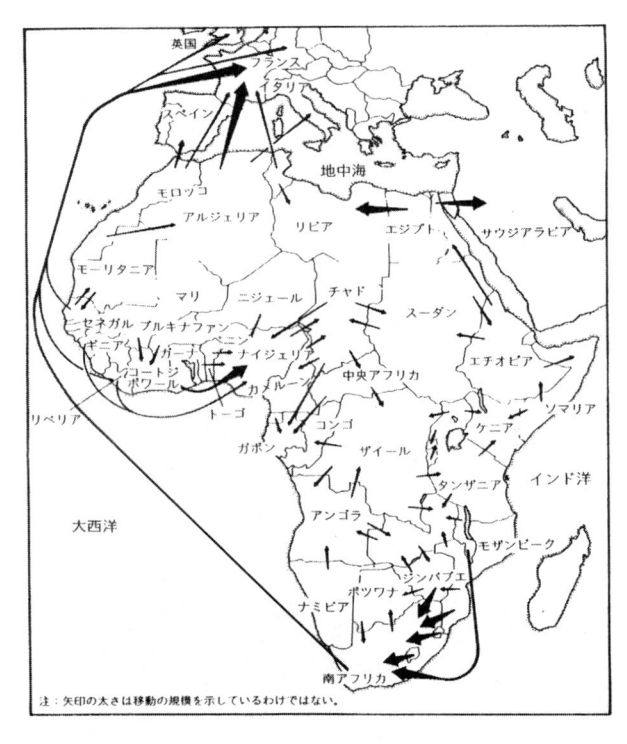

図 13-7　アフリカ域内・域外移民の移動

第 13 章　新しい地政空間

図 13-8　ラテンアメリカ域内・域外移民の移動

周辺部の新国際分業への組み込みを構成しており，先進工業国と第三世界の都市人口との連関により資本主義経済発展内の労働力供給メカニズムにない周辺部からの資本の国際連関における低賃金労働力の出現といえるものである[63]．

この労働力移動は，以下の現象をもって特徴づけられる．
(1) 周辺部における不均衡状態の発生による中心部への労働力移動．
(2) 経済的機会の追求における労働力移動の持続性．

387

(3) 当該国の労働力不足の現象という形態での移民労働者の補充もしくは対抗し分化した労働市場の創出による労働力移動.
(4) 社会空間の変更に伴う労働力移動，あるいはエスニシティ空間の創出による労働力移動.
(5) グローバル経済下における集団的進歩の手段としての移民の社会的適応性による労働力移動，あるいは差別への抵抗としての民族移動.

その民族移動のパターンは，これまでの国家社会枠組みの変更において，大きな挑戦を形成している．第四辺境空間のアフリカ及びラテンアメリカは域内移動とともに域外移動をみせるが，それは新しい空間の創出である[64]（図13-7，13-8をみよ）．その国際移動は，中心連関国にある中東産油国への労働力移動も引き起こした（表13-9をみよ）[65]．その労働力の特性は，主要先進工業国において外国人労働力とその定住の問題として指摘されており，国際労働移動のグローバル化の問題を提起している[66]．それは，また「国際移民の時代」である.

7. 地経学

さらに，地経学が，『海洋権力の政治的活用』（1974年）[67]の著者，ブルッキングス研究所のエドワード・ルトワークにより提唱された．彼の論文「地政学から地経学へ——紛争の論理，通商の文法」[68]が発表されたのは1990年である．彼はのち『アメリカーン・ドリームの終焉——世界経済戦争の新戦略』（1993年）で[69]，冷戦後の世界は軍事よりも経済が重要であると認識し，地政学中心の世界は経済の比重の上昇により地経学が中心になる，と断定した．この経済問題はクリントン＝ゴア政権の国家経済戦略の核心的課題となり[70]，ルトワークは，日本が地経的超大国となった，と指摘した．彼は，ネオコン派の立場で国家の役割が低下するとは考えておらず，貿易や商業を武器とした経済戦争を想定し，経済戦争における全面軍縮（調整）を上手く進めるか，全力を挙げて経済戦争を遂行するかの岐路に米国はある，とまで論じた[71].

8. 反地政学

　もう1つの地政学が提起され，その批判的地政学は，現下の世界のグローバル化状況下に現実主義の地政学に対するラディカリズムの反地政学が誕生するところとなっている．『地政学選集』(1998年)[72]は，以下の反地政学を所収している．

　　　エドワード・サイド「オリエンタリズム再考」(1984年)．フランツ・ファノン「暴力論」(1963年)．マーティン・ルーサー神父「沈黙を破るとき」(1986年)．バクラブ・ヘーベル「権力なき権力」(1985年)．E・P・トンプソン「米国と戦争運動」(1985年)．ジョージ・コンラード「反政治——道徳力」(1984年)．アボウアリ・ファーマンファーマイアン「君は何をしたか．湾岸戦争における人種と性の役割」(1992年)．マルコス「チアパス——2つの風，嵐と予言の南東」(1994年)．ジェレミ・ブレヒャー，チム・ソステロ「底への人種の繰り返し」(1994年)．

同書における地政学の主役は次の通りである．

1　帝国主義の地政学——マッキンダー，セオドア・ルーズベルト，カール・ハウスホーファー，アドルフ・ヒトラー．
2　冷戦の地政学——ハーリー・トルーマン(トルーマン・ドクトリン，1947年)，ジョージ・ケナン(「ソビエト行動の源泉」1947年)，アンドライ・ザダノブ(『ソ連政策と世界政治』1947年)，パトリック・オスリーバン(「反ドミノ」1982年)，レオニード・ブレジネフ(ブレジネフ・ドクトリン，1968年)，ガアロイド・オ・トアタール及びジョン・アグニュー『地政学と説教——米国外交政策における地理的根拠』1992年)，ミハイル・ゴルバチョフ(『新政治思考』1988年)．
3　新世界秩序の地政学——フランシス・フクヤマ(『歴史の終焉』1989年)，エドワード・N・ルトワーク(「地政学から地経学へ——紛争の論理，通商の手法」1990年)，ジョージ・ブッシュ(「新秩序に向けて」1991年，「自由の堅い取り組み」1992年)，チモリー・W・ルーク(「安全保障研究の

規律と封じ込めのコード——クウェートからの教訓」1991年），ミカエル・T・クレア（「新『ならず者国家』ドクトリン」1995年），サミュエル・P・ハンチントン（『文明の衝突』1993年）など．

4 環境地政学——ロバート・D・カプラン（「アナキーの到来」1994年），シモン・ダルビ（「ロバート・カプランの『アナキーの到来』を読む」1996年），トーマス・F・ホーマー–デクソン（「環境の欠乏と大衆暴力」1996年），バクラブ・スミル（「国家安全保障に対する環境的脅威に関する若干の反論的覚書」1994年），ガレス・ポーター（「国家安全保障としての環境安全保障」1995年），マチアス・フィンガー（「軍事，国民国家，及び環境」1991年），バンダナ・シバ（「地球的着地点の緑化」1993年）．

そのなかでも注目される問題提起は，環境地政学の提起である．

9. 環境地政学

最後に，環境地政学は，一面では地政学の抵抗であるが，その環境危機の認識は，それを近代性の危機と捉えたウルヒリ・ベックのいうリスク社会の視点[73]における安全保障の危機と認識しているところに，特徴がある．これまでは軍事的・政治的危機に対する封じ込め方策に対して，グローバルな環境破壊で軍事の文脈での安全保障それ自体が脅威であるとの認識に立脚していたところに意義があった．

国際ジャーナリスト，ロバート・カプランは，1994年の論文「アナキーの到来」[74]で，冷戦後の世界はバラ色ではなく大規模な環境破壊，疫病，テロ，犯罪，人口爆発，不安定な経済に加えて，第三世界では破綻国家が西洋に向けて攻撃的な無政府状態を作り出していくことになる，と指摘し，議論を呼び起こし，それが現実となった．危機は国境を越えて浸透してくるもので，国境の意味が喪失し，地球全体にわたる国家の危機が引き出される，と彼は論じた．そこでの彼の主張は「危機を封じ込めよ」という点にあったが，このマルサス主義的地政学結論に対する反論は，地政学的暴力の脅威を想起させた[75]．一般

的に，環境破壊が大衆暴力を引き起こすというのは，地政学的見解である[76]．

　インドの自然科学者バンダナ・シバは，緑の革命が引き起こす自然破壊について指摘してきたが，『バイオパイラシー――自然と知識の掠奪』（1997 年）で，グローバル企業による自然と知的所有権の掠奪が相継いでおり，発展途上国では生活形態までも脅かされ，生態系までも破壊されようとしている，と警告をもって指摘した[77]．そして生物学的・文化的多様性こそ基本であると，反地政学としての環境地政学を展開した．そして，シバは，自然の生命を尊重し，生存の経済を支えてきたのは女性であるとして，女性原理をエコロジーの論理と等値としている[78]．

　サスキア・サッセンは，グローバル化に対抗する地理的力学として「生き残りの女性化」を提起した．つまり，グローバル回路において発展途上国とその女性の存在を無視できなくなってきている，と指摘した．この概念は，シバの女性原理に相当するいま 1 つの問題提起である．サッセンは，そのジェンダー力学を，以下の 3 つの点に求めた．第 1，発展途上国の生存維持経済において食糧を生産するシャドー・ネットワークは，その生産維持構造を通じて低賃金体制を可能にしてきたこと．第 2，発展途上国の製造業生産における労働者の女性化を通じて企業の価格競争力を可能にしてきたこと．したがって，第 3，そうしたジェンダー化がその主体的変容において国境を超えた移動の世帯形成における女性の権利拡大を可能にしてきたこと，である．以上の視点において，現下の反グローバリズムの問題性が提起された[79]．これは，グローバルな代替回路の問題であり，反グローバリズムの地政的視点を提供しており，新たな政治力学の視点として注目された．

　米国で一連の環境取り組みを進めてきたクリントン政権のアル・ゴア副大統領は，その大統領選への決意の課題として文明と環境のバランスに着目し，『バランスの地球』[80]でその国際戦略を打ち出し，地球環境版マーシャル・プランを提起した．それは，民主主義，修正された自由主義経済体制，及び地球市民としての個人の自覚の 3 原則に立脚して，第三世界を地球経済に組み込む地

球世界の設計図として構想された．それは，「環境破壊がはっきり表面化してきたときに，即座に地球規模で行動できる枠組みを作っておくことが重要だ」という視点にあった．その課題は，①世界人口の安定化，②環境に相応しい技術の開発・普及のための戦略環境イニシアチブ，③環境影響評価のための経済的ルールの見直しにあった．

このように，環境地政学は，現在，現実主義の地政学への大いなる挑戦者である．グローバル空間が現実となっている現在，地政学とその空間認識も新しい展望にあり，来るべき地政戦略空間の再形成においては，同時に，グローバル環境空間が無視できないものとなっている．そうした新しい空間認識においてこそ，そのネットワーク空間において挑戦をみせる国際テロ，反グローバリズム・テロ，あるいは麻薬の新しい現実テロに対処できる[81]．そこでは，インターネットにおける公共性の確認[82]とそれに基づく国家及び新しい連邦国家，そして国際社会の地政戦略行動が求められる．

【注】

1　op.cit. Cohen, *Geopolitics of the World System*, pp. 87-90.
2　ibid., pp. 90-92.
3　Claire Sterling, *The Terror Network*: *The Secret War of International Terrorism*, New York: Holt, Rinehart & Winston, 1981. 友田錫・山本一郎訳『テロ・ネットワーク——国際テロ組織の秘密戦争』サンケイ出版，1982年．
　　そして，そのネットワークの背景が明らかになった．Roland Jacquard, *Les dessillers secreets du terrorism*, Paris: Albin Michel, 1986. 黒木寿時編訳『国際テロ——組織・人脈と金脈』自由国民社，1986年．
　　S. Anderson & J. L. Anderson, *Inside the League*, London: Dodd, Mead & Co., 1986. 近藤和子訳『インサイド・ザ・リーグ——世界をおおうテロ・ネットワーク』社会思想社，1987年は，反共連盟の側の分析である．
4　稲坂硬一『戦後ハイジャック史』グリーンアロー出版社，1997年．稲坂『ハイジャックとの戦い—安全運航をめざして』成山堂書店，2006年．ディビド・グロー，清水保俊訳『航空テロ——1930年から現在までの「航空犯罪」記録集——ハイジャック，破壊工作，撃墜など民間機を襲った事件の記録と検証』イカロス出版，1997年．
5　アルカイダのネットワークは以下をみよ．op.cit. Burke, *Al-Qaeda: Casting a Shadow of Terror*. 前掲，坂井・伊藤訳『アルカイダ——ビンラディンと国際テロ・ネットワーク』．黒井文

太郎『国際テロネットワーク　アルカイダの全貌』アリアドネ企画，2004 年．
6　John Gray, *False Dawn: The Delusions of Global Capitalism*, London: Grants Books, 1998. 石塚雅彦訳『グローバリズムという妄想』日本経済新聞社，1999 年．
7　John Gray, *Al Qaeda and What it Means to be Modern*, London: Faber & Faber/ New York: New Press, 2003. 金利光訳『アル・カーイダと西欧──打ち砕かれた「西欧的近代化への野望」』阪急コミュニケーションズ，2004 年，11，14 頁．
8　前掲，浦野『安全保障の新秩序──国家安全保障再考，テロ・環境・人間の安全保障』第 2 章国際テロの現在性と反テロ安全保障．
9　矢野仁一『アヘン戦争と香港』弘文堂書房，1939 年，中央公論社，1990 年．Michel Greenberg, *British Trade and the Opening of China, 188-42*, Cambridge: Cambridge U. P., 1951/ New York: Monthly Review Press, 1979. 大谷敏夫『清代政治思想と阿片戦争』同朋社出版，1995 年．伊原吉之助「清朝と阿片戦争」問題と研究，第 34 号第 3 号，2004 年．
10　聯合通信編『北朝鮮労働者のシベリア脱出記』三一書房，1994 年．朴甲東『北朝鮮　悪魔の祖国』KK ベストセラーズ，1996 年．田代更正『北朝鮮諜報部隊』ひらく，1997 年．安明進，金燦訳『北朝鮮拉致工作員』徳間書店，1998 年．
11　Cimorik Duval, *Le Dossier de Mafia*. 羅尘訳『黑手党档案』北京，东方出版社，2003 年．
12　Alain Labrousse & Mihel Koutzis, *Géopolitique et Géostratéges des Drugues*, Paris: Economica, 1996. 浦野起央訳『麻薬と紛争──麻薬の戦略地政学』三和書籍，2002 年．
13　Salvatore Lupo, *Storia della Mafia*, Roma: Eulema, 1993. 北村暁夫訳『マフィアの歴史』白水社，1997 年．
14　Xavier Raufer & Stéphane Quéré, *La mafias albanaise: Comment est née cette superpuissance criminelle balkanique?*, Paris: Favre, 2000.
15．Thierry Cretin, *Mafias du monde:organistations crimineller transvafionales: actudit'é et perspectives*, Paris: Presses Univ. de France. 1997, 4ed. 2004. 上瀬倫子訳『世界のマフィア』緑風出版，2006 年．
16　John Dinges, *Our Man in Panama: How General Noriega used the United States and made Million in Drugs and Arms*, New York: Random House, 1990. Bruce W. Watson & Peter G. Tsouras eds., *Operation Just Cause: The U. S. Intervention in Panama*, Boulder: Westview Press, 1991. Denis Fonnellyed, *Operation Just Case: The Storming of Panama*, Boulder: Westview Press, 1991. Edward M. Flanagan, Jr., *Battle for Panama: Inside Operation Just Case*, Washington, DC: Brassey, 1993.
17　McCoy Alfred, *La politique de l'héroïn en Asia du Sud-Est*, Paris: Flammarion, 1972. 堀たお子訳『ヘロイン──東南アジアの麻薬政治学』上・下，サイマル出版会，1974 年．
18　Ibid. 前掲書．
19　ジェームズ・E・ノバク「アフガニスタン社会──アフガンが最大の麻薬国になった」世界週報，1996 年 3 月 6 日号．
20　Catherine Lamour & Michel Lamberti, *Les grandes manœuvres de l'opium*, Paris: Seuil, 1971.
21　Jonathan Kwitny, *The Crimes of Patriots*, New York: Simon & Schuster, 1987.

22 Robert E. Powis, *The Money Launderers: Lessons from The Drug Wars—How Billions of Illegal Dollars are Washed through Banks and Business*, Chicago: Probus Publishings Co., 1993. 正慶孝監訳『不正資金洗浄（マネーロンダリング）』上・下，西村書店，1993年．
23 ケイ・ウルフ，シビル・テイラー，小泉摩耶訳『麻薬帝国・コロンビアの虐殺——女マフィアが語る「麻薬戦争」戦慄の内幕』徳間書店，1991年．ジェフ・リーン，藤井留美訳『キングス・オブ・コカイン——コロンビア・メデジン・カルテルの全貌』上・下，草思社，1992年．
24 小田昭太郎『クンサー——この麻薬王と知ってはならない黒い世界』情報センター出版局，1987年．張兵・趙勇民『中国緬剿匪秘聞——六〇至六一金三角作戦紀實』済南，黄河出版社，1992年．
25 森田靖郎『チャイナ・コネクション——ニューヨーク，福建，日本を結ぶ地下ルート』日本評論社，1992年．フェントン・プレスラー，鈴木淳司訳『チャイニーズ・マフィア——中国人の犯罪秘密結社』ＪＣＡ出版，1994年．石田収『黒のネットワーク——世界に拡がるチャイニーズ・マフィア』自由国民社，1996年．
26 ロバート・Ｉ・フリードマン，中島由華訳『レッド・マフィア』毎日新聞社，2001年．寺谷弘壬『ロシア・マフィアが世界を支配するとき』アスキー・コミュニケーションズ，2002年．
27 OGD, *L'Atlas mondial des droues*, Paris: Press de Univ. France, 1996.
28 Alain Joxe, 'Narco-stratégie: del'île de la Torture à l'espace mondial,' Labrousse Alain & Wallon Alain eds., *La Planète des drogues*, Paris: Seuil, 1993,
29 International Narcotics Control Board, *The United Nations and Drug Abuse Control*, New York: Unite Nations, 2004.
30 Rensselar W. Lee Ⅲ, *Smugging Armageddon: The Nuclear Black Market in the Former Soviet Union and Europe*, New York: St. Martin's Press, 1998. 桃井健司・網屋慎哉訳『核の闇市場』連合出版，2004年．
31 James L Ford & C. Richard Schuller, *Nuclear Smuggling Pathways: A Holistic Perspective*, Washington, DC: National Defense University, 1996, p. 7.
32 U.S. Department of Energy, *Partnership for Nuclear Materials*, Washington, DC: GPO, January 1997, p. 1.
33 U. S. Department of Energy, *MPN and A Program Strategic Plan*, Washington, DC: GPO, January 1998, p. 7.
34 Paul Virilio, *Vilesse et politique*, Paris: Galielée, 1997. 市田良彦訳『速度と政治——地政学から時政学へ』平凡社，1989年／平凡社ライブラリー，平凡社，2001年．
35 Virilio, *L' Horizon negative*, Paris: Galielée, 1984. 丸岡高弘訳『ネガティブ・ホライズン——速度と知覚の変容』産業図書，2003年．
36 Virilio, *Cybermonde, la politique du pise entreteins avec phibippe PETT*, Paris: Textuel, 1996. 本間邦雄訳『電脳世界——最悪のシナリオへの対応』産業図書，1998年．
37 Virilio, *L' Inetie polaise*, Paris: Christian Bourgois Ésiteur, 1990. 土屋進訳『瞬間の君臨』新評論，2003年．
38 Virilio, *L' Art du Moteur*, Paris: Galielée, 1993. 土屋進訳『情報エネルギー化社会——現実空間の解体と速度が作り出す空間』新評論，2002年．
39 Jacques Attali, *Fraternites*, Paris: Librairie Artheme Fayard, 1999. 近藤健彦・瀬藤澄彦訳『反

グローバリズム——新しいユートピアとしての博愛』彩流社，2001年．
40 John Agnew, *Making Political Geography*, London: Arnold, 2002, pp. 152-157.
41 Baraba Epstein, "Anarchism and the Anti-Globalization Movement," *Monthly Review*, Sep. 2001.
42 Philip Evans & Thomas S. Wurster, *Blown to Bits*, Boston: Harvard Business School Press, 2000. ボストン・コンサルティング・グループ訳『ネット資本主義の企業戦略——ついに始まったビジネス・デコンストラクション』ダイヤモンド社，1999年．
43 ドストエフスキー，小沼文彦訳『罪と罰』ドストエフスキー全集6，筑摩書房，1963年における，反逆・暴力・革命を象徴しているラスコーリニコフの論理を想え．第3部235-238頁．但し，『悪霊』では，革命の名において手段を選ばず，国法と神の掟を破る権利を主張する者たちは悪霊にとりつかれ，自らを亡ぼすとしている．小沼訳『悪霊』前掲，ドストエフスキー全集8，1967年．
44 野島芳明『テロリズムと「遠人思想」——新世界秩序における日本の使命』展転社，2005年，57-58頁．
45 op. cit. Hersh, *Chain of Command: The Road from 9/11 to Abu Graib*. 前掲，伏見訳『アメリカの秘密戦争』374, 379, 380頁．
46 その連邦化の分析視点は，現状維持股は求心的傾向に対する経済・規範的統合の遠心的傾向にある．Dov Ronen, *The Quest for Self-Determination*, New Haven: Yale U. P., 1979. 浦野起央・信夫隆司訳『自決とは何か』刀水書房，1988年の第5表をみよ．
47 星野英紀『巡礼——聖と俗の現象学』講談社，1981年．聖心女子キリスト教文化研究所編『巡礼と文明』春秋社，1987年．山折哲雄・他『巡礼の構図——働く人びとのネットワーク』NTT出版，1991年．
48 野町和嘉『メッカ巡礼』集英社，1997年．ムハンマド・アサド，アサド・クルバンアリー訳『メッカへの道』原書房，1983年．
49 これは，エドワード・サイドのいうオリエンタリズムの主題であった（95頁をみよ）．Edward W. Said, *Orientalism*, New York: Panthon Books, 1978/ New York: Vintage Books, 1979. 今沢紀子訳『オリエンタリズム』平凡社，1986年．
そのイメージ認識は，以下をみよ．Paul A. Cohen, *Discovering History in China: American Historical Writing on the Recent Chinese Past*, New York: Columbia U. P., 1984. 佐藤慎一訳『知の帝国主義——オリエンタリズムと中国像』平凡社，1988年．彌永信美『幻想の東洋——オリエンタリズムの系譜』青土社，1987年．John M. MacKenzie, *Orientalism: History, Theory and Arts*, Manchester: Manchester U. P., 1995. 平田雅博訳『大英帝国のオリエンタリズム——歴史・理論・諸芸術』ミネルヴァ書房，2001年．David Cannadine, *Ornamentalism: How the British saw their Empire*, Harmondwerth: Penguin, 2001. 平田雅博・細川道久訳『虚飾の帝国——オリエンタリズムからオーナメンタリズムへ』日本経済評論社，2004年．工藤庸子『ヨーロッパ文明批判序説——植民地・共和国・オリエンタリズム』東京大学出版会，2003年．
50 浦野起央『人間的国際社会論』勁草書房，2003年，69-71頁．
51 小泉康一『国際強制移動の政治経済学』勁草書房，2005年．
52 Gotz Aly, *Endlosung: Volkerverschiebung und der Mord an den europaischen Juden*, am Main: S. Fischer, 1995. 山本尤・三島憲一訳『最終解決——民族移動とヨーロッパのユダヤ人殺

害』法政大学出版局，1998年．
53 Hans Magnus Enzensberger, *Die Grosse Wenderung: Dreiunddreissing Markinerungen*, Frankfurt am Main: Suhrkamp, 1992. 野村修訳『国際大移動』晶文社，1993年．
54 池本幸三編『近代世界における労働と移住』阿吽社，1992年．小倉充夫編『国際移動論——移民・移動の国際社会学』三嶺書房，1997年．
55 シアン・オカラハム，吉野美章訳『黒の奴隷貿易』大陸書房，1968年．op. cit, Patterson, *Slavery and Social Death*. 前掲，奥田訳『世界の奴隷制の歴史』．池本幸三・他『近代世界と奴隷制——大西洋システムの中で』人文書院，1999年．
56 Edward Gibbon Wakefield, *England and America: A Comparison of the Social and Political State of Both Nations*, New York: Haper & Brothers, 1834/ New York: A. M. Kelley, 1967. 中野正訳『イギリスとアメリカ——資本主義と近世植民地』Ⅰ～Ⅲ，世界古典文庫，日本評論社，1947-1948年．Eric Euetace William, *Capitalism and Slavery*, London: Andre Deutsch, 1944/ London: Russell & Russell, 1961/ Chapel Hill: Univ. of North Calina Press, 1994. 中山毅訳『資本主義と奴隷制——ニグロ史とイギリス経済史』理論社，1968年．
57 李長傳，半谷高雄訳『支那殖民史』生活社，1939年．成田節男『華僑史』蛍雪書院，1941年．劉継宣・東世澂，種村保三郎訳『中国南洋開拓史』東都書籍，1943年．井出季和太『支那民族の南方発展史』刀江書院，1943年．馮承鈞，井東憲訳『支那南洋交通史』大東出版社，1994年．巫楽華主編『華僑史概要』北京，中国華僑出版社，1994年．
58 杉原薫「世界資本主義とインド移民」，社会経済史学会編『社会経済史学の課題と展望』有斐閣，1984年．第10章注6・7をみよ．
59 華僑は外国人社会層と現住民社会集団との仲介的存在にあって，現地経済を握った．呉主恵『華僑本質論——華僑の社会学的研究』アサヒ，1961年．遊仲勲『東南アジアの華僑』アジア経済研究所，1970年．遊『華僑政治経済論』東洋経済新報社，1976年．内田直策『東南アジア華僑の社会と経済』千倉書房，1982年．市川信愛『現代南洋華僑の動態分析』九州大学出版会，1991年．
60 今津晃『現代アメリカ国民史の研究——移民を中心として』創元社，1948年．
61 Laura Fermi, *Illustrious Immigrants: The Intellectual Migration from Europe, 1930-41*, Chicago: Univ,. of Chicago Press, 1968. 掛川トミ子・野村瑞穂訳『二十世紀の民族移動——亡命の現代史』1・2，みすず書房，1972年．
62 Peter Stalker, *The World of Strangers: A Survey of International Labour Migration*, Geneve: ILO, 1994. 大石奈々・石井由香訳『世界の労働力移動』築地書館，1998年．
63 森田桐郎編『国際労働力移動』東京大学出版会，1987年．Saskia Sassen, *The Mobility of Labor and Capital,* Cambridge: Cambridge U. P., 1988. 森田桐郎・他訳『労働と資本の国際移動——世界都市と移民労働者』岩波書店，1992年．
64 Stepha Castles & Mark I. Miller, *The Age of Migration: International Population Movements in the Modern World*, London: Macmillan, 1993. 関根政美・関根薫訳『国際移民の時代』名古屋大学出版会，1996年，第6章次の波—国際移民のグローバリゼーション．
65 中東調査会編『中東産油国における外国人労働力に関する調査研究』中東調査会，1981年．
66 Robin Cohen, *The New Helots: Migrants in the International Division of Labour*, Aldershot:

Gower, 1987. 清水知久訳『労働力の国際的移動――奴隷化に抵抗する移民労働者』明石書店，1989年．大塚友美『国際労働移動の政治経済学』税務経理協会，1992年．百瀬宏・小倉充夫編『現代国家と移民労働者』有信堂，1992年．佐々木聖子『アジア諸国における労働者の国際移動に関する研究』法務研究報告第80巻第2号，1994年．Myron Weiner, *The Global Migration Crisis: Challenge to States and to Human Rights*, New York: Harper Collins College Publications, 1995. 内藤嘉治訳『移民と難民の国際政治経済学』明石書店，1999年．森廣正編『国際労働力移動のグローバル化――外国人定住と政策課題』法政大学出版局，2000年．伊豫谷登士翁『グローバリゼーションと移民』有信堂，2001年．

67 Edward N. Luttwark, *The Political Uses of Sea Power*, Baltimore: Johns Hopkins U. P., 1974.

68 Luttwak, " From Geopolitics to Geo-Economics: Logic of Conflict, Grammar of Commerce," *The National Interes*, Summer 1990. op. cit. Gearóid Ó Tuathail, Simon Dalby, & Paul Routledge eds., *The Geopolitics Reader*, pp. 125-130.

69 Luttwal, *The Endangered American Dream: How to Stop the United States from becoming a Third World Country and Hoe to win the Geo-economic Struggle for Industrial Supremacy*, New York: Simon& Schuster, 1993. 長谷川慶太郎訳『アメリカンドリームの終焉――世界経済戦争の新戦略』飛鳥新社，1994年．

70 Bill Clinton & Al Gore, *Putting People First*, New York: Times Books, 1992. 東郷茂彦訳『アメリカ再生のシナリオ』講談社，1993年，第1章国際関係の再構築．

71 op. cit. Luttwal, *The Endangered American Dream: How to Stop the United States from becoming a Third World Country and Hoe to win the Geo-economic Struggle for Industrial Supremacy*. 前掲，長谷川訳『アメリカンドリームの終焉――世界経済戦争の新戦略』第7章経済軍縮か全面対決か．

72 op. cit. Tuathail, Dalby, & Routledge eds., *The Geopolitics Reader*.

73 ウルリヒ・ベックの「リスク社会」の指摘は，ポスト近代においては予測不可能なリスクに覆われ，自らが自らを危険に陥れるシステムにあると解しており，『世界リスク論』は，テロ報復戦争，反グローバリズムのテロ，エコロジーの危機の3つをあげた．Ulrich Beck, *Riskogesellshaft: Aufdem Wegin eine arndere Moderne*, Frankfult am Main: Sahr Kamp,1986. 東廉・伊藤美登里訳『危険社会――新しい近代への道』法政大学出版局，1998年．Beck, *Weltriskogellschaft, Weltöffenthichkeit und globale Subpolitik*, Wien: Picus Verlarg, 1997. 島村賢一訳『世界リスク社会論――テロ，戦争，自然破壊』平凡社，2003年．

74 Robert D. Kaplan, "The Coming Anarchy," *The Atlantic Monthly*, 1994. op. cit. Gearóid Ó Tuathail, Simon Dalby, & Paul Routledge eds., *The Geopolitics Reader*. pp. 188-196.

73 Siomon Dalby, "Reading Robert Kaplan's'Coming Anarchy'," *Ecumene*, 1996, ibid., pp. 197-203.

76 Thomas F. Homer-Dixson, " Environmental Scarcity and Mass Violence," *Current History*, 1996. ibid., pp. 204-211.

77 Vandana Shiva, *Biopricy: The Plunder of Nature and Knowledge*, Boston: South End Press, 1997. 松本丈二訳『バイオパイラシー――グローバル化による生命と文化の掠奪』緑風出版，

2002年.
78 Vandana Shiva, *Staying Alive: Women, Ecology, and Survival in India*, London: Zed Books, 1989. 熊崎実訳『生きる歓び——イデオロギーとしての近代科学批判』築地書館, 1994年.
79 Saskia Sasen, *Globalization and its Discontents*, New York: The New Press, 1998. 田淵太一・原田太津男・尹春志訳『グローバリズム空間の政治経済学——都市・移民・情報化』岩波書店, 2004年, 序章グローバル化に対抗する地理的力学——生き残りの女性化.
80 Al Gore, *Earth in the Balance*, New York: Houghton Mifflin Co., 1992. 小杉隆訳『地球の掟——文明と環境のバランス』ダイヤモンド社, 1992年, 第15章.
81 この点で, 反地政学のサパティスタ運動のインターネットを武器にした新しい活動パターンが注目される. 前掲, 山本『インターネットを武器にした〈ゲリラ〉——反グローバリズムとしてのサパティスタ運動』.
82 遠藤薫『電子社会論——電子的想像力のリアリティと社会変容』実教出版, 2000年. 遠藤編『インターネットと〈世論〉形成——間メディア的言説の連鎖と構想』東京電気大学出版局, 2004年, 第4章インターネット社会における〈群衆〉——カオスの縁としての〈公共圏〉.

出典

図 1-1　高野孟『世界地図の読み方』日本実業出版社, 1982 年, 40 頁.

図 1-2　太田晃舜『海洋の地政学』日本工業新聞社, 1981 年, 277 頁.

図 1-3　Globery do Couto e Silva, *Geopolitical do Brasil,* 1957. 山田睦男訳『ブラジルの未来設計図——ある地政学的アプローチ』新世社, 1976 年, 144 頁.

図 1-4　白坂義直『南洋政治地理史考』田中誠光堂, 1943 年, 32 頁.

図 2-1　H. J. Mackinder, "The Geographical Pivot of History," *Geographical Journal,* Vol. 23, 1904, p. 421.

図 2-2　Saul Bernard Cohen, *Geopolitics of the World System,* Lanham: Rowman & Littleefield Publishers, 2003, p. 15.

図 3-1　Adam B. Ulam, *Expansion and Coexistence: The History of Soviet Foreign Policy, 1917-67,* New York: Frederick A. Praeger Publishers, 1968, 1974. 鈴木博信訳『膨張と共存 ソビエト外交史Ⅰ』サイマル出版会, 1978 年, 5 頁. 1968 年版にはこの地図はない.

図 3-2　浦野起央『新世紀アジアの選択——日・韓・中とユーラシア』南窓社, 2000 年, 179 頁.

図 3-3　Zbigniew Brezinski, *The Grand Chessboard: American Primacy and its Geostrategic Imperative,* New York: Basic Books, 1997. 山岡洋一訳『ブレジンスキーの世界はこう動く—— 21 世紀の地政戦略ゲーム』日本経済新聞社, 1998 年, 50-51 頁.

図 3-4　ibid. 前掲書, 52 頁.

図 3-5　田中福一郎「中央アジア諸国経済の域内協力プロセスの特色——シルクロード地域経済圏の一考察」外務省調査月報, 2004 年第 2 号, 7 頁.

図 4-1　Gaston Zellor, *La France et l'Allemagne depuis dix siècles,* Paris: Colin, 1932. 本田喜代治訳『獨佛關係一千年史』白水社, 1941 年.

図 5-1　*Zeitschrift für Geopolitik,* Jan. 1934. 曽村保信『地政学入門』

	中央公論社，1984 年，102 頁．
図 5-2	op. cit. Cohen, *Geopolitics of the World System*, p.17.
図 5-3	John Agnew, *Making Political Geography,* London: Oxford U. P., 2002, p. 79.
図 5-4	Karl Hausfofer ed., Raumübrewidende Mächte, Leipzig: Teubner, 1934. 若井林一訳『生命圏と世界観』博文館，1942 年，付図．
図 5-5	倉前盛道『新・悪の論理──日本のゲオポリティクはこれだ』日本工業新聞社，1977 年，217 頁．
図 5-6	Robert J. Hanks, *The Unnoticed Challenge: Soviet Maritime Strategy and the Global Choke Points,* Washington, DC: The Institute of Foreign Policy Analysis, 1980. 宮崎正弘訳『ソ連の海洋戦略──赤い艦隊の驚くべき野望』学陽書房，1983 年，70-71 頁．
図 5-9	倉前盛道『ゲオポリティク入門──国家戦略策定の仮説』原書房，1982 年，110 頁．
図 5-10	前掲書，111 頁．
図 5-11	前掲書，104 頁．表題は「韓国・中国がガルフ石油に売却したと見られる大陸棚概略図」とある．
図 5-12	池鐵根『平和線』ソウル，汎友社，1979 年，181 頁．
図 5-13	中山隆志『日本海・軍事緊張』中公新書,中央公論社,2002 年，192 頁．
図 5-14	イ・ヨンジュイ，辺真一訳『北朝鮮が核を発射する日─KEDO 政策部長による真相レポート』PHP 研究所，2004 年を参考にして作成．
図 6-1	Edward S. Miller, *War Plan Orange: The U. S. Strategy to Defeat Japan, 1897-1945,* Annapolis: Naval Institute Press, 1991. 沢田博訳『オレンジ計画──アメリカの対日進攻 50 年戦略』新潮社，1994 年，39 頁．
図 6-2	ibid. 前掲書，49 頁．

図 6-3　ibid. 前掲書，209 頁.
図 6-4　Nicolas. J. Spykman, *America's Strategy in World Politics: The United States and Balance of Power*, New York: Harcomt, Brace & Co., 1942, p. 180.
図 6-5　ibid. Cohen, *Geopolitics of the World System*, p. 201.
図 6-6　ibid. 前掲書，図 14 地形.
図 6-7　ibid. 前掲書. 図 19 勢力中心 - 管制地域と内部地域.
図 6-8　Ray S. Cline, *World Power Trends and U. S. Foreign Policy for 1980's*, Boulder: Westview Press, 1980. 伊藤浩文訳『世界の【軍事力】【経済力】比較』《1980 年代》学陽書房，1981 年の図（原本にはない）.
図 6-9　高野孟『世界地図の読み方』日本実業出版社, 1962 年, 31 頁.
図 6-10　James R. Blaker, *United States Overseas Basing*, New York: Preager Publishers, 1990, p. 11.
図 6-11　ibid., p. 18.
図 6-12　ibid., p. 21.
図 6-16　Henry R.Nau, *At Home Abroad : Identity and Power in American Foreign Policy*, Ithaca: Cornell U. P., 2002. 村田晃嗣・他訳『アメリカの対外関与──アイデンティティとパワー』有斐閣，2005 年，354 頁.
図 7-1　読売新聞，2004 年 11 月 11 日.
図 7-2　読売新聞，2005 年 8 月 7 日.
図 7-3　朝日新聞，2004 年 11 月 12 日.
図 7-4　池田誠・安井三吉・副島昭一・西村成雄『図説中国近現代史』法律文化社，1993 年，27 頁.
図 7-5　Harrison E. Salisbury, *War between Russia and China*, New York: Norton, 1969. 小西健吉訳『中ソ戦争』早川書房，1970 年，140-141 頁.
図 7-6　劉朝明主編『大西南整体開放戦略与出海通道建設』成都，西南財政大学出版社，2000 年，191 頁.

図 7-7 『通商白書 2005』ぎょうせい，2005 年，285 頁．
図 7-8 財務省資料．
図 7-9 防衛研究所編『東アジア戦略概観 1996-1997 年』防衛庁防衛研究所，1996 年，92 頁．
図 8-1 山田恒彦・他『メジャーズと米国の戦後政策——多国籍石油企業の研究（1)』木鐸社，1977 年，251 頁．
図 8-2 （出典）BP, *Statistical Review of the World Oil,* 1978. Melvin A. Conant & Fern R. Gold, *Geopolitics of Energy, United States Senate's Report 1977,* Washington, DC: SGPO, 1979. 桃井真訳『新エネルギー地政学』電力新報社，1979 年，100 頁．
図 8-3 朝日新聞，2006 年 1 月 7 日．
図 8-4 世界水ビジョン 川と水委員会編『世界水ビジョン』山海堂，2001 年，102 頁．
図 8-5 前掲書，96 頁．
図 9-1 前掲，倉前『ゲオポリティク入門』43 頁．
図 9-2 『世界年鑑 2005』共同通信社，2005 年，639 頁．
図 9-3 前掲，倉前『新・悪の論理——日本のゲオポリティクはこれだ』198 頁．
図 10-1 井口一郎『地政動態論——現代地政學の諸問題』帝國書院，1943 年，170 頁．
図 10-2 『世界歴史事典』平凡社，1956 年，第 1 巻 465 頁．
図 10-3 前掲書，第 1 巻 466 頁
図 10-4 浦野起央『南アジア・中東の国際関係』南窓社，1993 年，19 頁．
図 10-5 Amonon Sella, *Soviet Politial and Military Conduct in the Middle East,* London: Macmillan Press, 1981, p. 50.
図 10-6 前掲，倉前『新・悪の論理——日本のゲオポリティクはこれだ』35 頁．
図 10-7 浦野起央『南シナ海をめぐる安全保障と問題点』シップ・アンド・オーシャン財団，2004 年，7 頁．
図 12-1 François Thual, *Geopolitique del'Amerique latine*, Paris:

Economica, 1996, p. 95.
- 図 12-2 ibid., p. 97.
- 図 12-3 ibid., p. 96.
- 図 13-2 Alain Labrousse & Mihel Koutzis, *Géopolitique et Géostratéges des Drugues*, Paris: Economica, 1996. 浦野起央訳『麻薬と紛争——麻薬の戦略地政学』三和書籍，2002年，76頁.
- 図 13-3 ibid. 前掲書，79頁.
- 図 13-4 ibid. 前掲書，79頁.
- 図 13-5 John Agnew, *Making Political Geography*, London: Arnold, 2002, p. 156.
- 図 13-6 Michael Kwamena-Po et al., *African History in Maps*, London: Longman Groups, 1982. 保科秀明監訳『ダイナミック・アフリカ——地図に見るアフリカの歴史』古今書院，1997年，17頁.
- 図 13-7 Stepha Castles & Mark I. Miller, *The Age of Migration: International Population Movements in the Modern World*, London: Macmillan, 1993. 関根政美・関根薫訳『国際移民の時代』名古屋大学出版会，1996年，156頁.
- 図 13-8 ibid. 前掲書，163頁.
- 表 5-1 Gearóid Ó Tuathail, Simon Dalby, & Paul Routledge eds., *The Geopolitics Reader*, London: Rouutiledge, 1998, p. 22.
- 表 5-3 *Jane's Fighting Ships*, 1987-1988.
- 表 6-5 op. cit. Miller, *War Plan Orange: The U. S. Strategy to Defeat Japan, 1897-1945*. 前掲，沢田訳『オレンジ計画——アメリカの対日進攻50年戦略』によるシナリオ.
- 表 6-6 op. cit. Cline, *World Power Trends and U. S. Toreign Policy for The 1980s*, pp. 175-177. 前掲，伊藤訳「世界の〔軍事力〕〔経済力〕比較」168頁.
- 表 6-7 米国防総省資料.
- 表 6-9 防衛研究所編『東アジア戦略概観2001』防衛庁防衛研究所,

2001 年，202 頁.

表7-2　*World Bank Atlas,* 1999, pp. 56-57. Central Ietellgence Agency, *The World Factbook 2001,* Washingon, DC: GOV/CIA Publication, 2001.

表7-4　（出典）中国税関統計．広瀬崇子「印中接近の要因と限界」海外事情，2005 年 10 月号，45 頁.

表7-5　（出典）Reserve Bank of India, *Report on Currency and Finance,* 2002-03. 小島眞「インド台頭と日印関係の展望」海外事情，2005 年 10 月号，7 頁.

表7-6　谷口誠『東アジア共同体──経済統合のゆくえと日本』岩波新書，岩波書店，2004 年，81，83 頁.

表7-7　前掲書，299 頁.

表7-9　日本経済新聞，2004 年 11 月 25 日，東アジア共同体評議会「経済教室『ゼミナール』展望：東アジア共同体 No. 27 日本の戦略：3 段階の経済統合の主導を」.

表7-10　日本経済新聞，2004 年 11 月 26 日号，東アジア共同体評議会「経済教室『ゼミナール』展望：東アジア共同体 No. 28 日本の戦略：米国との友好重視の枠組みを」.

表8-2　*The Statesmans Yearbook,* London: Macmillan, 1925.

表8-3　江夏千穂『国際石油カルテルの行動様式』中東経済研究所，1975 年，5 頁.

表8-5　（出典）BP 年次報告，その他．Edith T. Penrose, *The Large International Firm in Developing Countries: The International Petroleum Industry,* London: George Allens & Unwin, 1968. 木内暁訳『国際石油産業論』東洋経済新報社，1972 年，92-93 頁.

表8-6　（出典）op. cit. *Statistical Review of the World Oil,* 1978. op. cit. Conant & Gold, *Geopolitics of Energy.* 前掲，桃井訳『新エネルギー地政学』23-24 頁.

表8-6　Anthony Sampson, *The Seven Sisters: The Great Oil*

Companies and the World They Made, London: Hodder & Stoughton, 1975. 大原進・青木榮一訳『セブン・シスターズ――不死身の国際石油資本』日本経済新聞社，1976年，152頁．
表8-7 （出典）op. cit., *Statistical Review of the World Oil*, 1978. op. cit. Conant & Gold, *Geopolitics of Energy*. 前掲，桃井訳『新エネルギー地政学』23-24頁．
表8-8 『コメコンの石油需給』ソ連東欧貿易会，1986年，31頁．
表8-9 前掲『コメコンの石油需給』32頁．1986年及び1988年は『ソ連の石油情勢』ソ連東欧貿易会ソ連東欧経済研究所，1990年，107頁．
表8-10 前掲『コメコンの石油需給』42頁．1990年（計画）は前掲『ソ連の石油情勢』94頁．
表8-11 Colin Robinson & Jon Morgan, *North Sea Oil and Future: Economic Analysis and Government Policy*, Trade Policy Research Center, 1978, p. 5.
表8-12 山田健治『北海油田の開発政策』成文堂，1983年，5頁．
表8-13 1991～1993年は国連統計，1997～2002年は米エネルギー省エネルギー情報局統計．
表8-14 （出典）『中国能源統計年鑑 1991-1999』及び，『中国統計年鑑 1999』．『中国のエネルギー・環境戦略』総合研究開発機構，2001年，59頁．
表10-2 Ferenc A. Váli, *Politics of the Indian Ocean Region*, New York: The Free Press, 1976, Appendix III. その他を参考にして作成．前掲，浦野『南アジア・中東の国際関係』，22頁．
表10-3 前掲，浦野『南アジア・中東の国際関係』63頁表6.
表10-5 前掲，浦野『南シナ海をめぐる安全保障と問題点』59頁．
表10-6 エリザベス・マン・ボルゲーゼ『オーシャンガバナンスと海上交通――東南アジアを中心として――』シップ・アンド・オーシャン財団，2002年，4-7頁．

表10-7　前掲，浦野『南シナ海をめぐる安全保障と問題点』9頁.
表12-9　浦野起央『20世紀世界紛争事典』三省堂，2000年.
表13-3　op. cit. Cohen, *Geopolitics of the World System*, p. 91.
表13-4　『麻薬と紛争——麻薬の戦略地政学』三和書籍，2002年.
　　　　所収の浦野起央作成「麻薬関連年表」から抜粋し補足.
表13-5　op. cit. Labrousse & Koutzis, *Géopolitique et Géostratéges des Drugues*, 前掲，浦野訳『麻薬と紛争——麻薬の戦略地政学』103-104頁.
表13-6　Rensselar W. Lee Ⅲ, *Smuggling Armageddon: The Nuclear Black Market in the Former Soviet Union and Europe*, New York: St. Martin's Press, 1998. 桃井健司・網屋慎哉訳『核の闇市場』連合出版，2004年，19頁.
表13-7　ibid. 前掲書，20頁.
表13-8　op. cit. Cohen, *Geopolitics of the World System*, p. 56.
表13-9　経済企画庁総合計画局編『外国人労働者と経済社会の進路』大蔵省印刷局，1989年，9頁.

付論　国際紛争——領土紛争・文化断層紛争——と地政的条件

　国際紛争は，依然，絶えることはない．海域を含む，自らの領有する土地空間（領土）に関する国際紛争は多い．地政学は，世界の諸国が陸上・海上の独占支配をめぐる合理性・非合理性を明らかにするのが目的であり，それは政治の地理的覊束性がその陸上・海洋空間に投影されているからである．以上の視点において，国際紛争とその地政的条件を明らかにする．

　この領土紛争は，グローバル下の近代後の世界において，その地域性の地政的条件が大きく変容している．それは，新しい世界秩序としてアイデンティティの確認，文明・宗教の対立，政治的・市民的権利，都市空間，ローカル性の登場とともに，国家再編成の局面に直面してきているからである*．その国家領土対立は国内の断面とともにトランスナショナルの断面に作用している．そこでは，国家領土を横断した文化断層紛争が激しくなっている．アフリカ地域など国家建設の条件が整っていなかったところでは，国家形成過程で文化断層紛争が続いていたが，こうした文化断層対立の現象は現在，グローバルに拡大している．その文明のグローバル政治における対立の構図は，以下の通りである．そして，そうした要因を内包しつつ，不満・要求が多面的に噴出している．

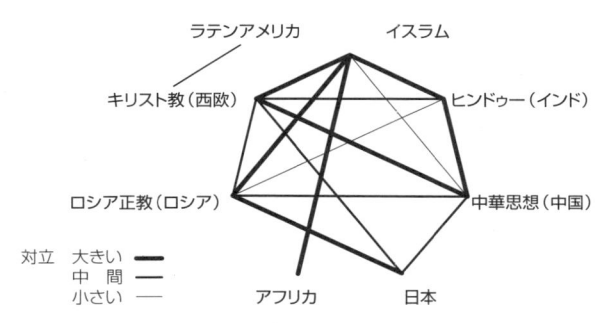

* 地政的条件の国境変容とその問題点は，以下をみよ．David Newman ed., *Boundaries, Territory and Postmodernity*, London: Enauk Cass, 1999. Gertjan Dijkink & Hans Knippenberg eds., *The Territorial Factor: Political Geography in a Globallising World*, Laidschendam: Vossiaspera Uva, 2001.

付録 1　ヨーロッパの領土紛争

紛争名	時期	当事国	特記事項
アルバニアのギリシャ人問題	1912〜1984	アルバニア―ギリシャ	❖ アルバニア南部のギリシャ人に対するギリシャの権利要求につき，アルバニアはギリシャ人追放で対処した
カルスの帰属	1878〜1921	トルコ―ソ連	❖ トルコ領カルス県は，トルコ，クルド，カルバディアの支配を経て，1878 年ロシアに編入され，1921 年トルコに戻った．1945 年ソ連はカルス返還を要求した

407

付録1　ヨーロッパの領土紛争

紛争名	時期	当事国	特記事項
北トランシルバニア問題	1878 1918	ハンガリー―ロシア ハンガリー―ルーマニア	❖ハンガリー支配にあったトランシルバニアは1878年ロシア領となったが、住民はルーマニア人で1918年ルーマニアに併合された
領土処理	1919	ブルガリア―ギリシャ	❖ブルガリアは第1次世界大戦で領土を失い、エーゲ海への出口を失った
トリエステ問題	1919 1947～1953 1994	イタリア―ユーゴスラビア イタリア―スロベニア	❖イタリア北部のトリエステは1719年以来、オーストリア領として自由港であったが、パリ平和条約でイタリア・ユーゴスラビアに分割された 1994年イタリア領トリエステの一部がスロベニアに併合された
ベッサラビア問題	1918 1940	ルーマニア―ソ連	❖1878年以降、ロシア領であったが、1918年にルーマニアが占領し、1940年ドイツ・ソ連条約でソ連領モルドバとなった
ドデカネーズの帰属	1922～1947	ギリシャ―イタリア	❖1911年トルコとの戦争でドデカネーズ諸島（ギリシャ名ドデカニソス）はイタリア領となり、1922年ギリシャ返還条約を拒否した。1947年イタリアの敗北でギリシャに移った
ロードスの帰属	1912～1945	ギリシャ―イタリア	❖1912年イタリアが占領し、1923年イタリアに割譲されたが、1945年ギリシャに併合された
第1次世界大戦（西部戦線・東部戦線）	1914～1918	ドイツ・オーストリア・トルコ・フランス・ロシア・英国・イタリア・日本・他	❖1900年の帝国主義列強による世界分割の完了とともに、1914年再分割に突入し、ドイツはフランスの西部戦線、ロシアの東部戦線、北海での英国との戦闘で、敗北した。トルコはアラブ領土を喪失し、アフリカ・アジアのドイツ植民地も失なわれた
ドイツの軍事侵攻（第2次世界大戦）	1939～1945	ドイツ―英国・フランス・米国・ソ連・ポーランド・ノルウェー・デンマーク・他	❖ドイツは1939年ポーランドを侵略し、フランスを占領し、北欧・ソ連に侵攻し、北アフリカ戦線に軍事展開した
ソ連・フィンランド戦争	1920 1939 1941～1944	ソ連―フィンランド	❖1917年スウェーデンの独立で、フィンランドはカレリヤ地方（ロシア領フィンランド人地帯）の帰属をめぐり戦火を交え、南カレリヤはフィンランドに戻り、1944年までにカレリヤの大部分を回復した

付録1　ヨーロッパの領土紛争

紛争名	時期	当事国	特記事項
南チロル問題	1926～1939 1944～1954	イタリア—ドイツ オーストリア— イタリア	❖チロルは第1次世界大戦前にドイツからオーストラリアへ移管され、大戦後1919年南チロルはイタリア領となった．1926年南チロルをめぐりイタリア・ドイツが対立し、1939年ドイツに戻った． ❖1944年再びイタリアに移り、1954年以降、自治要求が続いた
ビリニュスの帰属	1920～1922 1938～1940	リトアニア— ポーランド—ソ連	❖リトアニアとポーランド間のビリニュス（ビルノ）は1920年に中部リトアニア共和国を樹立したが、1922年ポーランドに割譲され、ポーランド分割でソ連に併合された
ポーランド回廊問題	1937 1939～1945	ドイツ— ポーランド	❖1919年ベルサイユ条約でダンチヒ（ポーランド名グダニスク）住民がドイツ人であることから、国際管理となった．1937年ドイツが支配し、1939年一方的に併合した．1945年ポーランドに戻った．
ジャボルジナ処理	1938～1939	ポーランド— チェコスロバキア	❖ポーランドのチェコスロバキアに対する最後通牒でポーランドに編入され、ポーランド分割でチェコスロバキアに編入された
チェコスロバキア処理	1939 1944	ドイツ— チェコスロバキア— ソ連	❖1939年ドイツがボヘミアとモラビアを占領し、ドイツに併合し、東半分はドイツの保護下におかれた．1944年ソ連が解放した
ポーランド分割	1939 1941～1944	ポーランド— ドイツ—ソ連	❖1939年ドイツとソ連に分割された．1941年ドイツが全土を占領したが、1944年ソ連に解放された
カルパト・ウクライナの帰属	1939～1945	ハンガリー— ドイツ—ソ連	❖ドイツはハンガリーのカルパト・ウクライナ地方を併合したが、1945年ソ連に譲渡された
イタリアのアルバニア併合	1939～1944	イタリア— アルバニア	❖1914年以降、イタリアはアルバニアに干渉し、1939年アルバニアに侵攻し併合した．1944年ソ連に解放された
ソ連のバルト3国併合	1940 1941～1944	エストニア、ラトビア、リトアニア— ソ連—ドイツ	❖バルトはソ連と1919年相互不可侵条約を締結していたが、1940年ソ連に併合された． ❖1941年ドイツ軍が侵攻したが、1944年にソ連に解放された、1991年3国は独立を回復した
ソ連のスピッツベルゲン要求	1944 1947	ソ連—ノルウェー	❖1925年にノルウェーが領有宣言をしたスピッツベルゲンに対しソ連が管理要求を持ち出したが、拒否された

付録1　ヨーロッパの領土紛争

紛争名	時期	当事国	特記事項
ハンガリー軍事進駐	1956～1990	ハンガリー―ソ連・他	❖ ハンガリー動乱でソ連・東欧軍が社会主義の大義で進駐し，弾圧した．ソ連軍は1990年まで駐留した．
ザール処理	1921 1945～1957	フランス―ドイツ 米国・フランス―西ドイツ	❖ ドイツとフランス間のザールは石炭・鉄鋼の資源地帯で，人口の90%以上がドイツ人で，1921年フランスが進駐した ❖ 第2次世界大戦で米軍が占領し，フランス軍が代わって進駐し，フランスの支配が残ったが，1957年ドイツに戻った
領海対立	1955 1984～1988	東ドイツ―ポーランド	❖ 領海対立で紛争となった．再び1984年に東ドイツの領海拡張宣言となり，1988年ポーランドはそのポーモージェ湾宣言を非難した
アルメニア・グルジアの領土要求	1946～1953	アルメニア・グルジア・ソ連―トルコ	❖ トルコのカルス，アルダン，アリドビシ地方に対するアルメニア・グルジアの領土割譲要求は，1953年ソ連が放棄すると発表した
キプロス問題	1965～1969	キプロス―英国	❖ 英国支配を排除したギリシャ系住民がキプロスのギリシャ併合を企図した
国境紛争	1956～1962	英国―アイルランド	❖ アイルランド共和国軍の闘争で，北アイルランドとアイルランドとの国境紛争となった
ベルリン封鎖問題	1948～1949	西ドイツ・米国―東ドイツ・ソ連	❖ 分割された東ドイツの中心部に残った西ベルリンは，ソ連によるその封鎖の圧力が続いたにもかかわらず，米国の支援で守られた
ベルリンの壁構築	1961～1989	東ドイツ―西ドイツ	❖ 東ドイツは西ベルリンへの市民の大量脱出で「ベルリンの壁」を構築したが，地下トンネルによる脱出が続いた．1989年ハンガリーがオーストリア国境の鉄条網を撤去し，東ドイツ市民の西側への大量脱出となり，「ベルリンの壁」も撤去された
領土処理	1969	西ドイツ―ポーランド	❖ ドイツ・ポーランド国境を流れるオーデル河（オドラ川）とその支流ナイセ川（ニサ川）は東欧と西欧の分離線で，1969年左岸のポーランド領が確認された
鱈戦争	1958～1961 1972～1973 1975	英国―アイスランド	❖ 1958年英国はアイスランドの地先沖合漁業境界規則の施行を拒否し，トロール船保護のためフリゲート船を投入し，戦争となった．1961年紛争解決が無効とされて1972年に紛争が再現し，1975年アイスランドの漁業水域2000カイリ宣言で再び戦争となった

付録1　ヨーロッパの領土紛争

紛争名	時期	当事国	特記事項
ヤン・マイエン島事件	1980～1993	ノルウェー―デンマーク	❖ ノルウェーが1976年経済水域法をヤン・マイエン島に適用したことで，デンマークは国境問題を国際司法裁判所へ持ち込み，海界が画定された
エーゲ海紛争	1974～1976 1984	ギリシャ―トルコ	❖ エーゲ海の大陸棚をめぐり双方は対立を繰り返した．そこには，キプロスをめぐるギリシャとトルコの思惑も絡んでいた
ジブラルタル問題	1969～	スペイン―英国	❖ 住民の70％がイギリス人で，スペインの返還交渉は成功していない
漁業紛争	1984	フランス―スペイン	❖ 1984年フランス海軍は経済水域に入ったスペイン漁船に発砲した
イングーシ処理	1991～1992	ロシア・イングーシ自治共和国	❖ チェチェン・イングーシ共和国でのチェチェン人とカザーク（コサック）人の衝突で，イングーシ自治共和国が分離された
ナルバニアの帰属	1991～1994	エストニア―ロシア	❖ 1920年ナルバニア川右岸はエストニアに属し，エストニアの独立でナルバニアのロシア帰属が提起されたが，実現しなかった
ペチョルの領土要求	1991	ロシア―エストニア	❖ ロシアのプスコフ州ペチョル（ペッツェリ）は帝政ロシア領であったが，1919年エストリアの独立でエストニア領となった．1991年エストリアの独立でロシアが再び要求したが，成功しなかった
ラトビアの領土要求	2005	ラトビア―ロシア	❖ 2005年国会はソ連占領に対する損害賠償を求める決議を採択した．ラトビアはロシア支配の一部領土の回復要求があるが，ロシアは無視している．人口の3割を占めるロシア系住民に対するラトビア国籍取得は制限されている
領土処理	2005	エストニア―ロシア	❖ 2005年ソ連・エストニア国境を踏襲する国境画定協定が成立したが，その批准文書のエストニア議会の採択で「ソ連侵攻の犠牲となり，不法に併合された」との前文があり，ロシアは同協定を撤回した
領土処理	1990	ウクライナ―モルドバ―ルーマニア―モルドバ	❖ ウクライナの独立で，1940年ソ連に併合された北ブコブナ・ベッサラビアのルーマニア返還が提起されたが，モルドビアに残った
スロベニア内戦	1991	スロベニア―旧ユーゴスラビア	❖ 旧ユーゴスラビアからの独立を目指すスロベニアとこれを阻止する旧ユーゴスラビア軍の衝突であった

付録1　ヨーロッパの領土紛争

紛争名	時期	当事国	特記事項
クロアチア内戦	1991〜1998	旧ユーゴスラビア―クロアチア―セルビア人武装勢力	❖ 旧ユーゴスラビアからの独立を目指すクロアチアとこれを阻止する旧ユーゴスラビア軍の衝突であったが，ユーゴスラビア解体後はセルビア人と対決し，セルビア人地域西スラボニア，クライナ，東スラボニアを併合した
領土処理	1994〜1995	クロアチア―スロベニア	❖ スロベニアの港町コルペとクロアチア領イストリア半島の間の地域が1994年スロベニアに併合され，クロアチアは抗議したが，その帰属は成立した
帰属対立	1992〜1996	ウクライナ―クリミア	❖ 1954年クリミアはロシアからウクライナへ移ったが，1992年独立宣言を発し，ウクライナ自治区に合意した
ギリシャの国家名称拒否事件	1993〜1995	ギリシャ―マケドニア	❖ マケドニアが1991年独立し，1993年マケドニア旧ユーゴスラビアの名称で国連に加盟した。これに対し1994年ギリシャが経済制裁を発動したが，マケドニアの名称はギリシャ北部マケドニア州に対する野心があると解したことにあった．解決をみていない
ユーゴスラビアのアルバニア断交事件	1999〜2002	ユーゴスラビア―アルバニア	❖ アルバニアがコソボ自治州のアルバニア解放勢力を支援していると断交した
国境対立	2002	クロアチア―ユーゴスラビ（セルビア・モンテネグロ）	❖ ドナウ河の小島にボートで上陸したクロアチア住民がユーゴスラビア兵に拘束され，クロアチアはユーゴスラビア兵の撤退を求めた
国境紛争	2001	ユーゴスラビア―マケドニア	❖ 国境地帯でアルバニア系解放勢力がマケドニア軍と交戦した
カスピ海画定交渉	2002	ロシア―アゼルバイジャン―イラン	❖ カスピ海の国境画定はアゼルバイジャンとロシアで成立したが，イランとは合意できなかった
領海対立	2003	クロアチア―スロベニア	❖ クロアチアがアドリア海の外に排他的経済水域を設定したことで，スロベニアの公海接近が制約されると反撥した
帰属対立	2003	ロシア―ウクライナ	❖ ロシアのタマン半島とウクライナのケルチ半島の間にあるトゥラズ島は1999年ウクライナ領となったが，2003年ロシアのタマンとトゥラスの接合工事をウクライナが中止させた

付録2 アフリカの領土紛争

紛争名	時期	当事国	特記事項
タンジールの帰属	1923 1940〜1943 1956	タンジール—スペイン—モロッコ	❖ モロッコ北部，ジブラルタル海峡に面したタンジールは1684年以来，モロッコ領土であったが，1905年のタンジール事件でモロッコがフランス，スペインに分割された際，タンジールは国際管理地帯となり，1923年中立化された．1940年スペイン軍が占領したが，1956年にモロッコに返還された．
国境紛争	1963 1978	アルジェリア—モロッコ	❖ アルジェリアの混乱に乗じて，モロッコが侵攻した．1978年に衝突が再発した
国境紛争	1956〜1962	フランス（アルジェリア）—チュニジア	❖ フランスはアルジェリア民族解放戦争の掃討作戦で聖域となったチュニジア国境地帯を攻撃した
西サハラ紛争	1972〜1975 1975〜1979 1979〜1994	モロッコ・モーリタニア—スペイン モロッコ—西サハラ モロッコ—アルジェリア	❖ 1972年自決闘争のなかで旧スペイン領西サハラに対するモロッコの領土要求が貫かれた ❖ 1975年西サハラはモロッコとモーリタニアに分割されたが，モーリタニアはこれを放棄し，モロッコがその部分を併合した ❖ モロッコの西サハラ支配とアルジェリアの西サハラ自決支援となった（1994年に国境閉鎖）
レイラ島事件	2002	モロッコ—スペイン	❖ 麻薬密輸で2001年モロッコはスペインと対立し，翌2年モロッコ沖のスペイン領有の無人島レイラ島（ペレヒル島）に上陸し，モロッコ兵を拘束した（2003年対立は解消）
大陸棚紛争	1977〜1985	リビア—チュニジア	❖ ガベス湾石油開発で対立していた両国は，国際司法裁判所の2分割を受け入れた
大使館占拠事件	1977	エジプト—リビア	❖ エジプトがリビア工作員を国境で逮捕したのに続き，在リビア・エジプト大使館占拠，在エジプト・リビア大使館占拠となった
軍事衝突	1979	エジプト—リビア	❖ 地中海沿岸で軍事戦闘となった
米軍機のリビア攻撃事件	1981 1986	米国—リビア	❖ 1981年トリポリ沖シドラ湾で警戒中の米軍機がリビア軍機を撃墜し，1986年米軍機はトリポリ，ベンガジを爆撃した
国境紛争	1956〜1960	モロッコ—フランス領スーダン	❖ 1956年モロッコの独立以後，その拡張主義からフランス領スーダン（マリ）との間で国境紛争が多発した
国境紛争	1983	マリ—アルジェリア	❖ 遊牧民トゥアレグ人の自決闘争に絡み国境紛争となった．
国境紛争	1954	コートジボアール—ガーナ	❖ コートジボアール南部で移民ガーナ人の衝突から国境紛争となった

付録2 アフリカの領土紛争

紛争名	時期	当事国	特記事項
国境紛争	1957～1962	ガーナ—トーゴ	❖ 旧ドイツ領トーゴの一部が英領ゴールド・コースト（ガーナ）に併合されたことで，分割されたエベ人の統一を求める運動の要求から，ガーナの国境閉鎖となった
国境対立	1958	リベリア—ギニア	❖ 国境ニムバ地帯で両軍が衝突した
国境紛争	1960	コートジボアール—リベリア	❖ 国境ガバラ川をめぐり両国軍が衝突した
国境紛争	1962	マリ—モーリタニア	❖ 国境の未画定から，遊牧民トゥアレグ人の移動で国境衝突となった
領土の帰属	1963～1964	ニジェール—ダオメ	❖ 国境の未画定から，ニジェール河レイト島の帰属をめぐって軍事対立となった
国境紛争	2000	ニジェール—ベナン	❖ ニジェール軍がニジェール河レイト島のベナン施設を攻撃した．2005年国際司法裁判所は，25島の帰属についてレイト島など16島のニジェール帰属を認めた
国境紛争	1964	ガーナ—オートボルタ	❖ 国境が明確でなく，国境衝突となった
国境紛争	1965	マリ—セネガル	❖ 国境が未画定で，国境地帯で軍事対立となった
国境紛争	1960～1963	ナイジェリア—ダオメ	❖ ナイジェリア北部とダオメはともにヨルバ人地帯で，国境が未画定で紛争となった
国境紛争	1981 1985～1986	ベナン—ナイジェリア	❖ ベナンのボルグ地区とナイジェリアのソコト州地域の国境地帯で紛争となった（1988年に国境画定）
国境紛争	1974～1976 1983 1985	ブルキナファソ—マリ	❖ 国境の未画定から，国境地帯の鉱山をめぐって対立した．1985年ブルキナファソがマリ国境地帯に攻撃をかけた
国境紛争	1979～1980	ブルキナファソ—ベナン	❖ 国境の未画定から紛争となった
国境紛争	1989	セネガル—モーリタニア	❖ 国境地帯の農地帰属をめぐって対立していたが，部族紛争で国境対立となった
国境紛争	1981 1987 1991	カメルーン—ナイジェリア	❖ もともと領有対立にあったが，沖合油田の領有をめぐって再び対立した．1991年ナイジェリアがカメルーン沖合の3島に加え新たに6島を併合し，軍事対立となった

付録2　アフリカの領土紛争

紛争名	時期	当事国	特記事項
バカシ半島の帰属	1981 1991 1994～1996	ナイジェリア―カメルーン	❖ バカシ半島は1913年英国（ナイジェリア）からドイツ（カメルーン）に移管し，ナイジェリアに移ったが，1975年カメルーンの支配が合意された．1981年沖合油田の領有から対立し，1991年ナイジェリアはカメルーンの国境地帯を併合した．1993年ナイジェリアはこの合意を拒否し，1994年ナイジェリア軍が油田地帯バカシ半島を占領した．1993年国際司法裁判所はこの地帯での軍事行動を凍結し，2003年カメルーンの帰属とした
チャド・リビア紛争	1969～1984	リビア―チャド	❖ リビアがチャド北部チベスチ地区を支配し，チャド内戦が起きた
領土の帰属	1990～1994	リビア―チャド	❖ リビアはチャド領土の帰属を国際司法裁判所に提訴し，チャドも提訴した．その国境は1955年条約で画定済と判決された
国境紛争	1983 1992	チャド―ナイジェリア	❖ チャド内戦でのナイジェリアの外国人追放措置から国境衝突となった
国境紛争	1964	コンゴ―ガボン	❖ ガボンのオート・オググエ地域で国境紛争となった
エチオピア分割	1889～1908	エチオピア―イタリア・フランス・英国	❖ 1889年エリトリアを支配したイタリアがこれをエチオピアに容認させ，ソマリーランドに進出の英国がその支配をエチオピアに認めさせ，1902年スーダン・エチオピア・エリトリア国境が，1908年ソマリー・エチオピア国境が画定した
エチオピア戦争	1934～1940	イタリア―エチオピア	❖ 1934年イタリア・エチオピアに圧力をかけ，翌35年イタリア・エチオピア戦争となった．第2次世界大戦で，1940年英国・エチオピア軍がエチオピアを解放し，1942年エチオピアは統治を回復した
国境紛争	1965 1967	スーダン―中央アフリカ	❖ スーダン南部の内戦で国境地帯での交戦事件となった
国境紛争	2005	スーダン―チャド	❖ スーダン西部ダルフールでアラブ系民兵が黒人を追撃し，チャド軍との交戦となった
国境紛争	1972 2003	ガボン―赤道ギニア	❖ 1900年協定でユリコス湾の100を超す島とエロベイ島はスペイン領であったが，未帰属のムガベ島を1972年ガボンが併合し，2003年石油の産出で再び対立となった
国境紛争	1972～1973	ブルンジ―タンザニア	❖ フツ人のタンザニア出国で国境紛争となり，ブルンジは1974年賠償を支払った

付録2 アフリカの領土紛争

紛争名	時期	当事国	特記事項
オガデン紛争	1977～1978	エチオピア—ソマリア	❖ ソマリア軍がエチオピアのオガデン地方に侵攻し,エチオピアはキューバの支援で反撃した
トゲレ紛争	1987	エチオピア—ソマリア	❖ エチオピア支援の運動組織とソマリア支援の組織がトゲレ地区で衝突した
ケニア・ソマリア紛争	1963 1967	ケニア—ソマリア	❖ 遊牧ソマリー人のケニア北部への国境侵犯が続いた
国境紛争	1976	エチオピア—スーダン	❖ 1972年国境協定にもかかわらず,スーダン内戦へのエチオピア関与から,スーダン軍がエチオピアへ侵攻した
領土紛争	1996	エリトリア—ジブチ	❖ 北部国境地帯のイスラム・スルタン領をめぐる領土対立からエリトリア軍が侵攻した
ウガンダ・タンザニア紛争	1971～1972 1978	ウガンダ—タンザニア	❖ ウガンダの政変でオボテ前大統領がタンザニアに亡命し,中国人支援のタンザニア軍がウガンダへ侵攻した.1978年タンザニア軍の侵攻はキューバ軍の支援があった
国境紛争	1968～1972 1995	ウガンダ—スーダン	❖ ウガンダ軍が南部スーダンの反政府軍を支援して侵攻した
ニヤサ湖紛争	1967～1968	マラウイ—タンザニア	❖ ニヤサ湖に対するマラウイの領土要求をタンザニアは一貫して拒否した
国境紛争	1968～1981	マラウイ—ザンビア	❖ マラウイが国境の変更を要求し,1981年に国境対立となった
南アフリカのアンゴラ作戦	1975～1984	南アフリカ—アンゴラ	❖ ナミビア解放闘争の聖域であったアンゴラ南部に南アフリカが侵攻し,徹底的に破壊した
ウォルビス湾の帰属	1977～1994	ナミビア—南アフリカ	❖ ナミビアの自決闘争と連動して,ウォルビス湾の帰属が持ち上がり,1990年ナミビアの独立で1994年に戻った
ホームランド領土紛争	1978	南アフリカ—トランスカイ	❖ バンツースタンのトランスカイが南アフリカに対しグリカランドの部族地としての領土要求を持ち出した
レソト紛争	1976～1977 1981～1982	レソト—南アフリカ	❖ 南アフリカの包領レソトを聖域とした南アフリカ解放闘争で,南アフリカ軍が干渉した
領土対立	1982	南アフリカ—スワジランド	❖ 南アフリカはスワジ人居住地帯カングワ及びゴール人居住地帯イングワブワを譲渡すると約束したが,実行しなかった
国境紛争	1982	ザイール—ザンビア	❖ ザイールは国境対立からザンビアのルアプラ州に侵攻した
国境紛争	1999～2000	エチオピア—エリトリア	❖ 国境未画定から,エリトリアの独立で紛争となった.2003年国際仲裁判所はエリトリアの領有を認めたが,エチオピアは拒否している

付録2　アフリカの領土紛争

紛争名	時期	当事国	特記事項
国境紛争	1962 1990～1992	ルワンダ― ウガンダ	❖ フツ人政権がウガンダのツチ人反政府勢力を追跡して侵攻した ❖ 1990年内戦状態のルワンダにウガンダのツチ人反政府勢力が侵攻した
コモロ帰属紛争	1976～ 1997～2001	コモロ―フランス	❖ コモロは1975年独立したが、翌年76年マヨット島がそのフランス帰属を決定した. ❖ 1997年ムワリ島、ヌズワニ島が連邦離脱を宣言し、2001年コモロ連合となった
マダガスカルの領土要求	1977～1978	マダガスカル―フランス	❖ クロリオン諸島の領有要求を旧宗主国フランスは一貫して拒否した
モーリシャスの領土要求	1976～1983	モーリシャス―フランス	❖ トロメリン島に対するモーリシャスの領土要求をフランスは拒否した
モーリシャスの領土要求	1976～1983 2004	モーリシャス―英国	❖ 1976年モーリシャスが1965年に分離したディエゴ・ガルシアを含むチャゴス諸島の領土要求を持ち出した。このディエゴ・ガルシアからモーリシャスへの強制退去は2001年に英高等法院が違法との判決を下した ❖ 2004年モーリシャスはチャゴスの領土権要求を再び英国へ持ち出した
ハーニシュ諸島紛争	1994～1995	エリトリア―イエメン	❖ エリトリアは1994年紅海の大ハーニシュ島などハーニシュ諸島のイエメン住民と軍隊に引き揚げるよう要求し、翌95年エリトリア軍が占領した

付録3　中東の領土紛争

紛争名	時期	当事国	特記事項
トルコの領土回復	1917～1922	トルコ―ギリシャ・他	❖ 1914年第1次世界大戦でドイツ・オーストリアに加担した参戦で，トルコは敗北を喫し，オスマン帝国の滅亡と分割が1920年セーブル条約で確認された．これに対し，トルコ本土に侵攻のギリシャ軍を敗北させた指導者ムスタファ・ケマルは1922年固有領土を回復し，1923年セーブル条約を破棄してローザンヌ条約を連合国と締結してそのトルコの支配を確認した ❖ このトルコの敗北で，アラブ諸国がトルコ支配を離れた
ソ連・イラン紛争	1945～1946	ソ連―イラン	❖ 第2次世界大戦でイランに進駐したソ連は，イランに傀儡政権を樹立した．国際圧力でソ連は引揚げた
パレスチナ紛争	1948～1949	イスラエル―エジプト・シリア・ヨルダン・レバノン・イラク	❖ パレスチナ国連分割決議に従うイスラエルの独立を拒否して，イスラエルにアラブ5カ国が侵攻したが，イスラエルは防衛に成功し，一方，パレスチナ国の独立は流れた
ハタイ紛争	1936～1939	シリア―トルコ	❖ 1918年にトルコ軍がイスケンデルン（ハタイ）・アレキサンドレッタから引き揚げたが，トルコ系住民のハタイに対する領土要求にトルコは固執し，1936年シリアの独立では自治がとられた
国境紛争	1954～1955 1957～1958	イスラエル―シリア	❖ 両軍の軍事衝突となり，1955年ティベリアス湖でイスラエル軍が先制攻撃をかけた
スエズ動乱	1956～1957	エジプト―英国・フランス・イスラエル	❖ 英国・フランス軍の侵攻とともに，イスラエル軍も侵攻した
ヨム・キプル紛争	1967	イスラエル―エジプト・シリア・ヨルダン	❖ イスラエル撲滅を目指してアラブ3国が侵攻したが，ヨルダンは西岸地区，シリアはゴラン高原，エジプトはシナイ半島を失った．1982年シナイ半島はエジプトに戻った
第4次中東紛争	1973	イスラエル―エジプト・シリア	❖ エジプト・シリアが失地回復を目指して戦争したが，シリアのゴラン高原は戻らなかった
イスラエルのリタ二川作戦	1978	イスラエル―レバノン	❖ イスラエルは1978年パレスチナ・ゲリラのテルアビブ上陸事件の報復作戦として，南部レバノンを占領し，パレスチナ・ゲリラを掃討した
ペルシャ湾対立	1828～1829 1952 1956～1958	バーレーン―イラン	❖ ペルシャはペルシャ湾のバーレーンに対し領土要求を繰り返してきたが，1969年国連関与のバーレーン民意調査でイランはバーレーンの独立を承認した

付録3　中東の領土紛争

紛争名	時期	当事国	特記事項
ハワール紛争	1978～1986	バーレーン―カタール	❖ ハワール島をめぐる対立はサウジアラビアの調停で解決した
領土帰属	1982～1989	エジプト―イスラエル	❖ 1982年シナイ半島のエジプト返還で，タバの帰属問題が残ったが，1989年エジプトに返還された
シャットル・アラブ紛争	1932～1937 1959 1969 1972 1974～1975	イラン―イラク	❖ 1555年国境画定条約，1639年トルコ・ペルシャ和平条約，1823年と1847年のエルズム和平条約，1913年議定書があるにもかかわらず，1932年ペルシャ軍艦が溯航しムハンマラ港に入ったことで対立となり，1959，1969，1972，1974年にイラク軍がイラン領土を侵犯した
イラン・イラク紛争	1980～1988	イラン―イラク	❖ イラク軍が侵攻したが，イランの反撃を受け停戦となった
領土紛争	1968～1990	イラン―アラブ首長国連邦	❖ イラン軍がアラブ首長国連邦の発足で構成国シャルジャのアブ・ムーサ島へ進駐し，次いで構成国ラス・アル・カイマーの大・小トンブ両島に進駐し，前者は進駐を受け入れ，後者はその進駐を拒否した．イラン革命でイラン軍は3島から軍隊を引き揚げた
在イラン米大使館占拠事件	1979～1981	イラン―米国	❖ 1972年に米大使館爆破テロがあったが，イスラム革命でサタンの米国に対決して在テヘラン米大使館を占拠し，前皇帝レザー・シャーの引き渡しを米国に要求し，その引き渡し拒否と米国の対イラン制裁で占拠・人質が続いた
クウェート事件	1961～1963	イラク―クウェート	❖ イラクのクウェートに対する領土要求からイラクの侵攻となったが，サウジアラビア軍が進駐して解決した
湾岸戦争	1990～1991	イラク―クウェート・米国（多国籍軍）	❖ イラクがクウェートに侵攻し，米国・サウジアラビアなどの多国籍軍がこれを封じた
イラク戦争	2003	イラク―米国・英国・他（有志国連合）	❖ フセイン・イラク大統領が大量破壊兵器を破棄しないとして有志国連合による戦争が発動された
領土紛争	1921～1922	イラク―サウジアラビア	❖ 部族対立による衝突は1922年協定で解決された
領土紛争	1922 1965	クウェート―サウジアラビア	❖ 1922年中立地帯として残った領土処理は，1965年に分割され解決した
ブレイミ・オアシス紛争	1933～1935	サウジアラビア―英国（オマーン，アラブ首長国連邦）	❖ サウジアラビアがブレイミ・オアシスの石油利権を米系会社に付与したことで，英国（マスカット・オマーン，アブダビ）との間で対立となった．1974年解決し国境画定が成立した

419

付録3　中東の領土紛争

紛争名	時期	当事国	特記事項
国境紛争	1994〜1995	サウジアラビア—イエメン	❖ 国境地帯アシール油田をめぐり対立した
国境紛争	1992	サウジアラビア—カタール	❖ 国境地帯ホル・アル・ウディド島の領有をめぐり対立した
国境対立	1977	サウジアラビア—オマーン	❖ サウジアラビアによるラアス・ル・ハイマ沖の油田開発でオマーンが反撥した
南・北イエメン紛争	1964 1972 1979 1987	イエメン—南イエメン	❖ イエメンの南イエメンに対する領土回復要求で対立し，1972年イエメン軍が南イエメンのカマラン島を占領し，南北統合合意で解決した．1979年サウジアラビアの支援でイエメンが南イエメンに侵攻したが，1990年南北統合が達成された
国境紛争	1972〜1976	オマーン—南イエメン	❖ 南イエメンのオマーン反政府闘争支援で国境紛争となった
国境対立	1977	オマーン—アラブ首長国連邦	❖ アラブ首長国連邦ラアス・ル・ハイマ沖の油田開発をめぐりオマーンが反撥した
トルコ・キプロス紛争	1974〜1996	トルコ—キプロス	❖ ギリシャ系・トルコ系の共存が崩れたことで，トルコがキプロス北部に軍事侵攻し，北部は1983年独立宣言をした．両系住民の交渉は成功していない ❖ 1996年ギリシャ系の北部侵攻で，軍事対立が起きた
イスラエルのレバノン作戦	2006	イスラエル—レバノン	❖ レバノン南部のシーア派民兵組織ヒズボラ（神の党）の活動を封じるため・イスラエルが軍事侵攻した

付録4　アジアの領土紛争

紛争名	時期	当事国	特記事項
シャムの治外法権	1826～1937	シャム―英国・米国・他	❖ 対外列国の侵略を封じることに成功した
中国租界	1845～1943	中国―英国・日本・フランス・米国・他	❖ 外国の特殊権益として租界が設けられ，中国侵略の拠点となった．1943年返還された
北清事変	1900～1901	中国―英国・米国・フランス・ロシア・日本・他	❖ 1851年大平天国の蜂起となり，英国など列国は義和団の鎮圧を要求し，1900年北京に出兵した．翌01年に撤兵した．
朝鮮租界	1877～1910	朝鮮―日本・ロシア・米国	❖ 朝鮮開国・侵略の拠点となり，1910年日本に併合された
日露戦争	1904～1905	日本―ロシア	❖ 日本の奇襲作戦に始まり，日本はロシアのサハリン（樺太）南部割譲に成功し，大陸支配へ踏み出すところとなった．その支配は1945年日本の敗北で解消された．
シベリア出兵	1918～1922	ロシア―日本・米国・英国・フランス・イタリア	❖ ロシア革命で極東共和国に干渉し革命政権に対し出兵した
漁業紛争	1923～1928	ソ連―日本	❖ 1921年日本がソ連領で自由漁業の名で独占操業をしてきたことに対し，ソ連は日本漁船の拿捕に着手し，混乱した
日本の中国軍事出兵	1927～1928	日本―中国	❖ 中国山東地方の戦乱で，1927～28年日本軍が3度出兵し，これを機に日本は東3省（満州）へ干渉するところとなった
太平洋戦争（第2次世界大戦）	1941～1945	日本―マレーシア・シンガポール・ビルマ（英領）・フィリピン（米領）・インドネシア（オランダ領）・インドシナ（フランス領）	❖ 日本は東南アジアに軍事侵攻し，アジアの解放を掲げたが，それは大東亜共栄圏の支配であった
国境紛争	1925	ソ連―アフガニスタン	❖ 1921年友好条約にもかかわらず国境紛争となり，1926年に不可侵条約が締結された
アフガニスタンの領土要求	1947～1955	アフガニスタン―英国／パキスタン	❖ 1893年協定を無効としてアフガニスタンが領土要求を持ち出し，西パキスタンの統合に抗議し，パクトニスタン共和国を樹立し，このアフガニスタンの立場はソ連が支持した
ソ連のアフガニスタン軍事介入	1978～1989	ソ連―アフガニスタン	❖ アフガニスタンに社会主義政権が成立するとともに，イスラム原理主義運動の封じ込めによる中央アジアの安定も企図されてソ連軍が介入したが，それは成功しなかった
領土紛争	1958～1959	中国（チベット）―ブータン	❖ 中国がブータンはチベットの中国領土であると要求した

付録4　アジアの領土紛争

紛争名	時期	当事国	特記事項
中印領土紛争	1959～1962	中国―インド	❖ 東部国境・中央国境・ラダク辺境の領土対立とチベット問題へのインドの関与から，中国軍が侵攻して全面的な国境紛争となった
中国・シッキム国境紛争	1967	中国―インド	❖ 中国・インド両国の外交官追放に続いてチベット・シッキム国境ナトゥラ峠，次いでチョラ峠で戦闘となった
日中戦争	1937～1945	日本―中国	❖ 日本は満州の独占的勢力圏確保から中国侵攻を拡大した，抗日闘争が激しく，部分撤退による解決は実現しなかった
尖閣諸島紛争	1971～	中国―日本	❖ 日本領土尖閣諸島（中国名釣魚島）に対する中国の主権要求が続く
中ソ領土対立	1966～1967 1980	台湾―日本	❖ かねて中国領土がロシアに侵略され，ソ連は強い領土要求をもち，中ソ対立下に新疆地域などで国境衝突が続いた
ダマンスキー紛争	1969	ソ連―中国	❖ アムール河（黒龍江）と合流するウスリー河ダマンスキー（珍宝島）で軍事衝突となった
金門・馬祖砲撃	1954～1978	中国―台湾	❖ 中国は大陸に残された台湾支配の金門・馬祖の解放を強く願い，一連の攻勢をかけた
国境紛争	1993	中国―モンゴル	❖ モンゴルは自国を「中国領土」とした書物につき貿した事件に続き，国境紛争となった
日ソ国境紛争	1932～1937	日本―ソ連	❖ 1932年満州建国以来，国境紛争が散発していたが，1935年ハルハ廟事件以後激化し，1937年アムール河事件で，日本は現地解決を求められた
李ライン紛争	1953～1965	韓国―日本	❖ 韓国は李ラインを設定して竹島を取り込み，1954年竹島に施設を建設した
竹島（独島）紛争	1953～	韓国―日本	❖ 日本は古来，松島（竹島，韓国名独島）を自国領土としてきたが，隣りの鬱陵島（韓国名竹島）を支配してきた韓国が李ラインを設定して独島（竹島）を自国領土とし，1954年に常駐し，1997年に接岸施設を建設した．国際司法裁判所への付託は韓国が応じていない
北方領土問題	1945～	ソ連―日本	❖ ソ連は第2次世界大戦で千島列島を占領し，日本固有領土歯舞・色丹・国後・択捉4島を支配したままである
国境紛争	1950	中国―ビルマ	❖ 中国内戦で，国境が未画定のビルマに中国軍が侵攻し，ビルマ軍と交戦した

付録4　アジアの領土紛争

紛争名	時期	当事国	特記事項
国境紛争	1960	中国―ネパール	❖ 国境協定・平和友好条約の締結にもかかわらず，中国軍がネパール国境を攻撃し，中国総理は遺憾の意を表した．1961年国境条約が調印された
中越国境紛争	1979	中国―ベトナム	❖ ベトナムに対する懲罰作戦として中国軍がベトナムに侵攻した
トンキン湾領土対立	1973～1979	中国―ベトナム	❖ 石油開発とともにトンキン湾（北部湾／バクボ湾）での領土対立となり，1979年解決した
国境紛争	1981～1982	中国―ラオス	❖ 中国軍のラオス領侵犯が起きた
西沙群島事件	1974	中国―ベトナム	❖ 西沙群島のベトナム支配を中国は回復した
南沙群島対立	1933～1945 1956～2002	中国―日本―フランス 中国―フィリピン―ベトナム	❖ フランスがスプラトリー（南沙）群島を占領したが，1945年まで日本が支配した ❖ 1945年に中国に戻ったのち，1956年フィリピン支配（1968年占領）と南ベトナム占領が続いた．2002年中国は領有権紛争の平和的解決を約束した
ビルマ分離処理	1935	英領インド―ビルマ	❖ 英国はビルマ人地域の分離を余儀なくされた
英領インド分割	1947	インド―パキスタン	❖ インド統治法の終焉で，ヒンドゥー教徒・イスラム教徒の2つの領土の分離独立となり，民族大移動となった
インパール作戦	1942～1944	日本―インド・ビルマ	❖ ビルマに進出した日本軍がインド国民軍の参加を得てインド攻略を企図したが，失敗した
カシミール紛争	1947～1949	インド―パキスタン	❖ 1945年インド・パキスタン分離独立後，住民がイスラム教徒であるカシミールのインド帰属で対立した
第2次印パ戦争	1965～1966	インド―パキスタン	❖ カシミールの回復を目指してパキスタンのインド侵攻で全面戦争となった
第3次印パ戦争	1971	パキスタン―インド	❖ 1971年東パキスタンがバングラデシュ独立を宣言し，インドがバングラデシュを支援してこの内戦に介入し戦争となった．バングラデシュは1945年インド・パキスタン分割の境界を継承しており，バングラデシュにインドは121の飛地，そしてインドにはバングラデシュの21の飛地がある
領土紛争	1978～1981	インド―バングラデシュ	❖ ベンガル湾の南タルパティ島（インド名ニュームーレ島）をめぐって対立し，インドは西ベンガル州に帰属させた
領土対立	1983	インド―バングラデシュ	❖ インド国境警備隊はアッサム州に接するバングラデシュのシレト県を自国領と主張し，同地のバングラデシュ人を追放した．ミゾレム州国境でも同様の事件が起きた

付録4　アジアの領土紛争

紛争名	時期	当事国	特記事項
国境紛争	1991 1999 2001	インド― パキスタン	❖ 1991年パキスタンがカシミール実行支配線付近に地下壕を掘り、両軍の戦闘となった ❖ パキスタンの攻撃は続いた
ゴア紛争	1955〜1961	インド― ポルトガル	❖ インドはゴア併合を要求したが拒否され、1961年義勇軍が派遣され目的を達成した
東チモール紛争	1975〜1999	インドネシア― ポルトガル	❖ 東チモール内戦でインドネシアに併合されたが、東チモールは自決を達成した
タイの失地回復	1940〜1941 1946 1909	タイ―カンボジア	❖ 1893年に国境が画定したが、1940年タイが失地回復を呼びかけ侵攻し、日本の調停で回復した。1946年解消された
シャム・マラヤ領土処理	1943〜1945	シャム／タイ― 英国（マラヤ）	❖ 1889年協定でマレー北部はシャムの支配にあったが、1909年英国（マラヤ）に割譲され、1943年日本の調停で回復した。1945年解消された
インドシナ戦争	1946〜1954	フランス― 北ベトナム	❖ フランスはインドシナ権益保持で北ベトナムの自決を封じようとしたが、ディエンビエンフー戦闘でのフランス敗北に終わった
ベトナム戦争	1962〜1973	米国・タイ・オーストラリア・ニュージーランド・韓国―北ベトナム・カンボジア	❖ フランスに代わって北ベトナムの封じ込めを遂行した米国は、参戦国の支援にもかかわらず、北ベトナム爆撃とゲリラ戦闘に対する枯葉作戦の遂行にもかかわらず、解放勢力の攻勢を止めることができなかった
プレア・ビヘア帰属	1958〜1962	カンボジア―タイ	❖ カンボジア北部、タイとの国境にあるプレア・ビヘア寺院の帰属をめぐり軍事衝突となった。1962年国際司法裁判所の判決でカンボジアに帰属した
国境紛争	1965〜1966	タイ―カンボジア	❖ シハヌーク・カンボジア元首がタイの拡張主義政策を非難するなかタイ軍がカンボジアへ侵攻した
国境紛争	1958〜1959	北ベトナム― ラオス	❖ ラオスに親米・反共政権が成立したことで、北ベトナムが侵攻した
国境紛争	1978 1980 1982 1984〜1988	ラオス―タイ	❖ ラオスの社会主義移行で、国境メコン河で軍事衝突となった。1982年ダオンサ島で衝突が起きた。1984以降、国境地帯3村の領有をめぐり軍事衝突となった
サバ事件	1962〜1966	マレーシア― フィリピン	❖ サバはスールー諸島のスルタンが支配してきたとして、フィリピンの帰属要求が持ち出され、フィリピンはマレーシア発足を拒否した
領土の帰属	1996〜2002	インドネシア― マレーシア	❖ セレベス海のシパダン島とリギタン島の帰属につき国際司法裁判所に提訴したが、インドネシアの申立ては成立しなかった

付録4 アジアの領土紛争

紛争名	時期	当事国	特記事項
国境紛争	1977～1979	カンボジア―ベトナム	❖ カンボジアの領土要求を拒否してベトナムが侵攻した
領土対立	1979～1980	マレーシア―インドネシア	❖ マレーシアが自国の地図にバツ・ブデー島を掲載したことに対し，インドネシアが抗議したが，マレーシアは交渉を拒否した
領土の帰属	2003～	シンガポール―マレーシア	❖ シンガポールがシンガポール海峡の小島ペドラ・ブランカ・ブラウ，バツ・ブテー，他の領有をめぐり国際司法裁判所に提訴した
日本の軍事進攻	1914	日本―ドイツ	❖ 1914年日本海軍はマーシャル諸島のドイツ海軍を攻略し，1945年米国が統治を引き継ぐまで，日本は南洋群島を支配した
ブーゲンビル独立闘争	1988～2001	パプアニューギニア（ブーゲンビル島）―ソロモン諸島	❖ オーストラリアの鉱山会社の環境破壊に抗議してブーゲンビル島住民が抗議行動から革命闘争に走り，1989年革命軍はブーゲンビル独立共和国を宣言し，パプアニューギニア軍は革命軍を追撃して，ソロモン諸島のショートランド諸島へ侵攻した，2001年革命軍との自治合意が成立した
帰属対立	1982～1983	フランス―バヌアツ	❖ バヌアツ（旧ニューヘブリディス）のアナトム島とニューカレドニア間にあるマシュ・ハンター島をめぐり帰属対立となった
国境紛争	1984 1991	インドネシア―パプアニューギニア	❖ インドネシア軍がパプアニューギニアに逃亡したパプア独立運動分子の追跡作戦で越境した
トーレス諸島の帰属対立	1976～	パプアニューギニア―オーストラリア	❖ 帰属協議は成功していない

付録5　西半球の領土紛争

紛争名	時期	当事国	特記事項
メーン湾事件	1979〜1984	米国—カナダ	❖ 両国が200カイリ漁業水域を設定したことで大陸棚の境界紛争となった．国際司法裁判所の判決で境界線が線引きされた
米国のグアンタナモ支配	1903〜	米国—キューバ	❖ 米西戦争でキューバの独立まで米国がキューバを支配したが，米国は1903年協定でグアンタナモ・他を支配した．1959年成立のカストロ政権下でも軍事基地を保持している
ナバサ島紛争	1981	米国—ハイチ	❖ 1978年以来，米国の帰属要求で対立していたが，1981年ナバサ島に米国が上陸した
米軍のグレナダ進攻作戦	1983	米国—グレナダ	❖ グレナダ左翼政権の混乱に乗じて東カリブ諸国機構の要請で米軍が進攻した
パナマの反米暴動	1925 1936 1964	パナマ—米国	❖ パナマ運河を支配する米国に対し自らの自決を求めて暴動となり，1936年パナマ運河のパナマ主権が認められた．1964年暴動は運河地帯の国旗掲揚問題から起きた．1999年運河はパナマに返還された
米軍のパナマ侵攻作戦	1990	米国—パナマ	❖ 1989年米国はノリエガ・パナマ国軍司令官を麻薬取引罪で起訴し，翌90年侵攻作戦で彼を逮捕した
国境紛争	1962	ハイチ—ホンジュラス	❖ 国境支配線をめぐり対立した
グアテマラの戦争	1906	グアテマラ・米国—エルサルバドル・ホンジュラス	❖ グアテマラが米国の支援でエルサルバドル・ホンジュラスに侵攻したが，成果はなかった
国境紛争	1914 1921	コスタリカ—パナマ	❖ 国境画定の調停をパナマが拒否したことで，コスタリカ軍がパナマに侵攻した．1921年パナマが占領していたコト地域にコスタリカ軍が侵攻し，失地回復に成功した
国境紛争	1917	グアテマラ—ホンジュラス	❖ 1845年以来，国境画定に失敗してきた国境地帯で戦闘となった
国境紛争	1960	コスタリカ—ホンジュラス	❖ 国境紛争となった
国境紛争	1957 1961	ホンジュラス—ニカラグア	❖ 1906年国境地帯モスキーチ地区のホンジュラス帰属確認に不満のニカラグアはその司法解決に際しホンジュラスに発砲した
サッカー戦争	1969 1976	ホンジュラス—エルサルバドル	❖ 両国は移民の地位をめぐり対立していたが，1969年ホンジュラスで開催のサッカー試合でエルサルバドル人とホンジュラス人の暴動となり，エルサルバドル軍がホンジュラスへ侵攻し，100時間（サッカー）戦争となった．未解決の国境線は1980年に画定された

付録5　西半球の領土紛争

紛争名	時期	当事国	特記事項
国境紛争	1971	グアテマラ—エルサルバドル	❖ 国境で衝突した
領土対立	1978〜1802 1859〜1863 1971 1975〜1985 1991 1994	グアテマラ—英国（ベリーズ）	❖ グアテマラは英領ホンジュラス（ベリーズ）に対する領有権を主張し、交渉をする一方、圧力をかけた ❖ 1994年にはグアテマラ人約100人がベリーズの土地を占拠した
ネービスの分離要求	1997	セントクリストファー・ネービス（—ネービス）	❖ ネービス島議会がセントクリストファー島の離脱を求めたが、住民投票は賛成61.7%で成立しなかった。ネービスは完全自治を要求している
領海紛争	1991	エルサルバドル—ニカラグア	❖ エルサルバドルがフォンセカ湾のメアンチラ島に電力施設などを建設し、ホンジュラスは主権侵害と抗議した
ブラジルの領土要求	1821	ブラジル—ボリビア・ペルー	❖ 1815年王国として独立したブラジル（1889年革命で共和国）が旧ポルトガル領土としてボリビア（1809年独立運動、1825年独立）とペルー（1821年独立宣言、1824年独立）に対し領土要求を持ち出した
エクアドルの領土要求	1904	エクアドル—ブラジル	❖ エクアドルがガエタ・アマゾン間の地域をブラジルに要求したが、拒否された
領海紛争	1999〜	ホンジュラス・コロンビア—ニカラグア	❖ ホンジュラス・コロンビアの領海画定にニカラグアが抗議し、国際司法裁判所に提訴した
国境紛争	1898〜1902 1940〜1941 1964〜1966 1978	アルゼンチン—チリ	❖ 1881年に1871年国境協定が分水嶺の混乱で廃棄され、戦闘となったが、1902年英国王の裁定で解決した ❖ 1940年ブアグル運河で対立した ❖ 1964年アンデス国境ラグト・デル・デシエルト（荒野の潟）で対立となった。1978年にも再び対立となった
国境紛争	1980〜1985	アルゼンチン—パラグアイ	❖ 両国北東部ピルコマヨ河をめぐり国境紛争となった
国境紛争	1941〜1942 1951 1954 1960	ペルー—エクアドル	❖ エクアドルは1942年リオデジャネイロ議定書による国境解決を認めないとして、戦争を仕掛けたが、1960年にもその立場を通告し拒否された
太平洋戦争（サルバドル戦争）	1879〜1884	チリ—ボリビア・ペルー	❖ ボリビアがチリの会社を接収したことで、チリがボリビアに侵攻し、ペルーがボリビアを支援して戦闘となり、チリの勝利に終わり、チリが資源地帯タラパカ地方（アリカ）、アントファガスタ地方（ラウカ）を領有し、ボリビアは内陸国となった

付録5　西半球の領土紛争

紛争名	時期	当事国	特記事項
ラウカ河水利紛争	1939～1941 1961～1981	チリーボリビア	❖ チリがラウカ河水利の共同利用を要求し、これに対しボリビアは海への出口を求めた。 ❖ 1961年チリがラウカ河に灌漑ダムを建設したことで、ボリビアは断交した
ボリビアの太平洋出口事件	1975～1978 2004	ボリビアーチリ	❖ ボリビアが旧ペルー領を含む太平洋への出口回廊を要求したが、交渉は決裂し、国交関係は断絶された ❖ 2004年国会に領土回復委員会が設けられた。ボリビアはチリと外交関係にない
チャコ戦争	1927～1930 1932～1935	ボリビアーパラグアイ	❖ 1894年国境画定に不満のパラグアイがパラグアイ・ボリビア・アルゼンチン三角地帯グランチャコ（ボリビア）に侵攻し、アルゼンチンの仲裁は失敗した ❖ グランチャコで石油資源が発見され、ボリビアが侵攻したが、パラグアイが支配した。1958～60年調査で石油試掘は中止された
国境紛争	1916～1922 1982	コロンビアーベネズエラ	❖ 分離独立の際、国境反乱で国境の画定が残り、対立となったが、コロンビアの要求が満たされた ❖ 1982年国境地帯で越境事件が続いた
レチシア紛争	1932～1934	ペルー―コロンビア	❖ ペルーとコロンビアは1922年国境画定に合意し、コロンビアはアマゾン河に達する回廊地帯を獲得した。1932年そのコロンビア村落レチシアにペルー軍が進駐し、戦争となった。1934年現状に復した
アマゾン国境紛争	1630 1935 1941～1942 1951 1954 1983 1991 1995	エクアドル―ペルー	❖ アマゾン河への出口をめぐりエクアドルがマラニヨン川に達するタンベス、フェーン、オリエンテを要求して対立し、1941年戦争となった。この戦争で積み残した地域の資源をめぐって再び戦争が続いた。1998年ブラジル、米国、アルゼンチン、チリ4カ国調停案を両国が受け入れ、解決へ向かった
国境対立	1849～1891 1915 1981～1986	スリナム（オランダ領ギアナ）―フランス（フランス領ギアナ）	❖ 植民地当時から国境対立があって、1975年スリナムの独立後は反対派がフランス領ギアナの逃れ、対立した

付録5　西半球の領土紛争

紛争名	時期	当事国	特記事項
国境紛争	1969 2000	スリナム— ガイアナ	❖ 西部ユーランタイン地域の境界をめぐってガイアナが新河川地帯を占領した ❖ 2000年ガイアナがフランス系企業に同河口の石油採掘権を与えたことで，スリナム海軍が出動した
領土対立	1967	スリナム— ガイアナ	❖ 1814年に国境は画定されたが，スリナムのガイアナ新三角洲に対する領土要求は依然，根強く，1969年にガイアナ軍が占領した
漁業事件	1963	フランス— ブラジル	❖ フランス（フランス領ギアナ）はブラジルのえび漁船を領海侵犯を理由に拿捕した．ブラジルは臨戦態勢をとった
国境対立	1969〜1970 1982〜1990	ガイアナ— ベネズエラ	❖ ベネズエラが西部エセキボ河以西の領海を設定したことで対立した． ❖ 1982年紛争凍結協定が失効して再び戦争となった。1990年紛争終結に合意した．2004年両国は国際連合に委ねることで合意した
フォークランド（マルビナス）紛争	1833 1882	アルゼンチン— 英国	❖ マルビナス諸島は1816年アルゼンチンの独立で1920年に帰属した．1933年英軍が占領し，植民地とし1908年英保護領となった．1975年英国の調査団派遣にアルゼンチンが抗議して，1982年アルゼンチン軍がマルビナス諸島の回復を目指して侵攻したが，成功しなかった
ビーグル海峡の帰属	1971〜1978	チリ— アルゼンチン	❖ その帰属は国際司法裁判所に持ち込まれ，チリの領有が確認された
南極対立	1908 1948 1950 1955	英国—チリ —ソ連—アルゼンチン—オーストラリア—フランス— ニュージーランド—ノルウェー	❖ 1908年フォークランド島支配の英国が領有権を主張し，次いで，チリ，アルゼンチン，オーストラリア，フランス，ニュージーランド，ノルウェーがセクター方式による南極の領有権を主張した．1950年ソ連が最初の発見者として領有権を持ち出した．1955年英国がアルゼンチンに対し南極一部領有を国際司法裁判所に持ち込んだが，受諾されなかった ❖ 南極は地球上唯一の領有未確定地域で，1961年発効の南極条約の下にある

付録6　文化断層紛争

紛争名	時期	当事国	特記事項
コソボ蜂起	1909～1910	セルビア（コソボ）	❖ コソボの先住民トリュリア人の自決要求は根強く，1909年蜂起はトルコに弾圧された
ウクライナ内戦	1917～1919	ウクライナ（ウクライナ人）	❖ カザークの反乱は赤軍に鎮圧された
ボスニア・ヘルツェゴビナ内戦	1992～1995	ボスニア・ヘツェゴビナ（イスラム教徒，セルビア人，クロアチア人）	❖ ボスニア・ヘルツェゴビナの旧ユーゴスラビアから独立を契機に3勢力間の争いとなった
アブハジア人事件	1989 1990	アブハジア（アブハジア人―グルジア人）	❖ グルジアのアブハジア自治共和国でアブハジア人・グルジア人の衝突が起こり，グルジアからの離脱とロシアへの編入が持ち出された ❖ 南オセチア自治共和国でロシア領北オセチア共和国への編入が提起された
コソボ紛争	1998～2001	ユーゴスラビア／セルビア（アルバニア人）	❖ コソボは1946年ユーゴスラビアの自治州となり，アルバニア人の権利要求が続いた．1982年解放闘争となり，キリスト教徒ユーゴスラビアと後継国セルビアからの独立を目指すアルバニア人イスラム教徒の自決闘争として続く．1354年のコソボの闘い600年記念集会が1989年に開催された．セルビア人に対するコソボ人のテロは続いた
ナゴルノ・カラバフ紛争	1988～1991	アゼルバイジャン（中央―アルメニア人）	❖ アゼルバイジャンのナゴルノ・カラバフ自治州で多数派のアルメニア人がアルメニアへの編入を求めた．1991年ナゴルノ・カラバフ共和国樹立が宣言された
ドニエストル紛争	1990～1997	モルドバ（中央モルドバ人―ロシア語系住民）	❖ ドニエストル地域のロシア語系住民が分離独立を宣言し，ロシアはこれを支持し戦闘が激化した．連邦制による解決へ向かっている
チェチェン紛争	1994～1996 1999～	ロシア（チェチェン人）	❖ チェチェン人はロシア帝国の征服に最後まで抵抗し，第2次世界大戦のドイツ侵攻を歓迎し，全民族が中央アジアへ強制移住となり，その独立要求は強くロシアの軍事弾圧が続く
ルーマニア内戦	1987～1990	ルーマニア（マジャール人）	❖ ルーマニアはハンガリー系マジャール人の北トランシルバニア村落の解体に着手した，これがルーマニア人との対立，内戦を引き起こし，モルドバとの再統一要求が提起された
北アイルランド紛争	1969～1998	英国（カトリック教徒・プロテスタント）	❖ 少数派カトリック系住民の権利闘争は1998年の和平合意となった ❖ 2005年カソリック教徒過激派アイルランド共和国軍は武装闘争終結を宣言した
コルシカ紛争	1975～1987	フランス（コルシカ人）	❖ コルシカ人の自決闘争は1959年に無差別テロとなった

付録6　文化断層紛争

紛争名	時期	当事国	特記事項
バスク紛争	1895〜1967 1977〜1998	スペイン（バスク人）	◆バスク人の自決闘争は中央政府の自治権付与以後，バスク祖国と自由ETAは1998年全面停戦に入った
ベルギー言語問題	1987	ベルギー（フラマン系・ワロン系）	◆1993年にオランダ語（北部，フラマン系），フランス語（南部，ワロン系），ドイツ語（東部，少数）対等の前2者と首都ブリュッセルの連邦制を決めた
反イタリア暴動	1914	リビア（アラブ人）	◆アラブ人による反イタリア暴動でトリポリを除きイタリア人は引き揚げた．これに対し抵抗戦争に対する平定作戦を1923〜31年に実施した
アルジェリアのイスラム原理主義運動	1992〜1999 2003	アルジェリア（イスラム原理主義運動）	◆総選挙の混乱を契機にアフガニスタン内戦から帰国したイスラム原理主義運動分子のテロが頻発した
カザマンス運動	1982〜1999	セネガル（ジョラ人）	◆カザマンス河流域のジョラ人が抵抗闘争に入った．1999年停戦し，2004年和平協定が成立した
人種暴動	1968〜1971 1972〜1973 1992〜1999	シエラレオネ（テムネ人―メンデ人）	◆少数派メンデ人政権に対する数的優位のテムネ人の挑戦が選挙，工場暴動で表面化し，メンデ人秘密結社が非メンデ人殺戮を繰り返した ◆1972年暴動は部族対立にあった．1992年の内戦では，そうした支配階層の崩壊を越えてダイヤモンド利権の支配をめぐり拡大した
ナイジェリア内戦	1967〜1970	ナイジェリア（イボ人）	◆北部での南部イボ人の報復殺害から北部州工作となり，これに対しイボ人の東部州がビアフラ共和国を樹立し内戦となったが，ビアフラ戦争で敗北した
クル戦争	1931〜1932	リベリア（沿岸住民―奥地クル人）	◆支配の内陸への拡大とともに，クル人との戦争となった
メリーランド暴動	1968	リベリア（アメリカ系移民―現住民）	◆アメリカ系移民の同化政策に対し現住民の抵抗が続いた
リベリア内戦	1980〜2002	リベリア（アメリカ系移民―現住民）	◆アメリカ系移民黒人政権が倒され，現住民の政治参加となり，内戦状態となった
エリトリア紛争	1962〜1993	エチオピア（エリトリア）	◆エリトリア州（イスラム教徒・コプト派キリスト教徒）の分離独立闘争は成功した
エチオピア内戦	1988〜1991	エチオピア（ティグレ人）	◆ティグレ州でアムハラ人中央政権に対する分離闘争となった
カタンガ紛争	1960〜1963	コンゴ（中央とカタンガ）	◆コンゴ独立をめぐる部族対立の中，鉱物資源地帯カタンガに域外国が関与して分離工作がなされた

付録6 文化断層紛争

紛争名	時期	当事国	特記事項
コンゴ紛争	1996〜1999	ザイール／コンゴ民主共和国（ツチ系―フツ系）	❖ ツチ系の排除を企図して資源もからみフツ系支持でウガンダ、ルワンダが介入し、政府はジンバブエ、ナミビア、アンゴラの支持を受け、内戦に勝利した
ルワンダ内戦	1973 1990〜1994	ルワンダ（ツチ人とフツ人）	❖ 少数の牧畜民ツチ人の王国支配にあったが、多数派の農耕民フツ人が政権を倒し、これにツチ人の反撃となり、結局、ツチ人は1990年大量虐殺を蒙った．
ブルンジ内戦	1993〜2000	ブルンジ（ツチ人とフツ人）	❖ ツチ系支配が続いたが、フツ系大統領の就任でツチ系主導の内戦となり、フツ系難民がルワンダから大量帰国し混乱を深めた
アンゴラ内戦	1975〜1989	アンゴラ（ムブンド人）	❖ 独立をめぐり解放勢力間の武力対立となり、中央政権はキューバ軍の支援でムブンド人の反政府勢力とザイールの関与を封じた
部族紛争	1911 1962〜1963 1966 1971〜1986 1995〜2006	ウガンダ（ランゴ人、トロ人、アチョリ人など）	❖ ランゴ人、アチョリ人など部族対立で政治秩序と混乱が起伏した ❖ 1995年以降、キリスト教原理主義組織の抵抗闘争が続いた
スーダン南部問題	1963〜1972 1971〜1972 1983〜1989	スーダン（北部アラブ系と南部黒人系）	❖ 北部イスラム教徒支配に対する南部黒人（自然崇拝、一部はキリスト教徒）の権利要求が続き、それは南部の自決闘争となった ❖ 1971年、1981年のクーデタで成立の軍事政権はイスラム化を推進し対立を高めた
ダルフール紛争	2003〜2004	スーダン（南部黒人）	❖ 南部黒人がアラブ系政府軍と対立し、南部からの政府軍引き揚げで解決した
ソマリア内戦	1991〜2000	ソマリア（ソマリー人）	❖ 部族対立を残した北部・南部分断で部族勢力による支配者交代が続き、2000年10年ぶりに政府が発足し、2004年隣国ケニアで大統領が選出されたが、実態は部族武装勢力の分割支配にある．北部は別に国内で2003年大統領選が行われた
南アフリカの黒人闘争	1961〜1991	南アフリカ（アフリカ人）	❖ アフリカ黒人によるアパルトヘイト白人支配体制の打倒は成功した
ナミビア紛争	1966〜1990	南アフリカ（オバンボ人）	❖ オバンボ人は白人支配の南アフリカに対してナミビアの自決闘争を担った
先住民反乱	1910 1915〜1917	マダガスカル（先住民）	❖ 南部で先住民サディアバヘ人の反乱となった．
反印僑暴動	1987	マダガスカル（印僑）	❖ 1915年反乱は彼らの貧困への不満にあった ❖ アンチラベなどの都市で経済の実権を握るインド・パキスタン系カラナス（印僑）への暴動が起きた．宗教的対立も原因にあった

付録6 文化断層紛争

紛争名	時期	当事国	特記事項
移民事件	1976	マダガスカル（コモロ人）	❖ コモロ移民とマダガスカル人の衝突で移民は全員引き揚げた
パレスチナ紛争	1921 1936〜1939 1968〜1972 1984〜	パレスチナ（ユダヤ人ーパレスチナ人）	❖ シオニズム運動の興隆によりパレスチナへのユダヤ移民が増大し，アラブ人の民族・宗教対立，さらに自決闘争へと進んだ． ❖ 1984年の土地闘争，1987年のインティファーダ闘争となった．1984年以来，ハマスが闘争の主役となった
レバノン紛争	1970〜1989	レバノン（キリスト教徒とイスラム教徒）	❖ マロン派キリスト教徒優位の支配に対するイスラム教徒（スンニ派・シーア派）の挑戦は成功し，対等体制が確立した
キプロス紛争	1963 1975〜	キプロス（ギリシャ正教徒とイスラム教徒・トルコ）	❖ ギリシャ正教徒による支配確立で，1960年ギリシャへの併合を拒否して独立したが，その支配は1963年少数派トルコ系イスラム教徒の権利剥奪となり，新しい対立となり，1975年トルコの干渉を招いた
クルド独立運動	1919〜1932 1935 1961〜1975 1979〜1980	イラク（クルド人）	❖ 1919年クルド人の独立宣言，1920年セーブル条約によるクルドの自治は成功せず，以後もクルドの自決闘争が続いた
クルド独立闘争	1946 1979〜1980	イラン（クルド人）	❖ 1946年マハバード・クルド共和国の樹立は成功しなかった．その後もクルド人の闘争が続いた
クルド独立闘争	1924〜1997	トルコ（クルド人）	❖ クルド人の権利要求は満たされていない
タリバン支配	1994〜2001	アフガニスタン（イスラム教徒）	❖ アフガニスタンの反ソ戦争で登場し，全土を支配した．米国の封じ込め攻撃もあって全面崩壊した
イスラム原理主義テロ	1995〜1996 2003〜2005	サウジアラビア（イスラム原理主義運動）	❖ 米施設へのイスラム原理主義テロが続く．知識人らは改革を国王に要請した．2001年米同時テロはサウジ人出身者による仕業であった
タミル紛争	1981〜1956 1976〜2003 2006〜	スリランカ（タミル）	❖ 仏教徒シンハラ人政権に対する少数派ヒンドゥー教徒タミル人の自決闘争が続く．2005年和平合意となったが，大統領は拒否し，2006年戦闘が再開された
部族紛争	1972〜1975	パキスタン（辺境地域）	❖ 東パキスタンの分離独立で北部辺境州の中央からの分離が表面化した．バルチスタン州の成立で域内部族の部族反乱となった

付録6　文化断層紛争

紛争名	時期	当事国	特記事項
中央アジアの原理主義運動	1999〜	ウズベキスタン，アフガニスタン，タジキスタン，キルギス，アゼルバイジャン，トルクメニスタン，カザフスタン，中国（新疆），パキスタン（チュルク系民族）	❖ウズベキスタン東部フェルガナ渓谷を中心にアフガニスタン，タジキスタン，キルギス，ウズベキスタン，さらにパキスタンのパミール高原でイスラム原理主義運動が続く．この集団はカフカスのアゼルバイジャン，カザフスタン，キルギス，中国新疆地区のウィグル族のチュルク系民族の大連合運動を形成している．これら諸国は米軍に基地を提供している
シク自決闘争	1960 1966 1984 1986	インド（シク教徒）	❖1845〜1846年のシク戦争に敗北し，1919年シーク大虐殺となった．1960年パンジャブの独立州を求めるシク闘争は2万人の犠牲者を出し，1966年の闘争でパンジャブ州は分割された．1984年インド軍がシーク寺院に侵攻した．1986年過激派がカリスタン国家を宣言した．
カシミール紛争	1947〜	インド（イスラム教徒）	❖イスラム教徒のカシミールがヒンドゥー政権インドに併合されたことで，自決闘争となり，イスラム教徒のパキスタンが関与した
アヨーディヤ事件	1990	インド（ヒンドゥー教徒）	❖ヒンドゥー至上主義者がイスラム教徒のモスクにラーマ寺院建設を目指し進撃した
ミャンマー少数民族問題	1930〜	ミャンマー（カレン人）	❖植民地当時，管理職としてビルマ人を支配していたカレン人など少数民族が分離・独立を要求した
南タイ問題	1951〜1953 1975〜 2004〜	タイ（イスラム教徒）	❖南タイのイスラム教徒が自決要求を持ち出した ❖2004年以降，テロ闘争が強化された
モロ問題	1972〜1993	フィリピン（イスラム教徒）	❖キリスト教徒カトリック支配のフィリピン中央に対してミンダナオ諸島のイスラム教徒の自決闘争が続いた
インドネシアの反華僑暴動	1946 1963 1965〜1966 1973 1981 1994	インドネシア（華僑）	❖経済的実権を握る華僑に対する反撥は，インドネシアの独立とともに激化した．1973年バンドン暴動は華僑の自動車とトッカン・ベチャの接触事故に始まった ❖1981年バンダ・アチェ暴動はインドネシア行商人への華僑の迫害が原因であった
アチェ独立運動	1873〜1912 1942 1947〜1962 1976〜2005	インドネシア（アチェ人）	❖アチェ王国の抵抗闘争は1947年の政権樹立が流れ，反乱となった．1976年自由アチェ闘争が始まり，2005年和平合意が成立した

付録6　文化断層紛争

紛争名	時期	当事国	特記事項
スラウェシ紛争	2000～2001 2003	インドネシア（キリスト教徒―イスラム教徒）	❖ スラウェシ島でキリスト教徒に対するイスラム教徒の民族抗争が起きた．これは国内移住への反撥にあった
東チモール紛争	2006	東チモール（東部人）	❖ 東部人の西部人の差別に始まったが，国民形成の未成熟にある
人種暴動	1964	シンガポール（華人―マレー人）	❖ 華人とマレー人の衝突はマレー人の経済格差への不満にあった
人種暴動	1950 1967～1969	マラヤ／マレーシア（華人―マレー人）	❖ 華人とマレー人の衝突はマレー人の経済格差への不満にあった．1967年暴動はマレー語を国語としたことでその対立が激化した
人種暴動	2001	マレーシア（マレー人―インド人）	❖ マレー人軍とインド人の衝突となった
カンボジア内戦	1970～1979	カンボジア（共和国派―ポルポト派―ベトナム支持派）	❖ シハヌーク王制政権に対し対外権力と結んだロン・ノル派が権力を奪取し，これをカンボジア人抵抗勢力ポルポト派（共産党）が倒壊させ，それもさらにベトナム派によって倒された
イリアン・ジャヤ問題	1971～1989	インドネシア（中央―パプア人）	❖ インドネシアはイリアン・ジャヤの領土回復に成功したが，パプア人がこれに抵抗した
ウィグル自決闘争	1928～1929 1933～1934 1937 1944～1947 1972 1981	中国（ウィグル人）	❖ 新疆でウィグル人の漢民族支配に対するイスラム教徒の自決闘争となった ❖ 1944年にトルキスタン共和国が成立した ❖ 現在もウィグル人のテロ闘争が散発している
台湾人自決要求	1988～	中国（台湾人）	❖ 台湾は中国内戦で敗北した外省人の国民党政権が統治したが，本省人の台湾人に政権が移動し，台湾の「独立」論議となった．
チベット問題	1959～	中国（チベット人―ダライ・ラマ派）	❖ 中国によるチベットの解放に抵抗して政教一致のダライ・ラマ支配層がインドに亡命政府を樹立した．チベットでは農奴制が解体され，チベット人支配が確立し，その亡命分子の抵抗闘争も終わったが，亡命政府は続く
光州事件	1980	韓国（光州市民）	❖ 民族偏見もあって民衆が抵抗し，徹底的に弾圧された
アボリジニ権利闘争	1962～1972 1982～1993	オーストラリア（アボリジニ）	❖ 市民権は付与されたが，土地返還闘争は成功しなかった．トレス諸島マーレー島のエディ・マボの先住民権利要求は1993年先住民権原法（マボ法）の制定となった（1994年施行）．2002年最大の土地返還となった

付録6　文化断層紛争

紛争名	時期	当事国	特記事項
マオリ権利闘争	1996	ニュージーランド（マオリ人）	❖ 政府は南島先住民マオリ人に対し植民地時代における土地収奪に謝罪し，土地を返還し，補償を支払った
ニューカレドニア問題	1980〜	ニューカレドニア（独立派）	❖ 独立派の闘争が続いたが，反独立派（親フランス派）の支配にある．民族対立が絡んでいる
フィジーのインド系住民問題	1987〜1997	フィジー（インド系）	❖ インド系政権の樹立でフィジー系のクーデタとなったが，政権はフィジー人に戻り，インド系住民の政治的権利が拡大された
部族紛争	1956 1969	パプアニューギニア（低地民）	❖ パナイ湖付近で部族紛争となった
マライタ系住民問題	1998 2001	ソロモン（マライタ系）	❖ 首都ホニアラで住民とマライタ島系住民移住者の対立となり，次いで2000年にマライタ島で武装蜂起となった
カナダ日系市民権闘争	1900〜1901	カナダ（日系人）	❖ 1871年に起きた東洋人排斥運動を背景に1900年排日暴動となり，裁判所に選挙権確認訴訟が持ち込まれたが，認められなかった．1949年に選挙権が回復した
先住民闘争	1961〜1968	米国（先住民）	❖ インディアンの結集が先住民の権利闘争と権利の獲得を実現させた
アメリカ黒人暴動	1906 1908 1917 1942〜1943 1966 1970 1980 1996	米国（黒人）	❖ 1906年黒人殺害に対するアトランタ暴動に始まる．1908年人種暴動で，全国有色人地位向上協会が発足した．1917年ヒューストン暴動は黒人兵士の人種差別への不満が原因であった．差別禁止命令が出されたが，1942年デトロイト暴動となった．1966年は全土で黒人暴動となった．1968年貧者の行進が実現した ❖ 1970年暴動は白人の差別に始まった．1980年マイアミ暴動は白人陪審員による白人の黒人殺無罪判決に原因があった．1996年フロリダ暴動は白人警官の黒人殺害が原因であった
アメリカ黒人権利闘争（公民権闘争）	1962〜1976	米国（黒人）	❖ 1940〜50年を通じて公民権闘争に続き，大学入学事件などを通じて権利獲得を目指した．1987年にニューヨーク財界への抗議として黒人ボイコット闘争が展開された
アメリカ日系公民権闘争	1987 1946〜1965	米国（日系人）	❖ 1931〜32年に対日ボイコット運動が起こり，1942年敵性外国人として強制収容され，日系人は市民権回復闘争を展開した

付録6　文化断層紛争

紛争名	時期	当事国	特記事項
チカノ解放運動	1959～1970	米国（スペイン系人）	❖ 1821年メキシコの独立でマサチューセッツ，カリフォルニア，ネバダ，ユタ，アリゾナ，ニューメキシコ地方が米領となり，在住のスペイン系は1959年政治連合を成立して1968年以降，政治闘争となった
チアパス闘争	1994～2005	メキシコ（チアパス先住民）	❖ チアパス州で先住民の武装蜂起となり，政府は自治権付与に応じ，2005年武装闘争は停止された
先住民闘争	2001	エクアドル（先住民）	❖ 先住民の国会占拠の抗議行動で大統領は辞任・亡命を余儀なくされた
先住民闘争	2003	ボリビア（先住民）	❖ 天然ガスの輸出に抗議する先住民の行動で大統領は辞任を強いられた
人種暴動	2001～2003	ガイアナ（インド系―アフリカ系）	❖ インド系政権に対するアフリカ系住民の抗議が爆発した
スリナムのマルーン人闘争	1980～1990	スリナム（マルーン人）	❖ クーデタでクレオール政権が成立し，マルーン人はフランス領ギアナに逃れ，デジレ・ボタセ体制の倒壊まで抵抗を続けた
先住民闘争	1995	スリナム（先住民）	❖ 先住民4部族と逃亡奴隷の末裔5部族が自治を要求した

索　引

❖ 事項索引

数字

3
3Ｃ海洋政策　94
3軸構想　207, 208
3Ｂ大陸政策　94

かな

あ

アイゼンハワー・ドクトリン　149
アウルタルキー　90-2, 99, 102, 153, 157
悪の枢軸　177, 180, 333
アジア安全保障構想　303
アジア集団安全保障構想　305
圧搾地帯　337, 363
圧政国家　183
アラブ体制　322, 325
アルカイダ　47, 49, 171, 177, 191, 253, 258, 279, 328, 333, 365, 369, 377

い

以夷制実　204-5
イスラム世界　327
イスラムの民主化　327, 333
夷狄　205
インダス河　315
インド軍2000年構想　295
インド洋　121, 294, 299, 300, 302, 305, 307-308
インド洋平和地帯　289, 306

う

内海化　73, 222, 226
ウティ・ポッシデティス　351
欝陵島　128

え

影響圏　327
エルベ河　55
遠人の観念　381

お

王化思想　200
沖ノ鳥島　129
オレンジ計画　153-5

か

カーター・ドクトリン　251
海峡封鎖　119, 239
外交政略論　112
外部防衛圏　121
海洋権力　17, 18, 21, 77, 102-3, 108, 147, 179, 191, 209, 224, 271, 363
海洋国家　2, 3, 86
海洋湖面化　11
海洋戦略　118
拡散安全保障イニシアチブ　174
核の闇市場　377
核密輸　377
カシミール　288-9
カスピ海　44, 45, 46, 47
河川文明　17
カラーコード計画　153
環境地政学　391, 392
ガンジス河　263
緩衝地帯　317
乾燥アジア　277
乾燥ベルト地帯　272

き

危機管理戦略　181
危機の弧　279
危険地帯　317
基盤的防衛力構想　119
羈縻政策　199
教示戦略　134
強度喪失曲線仮説　169
極中心構想　272
距離の横暴　194
近東　239

く

グアム・ドクトリン　167

クリントン・ドクトリン　43
グローバリズム　380
グローバル・テロリズム　364
黒猫白猫論　206

こ
攻撃的防御　296
国際労働力移動　383-4

し
シーパワー　123
シーレーン　3, 4, 67, 86, 119, 121, 123, 125, 169, 197, 222-3, 301, 305, 308, 310, 346
ジェマ・イスマイリア　191
時政学　379
シベリア鉄道　21
遮断地帯　42, 45-6, 151, 239, 317-8, 322, 325, 327, 332, 339, 364
主権線　85, 112
小台湾主義　224
小日本主義　86
シルク・ロード　49
シンガポール・マラッカ海峡　121
新々ハートランド　272-3
シンドゥー　290
新パートナーシップ戦略　345, 346
新ハートランド　272, 273
進歩のための同盟構想　356
新宮沢構想　213

す
スエズ運河　329
スティムソン・ドクトリン　148

せ
生活圏　88, 95-6, 99, 101, 106, 153
制限主権論　59
世界海洋戦略　123
世界島　20-1, 272
石油戦略　250, 251, 255, 339
石油地政学　237, 239, 252, 256
石油帝国主義　235

漸移地帯　280, 311
尖閣諸島　126, 195, 227
前進政策　286, 314
全国土水利計画　261
前方展開戦略　165, 167, 180
前方防衛　120
前方防衛戦略　164

そ
走行圏　379
ソ連赤軍戦略　123

た
大アジア主義　105, 138
第一列島線　196
大一統システム　201, 203, 225
大東亜共栄圏　14, 100, 102, 104, 109, 111, 138, 153
大東亜地政学　14
大東亜秩序　103
大同思想　229
第二列島線　196
太平洋地政学　6, 101-2
第4辺境空間　337
大陸緩衝国家　76
大陸国家　4
大連会議　114
竹島　127
田中義一文書　113, 116
断絶地帯　280-2
断続地帯　280-5, 289, 297, 307

ち
地域の喪失　271
チェス盤　41, 42, 318
チグリス・ユーフラテス河　259
地政学　5, 8-9, 87, 94-95, 108, 111, 176-7, 236, 379
中華思想　200, 204-5, 218, 226, 227
中華戦略　205
中軸地域　18
中東　239

中東体制 325
中東民主主義・自由構想 333, 363
朝鮮半島 129, 171
チョークポイント 123-5, 239

つ
通商国家論 3

て
鉄のカーテン 62
テラ・アウスラウス 194

と
東欧 22, 56, 57, 61-4
東方会議 114
東方問題 57, 331
独島 127
土地と平和の交換 332
ドナウ連邦構想 97
ドニエプル河 30
ドミノ理論 149, 165
砦プラン 78
トルーマン・ドクトリン 7, 149-50, 173
トルコ海峡 330-1

な
内海化 73, 222, 227
内部防衛圏 121
内陸持久 120
ナイル河 257, 262
ナイル河流域戦略行動計画 262
ならず者国家 168, 174, 179-80
南海 194

に
ニクソン・ドクトリン 149, 165, 167
二重の封じ込め 179
日中中間線 126-7, 254
日本人の中国観 224
日本地政学 110-1

ね
ネオコン派 388
ネグリチュード 339, 359

の
能力基盤戦略 180
ノーといえる中国 225, 233

は
ハートランド 20-1, 29, 35-9, 41, 43, 53, 61, 100, 123, 149-53, 156, 159, 161, 169, 302, 318, 320, 328, 332
バーラト・マター 293
パイプライン 44, 46, 239, 253-6
覇権戦略 195, 227
橋本ドクトリン 43
破綻国家 390
パックス・ザルマチカ 8
バルチスタン 292, 313
パン・クルド主義構想 324
反グローバリズム運動 366
反地政学 181, 389
パン・ヨーロッパ構想 96

ひ
東アジア共同体 209, 214-5, 220
秘密教示 131

ふ
ファラッカの嘆き 263
不安定な弧 170-3, 317
封じ込め 161, 169, 173, 220
封じ込め戦略 149, 151, 153, 164
フェルガナ盆地 47
ブッシュ・ドクトリン 99, 149-50, 173-4, 176, 179, 180-1, 226, 332, 363
ブレジネフ・ドクトリン 59, 61
粉砕地帯 317
文明の対決 365

へ
米州自由貿易地域構想 357

平和・自由・中立地帯宣言　306
平和線　127
平和地帯　305
平和・独立・中立地帯提案　306
ベルリンの壁　63

ほ
貿易国家論　85, 86
防空識別圏　126
北極　21, 161, 272-4
北極の内海化　274
北方限界線　130
北方4島　128

ま
マーレ・ノストロ　11
麻薬戦略地政学　370-1
麻薬ネットワーク　373
マラッカ・シンガポール海峡　308-10

み
三日月地帯　19, 46, 151, 328, 371, 373
水戦争　258, 264
水利権　259

む
ムスリム同胞団　335

め
明白な使命　147, 179, 186

も
モンロー・ドクトリン　6, 145, 148-50, 152, 165, 350

や
靖国神社　219, 231
ヤンキー帝国主義　150-1, 183

ゆ
ユーラシア戦略　43, 47
ユーラシア大陸横断鉄道　49
ユーラシア・ドクトリン　11
ユーロ・アフリカ共同体　100

よ
ヨーロッパ合衆国　66, 71
吉田ドクトリン　117, 119
ヨルダン川　261

り
利益線　85, 112-3
陸地権力　19, 20, 21, 77, 102, 129, 209, 224, 363
リムランド　37, 39, 41, 45, 121, 149, 151, 153, 159, 161, 168-9, 178, 255, 272, 281, 318, 371, 373
李ライン　127-8

る
ルーズベルト・コロラリー　147, 150-1

れ
列島線　2

❖ 人名索引

あ
アグニュー，ジョン 11, 380, 389
浅井得一 111
アタチュルク，ケマル 324
アタリ，ジャック 72, 73, 380
アッバス，マハムード 326, 327
アナン，コフィ 258, 349
阿部市五郎 10, 108
アミン，ハフィズラ 298
アラファト，ヤセル 325, 327, 333, 381
アルブテキン，イス・ユーソフ 38
アルフレッド，マッコイ 371
アルマンジュラ，マフディ 51
アレクサンドル1世 30

い
井口一郎 8-10
池田勇人 118
池野功 309
石橋湛山 85
一木喜徳郎 115
伊東敬 77
伊藤憲一 215
井上成美 86
イバノビチ，セムヨン 274
イブン・サウド 243
イワン3世 30
イワン4世 31, 34
岩田孝三 11
イング，ウィリアム・R 77

う
ヴィールビッキー，クルト 105
ウィクラマシンハ，ラニル 297
ウィットニー，ジョナサン 371
ウィルソン，ウッドロー 56
ウィルヘルム2世 109
ヴェスト，ウアルター 106
ウォーラーシュタイン，イマヌエル・モーリス 11, 26
ウォルフォウィッツ，ポール 175, 179
内田良平 102
浦野起央 207
ウラム，アダム 33
ウルジー，ジェームス 255

え
江澤譲爾 10, 108
エジソン，トーマス 236
エシュコル，レビ 262
榎泰邦 207
エリオ，エドワール 97
エリティン，ボリス 379
エルシャド，フセイン・モハマド 297
エルマンジュラ，マフディ 187
エンツェンスベルガー，ハンス・マグナス 384
エンベル，パシャ 37

お
大川周明 103
大来佐武郎 216
大木隆造 111
大塚信太郎 206
奥山真司 11
オザル，トルグト 261
オスリーバン，パトリック 389
オブレノビチ，アレクサンドル 55
オブレノビチ，ミラン 55
オルブライト，マドレー 43

か
カーター，ジミー 167
カイセード，ホセ・マリア・トレス 349
カザフィ，ムアマル 346
カストロ，フィデル 160, 356-7
勝海舟 85, 102
カディル，アブドル 298
カディルガマル，ラクシュマン 298
カニング，ジョージ 54
金生喜造 10
兼子俊一 111
カプラン，ロバート・D 177, 390
ガリ，ブトロス・ブトロス 262
川西正鑑 111
河野収 11
川原篤 109
ガンジー，インディラ 263
ガンジー，マハトマ 297

き
キッシンジャー，ヘンリー 296
キッチナー 285
キャニング，ジョージ 146

清沢洌 86
清野謙次 104
キルザイ，ハミド 298
金日成 131, 135, 381, 382

く
クーデンホーフ・カレルギー 71, 96-7
クーランジュ，フステル 91
国松久彌 11
クマラトゥンガ，チャンドリカ・バンダラナイケ 297
クライン，レイ 161, 337
倉前盛通 11, 273
クリントン，ビル 43, 44, 46, 164, 173, 179, 186, 379, 388, 391
クルティウス，ロベルト 79
グルベキアン，カルースト 240
クレア，マイケル 257, 270
クレア，ミカエル・T 390
クレイ，アハメド 326
グレイ，コリン 11, 272
グレイ，ジョン 365
クレセリウス，ダニエル 38
クレホン，マルク 51
クン・サ 373

け
ケナン，ジョージ・フロスト 7, 389
ケネディ，ジョン・F 356
ゲバラ，チェ 161, 381

こ
ゴア，アル 177, 388, 391
小泉純一郎 214, 231, 254
江沢民 221
康有為 229
コーヘン，サウル・バートランド 11, 317, 363
ゴールド，ファーン・R 236
胡錦涛 214, 255
小島清 216
児玉源太郎 206
コナント，マルビン・A 236
小林元 277
小牧實繁 10, 110
小村寿太郎 95
胡耀邦 226

ゴルシコフ，セルゲイ・G 121
ゴルバチョフ，ミハイル 22, 61, 177, 274, 389
コロンブス，クリストファー 4
コンラード，ジョージ 389

さ
サイド，エドワード 95, 389, 395
サイード，シェイフ 324
サダト，アンワール 325, 326
ザダノブ，アンドライ 389
サッセン，サスキア 391
佐藤栄作 118
佐藤信夫 11, 229
佐藤信淵 103-4
佐藤弘 111
ザビツキー，ピョートル 29
ザワヒリ，アイマン・アル 377
サンゴール，レオポルド・ゼダール 359

し
シェヒート，シェイフ 324
始皇帝 201
シバ，バンダナ 390
シャリフ，ナワズ 289
シャリフ・パシャ 322
シャルルマーニュ 55, 71
シャロン，アリエル 299
ジャンボー，フェデリコ 74
周恩来 226
シューマン，ロベール 65
シュガーノフ，ケンハジー 30
シュシュニック，クルト 97
シュトイエ，ヨハンネス 105
シュミット，ヘルムート 176
朱鎔基 214
蒋介石 35, 36, 206
昭和天皇 231
ジョクス，アラン 376
ジョンストン，エリック 262
シルバ，ゴルベリー・C・エ 11, 157, 159
シング，グラブ 288
シング，ランジット 288

す
ズーバン，ゲオルグ・アレキサンドル 108
鈴木善幸 119

スターリン 32, 34-5, 116, 279, 304-5
スティムソン, ヘンリー 148
スパイクマン, ニコラス・J 10, 151, 153, 159, 177, 272
スパイクマン, ハロルド 6
スミル, バクラブ 390

せ
盛世才 35
セゼール, エメ 359
セラゲルディン, イスマイル 258
セラリ, ジョセリン 11
セングハース, ディエテル 63

そ
ソステロ, チム 389
曽村保信 11
孫建国 199
孫文 205-6, 229

た
ダイムラー, ゴッドローブ 236
ダウド, サルダム・モハメド 298
髙楠順次郎 14
髙坂正堯 3, 14
タスマン, アベル・ジャンスゾン 194
タトゥジス, ミッシェル 370
田中義一 86, 113, 116
ダマ, レオン 359
ダライ・ラマ 287
タラキ, ヌール・モハマド 298
樽井藤吉 104
ダルビ, シモン 390
ダレス, ジョン・フォースター 117

ち
チェレーン, ルドルフ 5, 10, 88, 92, 94, 99, 100, 105, 108, 112
チャーチル, ウィンストン 61, 62, 65, 123 240
張寄夫 373
張定発 199
陳水扁 223

て
ディーゼル, ルドルフ 236
ディオプ,A 359

ディビス, ロバート・W 25
鄭浪平 221, 233
テーラー, ジェリー 255

と
トアタール, ガアロイド・オ 11, 389
トール, フランシス 11
鄧小平 206, 207
ドストエフスキー, フヨドル 381
トックビル, アレクシス・ド 154
ドッド,E 11
百々巳之助 10
富田朝彦 231
トルーマン, ハーリー 389
ドルフス, エルゲルバート 96
ドレーク, エドウィン・L 236
トンプソン,E・P 389

な
ナウマン, フリードリッヒ 96
中曽根康弘 215
中村良之助 111
ナジブラ 298
ナセル, アブデル 320, 329, 331, 335
ナポレオン 54, 150
ナポレオン3世 147, 350

に
ニコライ1世 35, 57
西村眞次 109
ニッツェ, ポール 8

ぬ
ヌクラシ, パシャ 335

ね
ネイスビッツ, ジョン 1
ネルー, ジャワハラルラル 305
ネルソン 54

の
野島芳明 381
ノリエガ, マヌエル・アントニオ 371

は
ハーシュ, セイモア 187
ハウスホーファー, カール 6, 87, 94-7,

99-102, 105-8, 177, 389
ハク，ジアウル　297
パク・ソンジョ　134
バジパイ，アタル・ビハリ　289, 299
橋本龍太郎　43
ハタミ，モハマド　299
バチスタ，フルヘンシオ　160, 356
バトラー，リチャード　187
ハメネイ，アリ・ホセイン　39
バルザーニ　324
バルボア，ヌニェス・デ　194
バンゼ，エバルト　98
バンダラナイケ，ソロモン　297
バンダラナイケ，シリマボ　305
ハンチントン，サミュエル・P　51, 177, 187, 390
バンナー，ハサン　335

ひ
ヒーター，デレック　72
ピット，ウィリアム　54
ヒトラー，アドルフ　6, 56, 71, 95, 99, 101, 304, 389
冯昭奎　207
ピョートル1世　34, 49, 121
平野義太郎　104
ビリリオ，ポール　11, 379
ビンラディン，ウサマ　38, 52, 187, 298, 366, 381

ふ
ファーマンファーマイアン，アボウアリ　389
ファイサル・イブン・アブドル・アジス・アル　ウド　251
ファノン，フランツ　389
フィッシャー，ルイス　235
フィンガー，マチアス　390
プーチン，ウラジミル　44, 49, 254, 255
福沢諭吉　85
フクヤマ，フランシス　150-1, 177, 389
フセイン，サダム　168, 178, 256, 261, 332
ブッシュ，ジョージ　8, 22, 74, 173, 389
ブッシュ，ジョージ・W　8, 44, 74, 169, 173, 174, 177, 256-7, 332-3, 346, 366
ブット，アリ　297
ブラント，ウィリー　97
ブリアン，アリスタド　71

フルシチョフ　32, 123, 221, 305
ブレジネフ，レオニード　59, 61, 307, 389
ブレジンスキー，ズビグニュー　11, 39, 42, 43
ブレヒャー，ジェレミ　389
プレマサダ，ラナシンパ　297
フンボルト，アレクサンドル・フォン　94

へ
ヘイ，ジョン・ミルトン　148
ヘイズ，ラスールフォード　147
ベーリング，ピタス　274
ベール，アンリ　79
ヘス，ルドルフ　95
ベック，ウルヒリ　390
ヘルダー，ヨハン・ゴットフリード・フォン　94
ヘンイヒ，リヒャルト　108

ほ
ポーター，ガレス　390
ボーマーデクソン，トーマス　177
ポテプ，バーナート　11
ボミアン，クシトフ　74
ホメイニ，アヤトラ　38

ま
マコーリー，トーマス　287
マウル，オットー　94, 105, 106
マキシリアン，フェルディナンド　147, 350
マクドナルド，マードック　270
マスード，アハマド・シャー　298
松川二郎　111
マッキンダー，ルフォード・ジョン　10, 17-8, 20-2, 29, 77, 100, 102, 151, 153, 239, 271-3, 279, 389
マックアリ，ロックラン　194
マッシ，エルネスト　105
松田壽男　277
マテリオ・リッチ(利瑪寶)　229
マハティール　209
マハン，アルフレッド・セイヤー　6, 10, 21, 100, 107, 169, 177, 271, 317
マルコス　389
マンデラ，ネルソン　346

み
三木武夫　216

む
ムシャラフ，ペルベズ 289, 297
ムバラク，ムハンマド・ホスニ 335
ムベキ，ターボ 346

め
メアリー1世 53
メルツ，ヨーゼフ 106
メンダニャ，アルバロ・デ 194

も
毛沢東 206, 226
望月小太郎 113
モネ，ジャン 65
モロトフ，バチスラブ 305
モンロー，ジェームズ 145

や
ヤシン，アハメド 327
ヤセル・アラファト 326
柳田邦男 2
山県有朋 85, 112

ゆ
ユウトゥジウス 11
ユーシェンコ，ビクトル 255

よ
吉田茂 117
吉田松陰 111
ヨゼフ1世，フランス 147
米倉二郎 111

ら
ラーマン，ムジブル 263, 297
ラジャトナム，S 306
ラチコフ，ボリス 246
ラッツェル，フリードリッヒ 10, 17, 87-8, 92, 93, 109, 177
ラティモア，オーウェン 36
ラブルース，アラン 370
ラブルース，ライ 11
ラムズフェルド，ドナルド 173
ランケ，レオポルド・フォン 88
ランティシ，アブドルアジス 327

り
リー，レンセラー,3世 377
李鴻章 206
李承晩 129
リップマン，ウォルター 62
李登輝 221
リプセット，シーモア 179
劉学成 207
劉華清 195
劉邦 199

る
ルイス，バーナード 187
ルーク，チモリー・W 389
ルーサー，マーティン 389
ルーズベルト，セオドア 62, 147, 151, 389
ルトワーク，エドワード・N 11, 177, 388, 389

れ
レイク，アンソニー 179
レーガン，ロナルド 119, 167, 186
レーニン 25, 381
レールス，ヨハン・フォン 124
レンナー，ミハイル 177

ろ
ローズクランス，リチャード 3
盧武鉉 214, 231
ロロト，パスカル 11

わ
ワイガード，ハンス・W 10, 272
和田俊二 111
ワッド，アブドゥラエ 346
ワトキンズ，ジェームズ 120
ワトソン，ヒュウ・セトン 62

【著者】

浦野起央（うらの　たつお）

1955 年、日本大学法学部卒業。政治学博士。
日本アフリカ学会理事、日本国際政治学会理事、アジア政経学会理事、国際法学会理事、日本平和学会理事を歴任。現在、日本大学名誉教授、北京大学客座教授。

【主要著作・訳書】

主な著書に『資料体系アジア・アフリカ国際関係政治社会史』『現代における革命と自決』(パピルス出版）、『現代紛争論』『新世紀アジアの選択——日・韓・中とユーラシア』『日・中・韓の歴史認識』（南窓社）、『中日相互認識論集』（香港社会科出版社）、『国際関係理論史』『人間的国際社会論』『国際関係のカオス状態とパラダイム』『朝鮮統一の構図と北東アジア』(勁草書房）、『20世紀世界紛争事典』(三省堂)、『南海諸島国際紛争史』(刀水書房)、『世界テロ事典』『尖閣諸島・琉球・中国——日中国際関係史』、『冷戦・国際連合・市民社会——国連 60 年の成果と展望』、『チベット・中国・ダライラマ——チベット国際関係史』(三和書籍)、他多数。
訳書ではダグラス・パイク『ベトコン』（鹿島研究所出版会）、ハッサン・ビン・タラール『パレスチナの自決』、張津法・他『第二次世界大戦後 戦争全史』(刀水書房)、アラン・ラブルース/ミッシェル・クトゥジス『麻薬と紛争』(三和書籍)、他多数。

地政学と国際戦略
──新しい安全保障の枠組みに向けて──
【付】領土紛争・文化断層紛争

2006 年 10 月 1 日　初版発行

著者　　浦野　起央
©2006 T.Urano

発行者　　高橋　考

発　行　　三和書籍

〒 112-0013　東京都文京区音羽 2-2-2
電話 03-5395-4630　FAX 03-5395-4632
http://www.sanwa-co.com/
sanwa@sanwa-co.com
印刷 / 製本　モリモト印刷株式会社

乱丁、落丁本はお取替えいたします。定価はカバーに表示しています。
本書の一部または全部を無断で複写、複製転載することを禁じます。
ISBN4-86251-004-3 C3031 Printed in Japan

三和書籍の好評図書
Sanwa co.,Ltd.

チベット・中国・ダライラマ
―― チベット国際関係史【分析・資料・文献】――
浦野起央著　A5判　1040頁　上製本　定価：25,000円＋税

●これまで1～3ヶ月以上かかった北京とラサが直通列車50時間で結ばれるようになった。いまや民主化と経済開発が進み一変したチベットの現状は？　ダライ・ラマ亡命政府と中国政府との交渉、改革開放下にあるチベットの姿を的確に伝える。事項・人名・寺院・地名索引付。

冷戦　国際連合　市民社会
―― 国連60年の成果と展望
浦野起央著　A5判　上製本　定価：4,500円＋税

●国際連合はどのようにして作られてきたか。東西対立の冷戦世界においても、普遍的国際機関としてどんな成果を上げてきたか。そして21世紀への突入のなかで国際連合はアナンの指摘した視点と現実の取り組み、市民社会との関わりにおいてどう位置付けられているかの諸点を論じたものである。

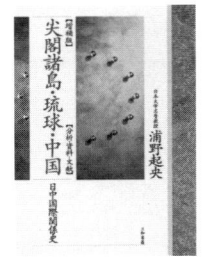

増補版　尖閣諸島・琉球・中国
【分析・資料・文献】
浦野起央著　A5判　上製本　定価：10,000円＋税

●日本、中国、台湾が互いに領有権を争う尖閣諸島問題……。筆者は、尖閣諸島をめぐる国際関係史に着目し、各当事者の主張をめぐって比較検討してきた。本書は客観的立場で記述されており、特定のイデオロギー的な立場を代弁していない。当事者それぞれの立場を明確に理解できるように十分配慮した記述がとられている。

世界テロ事典
浦野起央著　B6判　320頁　並製本　定価：3,000円＋税

●2001年9月11日米国で発生し世界を震撼させた同時多発テロ。各国は対テロ特殊部隊を編成し訓練しているが、テロとはどういうもので、実際に何が起きたのかを知らなければならない。本書は世界のあらゆるテロを網羅している。アブサヤフ、アルカイダ、ジハード、タリバン、パレスチナ解放機構、武装イスラム集団などの組織情報も掲載！